Em Busca de um Cinema em Fuga

COLEÇÃO PERSPECTIVAS

Esta publicação contou com o apoio da Fapesp (processo n. 2018/06703-7), por meio do programa "Auxílio à Pesquisa – Publicações".

As opiniões, hipóteses e conclusões ou recomendações expressas neste material são de responsabilidade do autor e não necessariamente refletem a visão da Fapesp.

Supervisão de textos: Luiz Henrique Soares e Elen Durando
Preparação de texto: Marcio Honorio de Godoy
Revisão: Manuela Penna
Capa e projeto gráfico: Sergio Kon
Editoração: A Máquina de Ideias
Produção: Ricardo W. Neves e Sergio Kon

Cristian
Borges

EM BUSCA DE UM CINEMA EM FUGA

o puzzle, o mosaico
e o labirinto como chaves
da composição fílmica

Dados Internacionais de Catalogação na Publicação (CIP)
(Câmara Brasileira do Livro, SP, Brasil)

Borges, Cristian
      Em busca de um cinema em fuga : o puzzle, o mosaico e o
labirinto como chaves da composição fílmica / Cristian Borges. –
São Paulo : Perspectiva: FAPESP, 2019. – (Coleção Perspectivas)

      Bibliografia
      ISBN 973-85-273-1198-4

      1. Cinema – Criação 2. Cinema – Estética 3. Composição (Arte)
4. Espaço e tempo 5. Filmografia I. Título. II. Série.

19-31109   CDD-791.43

Índices para catálogo sistemático:
1. Composição fílmica : Criação cinematográfica : Cinema : Arte 791.43
Maria Paula C. Riyuzo - Bibliotecária - CRB-8/7639

1ª edição

Direitos reservados à

EDITORA PERSPECTIVA LTDA.

Av. Brigadeiro Luís Antônio, 3025
01401-000 São Paulo SP Brasil
Telefax: (11) 3885-8388
www.editoraperspectiva.com.br

2019

Para minha família,
que tanto me inspirou.

Sumário

Enlace [10]

Parte I
A COMPOSIÇÃO FÍLMICA:
FISSURAS, INTERVALOS E
PONTOS NA IMAGEM . . . . [16]

Parte II
A ORGANIZAÇÃO DO ESPAÇO
NO CINEMA: SUTURA, CESURA
E MENSURA . . . . [116]

I Um Cinema de Madeira . . . . [18]
  1 Entre a Imagem Originária
    e o Filme de Cinematógrafo
  2 Da Imagem Originária à Intensão
  3 A Arte do Puzzle

I A Leitura da Madeira . . . . [118]
  1 O Espaço no Cinema
  2 O Espaço Pictórico
  3 Um Espaço Testemunha

II Um Cinema de Pedra . . . . [44]
  1 Sobre o Nascimento de um Filme
  2 As Imagens Agentes
  3 A Arte do Mosaico

II A Escritura das Pedras . . . . [154]
  1. Espaços e Lugares
  2. O Espaço Arquitetônico
  3. Um Espaço Escritural

III Um Cinema de Nuvem . . . . [78]
  1 O Filme Fala (e Canta)
  2 O Contraponto Cinematográfico
  3 A Arte do Labirinto

III A Tessitura das Nuvens . . . . [188]
  1. Um Espaço Que Respira
  2. O Espaço Fílmico
  3. Um Espaço Ecrânico

Parte III
TRÊS TENDÊNCIAS COMPOSICIONAIS:
PUZZLE, MOSAICO
E LABIRINTO . . . . [224]

I   A Imagem-Puzzle . . . . [226]   *Capítulo I*
 1 Um Cinema de Episódios
 2 A Separação das Plagas
 3 As Imagens-Puzzle

II   A Imagem-Mosaico . . . . [246]   *Capítulo II*
 1 Um Cinema de Vestígios
 2 A Ressurreição dos Fantasmas
 3 As Imagens-Mosaico

III A Imagem-Labirinto . . . . [268]   *Capítulo III*
 1 Um Cinema de Eventos
 2 O Desdobramento dos Corredores
 3 As Imagens-Labirinto

Desenlace . . . . [296]

Notas . . . . [300]
Bibliografia . . . . [328]
Índice Onomástico . . . . [336]
Lista de Filmes Citados . . . . [342]

Enlace

Como se compõe um filme? Ou melhor, por que e com que elementos se constrói um filme? Essas primeiras indagações, tão banais quanto ambiciosas, já sugerem, pelos verbos empregados, a proximidade do cinema com a música (em termos de composição) e com a arquitetura (em termos de construção). Ricciotto Canudo, ao cunhar a expressão *sétima arte* no início do século xx, observou que o cinema – escrita da luz em movimento e novo avatar da tão almejada "arte total" – acendia ao mesmo tempo uma vela para o tempo (como a poesia, a dança e a música) e outra para o espaço (como a pintura, a escultura e a arquitetura)[1].

Questões elementares como essas inspiraram este estudo. Assombrava-nos, ao ver ou ao fazer (em pensamento ou de fato) um filme, o mistério de sua criação: como algo derivado tão diretamente da realidade palpável e cotidiana consegue guardar certa magia, certo grau de imponderabilidade e distanciamento dessa mesma realidade por ele retratada? Em uma entrevista realizada por Michel Delahaye e Jean-Luc Godard, Robert Bresson declara:

> Para mim, a improvisação está na base da criação do cinema. Mas também é certo que, num trabalho tão complicado, é preciso ter uma base, uma base sólida. Para poder modificar uma coisa, é necessário que de partida essa coisa seja muito nítida e muito forte. Pois se não houver, não só uma visão muito nítida das coisas, mas também uma escrita no papel, arriscamo-nos a perder-nos. Arriscamos a perder-nos nesse labirinto de dados extremamente complexos. Sentimos, pelo contrário, tanto mais

liberdade frente ao próprio fundo do filme, quanto mais estivermos adstritos a cercar e construir fortemente esse fundo.[2]

A criação no cinema, assim como na arte em geral, sempre suscitou muito mais questionamentos do que respostas. E como toda criação guarda certo mistério, ela só pode ser abordada de maneira indireta, enviesada, através de jogos de abstração e analogias inesperadas. Sobretudo quando constatamos que algo tão paradoxal quanto o cinema – fugaz arte do tempo (assim como o teatro ou a dança), mas que só existe enquanto registro congelado (como a escultura ou a pintura) a ser eternamente retomado, recuperado, reanimado – parece nos escapar a cada momento.

Por isso escolhemos explorar esse vasto e obscuro tema através de vias tortuosas, e bem pouco ortodoxas, dentro do complexo caminho da criação cinematográfica. Assim, analisaremos a obra (bem como alguns escritos e declarações) de três autores singulares – Robert Bresson, Alain Resnais e Jean-Marie Straub – à luz de três modelos analógicos inusitados, porém bastante concretos: o puzzle, o mosaico e o labirinto. Essa escolha arbitrária, nada fácil diante do enorme leque de opções à nossa disposição (tanto de um lado quanto de outro), correspondeu a uma melhor adequação dos modelos de construção aqui propostos aos filmes analisados e vice-versa, todos bastante ricos em ideias e sugestões formais, como veremos.

A principal meta desta reflexão é, portanto, desvendar um pouco do mistério que envolve a criação cinematográfica, considerada aqui num sentido quase artesanal, operando um diálogo possível entre, de um lado, o ponto de vista do cineasta, e de outro, a recepção por parte do espectador, como faces de uma mesma moeda.

Embora as questões aqui exploradas não se apliquem a um período específico, em termos históricos elas se referem, sem dúvida, a um cinema que assume plenamente seu caráter formal (de artifício, de algo construído e, logo, não natural), bem como sua modernidade, recusando enquadrar-se nas amarras de uma tradição qualquer. Contudo, deixemos bem claro que a modernidade no cinema, tal como entendida neste estudo, não se encontra absolutamente atrelada à noção de "cinema moderno" defendida pelos críticos da revista francesa *Cahiers du cinéma* e propagada para além do campo da cinefilia pelo filósofo Gilles Deleuze em seus livros sobre cinema – e largamente adotada por vários autores, inclusive no Brasil –, segundo a qual ele só surgiria como resultado da Segunda Guerra Mundial, de acordo com uma leitura reducionista e eurocêntrica da história do cinema, que tende a ignorar enormes ousadias e conquistas anteriores, colocando no mesmo saco figuras do cinema clássico hollywoodiano e das chamadas vanguardas europeias nos antípodas dos ditos "cineastas modernos" do pós-guerra. Acreditamos que a modernidade habita o cinema desde o seu nascimento, o que nos permite abordá-la em diferentes momentos de sua existência, já que o encontro com as obras não pode se limitar a épocas determinadas, devendo ao contrário buscar identificar ações formais concretas que possibilitem um diálogo, ainda que à distância, entre essas obras e as questões inerentes à sua composição.

Liberdade semelhante adotaremos em relação aos textos e autores aqui utilizados, por acreditar que o pensamento não se limita apenas ao contexto que o gerou, podendo ecoar e retornar de maneira potente e reveladora em épocas posteriores, quando confrontados a questões e obras contemporâneas que de algum modo convoquem e acolham um diálogo enriquecedor com essas vozes do passado. Além disso, nossa reflexão teórica não se contentará apenas com a produção de críticos e acadêmicos, dedicando especial apreço ao pensamento de criadores (através de notas, ensaios, reflexões, depoimentos em entrevistas etc.) que, totalmente embebidos na prática artística, aportam um testemunho particularmente sensível e precioso, em outro grau de sintonia com o fazer artístico.

Em suma, tenhamos em mente que o presente texto se propõe, antes de tudo, como um exercício de montagem, aproximando com razoável liberdade de espírito (e não sem certo atrevimento) obras e ideias afastadas no tempo e no espaço.

Este estudo articula-se em três partes. Num primeiro momento, refletiremos sobre algumas questões-chave e de ordem geral relacionadas à composição fílmica e à formação das imagens, em paralelo a uma investigação sobre certas tradições artísticas que fazem eco à evolução da figuração e fabulação de corpos, espaços e olhares no cinema, bem como a suas possíveis "filiações genéticas". Em seguida, exploraremos cada um dos modelos de construção acima mencionados – o puzzle, o mosaico e o labirinto – pelo viés de diferentes formas de organização do espaço no cinema e de algumas questões daí decorrentes, em referência a determinados procedimentos técnicos designados, para os fins deste estudo, como: leitura, escritura e tessitura. Na terceira e última parte, identificaremos algumas tendências cinematográficas, tendo em vista três tipos de imagem, cada uma correspondendo a um modelo e a um procedimento específicos, a fim de buscar uma melhor compreensão da complexidade de sua confecção, além de apontar em direção a possíveis relações com outras imagens, ainda por se descobrir.

Como num movimento de *zoom out* ou *travelling* para trás, partimos de um ou poucos planos de um único filme, na primeira parte, passando em seguida à filmografia completa de cada cineasta analisado (Robert Bresson, Alain Resnais e Jean-Marie Straub), para finalmente expandir o campo de visão e de análise a vários filmes de diretores, épocas e lugares diferentes, na terceira parte.

Por outro lado, cada uma dessas partes constitui-se de um primeiro capítulo consagrado à composição fílmica próxima do puzzle e à obra de Bresson, como ponto de partida a questionamentos que serão desenvolvidos e prolongados em direção a um segundo capítulo, reservado à arte do mosaico e à obra de Resnais, e enfim a um terceiro, dedicado ao labirinto e aos filmes de Straub. Apesar do fato de a terceira parte abrir-se para outros filmes, dirigidos por outros cineastas em países e épocas distintas, essas três obras – centrais, contemporâneas e convocadas aqui particularmente por seu rigor, solidez, coerência, independência de qualquer movimento ou escola e por aliar sua estética ousada a uma ética sólida – permanecem, ainda que ausentes, intimamente ligadas ao nó górdio de nossa problemática central.

Assim, proposto em uma configuração pouco usual, este estudo pode ser lido tanto no sentido "vertical" (do primeiro ao terceiro capítulo da primeira parte, e assim sucessivamente) quanto no "horizontal" (os primeiros capítulos, seguidos dos segundos e finalmente dos terceiros) – daí a razão de um *tableau de matières* (quadro de conteúdos) acompanhar a tradicional *table de matières* (sumário) no início desta obra, sugerindo visualmente os possíveis percursos a serem trilhados pelo leitor.

■ ■

A publicação deste livro conta com o apoio da Fundação de Amparo à Pesquisa do Estado de São Paulo (Fapesp) e o estudo original foi realizado com o apoio da Coordenação de Aperfeiçoamento de Pessoal de Nível Superior (Capes) como resultado de uma pesquisa de doutorado empreendida durante quatro anos na Universidade Sorbonne Nouvelle – Paris 3, sob orientação do professor Philippe Dubois. Mas sua dívida estende-se a várias pessoas que de algum modo contribuíram para as reflexões aqui expostas ao longo de todo o período de maturação do texto. Por isso, distinguem-se os sinceros agradecimentos a: Samuel de Jésus, por sua dedicação nas minuciosas leituras da versão francesa; Cecília Antakly de Mello, pela leitura atenta e crítica; Matteo Bonfitto, pela frutífera troca de ideias na interface com o teatro; Ismail Xavier, Jacques Aumont e Nicole Brenez, pelos generosos comentários na banca de defesa da tese; Teresa Castro, Martine Floch e Bernadette Acs, fiéis companheiras de um grupo de estudo tão "informal" quanto inesquecível; e todos(as) que acolheram a pesquisa tanto na França como no Brasil, onde o projeto nasceu – na Escola de Música Villa-Lobos e na Universidade Federal Fluminense (UFF), em Niterói –, e na Itália, onde parte dela foi realizada – em particular, na Universidade Católica de Milão, na Cinemateca de Bolonha e nas universidades de Udine e Pisa.

Parte 1

A Composição Fílmica: Fissuras, Intervalos e Pontos na Imagem

I. Um Cinema de Madeira

1. ENTRE A IMAGEM ORIGINÁRIA E O FILME DE CINEMATÓGRAFO

Para se compreender a construção de um objeto, nada melhor que desmontá-lo, como normalmente fazem as crianças com seus brinquedos e bonecas. Do mesmo modo, a melhor maneira de se solucionar um enigma é fragmentando-o. Raciocinando assim, Fontaine, a personagem aprisionada do filme *Um Condenado à Morte Escapou* (*Un Condamné à mort s'est échappé*, 1956), de Robert Bresson, prostra-se durante um bom tempo – não se sabe ao certo se são algumas semanas, um mês, em todo caso são várias sequências do filme –, abrindo fissuras entre as tábuas que compõem a porta de madeira de sua cela. Ele a descreve da seguinte forma, numa de suas reflexões em voz *over*: "ela era composta por dois painéis, com seis tábuas de carvalho mantidas em molduras da mesma espessura; num intervalo entre duas pranchas, percebi que o filete que as ligava não era de carvalho, mas de uma madeira de cor diferente, faia ou álamo; havia certamente um meio de desmontar essa porta".

Seu objetivo, ao longo de todo o filme, será escapar da cela na qual se encontra cativo, na época da ocupação da França pelos nazistas; e a ação que lhe parece mais apropriada para esse fim consiste em separar algumas tábuas inferiores dessa porta para que elas deslizem e possam ser retiradas, permitindo assim que ele passe pelo buraco e tenha acesso ao corredor. Ele começa, então, a cavoucar entre as tábuas, dia após dia, com a ponta do cabo de uma colher de metal ("fiz dela um cinzel", lembra Fontaine), conseguindo retirar três delas. No entanto, após cada teste de abertura, ele deve recolocá-las em seu lugar exato, a fim de ocultar o buraco secreto. O único plano que mostra essa ação particular ilustra muito bem o seu dispositivo: as tábuas encaixam-se perfeitamente, apesar da moldura rompida durante o processo, cujos pedacinhos ele deve cuidadosamente remendar após cada retirada ("a moldura se rompeu, mas numa superfície maior do que eu havia previsto; pude recolocar os pedaços, mantendo-os no lugar", ele diz ainda em voz *over*). Porém, apesar da perceptível tensão e do seu desejo de fuga, ele não o faz apressada ou desajeitadamente, mas com muita precisão, cuidado e destreza. Aliás, nota-se a extrema paciência e calma com que Fontaine cria suas fendas, rearranjando, a cada vez, os pedacinhos de madeira que dissimulam o buraco escondido e a porção estourada da porta, a despeito do risco constante de que algum guarda apareça subitamente, surpreendendo-o.

Poderíamos ler nessas sequências uma espécie de alegoria da busca, empreendida pelo próprio Bresson, por liberdade e por técnicas de evasão de um cinema que lhe parece excessivamente aprisionado e aprisionante. De fato, encontramos em praticamente toda sua filmografia, de *Os Anjos do Pecado* (*Les Anges du Peché*, 1943) a *O Dinheiro* (*L'Argent*, 1983), uma enorme tensão entre aprisionamento e fuga, a começar pelo nível temático[1]. Mas de que outra forma podemos perceber essa tensão, em seus filmes, senão pela figuração de uma fuga?

Talvez encontremos algumas pistas ao analisar suas reflexões acerca do que seria um filme ou a criação cinematográfica. Primeiramente, Bresson estabelece uma distância clara entre o "cinema" (ou "teatro fotografado"[2]) e aquilo que ele denomina "cinematógrafo". Essa distância marca uma tomada de posição firme e radical contra um determinado tipo de cinema predominante que deve ser visto com desconfiança e a todo custo evitado, pois mantém, a seu ver, péssimas relações com o teatro. À parte questões de gosto pessoal e o fato de ele possuir um olhar demasiadamente intolerante em relação à maioria das obras produzidas em sua época, uma das definições de Bresson para um filme já denota sua condição de "lugar" onde algo curioso ocorre: "filme de cinematógrafo em que a expressão é obtida por relações de imagens e de sons, e não por uma mímica, gestos e entonações de voz (de atores ou de não atores). Que não analisa, nem explica. Que recompõe"[3]. Trata-se, portanto, do palco de uma recomposição, ou seja, do lugar onde alguma coisa composta anteriormente é retomada ou compõe-se novamente. Logo, não é um simples acaso se ele aconselha que, no momento da filmagem, "seu filme deve se parecer com aquele que você vê fechando os olhos. (Você deve ser capaz a cada instante de vê-lo e de ouvi-lo por inteiro.)"[4]. O que significa que as imagens e os sons trabalham juntos, numa espécie de alquimia no interior da própria recomposição, em busca de uma imagem inicial à qual o filme remete e da qual resulta, e que o cineasta vê, paradoxalmente, "fechando os olhos". Bresson nos lembra ainda que "muitos são necessários para se fazer um filme, mas apenas um faz, desfaz, refaz suas imagens e seus sons, retornando a cada segundo à impressão ou sensação inicial, incompreensível aos demais, que os fez nascer"[5].

Percebemos, por trás de tais frases, uma acentuada inspiração platônica[6]. Como se o filme, antes de ver a luz do dia, devesse necessariamente passar por uma imagem primeira, diferente da sua: uma imagem originária (ou original[7], pois "ideal") que lhe serviria de guia no momento de sua concretização e cujo segredo (a "impressão ou sensação inicial") pertenceria somente a seu autor[8]. A imagem, portanto, de uma intenção, como um projeto ou esboço[9] – do mesmo modo que o desenho está para a pintura como uma "representação abstrata" do pensamento, sempre ligada à noção de discurso[10]. Não à toa, o próprio Bresson (pintor, antes de tornar-se cineasta) aproximava o filme de um quadro – para melhor afastá-lo do teatro que, segundo ele, aprisiona o "cinema"[11] – ao recomendar: "veja o seu filme como uma superfície a cobrir"[12]; ou ainda ao impor a si mesmo o seguinte procedimento: "achatar minhas imagens (como com um ferro de passar), sem atenuá-las"[13]. Avançando, então, por essa aproximação entre o filme e o quadro (Bresson não foi o único a sugeri-la[14])–, façamos um desvio pela pintura para, quem sabe, encontrarmos aí algumas respostas a respeito dessa imagem originária que pode servir de fonte a uma obra, e desse lugar de recomposição que Bresson identifica ao filme de cinematógrafo.

A Sombra e o Contorno

A "impressão" ou "sensação inicial" que, segundo Bresson, faz nascer uma imagem nos remete ao relato de Plínio, que é considerado um dos mitos fundadores da noção de retrato em pintura: trata-se da história da filha de um oleiro de Sícion que, desejosa de guardar a imagem de seu amante antes que ele partisse, desenha os contornos de sua sombra projetada na parede por uma vela[15]. Philippe Dubois destacou as sutis correspondências entre essa fábula e a própria natureza da imagem fotográfica, ao demonstrar que tanto o retrato em questão quanto a fotografia provêm, por assim dizer, de uma operação similar à da impressão de uma sombra projetada – sempre graças a um suporte (um plano receptor ou uma superfície de inscrição: a parede ou a película) e a uma fonte luminosa. De todo modo, numa situação como na outra, parte-se de um homem e sua sombra (um "isso foi" barthesiano) para se chegar a uma imagem que o represente, fixando-se progressivamente seus contornos (um "isso é", como o "tempo embalsamado" baziniano)[16].

Dito de outra forma, para Roland Barthes: "o que funda a natureza da Fotografia é a pose". Mas a pose é entendida aqui não como "uma atitude do alvo, nem mesmo uma técnica do *Operator*, mas

PARTE I: A COMPOSIÇÃO FÍLMICA

David Allan, *The Origin
of Painting* (detalhe, 1775),
Galeria Nacional da Escócia,
Edimburgo.

[como] o termo de uma 'intenção' de leitura". O que encerraria, de certo modo, o ciclo de todo um processo de criação/recepção da imagem, ao estabelecer uma ligação íntima, uma espécie de cumplicidade entre a pessoa fotografada, o fotógrafo e o observador, a despeito das distâncias temporais e físicas que possam separá-los[17]. Essa interpretação audaciosa da pose levará Barthes a afirmar que "na foto, alguma coisa *posou* diante do pequeno orifício e aí permaneceu para sempre"; enquanto no cinema, por outro lado, "alguma coisa *passou* diante desse mesmo pequeno orifício: a pose é levada e negada pela sequência contínua das imagens"[18]. De acordo com essa lógica, pode-se deduzir que – uma vez que o desenho marca o fundamento do retrato na pintura e a pose, o do retrato na fotografia – no cinema o retrato teria como fundamento a passagem: não estando mais em questão um "isso foi" ou "isso é", mas um "isso passou" ou "isso passa" – e podemos decliná-la ainda mais, em direção a um "isso se passou" ou "isso se passa", abandonando assim o objeto para acentuar o evento.

Mas deixemos de lado, por ora, a abordagem do evento para insistir um pouco mais sobre a questão, historicamente privilegiada, do objeto: quem é desenhado, quem posa ou quem passa? Se continuamos a pensar no retrato, a resposta mais evidente será: uma pessoa. Como o amante da jovem filha do oleiro, que só teria servido, na mencionada ocasião, para satisfazer passivamente o puro e simples desejo de imitação da moça. Porém, o que restou dele não se reduz nem a si próprio nem à sua sombra – pois, como afirma Hubert Damisch, em seu *Tratado do Traço*: "um contorno é menos imitado que seguido, repassado ou descrito (no sentido em que um móvel descreve uma trajetória), descobrindo-se no movimento pelo qual a linha *se inventa*"[19]. Logo, não se trata apenas de uma mera imitação, mas também, simultaneamente, da descrição, do acompanhamento de um percurso guiado, na medida em que uma sombra já projetada (como a "imagem já constituída" de que fala Éric Landowski[20]) pode ser seguida, reproduzida.

Assim, uma pessoa cujos contornos são descritos dá origem, num primeiro momento, a um objeto passível de ser recuperado e observado a uma distância razoável, sem riscos. Basta acompanhar-lhe o contorno, como fez a filha do oleiro Dibutades, para que se

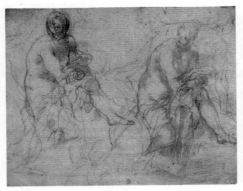 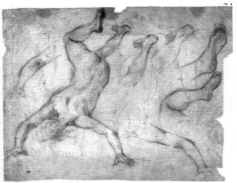

Taddeo Zuccaro, *Estudos de Mulher Nua, Sentada* (século XVI), Museu do Louvre, Paris; e Cecco Bravo, *Figura Nua Precipitada no Vazio; Estudos de Braços e Pernas* (séc. XVII), Museu do Louvre, Paris.

possa atingir uma representação gráfica mais ou menos justa dessa pessoa, ou ao menos de sua aparência – "a exemplo desses pintores que se satisfazem em reproduzir os quadros dos outros (de reproduzi-los ou, literalmente, de *descrevê-los*, por meio de medidas e linhas)"[21]. Aliás, é justamente graças ao seu contorno que a sombra ou a pessoa em questão adquire uma figura – da mesma forma que é pelos traços que acompanham esse contorno que sua reprodução deixa de ser uma mancha para tornar-se uma linha[22]. A figuração não passa, nesse caso, de uma descrição. Todavia, através desse ato de figuração chega-se a um contorno que funciona como uma ilusão total e definitiva, surgindo somente graças a uma leitura dinâmica e inventiva. Algo que acontece ao se descrever, ao se acompanhar, ao se repassar pelas diferentes posições que poderia assumir a pessoa em questão (o "alvo" ou o modelo) – pois, como recomenda Winckelmann: "colocado de perfil, este modelo revelará ao artista o que antes havia escapado ao seu olhar; ele mostrar-lhe-á também o contorno das partes salientes, o das partes interiores e o recorte completo"[23]. Contudo, resta sempre uma zona ocupada pela própria sombra, indefinível, difícil de se perceber e descrever, como nota Philippe-Alain Michaud, pois "em seu movimento de realização, o desenho fica aquém dos códigos da representação mimética, numa região onde a imagem ainda não se estabilizou"[24]. Talvez seja justamente nessa região que encontraremos o lugar de recomposição ou a imagem originária sugeridos por Bresson – algo que, por seu aspecto "desfocado" e inacabado, alguns estudos sobre a pintura nos levam a supor:

Assim como o sonho, o desenho também opera na separação, mas seus laços com a realidade, não mais que os do sonho, não são inteiramente rompidos. Nas imagens do desenho [...] o mundo da experiência não desapareceu: ele se fragmentou e se desorganizou. Alguns motivos são apenas indicados, outros ao contrário desaparecem sob o peso do traço, o tratamento se concentra num detalhe, ao passo que porções inteiras da folha são despojadas, construindo uma cena instável, disparate e flutuante.[25]

A Intenção e a Intensão

Ao estabelecermos esse inusitado paralelo entre a imagem originária e a mancha produzida pela sombra, naturalmente aproximamos, no polo oposto, o filme da linha que compõe o contorno. Que relações podemos então pressupor entre a mancha e a linha, entre a sombra e o contorno, ou ainda entre uma imagem originária e o filme de cinematógrafo de que fala Bresson?

Entre a mancha e a linha, segundo Damisch, encontra-se o traço: o mesmo traço que, na tradição chinesa, é associado à ideia de paisagem ("e de seus elementos constitutivos, bambus, rochedos etc.") e na tradição ocidental, à figuração humana ("reconhecemos nele o elemento gerador da figura prioritariamente humana"). Daí a origem comum dos verbos retratar e retraçar (o radical latino *traz-*), que em italiano (*rittratare, rittrato*) ressaltam ainda mais o fato de constituírem um ato ulterior, de repetição, de *re-traço*[26]. Um ato, portanto, de retomada, de descrição, de leitura. Por isso o traço já não pertence à categoria da mancha, por carregar em si um desejo de rastro; apesar de não ser ainda linha, por não chegar a delimitar completamente uma figura.

Por outro lado, entre a sombra projetada sobre uma superfície e o contorno que a descreve, encontra-se uma *intenção*: a de registrar para sempre seu rastro, sua forma, sua aparência[27]. É o que ocorre com a filha do oleiro de Sícion que, na ânsia de conservar a aparência de seu amante[28], contorna as extremidades (*i luoghi stremi*) que emanam de sua sombra com uma multiplicidade de traços. Há, portanto, uma intenção, um desejo, um projeto: a vontade de um contorno que ainda não é, mas que já se projeta, mentalmente,

PARTE I: A COMPOSIÇÃO FÍLMICA

numa ideia de imagem possível, a ser vislumbrada posteriormente. Além disso, não deixa de ser uma "intenção de leitura", como diz Barthes, cujo fim seria a pose – permanecendo, como no caso do traço, numa zona intermediária da pós-sombra (além de uma presença) e do pré-contorno (aquém de uma imagem), em suspensão, à espera.

No cinema, por sua vez, entre aquilo que denominamos aqui imagem originária e o filme propriamente dito, muito mais do que uma simples intenção – ainda que certamente haja um projeto, um desejo de imagens e mesmo um emprego indireto da pose (aqui multiplicada) por trás de um filme –, encontra-se uma intensão: ou seja, uma tensão interior à realização de um filme, compreendida entre um "ideal" imaginado anteriormente pelo cineasta ("aquilo que você vê fechando os olhos") e um "real" captado pela câmera[29]. Vários cineastas já comentaram o grande desafio que é fazer um filme, no que diz respeito à constante batalha entre uma essência (interior/anterior) e todas as contingências concretas relacionadas à sua realização que colocam em risco a ideia inicial[30]. Porém, a intensão parece tão intrínseca e necessária ao filme quanto sua suposta essência, tendo em vista, inclusive, o grau de imprevisibilidade e complexidade que ela pressupõe: entre a única possibilidade de um ideal e todas as contingências do real.

Além disso, do mesmo modo que se percebe a *pose* numa foto, pode-se igualmente perceber a intensão na tela. De fato, é como se a pose se complexificasse: conservando sua existência, a espera inerente à pose vê-se multiplicada pela passagem ("a pose é levada e negada pela sequência contínua das imagens") que opera como uma espécie de suspensão em cascata. Algo que corresponderia, em imagens fixas, ao célebre quadro de Marcel Duchamp, *Nu Descendo uma Escada n. 2* (1912)[31], ou ainda às cronofotografias surgidas no final do século XIX – e que o mesmo Duchamp chamava de "coisa de Marey"[32], em referência a Étienne-Jules Marey e seu projeto enciclopédico que consistia em: "captar, fotografar, filmar tudo o que se move no universo, de homem a animal, dos fluidos aos objetos, das nuvens à circulação do sangue"[33]. Um projeto sem dúvida utópico,

mas que lançava as bases não apenas das tomadas cronofotográficas, como também do cinema:

Marcel Duchamp, *Nu Descendo uma Escada nº 2* (1912), Museu de Arte de Filadélfia; e Étienne-Jules Marey, *Salto Com Vara* (1890).

> As imagens devem ser tomadas do mesmo ponto de observação; que o intervalo de tempo separando duas imagens sucessivas seja rigorosamente constante; que o tempo de pose seja muito curto; que as imagens sejam tomadas com intervalos de tempo bastante curtos e, consequentemente, que elas sejam muito numerosas sem se confundirem, todavia, entre si.[34]

Mas será que a passagem, essa "suspensão em cascata" (que já se anunciava visivelmente nas cronofotografias) representa, por sua vez, o termo de uma tensão interior ao cineasta e anterior ao filme? Seja como for, ela parece indicar ao menos a mutação de uma "intenção de leitura" em uma intensão de outra natureza. A associação dessa tensão interior com a passagem serviria, logicamente, de motor para a composição de imagens fílmicas, novamente numa zona intermediária (entre a imagem originária e o filme), mas dessa vez vibrando, tremendo – e, como sugere Barthes em relação à fotografia, estabelecendo uma ligação íntima, uma espécie de cumplicidade entre a pessoa filmada, o cineasta/operador de câmera e o observador, a despeito das distâncias temporais e físicas que possam separá-los. Contudo, antes de prosseguirmos nessa "zona intermediária" da criação de um filme, na qual coabitam o que chamamos aqui intensão e passagem, convém explorarmos um pouco mais a noção de imagem originária, que talvez nos ajude a desvendar essas outras noções.

2. DA IMAGEM ORIGINÁRIA À INTENSÃO

De onde surge essa imagem originária que precede virtualmente o filme na cabeça do cineasta, antes mesmo das filmagens? Será que podemos encontrar algumas pistas do lado da mancha ou da sombra – ou seja, no domínio da pintura?[35] Ou seria mais fácil decifrar seus mistérios partindo, retrospectivamente, da imagem já finalizada, resultante dessa imagem primeira?

Voltando a Fontaine, a personagem do filme de Bresson, notaremos que ele se exprime a respeito da porta de sua cela da seguinte forma: "é ao acaso e à desocupação que devo meu primeiro golpe de sorte. Eu ficava normalmente sentado, diante da minha porta, sem mais nada a fazer senão observá-la". Assim, a porta representava para ele uma mancha, uma tela imaginária, opaca, sobre a qual se projetava sua possibilidade de fuga e tudo o que ele poderia ver do outro lado, a partir de sua cela. A simples ideia de libertar-se através da criação de incisões entre as tábuas já lhe inspirava uma "imagem" de liberdade possível, já que: "as tábuas não se encontravam reunidas por um sistema de respigas e malhetes, talhados na própria madeira, mas por um filete de madeira fina que minha ferramenta poderia facilmente arrancar". Desse modo, ele será capaz, pouco a pouco, de ver em sua "mancha" uma forma possível, analisável, desmontável: observar as tábuas é observar o mecanismo, o jogo – e é desse modo que, através das fendas entre elas, ele conseguirá espiar o que se passa fora de sua cela, nos corredores.

Todavia, durante todo o processo, o que se manifesta para ele é um misto de imagem visível (a porta atravessada de incisões, bem como o pouco que ele consegue ver do outro lado) e imagem mental (tudo o que se encontra em sua memória, sua esperança de fuga, seu sonho de liberdade). Ou seja, uma visão sempre parcial, limitada e proibida. Como aquela que observam os dois homens da fotografia intitulada *Bruxelas* (1932), de Henri Cartier-Bresson: um deles olha através de um furo no tecido estendido, enquanto o outro verifica se ele mesmo não está sendo observado; um vislumbra o além, o outro sonha o aquém. Mas um dos detalhes que chama particularmente a atenção nessa imagem é a presença potente de sombras que, num segundo exame, parecem atrair as personagens, empurrando-as em direção ao tecido, aos furos e a esse ato (aparentemente transgressor) de espiar: assim, enquanto o primeiro já colou o nariz e a lingueta de sua boina ao tecido, a fim de melhor espionar através do furo, o outro resiste, apesar da sombra de uma barra vertical sobre seu chapéu-melão parecer conduzir sua cabeça em direção à grande mancha que avança e aponta para um outro furo, prevendo o encontro iminente com seu nariz e seu olhar.

Nessa imagem, uma estranha dinâmica da visão destaca, desse modo, três elementos principais, dos quais dois ao nível da figuração (do visível) e um terceiro ao nível da especulação (do não visível): de uma parte, há dois homens que olham (além ou aquém de um tecido estendido diante deles); de outra parte, há manchas ou sombras que "acompanham" o olhar dos dois homens sobre o tecido; e finalmente há o que se encontra do outro lado do tecido (e fora dos limites do quadro), inspirando a atitude de ambos, essa foto e nossa imaginação – algo que não veremos nunca, pelo menos não nesta imagem[36]. Os dois homens que tentam ver esse algo que não vemos encarnam, por assim dizer, a busca de uma imagem secreta, proscrita do olhar coletivo, mas que é, no entanto, consentida ao olhar astucioso que consegue atravessar os pequenos furos e fissuras estreitas, encontrando do outro lado (ou não, no caso da frustração desse olhar) sua recompensa. Em todo caso, trata-se de um "olhar de fora" ou, segundo Hubert Damisch, de um trabalho do aspecto: "do latim *aspicere*: olhar, no sentido da exterioridade sob a qual uma coisa se apresenta ao olho, ou ao espírito, e que implica algo como uma perspectiva, um ponto de vista, um ângulo de visão. Como se fosse necessário passarmos por aí, por essa marca ou essa fenda, para considerarmos através dela o que seguirá"[37]. Trata-se, então, de um olhar do exterior, lançado sobre a aparência das coisas – que não as olha diretamente, nem as vê de seu interior. Trata-se ainda de um olhar posicionado através de uma fissura específica que determina um ângulo de visão bem orientado, limitado e preciso. Como o visor da máquina fotográfica ou da câmera de cinema, por exemplo; ou então como o *intersector* de que nos fala Leon Battista Alberti, em seu célebre tratado *Da Pintura* (1435), marcando a adoção da perspectiva linear e de novas formas de representação e organização do espaço, no desenho como na pintura, pelo Renascimento italiano:

Albrecht Dürer, *Artista Desenhando uma Mulher Deitada* (1525).

É necessária aplicação ao traçado dos contornos e, para obtê-lo perfeitamente, creio não haver nada mais prático do que esta tela que tenho por hábito chamar, como meus amigos, de *intersector* e do qual fui o primeiro inventor. Ele é composto da seguinte maneira: uma tela de fios muito finos, tecida frouxamente, tingida de uma cor qualquer, dividida por meio de fios mais espessos na quantidade de fileiras de quadrados que se desejar, e estendida numa moldura. Eu o posiciono entre o corpo a ser representado e o olho, de modo que a pirâmide visual penetre através das aberturas da tela. Esta intersecção da tela oferece muitas vantagens, primeiramente porque ela apresenta sempre as mesmas superfícies imóveis, pois logo após haver fixado suas referências, você encontra a mesma ponta da pirâmide que antes, o que é extremamente difícil de se obter sem o *intersector*.[38]

Esse *intersector* (que Alberti descreve, não por acaso, como uma tela) ecoa, de certa forma, tanto no tecido que barra o olhar das personagens da foto de Cartier-Bresson quanto na porta que impede Fontaine de ter acesso ao exterior de sua cela, no filme de Bresson. Num caso como no outro, os furos ou as fissuras permitem que o tecido e a porta sirvam de dispositivos de efração cênica: um tipo de tela aberrante que barra um espetáculo qualquer, cuja visão depende de um ato de arrombamento ou, no mínimo, de voyeurismo. Encontra-se assim recuperada, do mesmo modo que, na época renascentista, a transgressão ao interdito medieval cristão que impedia o acesso à imagem: pode-se contemplá-la, desde que indiretamente, passando o olhar por uma "tela" e suas fendas.

De um Olhar a Outro

De fato, ao falarmos de um "trabalho do aspecto", de um olhar de fora para a aparência das coisas, necessariamente indireto, orientado e cerceado, não estamos mais lidando com aquilo que se vê "fechando os olhos", uma imagem interior, vista de dentro – que denominamos aqui imagem originária e que tentávamos, há pouco, identificar. Lidamos, sim, com a imagem captada pela máquina fotográfica ou pela câmera de cinema (como outrora pelo *intersector* de Alberti), a mesma que se imprime sobre papel ou negativo. Contudo, retomando os demais elementos da mesma fotografia de Cartier-Bresson: seria a imagem originária (que, por sua própria natureza, não pertence à ordem do visível) aquela evocada por essa mancha ou sombra projetada sobre o tecido, que parece impelir o olhar das personagens, conduzindo também o nosso? Será que ao seguir essa sombra chega-se, tal como as personagens, à imagem atual, concreta, visto que é através da sombra (o índice de uma presença) que se chega ao contorno, à figuração? Porém, se a imagem dos homens diante do tecido é uma imagem concreta, tornada pública e visível, não veríamos através das fendas, ao contrário, justamente a dita imagem secreta que buscamos? Mas isso somente do outro lado do tecido, da tela ou da porta, graças aos furos, aos traços, às fendas – ou a uma intenção que provoque a pose; ou, dito de outra forma, a uma intensão que dê livre curso a uma passagem. Pois parece absolutamente necessário que haja uma abertura pela qual olhar: perfurando o tecido, a porta, a tela, enfim, a superfície.

O que nos mantém, pelo menos por enquanto, no mistério e na opacidade desses objetos fissurados – tais como as telas atravessadas pelo gesto radical do artista Lucio Fontana que, a partir de incisões (*tagli*) bem precisas e calculadas em telas monocromáticas, rompe a integridade da superfície bidimensional.[39] Curiosamente, todas as telas que compõem essa longa série de Fontana foram intituladas *Conceito Espacial, Esperas* – o que remete à ideia, mencionada anteriormente, da "espera" inerente à pose fotográfica e à "suspensão em cascata" provocada pela passagem no cinema[40].

Essa imagem secreta e portanto invisível, externa à imagem concreta, pois talvez enclausurada no interior do próprio artista, ausente e paradoxalmente presente nos traços que seu vazio não consegue preencher, estabelece, no entanto, o limite de nossa visão, do mesmo modo que sublinha, por outro lado, a fugacidade e sobretudo a fragilidade, a incompletude da imagem visível. A sombra que "aponta com o dedo" uma presença gera, assim, uma figura que marca uma ausência – como a personagem com chapéu-melão da foto, a observar alguma coisa que (se) passa fora da imagem. E é nesse nível que trabalha a intensão. O objeto, ou a imagem sagrada proibida ao olhar, assim como a mulher que posa para o pintor renascentista, que não a vê senão através do seu *intersector*, ou aquilo que se encontra além do tecido perfurado, não servem todos, no fundo, como modelos, fontes de inspiração para um ato? E não seria a linha visível (o contorno, o desenho ou a pose e a passagem) inspirada por essa sombra a própria materialização disciplinar, o fim "ideal" e unificador de uma profusão de traços que nos são ocultados?[41]

Voltando ao cinema, numa das primeiras notas em que Bresson nomeia, significativamente, o "modelo" – o equivalente, para o cinematógrafo, do ator de cinema, representando este último sua antítese –, ele o define como um "movimento de fora para dentro. (Atores: movimento de dentro para fora.) O importante não é o que eles me mostram, mas o que eles escondem de mim, e sobretudo o que eles não suspeitam que está dentro deles"[42]. Um movimento, portanto, que parte da aparência da pessoa e não de uma psicologia da personagem: de um "trabalho do aspecto", desse "olhar de fora" em direção ao que nos escapa na imagem (inclusive a nossa), pois colocado, paradoxalmente, fora dela e escondido em alguma parte de nós mesmos. Afinal, não é o próprio Bresson que adverte que um filme nasce de uma "impressão ou sensação inicial", de um outro filme "que você vê fechando os olhos"? E eis que a imagem originária aproxima-se da sombra e do modelo, sem com isso confundir-se com eles; trata-se de algo que permanece de fora ("incompreensível aos demais"), excluído da imagem que vemos, e no entanto incontestável para aquele que a fabrica, podendo ser apenas pressentido por aquele que a observa.

Mais uma vez, somos convidados a reconsiderar a situação de Fontaine em sua cela. Inicialmente, ele tem apenas um espaço para onde olhar: a superfície da porta ou as porções de corredor às quais tem acesso através das fendas. Mas, a partir do ato meticuloso de criar incisões na madeira, inspirado por imagens mentais invisíveis aos nossos olhos, podem ser identificados dois olhares distintos e no entanto complementares: um olhar interiorizado, especulativo ou visionário, no sentido em que ele sonha com o que encontrará do outro lado (uma possível liberdade, um caminho a ser atravessado, uma estrada para além dos muros da prisão etc.); e um olhar direcionado ao exterior, "manual", incisivo, criador de fissuras e o mais próximo da aparência das coisas. Assim, ele possui uma dupla visão – interior e exterior, sempre limitada – e o gesto de perfurar a barreira que bloqueia tanto seu olhar quanto sua liberdade.

O Gesto de Perfurar Criando Espaços

Em sua crítica ao "dispositivo de clausura" ou "caixa da representação", cujos limites teriam sido definidos por Kant ("ele desenhou, como se estivesse do lado de dentro, os contornos de uma trama, estranha trama opaca, cujos fios seriam feitos apenas de espelhos"), Georges Didi-Huberman identifica do seguinte modo o "sujeito do saber": "ele é, ao mesmo tempo, especulador e especular"[43]. Assim, ele propõe:

> Deve-se tentar estilhaçar essa zona refletora, na qual especular e especulador contribuem para inventar o objeto do saber como a *simples imagem* do discurso que o pronuncia e o julga. Compreenderemos o que, eventualmente, tal gesto pode ter de aflito [...] ou mesmo de suicida. Pois ao recusar tanto a miséria do prisioneiro quanto o triunfo do maníaco, aquele que despedaça nem que seja uma só porção da parede, já assume um risco mortal para o sujeito do saber. Ou seja, ele assume o risco do não saber.[44]

Em eco à condição de Fontaine na prisão, esse "risco do não saber" afeta tanto a própria personagem quanto Bresson e o espectador, sempre em relação à zona proibida que a imagem originária representa. Porém, é justamente através desse ato de "despedaçar" que, segundo Didi-Huberman, escapamos ao mesmo tempo de um "saber sem ver" – consciência de um saber sintético que se afasta do

PARTE I: A COMPOSIÇÃO FÍLMICA

próprio objeto para agarrar-se ao "encerramento simbólico" de um discurso que o representa – e de um "ver sem saber", pois, ao olhar, afastamo-nos do mundo fechado dado por um saber sintético, graças a uma abertura dos sentidos[45]. Além disso, essa operação se dá através de uma "dupla rachadura": é preciso "rachar a simples noção de *imagem*" – ou seja, voltar a uma noção de imagem ainda não figurada pela obra, mas "figurante", tomada em seu processo de tornar-se uma imagem visível – e "rachar a noção simples de *lógica*" – pois não sendo nem absolutamente racionais, nem somente empíricas, as imagens nunca se reduzem a proposições lógicas de verdade ou falsidade[46]. O que não as impede de serem compostas de uma estrutura, mas que permanece aberta[47] e na qual o "mundo das imagens" joga com o "mundo da lógica", preservando margens, folgas ("como quando se diz que há 'jogo' entre as peças de um mecanismo") que garantem o que ele define como uma "potência do negativo".

Podemos então identificar nesse gesto de perfurar, de rachar, nesse rasgo – de Fontana em suas telas, de Fontaine na porta da prisão, mas também das personagens da foto de Cartier-Bresson no tecido, ou de Alberti com o *intersector* – um "trabalho negativo na imagem": como uma espécie de "eficácia 'obscura' que, por assim dizer, escava o visível (a organização dos aspectos representados) e mata o legível (a organização dos dispositivos de significação)"[48]. Trata-se, portanto, de um quase retorno, ou melhor, de uma coabitação entre o que permanecia oculto aquém da imagem visível e o contorno: "retorno do traço ou retorno dos traços, às custas da linha que deveria resumi-los e pelos quais ela será substituída como se eles próprios fossem substituídos na borda mais extrema da sombra"[49]. Ao mesmo tempo, trata-se também da criação de espaços, de margens, de "jogos" nos quais a expressão pode ser "obtida por relações de imagens e de sons" e não por "análise", nem por "explicação", mas sobretudo por "recomposição", como preconizava Robert Bresson[50].

O que chamamos aqui de intensão marca, desse modo, o afastamento da simples conjunção, no seio da criação de uma obra, dos aspectos especulativo (ao nível da imagem originária, logo do imaginário) e especular (enquanto reflexo do artista e produto de sua reflexão: o próprio filme, enquanto imagem concreta[51]), em direção ao encontro dinâmico (sempre em progressão, em processo) de um "trabalho do aspecto", ou seja, um olhar de fora para a aparência das coisas, com um "trabalho negativo na imagem", um olhar para a falta, gerador de furos, de espaços vazios. Chega-se, assim, a um duplo ato, simultâneo, de olhar e perfurar com o olhar: ver uma imagem buscando nela rachaduras, escavando-a com o olhar, "recompondo-a"[52]. Um ato de decalque que consiste em passar de uma imagem a outra.

"Movimento de fora para dentro", aconselha Bresson a seus modelos. Podemos estender esse mesmo conselho aos filmes, quando ele afirma que: "o importante não é o que eles me mostram, mas o que eles escondem de mim, e sobretudo o que eles não suspeitam que está dentro deles". Paradoxo comum ao modelo (a pessoa filmada, mas também a imagem originária) e à obra (o filme de cinematógrafo), que só atingem a integridade quando sua pele é, de certo modo, atravessada por linhas de um *intersector* invisível, de um olhar perfurante – estando a obra quase colada ao modelo. O resultado é menos o filme que vemos "fechando os olhos" do que o confronto, o casamento tenso entre essas duas imagens de naturezas tão diversas (uma mental, outra material), como que "reunidas por um sistema de respigas e malhetes". Mas o que as impede de aderir completamente uma a outra é justamente o reflexo dessa intensão: a passagem.

3. A ARTE DO PUZZLE

O caminho que conduz ao "filme de cinematógrafo" de Bresson não omite, portanto, uma imagem que lhe sirva de modelo, de origem, habitando (e assombrando) o imaginário do realizador. E este comentário de Paul Valéry acerca da criação artística vem apenas corroborar essa ideia:

> Como o jogador perseguido por combinações de partidas, assombrado à noite pelo espectro do tabuleiro de xadrez ou do feltro onde as cartas são lançadas, obcecado por imagens táticas e soluções mais vivas que reais, assim é o artista essencialmente artista. Um homem que não é possuído por uma *presença* dessa intensidade é um homem inabitado: um terreno baldio.[53]

Todavia, contrariando essa espécie de predeterminação intrínseca à criação – que presumiria uma imagem originária na cabeça do artista, o qual faria *colar* diretamente as duas imagens distintas e "perfuradas" –, a intensão estabelece justamente a ponte entre os dois extremos, sem com isso "soldá-los": graças à formação de espaços, de jogos entre as duas imagens. O que provoca certa flexibilidade e certa defasagem entre uma e outra – e, não por acaso, o próprio Bresson dá a seu filme o sintomático subtítulo de *O Vento Sopra Onde Quer* (trecho de um versículo da *Bíblia* transmitido a Fontaine pelo pastor), em referência ao acaso e ao improviso[54]. A fim de explorar esse descompasso, essa zona que separa as duas imagens (uma mental, outra concreta), façamos mais um rápido, porém necessário, desvio de percurso.

No prefácio de seu romance *A Vida: Modo de Usar* (1978), o escritor e cineasta Georges Perec define a arte do puzzle como sendo, antes de tudo, "uma arte breve, uma arte mínima, inteiramente contida num magro ensinamento da *Gestalttheorie*", segundo a qual "o objeto visado [...] não é uma soma de elementos que é preciso primeiro isolar e analisar, mas um conjunto, ou seja, uma forma, uma estrutura"; ele acrescenta ainda que "o elemento não preexiste ao conjunto, não sendo nem mais imediato, nem mais antigo, pois não são os elementos que determinam o conjunto, mas o conjunto que determina os elementos". Assim, ele prossegue, pouco importa se olhamos uma única peça de um puzzle durante várias horas ou alguns dias, acreditando poder tudo saber de sua configuração e de sua cor, pois finalmente não descobriremos grande coisa: "só conta a possibilidade de religar esta peça a outras peças, [já que] somente as peças reunidas adquirirão um caráter legível, adquirirão um sentido"[55].

Robert Bresson, como vimos, considera que no filme de cinematógrafo "a expressão é obtida por relações de imagens e de sons". Além disso, para ele, uma imagem jamais possui valor em si mesma, pois "imagens e sons só terão valor e força na utilização à qual você os destina"[56], do mesmo modo que "as imagens, como as palavras do dicionário, somente têm força e valor pela sua posição e relação"[57]. E ele radicaliza seu discurso ao afirmar que

> Se uma imagem, olhada à parte, exprime nitidamente alguma coisa, se ela comporta uma interpretação, ela não se transformará ao contato com outras imagens. As outras imagens não terão nenhuma força sobre ela e ela não terá nenhuma força sobre as outras imagens. Nem ação, nem reação. Ela é definitiva e inutilizável no sistema do cinematógrafo. (Um sistema não regula tudo. Ele é o detonador de alguma coisa.)[58]

Compreende-se, então, que não se deve acentuar as peças ou as imagens de um conjunto, mas as relações, as ligações que elas mantêm ao (re)compô-lo. Daí a necessidade, para Bresson, de fabricar somente "imagens insignificantes (não significantes)"[59]. Do mesmo modo que a peça de um puzzle, para Perec, representa apenas uma "questão impossível, [um] desafio opaco" que deve ser superado pelas únicas conexões possíveis, o que causa o desaparecimento da peça enquanto tal, pois "a intensa dificuldade que precedeu essa aproximação, e que a palavra 'puzzle' – enigma – designa tão bem em inglês, não somente não tem mais razão de ser, como parece jamais ter tido, tamanha é sua obviedade"[60].

Logo, o que importa nessa zona intermediária – entre uma imagem mental e outra material, mas também entre as peças espalhadas de um quebra-cabeça e a imagem total que se busca recompor com elas – são os jogos (espaços) e as conexões (ligações), pois entre as duas imagens encontra-se a intensão que as conecta, designando um olhar que as perfura, originando orifícios. No puzzle, o jogador visualiza desde o início a meta que deseja alcançar e que lhe serve de guia: a imagem originária sendo, nesse caso, exteriorizada de outra forma que pelo próprio objeto, o qual só será obtido no final do processo, funcionando como uma espécie de roteiro ou *storyboard* de cinema (*disegno esterno*). O que justifica, de certo modo, a adequação do puzzle como metáfora da construção fílmica, tal como considerada até aqui, mas não qualquer puzzle: Perec, em seu texto, não tarda em distinguir um quebra-cabeça de papelão (industrializado, fabricado à máquina) de um quebra-cabeça de madeira (artesanal, cortado à mão). O que os define, mesmo em sua diferença, é o tipo de recorte ou decupagem[61] empregada: ato primordial de sua existência, ela é o "fundamento" do puzzle (tomando-se emprestado o termo de Barthes em referência à pose, fundamento do retrato fotográfico). Assim, para o puzzle de papelão, o recorte "não obedece a nenhuma necessidade: uma prensa cortante programada segundo um desenho imutável fatia as placas de papelão de um modo sempre idêntico", resultando em algumas categorias ou classes de peças nomeadas de acordo com sua forma, como, por exemplo:

      os homenzinhos   as cruzes   as cruzes de Lorena

e suas variações[62]. Segundo Perec, esse é o tipo comumente rejeitado pelo verdadeiro apreciador, não apenas por causa do material com que é fabricado (papelão em lugar da madeira) ou pelo fato de a reprodução do desenho que lhe serve de modelo ser impressa na embalagem, mas sobretudo porque neste tipo a própria especificidade do puzzle é suprimida pelo recorte:

> Pouco importa, neste caso, contrariamente a uma ideia fortemente ancorada na mente do público, que a imagem de início seja reputada fácil (uma cena de gênero à maneira de Vermeer, por exemplo, ou uma fotografia em cores de um castelo austríaco) ou

difícil (um quadro de Jackson Pollock, de Pissarro, ou – paradoxo miserável – um puzzle branco): não é o tema do quadro nem a técnica do pintor que criam a dificuldade de um puzzle, mas a sutileza do recorte; e um recorte aleatório produzirá necessariamente uma dificuldade aleatória, oscilando entre uma facilidade extrema para as bordas, os detalhes, as manchas de luz, os objetos bem contornados, os traços, as transições, e uma dificuldade fastidiosa para o resto: o céu sem nuvens, a areia, a grama, o campo semeado, as zonas de sombra etc.[63]

Da Arte do Puzzle à Passagem

Assim, para Perec, como para o verdadeiro apreciador, a arte do puzzle só se concretiza plenamente com o quebra-cabeça feito de madeira e cortado manualmente: não somente por empregar uma técnica artesanal, mas também porque o criador do puzzle propõe a si mesmo, durante a fabricação e antes da decupagem, as questões que poderão passar pela cabeça daquele que mais tarde o montará, tentando prever todas as suas dificuldades, a fim de servir-se de astúcia, artifício e ilusão, em vez de relegar ao acaso o apagamento das pistas, como faz a máquina:

> De um modo premeditado, todos os elementos que figuram na imagem a ser reconstruída [...] servirão de ponto de partida para uma informação enganosa: o espaço organizado, coerente, estruturado, significante do quadro será decupado não apenas em elementos inertes, amorfos, pobres de significado e de informação, mas em elementos falsificados, portadores de informações falsas.[64]

O que os aproxima, por assim dizer, das imagens "insignificantes" reivindicadas no cinema por Bresson. Pois, ao dirigir-se ao jogador (como o cineasta ao espectador), o criador age como cúmplice virtual da futura (re)composição, acentuando sempre as conexões entre as peças. Além disso, a divergência de resolução entre os dois tipos de quebra-cabeça pode elucidar ainda mais as diferentes potências em jogo: enquanto para o puzzle feito de papelão (monólogo solitário diante da decupagem de uma máquina) deve-se simplesmente "tentar a cada vez todas as combinações plausíveis",

PARTE I: A COMPOSIÇÃO FÍLMICA

para aquele feito de madeira (diálogo entre jogador e artesão; ou, metaforicamente, espectador e cineasta) constata-se, ao contrário, que "cada gesto que faz o jogador do puzzle já havia sido feito pelo fabricante antes dele; cada peça que ele pega e larga, que ele analisa e acaricia, cada combinação que ele tenta mais de uma vez, cada tateada, cada intuição, cada esperança, cada desencorajamento, foram decididos, calculados, estudados pelo outro"[65].

Desse modo, ao desconstruir a imagem através de uma decupagem ardilosa e enganadora, o criador do puzzle coloca-se no lugar do jogador, estabelecendo com ele uma espécie de cumplicidade atemporal, da mesma forma que se pode enviar uma mensagem cifrada numa garrafa – porém, diferentemente do que evoca a pose na fotografia, segundo Barthes ("o termo de uma 'intenção' de leitura"). A decupagem do puzzle de madeira suscita o estabelecimento de um ponto de comunicação entre o criador e o jogador, no trabalho conjunto de caminhos ocultos. Não é mais uma intenção: é um gesto.

Quando Fontaine põe-se a desconstruir sua condição (sua imagem) de prisioneiro, ele conta com a cumplicidade de seus colegas de prisão para atingir tal objetivo – vide a mensagem na parede que lhe indica como abrir as algemas; o camarada que lhe fornece os pequenos objetos de que precisa; o vizinho de frente que vigia enquanto ele faz as fissuras e que, ao falhar em sua tentativa de fuga, indica a armadilha a ser evitada; e finalmente o jovem Jost, sem o qual ele nunca poderia ter escapado. Através dessas provas de fraternidade, arriscadas, porém necessárias, o filme coloca a personagem em relação de cumplicidade com seus parceiros de prisão. Por outro lado, seus atos solitários (criar fissuras entre as tábuas de madeira da porta, rasgar cobertores e roupas para a confecção de cordas, desmontar uma pequena porta de metal para fabricar ganchos), ao serem guiados por pensamentos em voz *over*, estabelecem outro tipo de cumplicidade: entre a personagem e o espectador, que se torna então cúmplice privilegiado da preparação de sua fuga. Pois Fontaine não se encontra mais num estado de reflexão, de espera, de suspensão (de "leitura"), já havendo passado ao ato (à "escritura"). E é nesse ato que se põe à prova a passagem: não o fim, mas a reverberação contínua de uma intensão (tensão interior que conecta, com um olhar perfurante, dois tipos diferentes de imagens) de escritura – quando ler já é escrever.

Curiosamente, a descrição que Fontaine faz da porta de sua cela na prisão – "ela era composta de dois painéis, com seis tábuas de carvalho mantidas em molduras da mesma espessura; num intervalo entre duas tábuas [...] o pedaço que as ligava não era de carvalho, mas de uma madeira de cor diferente, faia ou álamo" – aproxima-se também da de Perec para o puzzle de madeira: Winckler (o fabricante de puzzle no livro) colava a aquarela sobre um suporte ("compensado de álamo") antes de estudá-la e de cortá-la em pequenos pedaços; entre a aquarela e a madeira, diz ele, encontra-se a cola ("uma cola especial, de linda cor azul, que ele próprio preparava") e "uma fina folha de papel branco que devia facilitar a separação posterior da aquarela reconstituída e do compensado, servindo de borda ao futuro puzzle"[66].

Dois elementos interpõem-se igualmente entre a imagem originária e o filme de cinematógrafo, ou seja, entre as relações (garantidas pela intensão) que as conectam e os espaços (assegurados pela passagem) que as separam. Mas o que seria exatamente a passagem? Um "isso passa" ou um "isso passou", uma suspensão em cascata (ainda que às vezes flertando com aparências "estáticas") que modifica imediatamente as relações entre um projeto de imagem e a imagem registrada – da mesma forma que altera os dados no interior da imagem. Nada fica incólume diante da passagem, pois ela marca a distância entre as duas imagens (o *disegno interno* e o *disegno esterno*). Ou seja, durante a realização do filme, a passagem se encarrega de afastá-lo de seu modelo, a imagem originária; mas não por causa de qualquer agente externo (as contingências das filmagens, os meios e limitações de produção etc.), pois ela se encontra interiorizada e inerente ao próprio registro da imagem, sendo a faísca que escapa à vontade do cineasta e de sua esquipe.

Gilles Deleuze, em seu livro dedicado ao pensamento de Leibniz, define a "dobra" como sendo o elemento perturbador e distintivo entre a alma e o corpo e que não ocorre somente "entre as essências e os existentes", pois é "uma dobra extremamente sinuosa, um zigue-zague, uma ligação primitiva, não localizável"[67]. Como a dobra deleuziana, a passagem cinematográfica também pressupõe que "o jogo interioriza não só os jogadores que servem de peças mas a mesa sobre a qual se joga e o material da mesa"[68], pois "realiza-se no corpo", animando-o e materializando-se[69] – conjugando, assim, corpo e imagem. Além disso, o acento imposto pelos antigos à pose, enquanto "instante privilegiado" ou "forma imóvel" (cujas relações dialéticas servem de princípio a uma "síntese inteligível do movimento"[70]), vê-se aqui deslocado para a passagem. O que permite afirmar que o cinema só tem a ver com a pose (mais propriamente fotográfica, como reconhece Barthes, ou ainda coreográfica, de acordo com Deleuze) indiretamente, porque ele se desdobra justamente em oposição a ela, através de diferentes "instantes quaisquer" ou "cortes" pelos quais ele reconstitui o movimento: na própria passagem de uma imagem "insignificante" (ou "qualquer", como um "elemento material imanente do movimento") a outra.

Da Passagem ao Filme de Cinematógrafo

Enquanto a imagem originária confere uma "alma" aos corpos filmados, esses mesmos corpos em movimento na imagem materializam, ao passar (ou seja, estando ao mesmo tempo presentes e animados, habitando a imagem), seu devir fílmico. Como destaca Bresson: "as trocas que se produzem entre imagens e imagens, sons e sons, imagens e sons dão vida cinematográfica às pessoas e aos objetos do seu filme, e, por um fenômeno sutil, unificam sua composição"[71]. Uma questão de trocas (de intensões), portanto, mas também de "vida cinematográfica" (de jogo) – e Bresson acrescenta: "Montagem. Passagem de imagens mortas a imagens vivas. Tudo refloresce."[72] A novidade, o desconhecido, o inesperado (o improviso) e o incontrolável da passagem permitem precisamente confundir todo o trabalho de organização (de *mise en scène*, termo que Bresson execra) de um filme: é o cimento (ou a cola) rebelde que resiste a qualquer forma de controle, de conformismo, pois em vibração constante e em eco à intensão, esse elo de ligação sempre tenso e frágil[73]. Ao falar dos modelos, Bresson afirma que "o que eles perdem em relevo aparente durante a filmagem, ganham em profundidade e em verdade na tela. São as partes mais planas e mais pálidas que finalmente têm mais vida"[74]. E isso graças ao jogo e à vibração da passagem, que garantem a ilusão de movimento e a ilusão de profundidade, de vida etc.

Por outro lado, é a passagem que pode desestabilizar um filme: ora desvirtuando-o em direção à abstração – "veja seu filme como uma combinação de linhas e de volumes em movimento fora do que ele representa e significa" –, ora modulando-o no nível da velocidade – "filmes lentos, em que todo mundo galopa e gesticula; filmes rápidos em que quase ninguém se mexe"[75]. Eis a razão pela qual o espaço, na obra de Bresson, apesar de continuar sendo "enquadrado"[76], permanece "abstrato"[77]: no sentido em que os lugares, mesmo quando reais e reconhecíveis, tornam-se sempre estrangeiros ao nosso olhar, fazendo parte integrante do universo único do filme. Porque um plano bressoniano – pelo menos a partir de *Diário de um Padre* (*Journal d'un Curé de Campagne*, 1950) e de suas primeiras notas sobre o cinematógrafo, que datam da mesma época – é sempre facilmente identificável como sendo apenas dele, diferindo de qualquer outro plano, rodado ou não em estúdio, que tente reconstituir lugares reais, dando-lhes uma "nova realidade" artificial. Pois Bresson, ao contrário da maioria dos cineastas, confere aos lugares reais uma espécie de artificialidade própria ao seu olhar – ou seja, apesar de continuar sendo "abstrato", o espaço em sua obra adquire um aspecto "estilizado"[78]. Essa é a sua maneira de estabelecer os contornos em torno das sombras, de recortar as peças de seu "puzzle de madeira" (enquanto fabricante-jogador) e de dar a ver ao mesmo tempo que engaja o olhar do espectador: "Colocar o público face a face com seres e coisas, não como ele é colocado arbitrariamente por hábitos adquiridos (clichês), mas como você mesmo se coloca segundo suas impressões e sensações imprevisíveis. Jamais decidir nada antecipadamente."[79]

No início deste capítulo, Bresson falava da "impressão e sensação iniciais" encontradas na origem de um filme e só pertencendo a seu realizador. Chegamos aqui a um paradoxo, a um impasse: como pode a única pessoa que detém o conhecimento profundo de um filme (a "visão" de sua imagem originária) ignorar o que (se) passará de fato diante da câmera e, mais tarde, sobre a tela? De uma imagem mental que permanece secreta, exceto para o cineasta, pode resultar uma imagem material cujos segredos escapam-lhe – e da qual Bresson quer nos (p)reservar as possíveis surpresas ("suas impressões e sensações imprevisíveis")?

II Um Cinema de Pedra

1. SOBRE O NASCIMENTO DE UM FILME

O lento piscar de um coração vermelho sobre fundo preto acompanha o som de um batimento cardíaco, enquanto uma voz *over* anuncia: "A única razão de ser de um ser é ser. Ou seja, é manter sua estrutura. É manter-se vivo. Sem isso, não haveria ser". É assim que nasce *Meu Tio da América* (*Mon Oncle d'Amérique*, 1980), um filme de Alain Resnais[1]. Literalmente *nasce*, pois não se trata apenas das primeiras imagens do filme após os créditos iniciais, mas igualmente da figuração, através do cinema, da vida de um filme como se este fosse um ser vivo: com um coração que bate e imagens que emergem aos poucos da escuridão, à medida que seus "olhos" se abrem. Mas será que um filme possui realmente uma vida? Haveria uma espécie de "coração" a pulsar como o nosso, seguindo o ritmo de seu próprio batimento? Enfim, teria ele uma alma?

Robert Bresson, em suas *Notas Sobre o Cinematógrafo*, considera que a criação de um filme consiste em "duas mortes e três nascimentos": "meu filme nasce uma primeira vez na minha cabeça, morre no papel; é ressuscitado pelas pessoas vivas e os objetos reais que eu utilizo, que são mortos na película, mas que, colocados numa certa ordem e projetados sobre uma tela, se reanimam como flores na água"[2]. Aliás, alguns textos fundamentais da teoria do cinema, desde pelo menos Jean Epstein[3], foram arquitetados a partir da ideia (nada simples) de que um filme *pensa*. Tomemos, dentre os vários exemplos de diferentes épocas, um postulado de Antonin Artaud que diz: "pode ser que o cinema coloque-se no lugar do olho humano, pensando por ele, depurando o mundo para ele"[4]; ou então a seguinte afirmação de Jacques Aumont: "a imagem pensa – e não é somente o veículo ou a consequência (necessariamente estreita) de uma idealização situada em outra parte (necessariamente no verbal)"[5].

O raciocínio por trás desses dois exemplos já sugere que se questione consideravelmente o papel da imagem originária na criação de um filme, ao mesmo tempo que insinua uma possível ligação entre esse suposto "pensamento" cinematográfico e a *passagem*, tal como analisada no capítulo anterior. Contudo, se um filme *pensa*, não seria ao menos em parte graças à "vida" representada por sua estrutura? E em sintonia com nossa percepção? Pois, como afirma Epstein,

> O caráter sem dúvida mais aparente da inteligência cinematográfica é o animismo. Desde as primeiras projeções retardadas ou aceleradas, foram eliminadas as barreiras que havíamos imaginado entre o inerte e o vivo. Ao entrar em ação, o cinematógrafo mostra que não há nada imóvel, nada morto. [...] Revelando a vida das coisas, vegetalizando a pedra, animalizando a planta, humanizando o bicho, o cinematógrafo torna esses seres ainda mais acessíveis à nossa sensibilidade, à nossa compreensão. [6]

PARTE I: A COMPOSIÇÃO FÍLMICA

Notemos, entretanto, que para ele caberia ao cinema revelar a vida e não provê-la, ainda que a consideremos, distintamente, como uma "vida cinematográfica" – como diz Bresson[7], destacando por outro lado que: "cinematografar alguém não é dar-lhe vida. É porque eles estão vivos que os atores tornam viva uma peça de teatro."[8] Podemos, então, afirmar que "cinematografar" consiste, finalmente, em revelar a vida de uma máquina? De modo bem diverso, Artaud – para quem "o mundo cinematográfico é um mundo morto, ilusório e esfacelado" – é categórico a essa respeito:

> O cinema, que não necessita de uma linguagem, de uma convenção qualquer para nos reaproximar dos objetos, nem por isso substitui a vida; são pedaços de objetos, recortes de aspectos, puzzles inacabados de coisas que ele reúne entre si para sempre. [...] Não se refaz a vida. Ondas vivas, inscritas num número de vibrações fixado para sempre, são, doravante, ondas mortas.[9]

Mais um paradoxo da imagem cinematográfica é aqui proposto: se, por um lado, ela revela a vida das coisas através da vibração que a passagem prefigura, ela o faz, por outro lado, graças à fixação dessas vibrações que, embora correspondendo ao aspecto vivo do mundo, congelam-se para sempre nessa inscrição – tal como um epitáfio. Mas um epitáfio que finge escapar de sua imobilidade pela recuperação dessas mesmas vibrações, contidas numa estrutura – em eco aos diferentes "nascimentos" e "mortes" de um filme, de que fala Bresson. Porém, como se apresenta essa estrutura fílmica? Gilles Deleuze formula a seguinte ideia, em seu livro sobre cinema: "uma estrutura é o desenho de uma trajetória, mas uma trajetória nada mais é que o traçado de uma máquina"[10]. Ora, de que matéria ou de que elementos pode se compor esse desenho de uma trajetória ou esse traçado de uma máquina que comporta vibrações? "De imagens em movimento e sons articulados", diriam os mais pragmáticos; "de uma história bem contada", concluiriam rapidamente os mais conservadores; ou, então, "de figuras e sonhos errantes?", indagariam ainda os mais audaciosos.

Alain Resnais parece sugerir uma resposta na sequência inicial, um tanto enigmática, de *Meu Tio da América*: logo após o desaparecimento do coração que bate acompanhado pela voz *over* do professor Henri Laborit, surge uma imagem (ao mesmo tempo que se ouve o balbucio de várias vozes das personagens do filme, proferindo fragmentos de frases) composta de várias pequenas imagens justapostas, como numa colagem de fotos de cena. Entretanto, não são fotos de cena que estão ali reunidas, como constataremos ao longo do filme, mas algumas imagens extraídas de diferentes momentos da obra e da biografia de suas personagens, como se tivessem sido arrancadas de seu movimento, congeladas para sempre em sua imobilidade, como as fotos de um álbum de família.

Mas essa curiosa coleção de imagens não será apresentada, ainda, em sua integralidade, talvez justamente pelo fato de que existam tantas outras imagens compondo a memória desse filme e que não figuram aí. A obra encontra-se apenas no início (quando o filme, ainda bebê, começa a abrir seus olhos...) e essa imagem, composta de outras imagens, será portanto mostrada na penumbra completa, revelada apenas em pequenas porções, através de um círculo de luz em movimento que ilumina parcialmente o conjunto de imagens – como uma lanterna a desvendar somente um pouco daquilo que se poderia enxergar. Trata-se aqui de uma imagem-síntese do filme: composta e, no entanto, incompleta, apresentada apenas em parte no início e somente mais tarde, no fim do filme, em sua totalidade (ainda que parcial). É como se pudéssemos, somente no final – após termos acompanhado as

Fotograma de *Meu Tio da América* – a imagem-síntese no final do filme.

histórias truncadas das três personagens principais, assim como as complicadas teorias científico-filosóficas do professor Laborit –, ter acesso ao conjunto de imagens, compreendendo melhor sua presença lacunar. Porque a estrutura de um filme, como Resnais parece demonstrá-lo através dessa imagem emblemática, é e sempre será como o "desenho de uma trajetória": lacunar, com falhas, carências e lapsos de memória e de imagens, dentre aquelas vistas e retidas – assim como a vida, para cada um de nós[11].

Não por acaso, num artigo dedicado à estrutura dos filmes de Resnais, François Thomas aproxima todos eles da ideia de "jogo"[12], numa dialética de construção e decomposição. Segundo ele, "um filme de Alain Resnais é um filme que nasce do caos", e prossegue:

> Passados os primeiros minutos (ou alguns mais), o filme habitua progressivamente o espectador, fazendo-o aceitar as regras do jogo, afirmando seu modo de funcionamento, ao mesmo tempo que adiciona novos dados ao longo do caminho. Mais tarde, as paralelas acabam se cruzando, as conexões ocultas entre as histórias se esclarecendo. [...] Mas nem bem as paralelas se encontram e já se dispersam novamente. Após esta fase de construção, o mecanismo desagrega-se, a mola distende-se. [...] A construção e a composição, nos filmes de Resnais, revelam-se assim inseparáveis da decomposição.[13]

Todavia, ao mesmo tempo que afirma esse ponto de vista, Thomas destaca, um pouco antes no mesmo artigo, que ao se recusar a apresentar os eventos em sua continuidade, Resnais nem por isso faz "obra de desconstrução", mas "recompõe" a cada passo a dramaturgia do filme, tendo por base "os mecanismos comprovados de uma construção tradicional"[14]. Assim, é possível que a dialética de continuidade dos eventos também se dê de outra forma: entre construção e recomposição – como, aliás, desejava Bresson.

Memória de Fantasmas

O binômio continuidade/descontinuidade espaço-temporal no cinema continua compondo a base de seu dispositivo, por encontrar-se estreitamente relacionado à ilusão de movimento – ou, mais precisamente, ao *movimento aparente* ocasionado pela projeção luminosa de uma série de imagens fixas, intercaladas por um duplo mascaramento visual[15]. Sem dúvida, como já afirmava Epstein, "a uma certa cadência, a projeção dessa série de figuras, separadas por curtos intervalos de espaço e tempo, produz a aparência de um movimento ininterrupto"[16].

Contudo, Alain Resnais escolhe naturalmente explicitar o extremo oposto: ao reunir num único plano uma série de figuras separadas (plástica e narrativamente) por intervalos de espaço e de tempo, ele acaba produzindo, ao contrário da descrição feita por Epstein, a aparência de um movimento interrompido. Assim, ele brinca com essa descontinuidade, com essa fragmentação original do cinema, representando-a no início e no final de seu filme, através de algumas de suas imagens constitutivas[17]: isoladas e imobilizadas nessa espécie de fotomontagem, só lhes resta tornarem-se fantasmagóricas – como se constituíssem um altar mortuário ou as ruínas de um filme. O que contradiz, de certo modo, a própria natureza do espetáculo cinematográfico, que ele parece questionar como se fizesse uma piada. Pois, como afirma Epstein,

> A descontinuidade só se torna continuidade após haver penetrado no espectador. Trata-se de um fenômeno puramente interior. No exterior daquele que olha, não há movimento, nem fluxo, nem vida nos mosaicos de luz e sombra que a tela apresenta sempre fixos. Interiormente, há uma impressão que, como todos os outros dados fornecidos pelos sentidos, é uma interpretação do objeto, ou seja, uma ilusão, um fantasma.[18]

Resnais evidencia, dessa forma, o aspecto ilusório, fantasmático do que é dado a ver, frustrando imediatamente o trabalho habitual do espectador: o de perceber o movimento, ainda que aparente, daquilo que se vê na tela – ilusão primordial do cinema. Ele torna assim visíveis (pois imobilizados, destacados, impassíveis) tanto o caráter patético quanto banal dessas personagens, assim como dessas imagens e de sua própria construção. "Ah, como é fácil" – ele parece dizer, numa piscadela – "congelar e apresentar qualquer imagem de qualquer personagem de qualquer filme". Porque seu filme já nasce, por assim dizer, com uma imagem-síntese pronta, acabada, próxima de uma espécie de protomemória (ou de *forward-memory*, se quisermos associá-la ao procedimento cinematográfico do *flash-forward*[19]) que anuncia no início (ainda que parcialmente, por conta da escuridão que, todavia, oculta o conjunto) a totalidade do futuro filme.

Fotogramas de *Meu Tio da América* – a imagem-síntese no início do filme.

Logo, trata-se de uma imagem-síntese em dois níveis: primeiro, porque ela ilustra (condensando-as) diferentes sequências do filme, reduzindo-as a imagens-células que representam tal ou tal sequência; segundo, porque ela concentra (cristaliza) a própria ideia da construção meândrica do conjunto do filme, explicitando a heterogeneidade das séries de planos e dos motivos (plásticos e narrativos) que o compõem. Além disso, é uma imagem-síntese que, de certo modo, aproxima-se muito do conceito de imagem-cristal proposto por Deleuze: ao reunir em si, ao mesmo tempo, uma realidade enquanto imagem atual (a imagem composta de pequenas imagens do plano que vemos) e a virtualidade de todas as sequências de imagens que ela evoca através de algumas de suas células (pois cada pequena imagem que vemos pode despertar em nós o momento ou a sequência que ela integra no filme). Deleuze define essa imagem-cristal da seguinte maneira:

> Há formação de uma imagem biface, atual *e* virtual. [...] A imagem-cristal, ou a descrição cristalina, possui propriamente duas faces que não se confundem. [...] Enquanto a indiscernibilidade constitui uma ilusão objetiva, não suprimindo a distinção entre as duas faces, mas tornando-a inaplicável, cada face assumindo o papel da outra numa relação que deve ser qualificada de pressuposição recíproca ou de reversibilidade.[20]

Porém, ao observarmos mais atentamente essa imagem composta de outras imagens, verificamos que, apesar do fato de todas as imagens-células serem perfeitamente justapostas, nem por isso elas se "colam" umas às outras. Ou seja, elas não compõem uma unidade homogênea, pois mantêm uma defasagem em diferentes níveis: ao menos plástico, no que diz respeito à falta de relações diretas entre linhas, cores e motivos; e narrativo, no que tange a diferentes momentos na cronologia das personagens e da história, e a diferentes imagens já vistas e reconhecidas, que tampouco conservam conexões diretas entre si. Isso gera intervalos de espaço e de tempo inevitáveis entre as imagens, o que as impede de formar um fluxo constante e homogêneo[21]. Assim, elas só se comunicam por "saltos", mantendo sempre uma distância entre si que não pode ser ignorada nem compensada, por falta de elementos e de imagens. Ao considerar essa imagem complexa como uma metáfora do próprio filme (ou mesmo de um filme qualquer), o espectador depara-se com uma obra cheia de buracos e grandes intervalos entre os planos: o que o forçará a também realizar "saltos" (visuais e de sentido), a fim de acompanhar o filme, de um plano a outro.

As imagens-células reunidas por essa imagem-síntese de Resnais afirmam, ainda, seu caráter unitário, pois cada uma tem sua própria identidade (seu lugar na história e no corpo do filme) e é justamente isso que garante uma espécie de curto-circuito durante a visão do filme: quando se olha para essa imagem complexa, não é apenas um conjunto desconectado que se observa, mas singularidades que se reafirmam enquanto unidades autônomas. O que novamente remete à definição deleuziana da imagem-cristal: "é um circuito permanente atual-virtual e não uma atualização do virtual em função de um atual em deslocamento. É uma imagem-cristal e não uma imagem orgânica"[22]. Enfim, é um "mundo fechado de vibrações", como insistia Artaud, segundo o qual: "o cinema continua sendo uma tomada de posse fragmentária [...], estratificada e congelada do real"[23].

Entre o Orgânico e as Camadas Geológicas

Serguei Eisenstein, ao falar do filme em termos de uma "obra de arte orgânica", postula que seu caráter estrutural mais fundamental é sua unidade e que "uma mesma lei implica não apenas o todo geral e cada uma de suas particularidades, mas também cada parcela convocada a contribuir para a criação do todo"[24]. Nesse sentido, ele aproxima seu raciocínio do de Hegel, ao citá-lo:

> Diz-se, é verdade, que o animal compõe-se de ossos, músculos, nervos etc. Porém, e com toda certeza, isso não tem o mesmo sentido que quando se diz que um pedaço de granito é composto das substâncias nomeadas acima. Estas substâncias são perfeitamente indiferentes à sua união e podem, também perfeitamente, existir fora dessa união; enquanto os membros e diversas partes de um corpo orgânico só subsistem em sua união e, separados uns dos outros, deixam de existir enquanto tal.[25]

No entanto, se um filme *pensa* e conserva uma estrutura, seja ela lacunar ou não, seria considerado por isso uma "obra orgânica", como desejava Eisenstein[26], com partes que só poderiam sobreviver no interior do próprio filme? Ou, ao contrário, graças à inteligência desse "robô intelectual" que é o cinema e à sua "memória registradora fotoquímica"[27], o filme não poderia ser uma espécie de fantasma de granito[28], cujas partes podem muito bem existir fora do conjunto, como uma máquina que só proporciona a ilusão de um movimento, de um pensamento, de uma unidade?

Vimos anteriormente como, para Bresson, as imagens "insignificantes" só podem ser colocadas no lugar que lhes é reservado, pois, como as peças de um puzzle, elas fazem sentido apenas quando colocadas em relação direta com outras imagens bem precisas – cabendo, nesse caso, à vibração constante da passagem, no próprio interior da imagem, garantir a margem de imprevisto ou de vida cinematográfica. De modo bem diverso, observamos que as imagens do plano-síntese (e, pode-se dizer, da integralidade do filme) de Resnais conservam menos "insignificância" do que indiferenciação (ainda que, segundo Deleuze, "a indiscernibilidade constitui uma ilusão objetiva"). Isso devido ao seu pertencimento a um conjunto plástico e narrativo – ao qual só temos acesso através de fragmentos e saltos, mas também pela estranha equivalência perceptível entre as imagens fixas de objetos inanimados (bicicleta, bola, pedra, porta, janela, árvore, paisagem etc.) e as de personagens (des)animadas (como que desprovidas de alma): imagens privadas da passagem fornecida por seu movimento aparente.

Imagens que só se conectam por saltos (e, portanto, indiretamente), conservando assim sua autonomia de imagens intercambiáveis, ao mesmo tempo que se comunicam com seu bloco de origem: cada imagem remetendo a uma sequência ou série de imagens à qual ela corresponde, como uma lembrança do passado.

A ideia do filme como um *fantasma de granito* faz pensar no "grisalho que se move entre o ar e a pedra, em algum ponto em direção à poeira, à pedra pulverizada, ao ar mineralizado", do qual fala Georges Didi-Huberman, a propósito dos trabalhos do psicanalista Pierre Fédida:

Fotogramas de *Meu Tio da América* – imagens de um objeto inanimado e de personagens (des)animados.

> O lugar por excelência onde o ar e a pedra podem ser pensados juntos – podem ser pensados como trabalhando juntos –, esse lugar deve ser denominado *imagem*, que se trate do impalpável mistério ambicionado por todos na expressão "'imagem de sonho' ou, simetricamente, do mistério bastante material que designa, sob nossos olhos, a expressão "imagem da arte". [29]

Uma vez mais, trata-se de considerar a imagem (como fazia Bresson, em relação ao filme de cinematógrafo) como um lugar: neste caso, do encontro entre o ar e a pedra, mas também entre uma imagem originária e sua materialização, ou ainda entre conexões e distâncias. Além disso, poderíamos adicionar ao termo "imagem", tal como empregado por Didi-Huberman na citação acima, a palavra "cinematográfica": no sentido em que ela renasce, a cada vez, do encontro e do trabalho comum entre a luz aérea da projeção e a tela ou a parede pétrea que lhe serve de suporte[30] – "não apenas o ar é uma matéria, um fluido físico, como cabe ainda às imagens fazer respirar a própria opacidade das pedras". E é talvez por isso mesmo

PARTE I: A COMPOSIÇÃO FÍLMICA

que uma imagem cinematográfica pode fazer respirar ou dançar tão bem seus pedaços, ritmados por suas distâncias e suas ausências.

No entanto, trata-se, para nós, de descobrir como e de que formas pode se dar essa dança das partes de um filme; e em que medida essas distâncias e ausências assumem um papel importante em sua construção. Bastaria compreendermos de que modo essa distância entre as imagens contribui para fazer sentido ou imagem[31]. Pois o plano de Resnais, essa imagem feita de fragmentos (mas que não é fragmentada, exceto no início do filme, quando encontra-se em parte ocultada pela escuridão) só faz sentido, ou melhor, só faz imagem graças ao choque de sua integralidade de imagem-composta com os estalos de memória (e de fantasmas) disparados pelos seus componentes.

Também aqui encontramos a presença de uma tensão interior, uma *intensão*: mas, dessa vez, entre uma totalidade heterogênea que nos é imposta integralmente e cada uma de suas partes que nos remete a outras imagens, a outras sequências de imagens, quebrando, por assim dizer, essa pretendida totalidade. É preciso, então, simultaneamente: olhar globalmente essa imagem composta em sua integralidade e vê-la em detalhe, em relação aos elementos que a compõem – os quais atraem e desviam nossa atenção em direção a outras imagens que não estão contidas nela, mas que ela evoca através de cada um de seus pedaços. Portanto, trata-se de uma dupla operação simultânea: a de olhar um conjunto que perturba devido à sua fragmentação e a de reconhecer os fragmentos que nos transportam a outra parte: concentração fragmentada, por um lado; dispersão estrutural, por outro. Dessa tensão interior entre o todo e suas partes vem seu efeito, pois seu mistério reside tanto em sua composição quanto em seus fragmentos: é uma forma que, à primeira vista, parece respirar levemente através de seus buracos, apesar do peso que sustenta cada uma de suas partes.

O espectador encontra-se, enfim, diante de uma imagem de cinema composta de imagens fotográficas, sinal de um múltiplo retorno: por um lado, do filme montado a seus planos ou da composição à sua decomposição[32]; por outro lado, do móvel ao imóvel ou do cinema à fotografia. Poderíamos dizer que essa imagem de Resnais é um objeto tão paradoxal quanto a cidade de Roma, analisada por Sigmund Freud em *O Mal-Estar na Civilização* (1929):

metade Ruína, devido a seu acúmulo de fragmentos de diferentes épocas, metade Cidade Eterna, devido à sua perene ilusão de uma conservação integral. Pois, como observa Philippe Dubois – justamente em um texto sobre a passagem ao cinema da fotografia, na obra de alguns cineastas-fotógrafos –, encontramos nela "de um lado, a realidade: os destroços, os traços parciais, as faltas, os buracos; de outro, a fantasia: o sonho impossível de manutenção do todo, em seu lugar, integralmente"[33].

A imagem torna-se, então, o lugar de um encontro fortuito entre imagem real e imagem virtual, entre percepção e fantasia, entre pedra e ar: de certo modo, é o anti-puzzle. Primeiramente, é o lugar de um recuo geológico: no sentido em que se recuperam, no espaço de uma imagem, diferentes estratos – ou "lençóis", como prefere Deleuze[34] – que compõem o conjunto do filme: uma imagem que, como numa escavação, tenta revelar, a partir de seus destroços, os diferentes tempos do filme. Em seguida, é o lugar de um recuo arqueológico: pois, ainda em referência à imagem em questão, o cinema é visto como uma coleção de fotos, esgotando qualquer movimento aparente e matando, por assim dizer, o *kinêma* de suas imagens cinematográficas, fazendo-as "regredir" ao estado de fotografia.

Porém, o que reserva, finalmente, cada uma das "quase fotos" simuladas pelas imagens-células que compõem essa imagem fílmica? O que uma imagem estática pode oferecer, enquanto eco de outras imagens das quais ela não constitui senão a tela (que oculta e revela ao mesmo tempo)? Dubois propõe uma resposta, ao recomendar, a respeito da fotografia que:

> Não se deve acreditar (demais) naquilo que se vê. É preciso saber não ver aquilo que se mostra (e que se oculta). É preciso saber ver além, ao lado, através. É preciso buscar o negativo no positivo e a imagem latente no fundo do negativo. É preciso ir da consciência da imagem à inconsciência do pensamento. É preciso trilhar, uma vez mais, o trajeto que o aparelho psíquico-fotográfico faz, sem fim, do olho à memória, das aparências ao irrepresentável. É preciso atravessar as camadas, os estratos, como o arqueólogo. Uma foto nada mais é que uma superfície. Ela não tem profundidade, mas possui uma fantástica espessura. Uma foto esconde sempre (pelo menos) uma outra, embaixo dela, atrás dela, em torno dela. Questão de tela.[35]

2. AS IMAGENS AGENTES

Em *Meu Tio da América*, o professor Henri Laborit define três tipos de cérebro encontrados nos seres vivos: o primeiro, mais simples, é chamado de reptiliano, responsável pelas pulsões primitivas e os comportamentos ditos de sobrevivência imediata; o segundo tipo é aquele responsável pela afeição ou, como prefere Laborit, pela memória; e finalmente há o córtex associativo, capaz de reunir de maneira singular as vias nervosas subjacentes que teriam armazenado traços de experiências passadas, podendo "realizar um processo imaginário"[36]. Particularmente acerca do segundo tipo, ele ressalta: "poderíamos quase dizer que um ser vivo é uma memória que age". Se um filme pode ser considerado como um "ser vivo" (e Resnais o demonstra através da utilização do coração que bate no início do filme) ou como um "robô intelectual" (Epstein), será que poderíamos igualmente considerá-lo como uma "memória que age"? Pelo menos dois elementos do filme de Resnais nos levam a crer que sim: por um lado, sua estrutura imbricada, cheia de vaivém e cristalizada pela imagem-síntese, abordada anteriormente; por outro lado, as relações de analogia inusitada que se estabelecem em vários momentos entre as três personagens principais do filme e três atores célebres do cinema francês: Danielle Darrieux, Jean Marais e Jean Gabin.

Começando pelo primeiro desses elementos, e dando continuidade à reflexão precedente, na imagem composta de imagens estáticas que aparece ao final da obra de Resnais cada pequeno fragmento remete a uma história ou a um momento particular do filme e das diferentes narrativas que ele desenvolve. Cada uma dessas células serve então para desencadear em nossa memória recente de espectador um desfile de outras imagens que correspondem à memória viva do filme. Na retórica clássica da Antiguidade, os oradores, que deviam memorizar longos discursos a serem pronunciados, desenvolveram a chamada Arte da Memória (*Ars Memoriae*) e um procedimento mnemotécnico que consistia em associar cada fragmento do discurso a uma imagem precisa, que deveria ser alocada em um lugar específico da memória e reativada de acordo com a necessidade. Cícero, em seu livro *Do Orador* (séc. I a.C.), a descreve da seguinte maneira:

> Para exercer essa faculdade do cérebro, deve-se, segundo o conselho de Simônides, escolher em pensamento lugares distintos, depois formar imagens das coisas que se quer reter e distribuí-las nos diversos recintos. Desse modo, a ordem dos lugares conserva a ordem das coisas, pois as imagens lembram as próprias coisas. Os lugares são os tabletes de cera nos quais se escreve; as imagens são as letras neles traçadas.[37]

Essas imagens, em torno das quais (ou melhor, nas quais) gravitam traços de memória, são chamadas então "imagens agentes", pois são "imagens evocadoras, capazes de estimular a imaginação (*imagines agentes*) e de despertar a memória num certo número de lugares (*loci*)"[38]. Trata-se, portanto, de imagens, de lugares e de memória. Ora, não é exatamente isso que cada uma das imagens-células do filme de Resnais faz: servir de compartimento de referência para certo número de outras imagens que ela convoca, como uma gaveta ou um álbum de recordações? Para além do fato de estarem originalmente em movimento e impregnadas de intensão e de passagem, essas imagens poderiam ser consideradas como imagens agentes por servirem ao desencadear de outras imagens contíguas a elas pelo viés da memória. Ao contrário da "imagem insignificante" reivindicada por Bresson, que só avança associando-se a outras imagens, a de Resnais torna-se uma imagem agente a fim de despertar no filme (e no espectador) outras imagens de acordo com outro tipo de relação: através de conexões mais distantes, pois a vizinhança entre as imagens não se dá mais necessariamente de maneira direta. Assim como um ser vivo para Laborit, o filme torna-se uma espécie de "memória que age".

De certo modo, as imagens agentes de Resnais podem igualmente evocar as imagens propostas por Giulio Camillo, humanista e cabalista do Renascimento, em seu projeto conhecido como "Teatro da Memória" (1544): uma construção em forma de teatro antigo, inspirada na mesma arte da memória desenvolvida pela eloquência clássica. Sua ideia era reunir "toda a memória do mundo"[39], de forma enciclopédica, através de imagens que remetessem ao pensamento: "[transformando] o pensamento em imagem e a imagem em memória [e reduzindo] o mundo a um conjunto finito de representações, [tornando] todo conhecimento espetáculo"[40]. Esse teatro

PARTE I: A COMPOSIÇÃO FÍLMICA

(que provavelmente nunca foi materialmente construído) invertia a organização da representação teatral clássica: com um palco no qual era posicionado um único espectador, compunha-se de sete corredores verticais e sete fileiras horizontais, tendo por intersecção 49 portas em que figuravam as imagens atrás das quais eram distribuídos, por sua vez, os textos de referência para cada tópico. Assim como na imagem-síntese de Resnais, cada imagem comportava outras imagens às quais ela remetia. Além disso, Camillo propunha que algumas imagens reiteradas mudassem de significado a cada aparição, em relação à fileira horizontal à qual pertencessem e às imagens anexas a que estivessem associadas:

> Assim, para não sobrecarregar a memória de imagens distintas referentes a coisas semelhantes, fizemos com que a mesma figura se encontrasse em portas diferentes. [Sob a Caverna,] Dafne, transformando-se em loureiro, será o símbolo das coisas silvestres. [...] Mas sob as Taloneiras, Dafne significará as operações naturais relacionadas com a madeira, como empilhar e carregar. Sob Prometeu, ela conterá os jardins e todas as artes relacionadas à madeira.[41]

No cinematógrafo de Robert Bresson, ainda que as imagens também sejam afetadas por sua associação a outras imagens e pelo lugar que ocupam na estrutura do filme, elas não possuem uma significação particular em si mesmas (ele espera mesmo que elas sejam francamente "não significantes"), nem são reiteradas – já que possuem um lugar bem definido nessa estrutura[42]. No filme de Resnais, ao contrário, várias imagens se repetem, restabelecendo diferentes contatos com outras imagens: elas são assim carregadas de significação, marcadas em relação ao restante do filme, o que fica evidenciado na reaparição final do plano-síntese. Essa repetição não as impede, contudo, de ter seu significado mais ou menos alterado a cada nova associação; ao passo que as conexões imediatas nem sempre têm importância, pois a ênfase é colocada sobre as ligações distantes de memória, reativadas pela repetição e pela mudança de significado.

Mas enquanto nos filmes de Bresson a imagem conserva sobretudo um valor de índice – pois ela nos "aponta com o dedo a coisa ou o próprio evento que se apresenta"[43] –, as imagens de Resnais, em vez de serem simbólicas, como as do Teatro da Memória de Camillo, parecem antes adquirir um valor icônico – segundo a definição de Charles Peirce: "o ser de um ícone pertence à experiência passada. O ícone é apenas uma imagem mental. [...] O valor de um ícone concentra-se em sua manifestação dos traços de um estado de coisas considerado como se fosse puramente imaginário"[44]. Eis, talvez, a razão pela qual as imagens de pessoas e objetos, na estrutura composta por Resnais, tornam-se equivalentes (como constatamos acima), pois são reduzidas a lugares de armazenamento da memória, tornando-se suficientemente complexas, pois desdobráveis. De fato, são as informações visuais retidas durante a projeção do filme que se tornam acessíveis graças aos "ícones" da imagem-síntese – que funcionam como os ícones de uma tela de computador, podendo ser acessados por uma escolha do olhar, como se os tocássemos com o dedo ou o cursor–, remetendo-nos diretamente a sequências de eventos passados, entre imagens mentais e imagens visíveis.

Retomando a pintura (que já nos havia auxiliado em uma melhor compreensão de algumas das questões levantadas pelo cinematógrafo bressoniano), não falaríamos mais neste caso de desenho, e sim de cor[45]: a ênfase não seria mais dada a um "projeto" (uma imagem originária, a partir da qual se compõe um filme), mas a um dispositivo de apresentação ulterior (posterior às filmagens, por parte do cineasta, e posterior à visão do filme, por parte do espectador), partindo já de uma imagem concreta[46]. Consequentemente, não haveria mais uma problemática da permanência do original na cópia – que encontrávamos ainda em Bresson ou na intenção de se guardar o contorno de uma sombra –, mas de uma recuperação, de um retorno das próprias imagens. De fato, não estamos mais diante de uma estrutura na qual as imagens desfilam umas após as outras, obedecendo à sua posição exata (como no puzzle e a despeito das "fissuras" que possam ser encontradas no conjunto), mas de uma estrutura de vaivém na qual as imagens parecem saltar ou dançar o tempo todo, para ressurgir quando menos se espera. Algo semelhante ao que ocorre com a ação das camadas de pintura depositadas sobre um desenho (que se apaga, por trás do arrebatamento provocado pelas cores)[47]: é, por assim dizer, o transbordar dos contornos;

é a paisagem adquirindo suavemente vantagem em relação à figura humana, que se vê reduzida ao mesmo valor que todos os demais elementos que a cercam, transformada contudo em parte significante, agente de um conjunto seccionado[48].

Da Essência à Substância

O segundo elemento ou procedimento empregado por Resnais em concordância com a afirmação do professor Laborit (todo ser vivo é uma "memória que age") diz respeito aos vários momentos em que uma conexão direta se estabelece entre as imagens dos protagonistas do filme (interpretados por Nicole Garcia, Gérard Depardieu e Roger Pierre) com imagens extraídas de filmes clássicos de determinados atores célebres do cinema francês. O que chama a atenção, em primeiro lugar, é o fato de que a cada personagem de Resnais corresponde um ator específico ao longo do filme, repartidos da seguinte maneira: Nicole Garcia/Jean Marais, Gérard Depardieu/ Jean Gabin, Roger Pierre/Danielle Darrieux. À parte essa associação um tanto arbitrária – justificada, em parte, pela narradora em voz *over* que apresenta as personagens no início do filme, dizendo tratar-se da preferência cinematográfica de cada um –, notamos o contraste entre as imagens do filme de Resnais, em cor, e as mais antigas, em preto e branco: como se a memória ou as imagens do passado, assim como no cinema clássico, fossem sempre privadas de cor. Além disso, somos surpreendidos pela correspondência de humores e gestos entre as personagens de Resnais e seus equivalentes famosos: pois é o temperamento que os une, a despeito da possível diferença de sexo (Garcia/Marais ou Pierre/Darrieux). Resnais resume sua intenção da seguinte forma: "fui eu que pensei nos filmes [antigos]. Quis que coubesse a atores extremamente conhecidos fornecer *exemplos perfeitos* de comportamentos. Mas precisávamos de atores com ricas vidas profissionais, espalhadas por várias gerações. O que lhes garantia um *aspecto imortal*"[49].

Graças a esse curioso dispositivo, o espectador é confrontado, simultaneamente, a discrepâncias irrefutáveis – saltos temporais (entre o presente do filme e o passado do cinema)[50], saltos plásticos (entre

Fotogramas de *Meu Tio da América* – planos A (Garcia/Pierre) e B (Marais/Darrieux).

as imagens em cor e em preto e branco), incongruências de relação (especialmente entre Garcia e Marais, Pierre e Darrieux) – e a aproximações insólitas: a reiteração de certos comportamentos, gestos e expressões. Trata-se, portanto, de heterogeneidade (ou de indiscernibilidade aparente, quiçá ilusória), de anacronismo e de reaparição. E se conjugarmos esses três termos aos três analisados anteriormente (imagens, lugares e memória), obteremos como resultado dessa equação justamente um transbordar da memória, dos lugares e das imagens do filme em questão na memória, nos lugares e nas imagens do próprio cinema.

Essa explicitação irônica de relações inesperadas deixa transparecer a reverência implícita de um filme (de todos os filmes) ao cinema (a todo o cinema), além de configurar uma homenagem ambígua à predominância do segundo sobre o primeiro: reflexo deliberado de uma espécie de narcisismo cinefílico, por parte dos cineastas (a referência maior para um filme seria sempre o conjunto de filmes feitos e vistos até então), e de um certo fetichismo, por parte de boa parcela da crítica e da teoria de cinema – um filme deveria ser sempre, e somente, visto (ou julgado) a partir dos possíveis ecos de uma amostragem de filmes aos quais ele deveria referir-se a fim de ser levado a sério. O que levaria a imagem originária, neste caso, a ser composta, pelo menos em parte, por imagens de outros filmes: não mais uma imagem qualquer (virtual), existente apenas na cabeça do cineasta, mas uma imagem específica (atual), oriunda da grande memória do cinema, mescla de sonho e nostalgia[51].

Passamos, por assim dizer, de uma "concepção essencialista" a uma "problemática substancialista" da representação[52]. Reconhecemos, então, no que tange às estranhas associações efetuadas por Resnais entre as imagens de seu filme e as imagens de outros filmes, uma predominância substancialista (formal) na composição fílmica:

no sentido em que sua base de referência passa a ser imagens cinema-tográficas já existentes e, de certo modo, persistentes. O que a distancia, por assim dizer, de uma composição mais teórica (essencialista e intelectualizada, própria ao desenho em pintura), à medida que o aproxima de uma composição de ordem mais prática (espiritualizada e própria ao colorido)[53]. Do mesmo modo que no campo da história da arte pode-se também perceber uma mutação partindo de uma essência em direção a uma substância, quando se fala da substituição de um "modelo natural" (ou "ideal": o dos "ciclos 'vida e morte', 'grandeza e decadência'", dos "renascimentos" e das "boas imitações"), caro a uma história da arte mais tradicional (como aquela instaurada por Vasari ou Winckelmann), por um "modelo cultural" ou "fantasmático" da história, proposto por Aby Warburg: "no qual os tempos não eram mais calcados em etapas biomórficas, mas exprimiam-se através de estratos, blocos híbridos, rizomas, complexidades específicas, retor-nos frequentemente inesperados e objetivos sempre contrariados [...] assombrações, remanescências, reaparições de formas"[54].

"Reaparições de formas", portanto, como reaparição de imagens no filme de Resnais: ora imagens do próprio filme, que ressurgem na imagem-síntese final, ora imagens de outros filmes, exteriores a este, que lhe servem de modelo – como fantasmas no interior do cinema[55]. Imagens de afetos (Darrieux e Marais beijando-se), de humores (Marais num acesso de raiva), de angústia (Gabin cami-nhando sorumbático pela rua) ou ainda de violência (Marais rolando escada abaixo), elas parecem ilustrar, de certo modo, o retorno do "*pathos* movimentado" – que Warburg vislumbrava nas obras que analisou[56] – nas imagens do filme de Resnais. Para compreender melhor o esfacelamento anacrônico provocado pelo retorno das imagens em *Meu Tio da América* – um filme, aliás, cuja temática central, sempre comentada pelo professor Laborit, é constantemente atravessada por questões de afetos, humores e patologias psicos-somáticas, justamente causadas pela angústia e pela incapacidade de ação às quais são submetidas as personagens[57] (e seus *alter egos* cinematográficos) –, parece necessário recorrermos a alguns con-ceitos do pensamento warburguiano.

Primeiramente, a patologia segundo Warburg[58] nos conduz ao encontro de sua noção de *Pathosformeln*: as "fórmulas do patético" que consistem nas "expressões visíveis de estados *psíquicos* que as imagens teriam, por assim dizer, fossilizado"[59]. Aproximando-a do cinema, essa noção de Warburg dialoga perfeitamente com a visão de Artaud, para quem: "as ondas vivas, inscritas num número de vibrações fixado para sempre, são, a partir de então, ondas mortas"[60]. Contudo, essa suposta *morte das ondas vivas* ou essa *fossilização das expressões visíveis* só pode levar em consideração o caráter "fixista" das imagens[61].

Porém, através de seu "modelo fantasmático", Warburg parece propor, ao mesmo tempo: um *modelo psíquico* – "no sentido em que o ponto de vista do psíquico seria não um retorno ao ponto de vista do ideal, mas a própria possibilidade de sua decomposição teórica" (o que lembra o caráter mais *prático*, *espiritualizado* do colorido em pintura, assim como o caráter *icônico* das imagens de Resnais) – e um *modelo sintomático*[62] – "no qual o futuro das formas devia ser analisado como um conjunto de processos tensos: pressionados, por exemplo, entre vontade de identificação e entrave de alteração, purificação e hibridação, normal e patológico, ordem e caos, traços de evidência e traços de impensado"[63]. Uma ideia que recupera, de certo modo, o dinamismo das imagens e nosso conceito de intensão: mas esta segunda *tensão interior* de *Meu Tio da América* – além daquela que age entre a totalidade heterogênea (que nos é imposta inteiramente) e cada uma de suas partes (que nos remete a outras imagens) – justapõe o filme ao cinema, seus atores às estrelas de outros filmes, o movimento aparente das imagens à sua imobilidade, igualmente aparente, e a narrativa a seu esfacelamento[64].

Fotogramas de *Meu Tio da América* – planos A (Jean Gabin) e B (Gérard Depardieu).

A Vida Póstuma das Imagens

Assim, podemos supor, por outro lado, que as imagens possuem um caráter "dinamista"[65], responsável pela *ressurreição* de suas ondas vivas ou pela *sobrevivência* de suas expressões visíveis. E é justamente esse caráter que as aproxima, ao mesmo tempo, da ideia de um filme como *dança de fragmentos*, ritmada por suas lacunas e ausências, mas também de um outro conceito warburguiano: o *Nachleben*. No filme de Resnais, é no próprio retorno das imagens que se estabelece uma *tensão interior* entre um caráter *fixista* com vocação perpétua (estabilização de gestos e figuras: o emprego de imagens estáticas no filme e os ecos entre duas imagens ou dois filmes) e um aspecto *dinamista* com tendência particular (instabilidade provocada pelas repetições alteradas: por exemplo, dos atores substituídos por ratos ou por atores vestidos de rato, ou ainda por outros atores em preto e branco[66]).

Fotogramas de *Meu Tio da América* – planos A (Jean Le Gall e sua esposa) e B (o rato e sua esposa?).

Recordemos a tese de Bresson sobre "duas mortes e três nascimentos": trata-se, de fato, de uma disjunção desses dois aspectos (um fixista e outro dinamista) que coabitam, na obra de Resnais, em oscilação constante. Um exemplo que condensa essa ideia encontra-se no plano da marcha da tartaruga que encerra uma sequência de imagens fixas, no início do filme: começando de maneira imóvel, estático como numa foto, o animal põe-se repentinamente em movimento somente após alguns segundos. É nesse mesmo nível que a *passagem* age em Resnais: pois o movimento *latente* (apenas adivinhado e analisado por Warburg na pintura renascentista[67]) torna-se, com o cinema, *aparente*. Como num quadro – no qual podemos encontrar o rastro (os traços) do desenho por trás das cores, sem que haja necessidade da presença de uma "sombra" –, pode-se captar ou pressentir, numa imagem cinematográfica, sua *vontade de movimento* no próprio movimento, sem necessariamente apelar-se para seu estado imóvel.

Diderot dizia que em pintura: "é o desenho que dá forma aos seres [mas] é a cor que lhes dá vida. Eis o sopro divino que os anima"[68]. Degas dava nuances a esta afirmação, ao menos em parte, ao modulá-la da seguinte forma: "o Desenho não é a forma, ele é a maneira de ver a forma"[69]. E é esta *maneira de ver* que transparece, de quando em quando, na obra de Resnais: não mais como uma imagem originária, idealizada de antemão (a "mancha que faz sombra"), mas como uma imagem atual, recuperada *a posteriori* (a "linha que compõe o contorno") – que vaivém, *morta-viva*, como um fantasma de granito (re)animado a cada vez pelas "cores" do cinema, que *revelam* a vida, em vez de a *conferir*. O que resulta na ressurreição das ondas vivas, promovida por esse "robô intelectual", mas também numa espécie de *mecanização* (reativação ao infinito) da pose fotográfica barthesiana.

Vimos como a pose é, segundo Barthes, o termo de uma "intenção de leitura" – permanecendo do mesmo modo que o traço numa zona intermediária situada depois da sombra (uma presença) e antes do contorno (uma imagem): em suspensão, à espera. Porém, no caso de Resnais e *Meu Tio da América*, testemunhamos um deslocamento da pose (neste caso, da *passagem*): que ainda se encontra numa zona intermediária, só que desta vez situada depois do contorno (uma imagem já fixada) e antes das cores (sua reaparição, ao adquirir movimento) – e na qual ela permanece *sem esperar*, como o termo de uma intenção de escritura, inesperada e sobretudo tensa. Nem tanto uma questão de vida, nem tanto uma questão de morte, as imagens fílmicas teriam a ver, antes, com um tipo de *sobrevivência*: uma vida além de sua própria morte, uma *vida póstuma*[70]. Não à toa Didi-Huberman encontra, nos escritos de Warburg e de Julius von Schlosser, a seguinte fórmula que pode ser aplicada à imagem em geral: "*se a arte possui uma história, as imagens possuem sobrevivências*"[71]. E ele atesta ainda que

> A forma sobrevivente, no sentido conferido por Warburg, não sobrevive triunfalmente à morte de suas concorrentes. Muito pelo contrário, ela sobrevive, sintomática e fantasmaticamente, à sua própria morte: tendo desaparecido num ponto da história; havendo ressurgido bem mais tarde, num momento em que,

PARTE I: A COMPOSIÇÃO FÍLMICA

talvez, não era mais esperada; tendo, consequentemente, sobrevivido no limbo ainda mal definido de uma "memória coletiva".[72]

O conceito de *Nachleben*, central no pensamento warburguiano, vale igualmente para o cinema, algo que é tornado explícito num filme como o de Resnais, através de seu recurso a imagens de outros filmes, de outros tempos e que participam de uma espécie de "memória coletiva": sempre anacrônico, abandonado num tempo aberto e num espaço esfacelado, fragmentado, avançando por saltos – o que nos deixa em estado de vigília tensa, mas sem nada esperar. Logo, trata-se também de uma questão de *distância*[73], pois ver esse filme através de todos os seus saltos é como pular sobre pedras espalhadas, a fim de se atravessar um rio ou como dançar quase sem tocar o solo. Deve-se, porém, guardar uma *boa* distância das pedras[74], assim como se deve guardar uma *boa* distância do solo[75].

Por um lado, é quase como andar sobre as imagens, saltando-as com a ponta dos pés – e o mesmo vale para o colorido, graças ao qual a pintura "pede [...] para ser tocada com os olhos, ou seja, à distância, uma maneira acariciadora de tocar um objeto sem tocá-lo, um tocar analógico e sem contato"[76]. Por outro lado, através da *dança de fragmentos* que compõe um filme como o de Resnais, os movimentos não são mais levados por uma razão ou uma finalidade ditas "naturais" (ou orgânicas, se pensarmos em Eisenstein e em sua busca por uma "obra de arte orgânica"), mas por toda uma rítmica plástica provocada pelas vibrações mecânicas da máquina cinematográfica. Do mesmo modo que no domínio da dança, segundo Valéry,

> Veem-se, nos balés, instantes de imobilização do conjunto, durante os quais o agrupamento dos dançarinos propõe aos olhares um cenário fixo, mas não durável, um sistema de corpos vivos repentinamente congelados em suas atitudes, que oferece uma imagem singular de instabilidade. Os sujeitos estão como que presos em poses bastante distantes daquelas que a mecânica e as forças humanas permitem manter... ou imaginar de outro modo.[77]

Como a tartaruga, no início de *Meu Tio da América*, e todas as personagens e objetos congelados em fotos durante o filme. Ou ainda como a dança por *fantasmata*, proposta por Domenico da Piacenza em meados do século xv:

> Digo a ti, que quer apreender o ofício, é necessário dançar por *fantasmata*, e nota que *fantasmata* é uma presteza corporal, que é movida com o entendimento da medida [...], parando de vez em quando como se tivesse visto a cabeça da medusa, como diz o poeta, isto é, uma vez feito o movimento, sê todo de pedra naquele instante, e no instante seguinte cria asas como o falcão que tenha sido movido pela fome, segundo a regra acima, isto é, agindo com medida, memória, maneira com medida de terreno e espaço.[78]

A dança por *fantasmata* (bem como o filme de Resnais) consiste, assim, em "uma operação conduzida sobre a memória, uma composição de fantasmas numa série temporalmente e espacialmente ordenada" – o fantasma sendo "uma parada repentina entre dois movimentos, capaz de concentrar virtualmente na própria tensão interna a medida e a memória de toda a série coreográfica"[79]. De certo modo, é como o próprio desdobrar de uma suspensão em cascata (a espera da pose fotográfica multiplicada pela passagem cinematográfica). O que, aliás, o curta-metragem de Norman McLaren, *Pas de Deux* (1968) – no qual os movimentos de uma dançarina ou de dois dançarinos são efetivamente multiplicados, entre fixos e dinâmicos, chegando a anunciar movimentos futuros e a recuperar outros, passados –, ilustra à perfeição, explicitando a inusitada relação entre a dança por fantasmata e a suspensão em cascata inerente ao cinema.

Fotograma de *Pas de Deux* – a dança por fantasmata conjugada à suspensão em cascata.

3. A ARTE DO MOSAICO

O cinema parece, portanto, capaz de assimilar uma distância entre dois movimentos, uma distância entre duas imagens: empregando *saltos* (intervalos, interstícios) para passar de um plano a outro, além de uma espécie de *dança* de seus pedaços (como a dança por fantasmata), entre imobilidade e movimento. Mas ele assimila igualmente uma distância entre dois momentos: um anterior, próprio à memória, e outro presente, privilégio do olhar. Contudo, os intervalos que parecem prevalecer nesse tipo de construção encontram ressonância inegável em outro tipo de construção de imagens, bastante antiga e oriunda de uma tradição artesanal secular: o mosaico.

Em 1837, a escritora George Sand demonstra um interesse particular pela arte do mosaico num romance intitulado *Os Mestres Mosaístas*, no qual ela relata uma disputa histórica entre duas famílias rivais na Veneza do século XVI, cujo pivô não teria sido o amor proibido entre uma jovem e seu amado, mas questões de ordem estética, pertinentes a essa arte. Os irmãos Zuccati e os irmãos Bianchini recebem por tarefa a realização de novas obras para o interior da Basílica de São Marcos. Enquanto os primeiros ocupam-se da grande cúpula, aos outros resta a execução da decoração da capela de Santo Isidoro, o que os faz ganhar bem menos, suscitando ódio e inveja. A intriga levará os Zuccati, em 1563, a submeter-se a um processo (cujas atas alimentarão o romance de Sand) diante das mais altas instâncias da República Seteníssima, acusados de haver substituído algumas pedras por pedaços de madeira pintada. O grande questionamento da narrativa consiste, no final das contas, em saber se o mosaico deve ser considerado como uma arte à altura da pintura ou, ao contrário, como uma simples atividade artesanal desprovida de ambição artística.

O romance inicia-se com uma discussão entre o pai dos irmãos Zuccati, Sébastien, e Tintoreto, amigo da família e autor, juntamente com Ticiano, de alguns dos desenhos que servirão de modelo aos mosaicos da grande cúpula, justamente aqueles a serem executados pela família Zuccati. O pai não se conforma com a ideia de ver seus dois filhos evoluírem no ofício de mosaísta, que ele considera indigno, enquanto o célebre pintor tenta convencê-lo, ao contrário, da importância dessa arte tão desprezada:

O mosaico não é, absolutamente, como você diz, um ofício vil. É uma arte legítima, trazida da Grécia por hábeis mestres mosaístas e da qual só deveríamos falar com profundo respeito; pois somente ela nos *conservou*, mais ainda que a pintura sobre metais, as tradições perdidas do desenho no Baixo Império. Se elas nos foram transmitidas *alteradas e irreconhecíveis*, não é menos verdade que, sem esta arte, nós as teríamos perdido completamente. A tela não sobrevive aos ultrajes do tempo. Apeles e Zêuxis deixaram-nos apenas seus nomes. Que reconhecimento não teríamos hoje pelos artistas generosos que houvessem *eternizado* suas obras-primas com o auxílio do cristal e do mármore. Aliás, o mosaico conservou-nos intactas as tradições da cor, e nisso, longe de ser inferior à pintura, ele possui uma vantagem sobre ela que não se pode negar: ele *resiste* à barbárie dos tempos, como aos ultrajes do ar...[80]

Não podemos deixar de reconhecer, já nesse primeiro comentário, certo apego a uma arte de vocação perpétua (graças a seu caráter *fixista*, de estabilização de gestos e figuras), mas também a uma arte da sobrevivência (da *transmissão* das formas, das cores) e da modificação (devido a seu aspecto *dinamista*, que provoca alterações). Uma arte da cor, como bem demonstra este outro elogio de Tintoreto:

E a cor! [...] Que substância trabalhada pela mão do homem poderá guardar a cor exata de sua carne durante um tempo ilimitado? Enquanto a pedra e o metal, substâncias primitivas e inalteráveis, conservarão, até seu último grão de poeira, a cor veneziana, a mais bela do mundo [...] Você estará sendo injusto se não disser: "Honras ao gravurista, depositário e propagador da linha pura! Honras ao *mosaísta*, guardião e conservador da cor!"[81]

Dito de outra forma, percebe-se que também aqui a *substância* prevalece sobre a *essência*: permanecendo muito mais ligada à ideia de perenidade, pois cabe ao mosaísta *guardar* e *conservar* a cor, com o auxílio das pedras e dos metais. Aliás, o mosaico era apelidado de "pintura (ou 'escritura') de pedras"[82], ou ainda de "pintura eterna" (em oposição ao afresco, pintura efêmera). Continuamos, portanto, em terreno próximo ao dos questionamentos levantados pelo filme de Resnais: a tensão entre um caráter *fixista* e um aspecto

PARTE I: A COMPOSIÇÃO FÍLMICA

dinamista, sua relação ambígua com a sobrevivência das imagens e sua repetição alterada, a importância da *substância* na composição (como para a cor, em pintura), enquanto elemento desestabilizador.

Contudo, o que George Sand não parece disposta a admitir em seu texto – e isso atrapalha um pouco sua comparação entre mosaico e pintura – é que o mosaico, na qualidade de técnica de composição de imagens, tira sua especificidade do fato de que estas sejam compostas por fragmentos irregulares: tesselas de pedras e metais cortadas de maneira desigual, a fim de serem dispostas a uma certa distância umas das outras, mantendo intervalos entre si. Um mosaico, deve-se ressaltar, não produz jamais uma imagem homogênea, como pretende inúmeras vezes a pintura e, ao que parece, Sand. E sua beleza singular (além da importância de sua *perenidade aparente*) provém justamente do fato de que a imagem seja composta também por interstícios, graças aos quais as tesselas (e os blocos temáticos que elas compõem) conseguem, por assim dizer, *respirar*.

Tudo isso aproxima ainda mais o mosaico do cinema de Resnais, já que sentimos claramente, tanto em um, como no outro, a primeira *intensão* detectada em *Meu Tio da América*: situada entre uma totalidade heterogênea que nos é imposta inteiramente e cada uma de suas partes, quebrando por assim dizer qualquer possibilidade de integralidade homogênea. O que é absolutamente contrário à busca bressoniana do "liso": "opor ao relevo do teatro a superfície lisa do cinematógrafo"[83] – uma proposta que, aliás, parece menos obscura e absurda quando confrontada ao filme de Resnais e à lógica do mosaico.

Na arte do puzzle e do cinematógrafo bressoniano, as partes são insignificantes, achatadas, cabendo ao conjunto ganhar relevo ao acentuar o recorte (a *decupagem*) e o assentamento das peças (imagens), assim como sua ligação direta. Na arte do mosaico e no filme de Resnais, ao contrário, o conjunto só existe em blocos, em parcelas que adquirem um poder de esfacelamento ou de reverberação que ultrapassa sua capacidade de *aderir* umas às outras, dada sua inclinação a comunicar-se à distância e o seu caráter mnemônico. Logo, é como se as fissuras de *Um Condenado à Morte Escapou* fossem alargadas a ponto de constituir verdadeiros buracos, intervalos consideravelmente visíveis que não precisam mais ser dissimulados: são *intervalos-distâncias* em lugar de *fissuras-espaços*. E é como se a cola, que a passagem tornava possível entre uma imagem originária e seu equivalente concreto, se transformasse categoricamente em um *cimento* religando imagens retornadas.

Da Arte do Mosaico à Passagem

Partindo do estudo de Henri Lavagne sobre o mosaico, percebemos rapidamente as principais características dessa arte: "o recurso aos materiais preciosos, o gosto pela policromia, a descontinuidade ou mesmo heterogeneidade dos elementos constitutivos"[84]. Porém, seu problema fundamental, assim como do próprio cinema, é justamente exprimir "uma continuidade da forma a partir da descontinuidade do material". Ele ressalta ainda que: "toda a história do mosaico é marcada por tentativas de se encontrar artifícios técnicos suscetíveis de remediar os inconvenientes da heterogeneidade radical dos cubos, a fim de se chegar à impressão óptica de *fusão* e *encadeamento progressivo dos planos*, a exemplo da pintura"[85], algo que se repete, de modo incrivelmente análogo, ao longo de toda a história do cinema (como atesta, por exemplo, a montagem dita invisível da linguagem clássica).

Todavia, essa busca de aproximação com a pintura (amenizando ou mascarando sua heterogeneidade constituinte), presente nos mosaicos dos irmãos Zuccati, não se aplica absolutamente ao filme de Resnais. Repetição e alteração, substância e intervalo, recomposição e justaposição: seu filme parece, ao contrário, derivar de uma adesão radical aos "inconvenientes da heterogeneidade". Encontramos nele um enfrentamento entre seu suporte translúcido (a película composta de fotogramas, como fotos) e sua superfície opaca (a tela e as imagens que *fazem tela*).

Algo que nos conduziria, em pintura, a obras como as de François Rouan e Claude Viallat, ligados ao movimento francês *Supports/Surfaces* (Suportes/Superfícies)[86]; ou ainda as de Simon Hantai que, a partir dos anos 1960, abandona a tela estendida para dedicar-se ao que ele denomina "dobragem como método": técnica que consiste em dobrar a tela, sem chassi, pintando-a "às cegas", a fim de abri-la em seguida, sendo o cheio definido pela reserva (a lacuna, o vazio), assim como a cor é definida pelo espaço deixado em branco pela dobragem[87].

O mosaico, como o cinema de Resnais, marca um afastamento da natureza e da ideia de "obra de arte orgânica" – com a qual sonhava Eisenstein, mas também Goethe que, desaprovando o emprego da palavra "composição" em arte, escreve: "se [o pintor e o músico] devessem merecer o verdadeiro nome de artista, eles não reuniriam as partes de suas obras, mas desenvolveriam uma certa imagem interior, uma nota [*Anklang*] mais elevada, em consonância com a natureza da arte"[88]. Jean Starobinski acrescenta a essa citação: "de fato, compor, etimologicamente falando, é *por lado a lado*, é *justapor*, e Goethe prefere a noção de *crescimento orgânico* a esta"[89]. Vimos o quanto pode prevalecer a necessidade da justaposição para o filme de Resnais, como para um mosaico: "uma obra cuja unidade é obtida por bricolagem ou remendos [e que] deriva ao mesmo tempo do *mineral* e do *geométrico* (dada a substância e a regularidade de seus cubos [...]), como do *mecânico* (levando-se em conta a operação iterativa que supõe a instalação das tesselas)"[90].

Duas artes, portanto, da composição (ou da *recomposição*, como preferia Bresson). E ecoando a ideia do filme como conjunto de "ondas mortas" (Artaud), Lucien Dallenbach comenta, acerca dos preconceitos lançados contra o mosaico, que

> Diferente da vida, considerada espontaneamente como assimétrica, quente e fluida, o mosaico, a partir do momento em que exibe sua descontinuidade, deixa de ser uma obra de arte: frio, seco e além do mais repetitivamente regular, ele é julgado *artificial* e *inerte* – e percebido, imaginariamente, como estando ligado à pulsão de morte, daí a ameaça fantasmagórica que representa, a quase repulsa que inspira e a energia quase desproporcional com a qual é rechaçado.[91]

Mas, por outro lado, o mosaico (como o filme) apresenta também um aspecto *dinamista*, justamente por conta de seus intervalos – que fornecem o ritmo aos *batimentos* das imagens – e de seu "gesto de recuperação" – na medida em que ele desvia e reemprega materiais ou, no caso do cinema, imagens vindas de outras partes[92]. Além disso, ao aproximarmos essa arte (do mosaico ou fílmica) da "dobragem como método"[93] de Hantai, vislumbramos um novo diálogo entre a *passagem*, como fundamento da imagem cinematográfica, e a *dobra* deleuziana: numa outra conjugação corpo-imagem, pois dessa vez o corpo humano cede lugar ao corpo do filme – revelando e decretando, assim, uma crise do retrato.

Do Mosaístico ao Fílmico

O corpo do filme, nesse caso, equivale a um corpo gigante, fantas-magórico, um pouco doente (tão doente quanto as personagens do filme de Resnais) e cheio de vãos pelos quais passam a luz e o ar. Um corpo esfacelado (como o da figura humana fragmentada, como veremos adiante, pelo cinematógrafo de Bresson), cujos pedaços parecem executar uma dança, mas uma dança por *fantasmata*, pois: "no momento presente do seu movimento, o corpo não é somente o que ocupa um lugar igual a si próprio, mas compreende também um esforço ou impulso para mudar de lugar, de maneira que o estado seguinte sai por si próprio do presente, por uma força natural"[94]. Por isso esse corpo do filme parece *encarnar* a célebre fórmula de Leibniz: "o presente repleto de futuro e carregado de passado"[95].

Posta de lado a essência (a alma, a sombra ou a imagem origi-nária), prevalece a substância (o próprio corpo, enquanto estrutura, o desenho ou a imagem filmada agora ou há muito tempo, pelo próprio artista ou por outra pessoa qualquer): é preciso atraves-sar esse corpo de luz, preenchê-lo de cores até transbordar seus contornos, animá-lo, desanimá-lo para, enfim, ressuscitá-lo, inde-finidamente, tal qual uma fênix. E é preciso sobretudo preparar o cimento (a passagem, justamente), a fim de se dispor as tesselas, que já se encontram talhadas e polidas, mas não possuem, ainda, um lugar predeterminado (ao contrário das peças do puzzle, já bem definidas de antemão, antes mesmo da decupagem).

Mas essa é uma passagem que se parece um pouco demais com a pose fotográfica: não são mais utilizados aqui os modelos bresso-nianos, mas atores profissionais, como no teatro. De fato, trata-se de um cimento que é mole no início, como a cola do puzzle de madeira, mas petrifica-se em seguida, congelando todos os movimentos e expressões para sempre (como atestam as imagens estáticas do filme). É por isso que a substância (o cimento, mas também as imagens estáticas e aquelas em movimento, de outros filmes) torna-se aqui o elemento "perturbador e distintivo" (como a dobra deleuziana), pois passamos do líquido ao sólido, e vice-versa, ao longo de todo o filme: do mar às pedras, do peixe ao javali, ou ainda a maré alta que inunda a ilha na qual a personagem de Roger-Pierre, afundada em sua própria angústia, é salva pela de Nicole Garcia.

A ilha, justamente. A ilha como cenário idílico, refúgio, local de nascimento (é nela que a personagem de Roger-Pierre nasce) e de morte (é nela também que ele descobre, ainda criança, a morte das criaturas e onde pensa em se suicidar após seu fatídico reencontro com Garcia). Mas também a ilha como simples pedaço de terra cercado de água: há pelo menos duas no filme, que são visitadas pelas personagens e parecem absolutamente pacíficas e inofensivas... até que a maré sobe. Nesse momento, é a substância líquida que assume o controle do jogo, revelando seu lado perverso: as ilhas tornam-se alegorias das tesselas de um mosaico, ou das imagens desse filme, entre as quais deve-se pular na água para passar de uma a outra (o que faz Garcia) ou, ao contrário, esperar um barco para atravessá-la sem se molhar (como prefere, por seu lado, Roger-Pierre). Pois o *corpo* desse filme, que é também um mundo (com seus animais, suas plantas, seus lençóis, seus líquidos e sólidos), assume um estranho papel – talvez porque "o mundo é o domínio anônimo da ausência, domínio a partir do qual as coisas aparecem e no qual elas em geral desaparecem [...] O aparecimento é a máscara atrás da qual ninguém se encontra, atrás da qual nada há, justamente, além do nada"[96]. Consequentemente, esse enorme corpo se deixa jogar, tornando-se assim o jogo e até mesmo a "mesa sobre a qual se joga" (Deleuze).

Restam ainda muitas questões acerca da construção desse corpo lacunar e seus mistérios. Todavia, encontramos aqui pistas distintas daquelas desvendadas anteriormente, com o auxílio de Bresson e *Um Condenado à Morte Escapou*. Em Resnais e *Meu Tio da América* identificamos um outro estado de coisas: uma configuração fílmica diferente que, tal como o mosaico, possui um caráter arqueológico, mnemônico, eterno. Algo que se percebe ao longo de todo o filme e que volta, ao final, cristalizado na imagem-síntese e acompanhado pelo seguinte comentário em voz *over* do professor Laborit:

> De fato, aquilo que denominamos a personalidade de um homem, de um indivíduo, constrói-se sobre uma colagem de julgamentos de valor, de preconceitos, de lugares comuns que ele carrega e que, à medida que sua idade avança, tornam-se cada vez mais rígidos e são cada vez menos questionados. E quando uma única pedra desse edifício é retirada, todo o edifício desmorona. E ele descobre a angústia. E essa angústia não deixará de se exprimir, nem diante do assassinato para o indivíduo, nem diante do genocídio ou da guerra para os grupos sociais.

Quanto ao filme, esse "robô intelectual" ou "fantasma de granito" a meio caminho entre o calor humano e a frieza do mosaico, teria também ele uma *personalidade* composta a partir de uma colagem? Poderia ele ter uma de suas pedras arrancada, sem desmoronar? Ou ficaria ele, por seus pedaços serem facilmente intercambiáveis, constantemente *angustiado*?

Na última sequência de *Meu Tio da América*, a madeira – material tão fundamental no filme de Bresson, cuidadosamente fissurada por Fontaine em sua prisão – aparece no filme de Resnais: só que dessa vez pintada numa enorme parede de tijolos de um prédio em Nova York[97]. Trata-se, sem dúvida, de uma imagem de madeira, mas uma madeira petrificada, em uma floresta congelada na cidade e, portanto, completamente diferente daquelas vistas anteriormente no mesmo filme (na ilha ou durante a cena de caça ao javali). Numa série de oito planos cada vez mais próximos do seu objeto, a floresta e suas árvores vão gradualmente revelando-se tijolos coloridos separados por cimento – algo absolutamente banal em se tratando de uma construção. Eis o retrato alegórico do filme como corpo de um prédio; e das imagens como tijolos coloridos. Eis, enfim, o mosaístico no fílmico: o devir pedra da imagem.

E tudo isso graças à passagem, de onde provém o cimento entre as imagens, e à intensão entre o *distinctio* (a distinção das partes) e o *compositio* (sua unidade num todo organizado)[98].

PARTE I: A COMPOSIÇÃO FÍLMICA

Fotogramas de *Meu
Tio da América* –
o mosaístico no fílmico
na sequência final do
filme.

III Um Cinema de Nuvem

1. O FILME FALA (E CANTA)

Iniciamos este estudo pela observação de uma tentativa de fuga, visual e física, em alguns filmes nos quais há portas a serem ultrapassadas. Em seguida, vimos como as fissuras realizadas por Fontaine na porta de sua cela, no filme de Bresson, tornam-se buracos, interstícios bem visíveis, na obra de Resnais – através dos quais as personagens e as narrativas devem operar *saltos* para passar de um plano a outro. Porém, o que ocorre quando um filme não tem mais portas a serem transpostas, nem buracos sobre os quais pular? Ou melhor, o que ocorre quando, ao passar pela porta, encontramo-nos ainda dentro da prisão, sem saber como ganhar a saída?

Se, em vez de nos servirmos dos dedos para criar fissuras entre as pranchas (planos) na madeira, ou para saltar (dançar) de uma pedra (ou de uma ilha) a outra, os utilizamos para tocar as teclas de um instrumento musical, produzimos sons que se dissipam no ambiente – talvez até, com um pouco de habilidade, obtemos música. Assim começa o filme de Jean-Marie Straub, *Crônica de Anna Magdalena Bach* (*Chronik der Anna Magdalena Bach*, 1967)[1]: seguindo os créditos, um plano próximo enquadra um musicista de costas, tocando ao cravo a grande cadência (154 a 219) do *allegro 1* do *Concerto de Brandenburgo n. 5*[2]. A câmera permanece fixa durante os minutos em que o intérprete de Bach toca a música, quando ficamos hipnotizados pelos únicos movimentos de seus dedos e das teclas pretas e brancas do instrumento. Como se nosso olhar acompanhasse a partitura, pondo-se quase a tocar a música, seguindo os dedos do instrumentista. Mais do que no filme de Resnais – no qual já parecíamos tocar com o olhar as imagens-células estáticas de sua imagem-síntese, a fim de acessar momentos do filme em nossa memória, a partir de tal ou tal imagem –, no de Straub nosso olhar acompanha de perto os dedos e os movimentos dos musicistas, como se estivesse, ele mesmo, tocando as teclas e produzindo música: são dedos ou gestos musicais que produzem em nós um olhar musical. Pois, ao contrário da aparente ausência de movimento na imagem-síntese de Resnais e dos saltos necessários à comunicação à distância entre os planos, no filme de Straub percebemos no interior de um único plano uma profusão de micromovimentos concentrados e guiados pela partitura.

Somos, assim, confrontados a um longo plano fixo, ligeiramente em *plongée*, com enquadramento fechado e composição bastante modesta: um homem portando uma peruca de época é visto de costas; dele, vemos apenas o ombro e o braço direitos, as duas mãos sobre o teclado do instrumento, além de uma porção de suas costas e da cabeça, bem como boa parte do cravo e a partitura. Não existe nenhum rosto ou movimento brusco a nos distrair ou emocionar: só nos restam pequenos movimentos dos dedos sobre as teclas. Torna-se então improvável olharmos para qualquer outra coisa, pois somos capturados pela armadilha straubiana, absorvidos por esses micromovimentos e pela música que deles resulta. E isso sem que haja qualquer sentimento gratuito, apenas uma simples e automática (matemática) sequência de teclas e de música.

Porém, após cerca de três minutos, a câmera enfim se move: num *travelling* para trás, ela revela a presença de outros instrumentistas que aguardavam pacientemente sua vez de tocar (medidas 219 a 227 do *allegro*), recuando rapidamente até atingir um plano de conjunto. Eles se encontram (de acordo com o roteiro) na sala de música do castelo do príncipe de Anhalt-Cöthen, cujo intérprete toca violoncelo ao lado de outros que tocam contrabaixo, viola, violino ripieno, violino solo e flauta transversa, todos reunidos em torno do cravo.

Entretanto, apesar do movimento para trás e da relativa abertura do quadro, as personagens continuam encerradas no interior de um quadro fechado, dentro do qual os únicos movimentos – temos vontade de dizer: as únicas ações – vêm dos musicistas, todos concentrados em tocar com precisão seus instrumentos.

Trata-se, com efeito, de um estranho espetáculo: não assistimos aqui à narração de uma história propriamente dita, mas à performance de uma peça musical interpretada por musicistas de talento, vestidos em indumentária de época. No entanto, é exatamente isso que nos conduz no interior desse quadro fechado: a extrema concentração dos instrumentistas em sua execução musical – além, é claro, da distribuição dos elementos[3], que permite observar atentamente os micromovimentos que nos enfeitiçam.

Fotogramas de *Crônica de Anna Magdalena Bach* – início e final do plano 1.

Gilles Deleuze, em um de seus livros sobre cinema, também trata de micromovimentos, mas em relação ao rosto e ao afeto nos filmes: eles só diriam respeito ao que ele define como sendo a "imagem-afecção", sinônimo do *close* e, consequentemente, do rosto[4]. Mas, será que poderia haver alguma conexão entre os micromovimentos de que fala Deleuze e os que percebemos no filme de Straub? A partir da definição bergsoniana do afeto, ele afirma que, em certos casos: "o móvel perdeu seu movimento de extensão e o movimento tornou-se movimento de expressão. É este conjunto de uma unidade refletora imóvel e de movimentos intensos expressivos que constitui o afeto"[5].

O que Deleuze chama de *móvel* poderia, em um filme, designar um plano, contendo a movimentação dos elementos no interior do quadro (lembremos aqui de todos os deslocamentos de Fontaine na prisão e em sua cela), os movimentos de câmera, além das mudanças de planos (como todos os saltos operados pela montagem de *Meu Tio da América*). Entretanto, no filme de Straub, o movimento dos elementos no quadro é quase inteiramente consagrado ao ato de se produzir música, ao passo que os únicos movimentos de câmera consistem em sutis *travellings* para frente ou para trás – ou ainda laterais, nos planos de mapas, partituras ou cartas, ou seja, sem a presença humana. Quanto à montagem, salvo exceção, ela não chega a estabelecer verdadeiras relações entre os planos, nem próximas, nem distantes. Logo, podemos deduzir que: se por um lado, a imagem definida pelo quadro de Straub (cerrado em sua duração e virtualmente estático) equivale, por assim dizer, ao que Deleuze chama de "unidade refletora imóvel", por outro lado, as ações empreendidas pelos musicistas em seus instrumentos produz "micromovimentos intensos expressivos" – e mais precisamente de expressão musical. Contudo, no que diz respeito ao "conjunto" (imagem + micromovimentos), será que este chegaria igualmente a constituir afetos?

O rosto, segundo Deleuze, reúne duas características: a de ser uma "placa nervosa porta-órgãos que sacrificou o essencial de sua mobilidade global", e a de recolher ou exprimir, "ao ar livre, toda sorte de pequenos movimentos locais que o resto do corpo normalmente oculta". Por isso, parece-lhe natural dizer que "cada vez que descobrimos em algo esses dois polos, superfície refletora e micromovimentos intensivos, podemos afirmar que essa coisa foi tratada como um rosto, ela foi 'encarada', ou melhor, 'rostificada' e, por sua vez, ela nos encara, nos olha [...] mesmo se ela não se parece com um rosto"[6]. Daí ele afirmar, em seguida, referindo-se ao retrato em pintura a partir dos escritos de Heinrich Wölfflin, que

> Ora o pintor aborda o rosto como um contorno, numa linha envolvente que traça o nariz, a boca, a borda das pálpebras e mesmo a barba e o chapéu: é uma superfície de rostificação. Ora, ao contrário, ele opera por traços dispersos tomados na massa, linhas fragmentárias e quebradas que indicam aqui o estremecimento dos lábios, ali o brilho de um olhar, munindo o contorno de uma matéria mais ou menos rebelde: estes são os traços de rosticidade.[7]

Aliás, podemos vislumbrar uma ligação, ainda que um tanto inusitada, entre essa noção deleuziana de "superfície de rostificação" e nossa análise do filme de Bresson empreendida anteriormente: tanto em relação ao contorno da sombra na pintura, quanto às conexões perfeitas inerentes ao puzzle. Por outro lado, podemos igualmente estabelecer um laço entre os "traços de rosticidade" e o filme de Resnais aqui analisado: através de uma narrativa picotada e cheia de intervalos, próxima do mosaico e da cor que transborda o contorno em pintura. Porém, é sobretudo no filme de Straub que encontramos esses dois elementos reunidos em uma única imagem: a disposição um tanto imóvel dos músicos no quadro, bem como dos instrumentos e outros objetos do cenário, funcionando como uma espécie de "superfície de rostificação"; e os micromovimentos que eles realizam ao tocar ou cantar como "traços de rosticidade".

Mas Deleuze acrescenta ainda uma outra distinção, dessa vez entre dois tipos principais de *close* (logo, segundo ele, de rosto) no cinema: o de Griffith, um rosto que pensa, sobretudo em admiração, em surpresa, e o de Eisenstein, um rosto que sente ou pressente, operando no nível do desejo[8]. Parece-nos, contudo, que no filme de Straub o afeto nunca é veiculado por uma espécie de psicologia da personagem (como nos dois exemplos dados por Deleuze) que nos conduza em direção ao sentimentalismo (Griffith) ou ao patético (Eisenstein): pois durante a visão do filme, não se trata, absolutamente, de saber o que Bach pensa ou sente.

Muito mais atento a Brecht que a Stanislávski, Straub estabelece com seus não atores (neste caso, músicos) um tipo de relação que os situa, de certo modo, numa linhagem bastante próxima à dos modelos bressonianos. Pois, antes de tudo, ele busca *desafetar* as imagens e seus componentes, no sentido em que altera sua destinação primeira, ao mesmo tempo que subtrai seus comportamentos ostentatórios exteriores, sem relação com o interior: como o simples fato de empregar músicos em lugar de atores para interpretar todos os papéis em seu filme já o denota. Isso faz com que a imagem – e por conseguinte o espectador – se deixe dominar por esses micromovimentos imperturbáveis que conduzem nosso olhar em direção a um percurso e, com sorte, a uma descoberta, mas jamais a um clímax aguardado de antemão. Além disso, essa imagem não toca nem nosso intelecto nem nossos sentimentos, mas a simples mecânica de nosso olhar – o que, aliás, pode até provocar certa emoção, mas de ordem puramente estética, desprovida de qualquer racionalização: pois, nesse caso, o "rosto" não *pensa* nem *sente*, ele tão simplesmente *age*, emitindo música. O próprio Straub declara a Enno Patalas (numa entrevista que foi transcrita e publicada a fim de se levantar dinheiro para a realização do filme) que

> Um atrativo do filme consistirá em mostrar pessoas fazendo música, mostraremos pessoas que realmente executam um trabalho diante da câmera. É raramente o caso num filme; porém, o que se passa no rosto de homens que nada fazem senão executar um trabalho é certamente algo que tem a ver com o cinematógrafo. Nisso consiste justamente o – detesto esta palavra, mas digamo-la entre aspas – "suspense" do filme.[9]

A Educação do Olhar (Pela Audição)

Percebemos, assim, que no primeiro plano do filme de Straub não se trata necessariamente de um *rosto*, nem de um *close* (e tampouco de uma "imagem-afecção"), mas de uma *imagem desafetada*, que todavia reúne em si o binômio "superfície de rostificação"/"traços de rosticidade" de que fala Deleuze. Porém, vejamos se o mesmo ocorre com um plano de rosto (um *close*) nesse filme.

Por exemplo, o plano 85: que começa nas mãos de Bach executando no duplo teclado de um cravo a 25ª das *Variações Goldberg*. Observamos, já no início do plano, a presença da conjunção sugerida por Deleuze: os objetos, o cenário e a câmera encontram-se estáticos (como uma espécie de "superfície de rostificação"), enquanto os dedos articulam-se sobre as teclas através de pequenos movimentos (traços de rosticidade). Em seguida, a câmera sobe lentamente em panorâmica até o rosto do musicista, permanecendo aí fixa até o final do plano. Algo bastante peculiar acontece a partir de então: os micromovimentos dos dedos do músico sobre as teclas são substituídos e como que transferidos para seu rosto, cujos olhos sobem e descem, dividindo assim seu olhar entre a partitura e o duplo teclado. Consequentemente, aos nossos olhos, a música parece emanar não mais dos dedos sobre as teclas, agora fora de quadro, mas de seus olhos e de todos os sutis movimentos produzidos por sua cabeça e peruca – bem como por sua sombra projetada na parede. E isso ocorre por uma razão muito simples: esse plano surge depois de uma hora e dezesseis minutos de filme, durante os quais nosso olhar foi cuidadosamente treinado, plano após plano, a seguir os micromovimentos na imagem, ora os do instrumentista solitário, ora os da orquestra e do coro, sempre atento e à escuta da música de Bach. Assim, como num passe de mágica, esse mesmo olhar chega a *trabalhar* de maneira independente, desde que a música continue audível e que micromovimentos (quaisquer) permaneçam visíveis[10].

Fotogramas de *Crônica de Anna Magdalena Bach* – início e final do plano 85.

Portanto, a operação delicada e desafiadora empreendida pelo filme de Straub consiste, finalmente, em educar o olhar do espectador, no sentido em que este se vê submetido, de modo rigoroso e praticamente durante toda a duração do filme, ao exercício constante e incansável (pois mecânico, ritmado e não racional, nem emocional) de acompanhar os micromovimentos nas imagens, em sua estreita relação com a música. E só nos damos conta desse fenômeno a partir do momento em que os micromovimentos, que nosso olhar acompanha, não mais provêm da fonte direta da música na imagem, ou seja, dos instrumentos e gestos dos músicos, mas de um rosto, por exemplo. O simples fato de que nossos olhos continuem a perseguir esses micromovimentos, mesmo num rosto, deve-se ao seu automatismo e à sua predisposição à atividade de olhar; ou melhor, de buscar com o olhar cada pequeno movimento suscetível de ser intuído e associado à música:

obsessão de detalhe, certamente, mas sobretudo pedagogia de uma busca, ativa e sutil, sem objetivo determinado, pois seu objetivo é essencialmente percorrer a imagem. E justamente acerca desse plano do rosto de Bach Straub aponta, no dia seguinte à filmagem, durante uma entrevista a um programa da televisão holandesa dedicado ao filme:

> O que chamo aqui de matéria cinematográfica deveria ser descoberta pelo próprio espectador: vemos alguém executando uma ação para a câmera, diante de uma parede fracamente iluminada, pois é a hora do crepúsculo, quase noite. Esta parede é tão importante quanto o rosto, e algo se passa nela que, a meu ver, deve provir da matéria cinematográfica pura.[11]

Voltamos, então, à questão da substância, da matéria, só que dessa vez não mais em relação à película cinematográfica ou às imagens de cinema (como era o caso no filme de Resnais), mas a algo mais enigmático e sutil que parece emanar da própria imagem, no momento em que a vemos: resultado de uma complexa e delicada aliança entre um "real" registrado pela câmera e sua reativação no momento da projeção. Uma "matéria cinematográfica", portanto, que não deriva nem de uma imagem originária, mental, nem de uma imagem concreta e manipulada em termos de montagem. Trata-se aqui, antes, de uma *mise en acte* (o ato, nesse caso, entendido como musical), no sentido em que essa matéria, da qual fala Straub, só surge a partir do choque de uma dupla interação que acontece, *a priori*, diante da câmera (entre o ator e a película) e, *a posteriori*, diante do projetor (entre o espectador e a tela), escapando tanto à vontade prévia do cineasta quanto aos artifícios da montagem.

Tomemos um outro exemplo do filme que ilustra bem essa educação do olhar straubiana, passando pela dupla experiência da filmagem/visão do filme: trata-se do plano 34, no qual vemos a intérprete de Anna Magdalena Bach tocando na espineta o *Tempo di Gavotta* da partita em mi menor do *Pequeno Livro de Cravo A.M.B. 1725*, tendo a seus pés uma menina (que faz as vezes da filha do casal Bach, Christiane Sophie Henrietta) brincando com uma boneca. O plano de conjunto mostra, ao mesmo tempo, mãe e filha absolutamente compenetradas – como normalmente acontece com os musicistas e as crianças – em suas respectivas atividades: uma toca o instrumento musical seguindo a partitura, a outra despe cuidadosamente sua boneca. Curiosamente, enquanto ouvimos a música, nosso olhar sente-se atraído ora pela instrumentista e seus dedos, dessa vez distantes para que possamos acompanhá-los com precisão, ora pela menina e sua boneca, já que o emprego de suas mãos e a concentração em seu ato a aproxima, por assim dizer, do da instrumentista, solicitando igualmente nosso olhar explorador. A cena termina em plano próximo (após um *travelling* para frente) da mãe tocando a peça musical até o fim, antes de olhar para sua filha (já fora de quadro), com um leve sorriso nos lábios – cumplicidade entre "instrumentistas" obriga.

Fotogramas de *Crônica de Anna Magdalena Bach* – início e final do plano 34.

Um caráter documental parece emanar de tal imagem, notadamente no que concerne à criança, o qual será percebido ao longo de todo o filme[12]. Um efeito sem dúvida reforçado pela pedagogia de busca straubiana mencionada anteriormente. Philippe Arnaud, num texto sobre *A Morte de Empédocles* (*Der Tod des Empedokles*, 1987) de Straub-Huillet – mas também sobre *Vale Abraão* (1993) de Manoel de Oliveira e *Infelizmente Para Mim* (1993), de Jean-Luc Godard – comenta justamente esse caráter documental e de impureza do cinema, devido à

> Relação de "molde" que ele estabelece com o que registra, distinguindo-o das outras artes por essa "impassibilidade da objetiva" que não lhe permite libertar-se totalmente de uma matéria primeira, da qual ele é tributário, e que persiste apesar das deformações de óptica, de quadro, de montagem ou de luz intencional,

o que se designa sob a fórmula de que todo o cinema, num certo sentido, é documental.[13]

Anos mais tarde, durante uma entrevista a propósito de outro filme seu, Straub evocará novamente, mas de modo diverso, a ideia de "matéria cinematográfica pura" que abordara na época de *Crônica de Anna Magdalena Bach*, só que dessa vez em referência aos pintores Giotto e Cézanne ("observe essa montanha, outrora isso foi fogo"): "os filmes não têm o menor interesse se não conseguimos encontrar algo que queima em algum lugar do plano. [...] seria preciso que a cada segundo de cada plano sentíssemos o que Renoir chamava de encantamento, o encantamento da realidade. [...] Seria preciso sentir que tudo o que se mostra é, ao mesmo tempo, magnífico e o contrário"[14].

Aliás, talvez não seja por acaso que Arnaud, no mesmo texto mencionado acima e ainda em eco a Straub, significativamente, mencione uma certa "queimadura" do olhar:

> Há uma experiência simples, quase cotidiana, que me espanta: que a existência da luz e a maneira pela qual ela irradia as coisas, seu caráter às vezes encantatório, apareça tão raramente no cinema [...] a luz como condição do visível levada a um ponto de intensidade tal que ameace o que ilumina [...] ao mesmo tempo que a luz solar pode quase ser apreendida por si mesma, parecendo conter o traço do incêndio inicial e inapreensível que é o grande princípio secreto do visível: a sensação que isso provoca é para mim muito menos a de uma natureza qualquer retomando sua integridade, do que a de uma erotização óptica das matérias copresentes a essa sensação de fogo doméstico, em que o olhar se aproxima de uma queimadura.[15]

As Imagens Eloquentes

Ao explicar a estrutura de seu filme, Jean-Marie Straub diz tratar-se de obras musicais, sempre executadas realmente diante da câmera e em som direto, as quais podem ser introduzidas por partituras, manuscritos ou textos impressos originais, e separadas pelo que ele chama de *intervalos*, nos quais "encontram-se sequências, não cenas

PARTE I: A COMPOSIÇÃO FÍLMICA

nem episódios – fomos apagando até não termos mais cenas, nem episódios –, mas somente o que Stockhausen chamaria de 'pontos'. Tudo o que será mostrado, excluindo-se as execuções musicais, serão 'pontos' da vida de Bach"[16]. Assim, inspirado por essa noção de "ponto" de Karlheinz Stockhausen (e fazendo eco a esse "algo que queima no plano"), Straub propõe-se a escolher e a dispor as peças musicais de Bach unicamente em relação ao ritmo do filme: "fora isso, eu sei muito bem que posso encadear diretamente tal peça musical a tal outra, e que num outro lugar uma lacuna é necessária, uma sequência sem música, um 'ponto de vida'"[17].

Precisamente, a música dita "pontual" – proposta por alguns compositores europeus e, em particular, além de Stockhausen, por Olivier Messiaen, Pierre Boulez e Karel Goeyvaerts, entre 1949 e 1955 – era composta por partículas formadas separadamente. O resultado é uma forte individualização de diferentes tons, unida a uma dinâmica pontual, graças à manutenção de valores discretos em relação a todos os parâmetros da música[18]. Por "dinâmica-ponto", Pierre Boulez entende: "todo grau fixo da dinâmica; os encadeamentos serão feitos de ponto a ponto na escala escolhida, sem que haja, de um ao outro, percurso, gesto" – em oposição à "dinâmica-linha" (resultante do "glissando dinâmico": *accelerando, ritardando*) que permite operar "nos trajetos de uma amplitude dada a uma nova amplitude: crescendo, decrescendo e suas combinações"[19].

É algo dessa ordem que faz com que o ritmo do filme, tal como mencionado por Straub, siga de perto essa mesma tensão encontrada no seio da música pontual, recuperando-a e adaptando-a, por assim dizer, ao cinema: entre, de um lado, a determinação dos "pontos" que se ligam diretamente entre si, conservando sua especificidade e suas características próprias, e, de outro, a "glissade" (num sentido coreográfico[20]) efetuada para passar de um ponto a outro. Uma espécie de intensão, portanto, porém muito diferente das duas identificadas anteriormente: pois não se trata mais, nesse caso, de seguir uma imagem originária a fim de atingir sua concretização (processo que, como vimos, provoca fissuras); nem de fazer saltar os planos, através do tempo e do espaço do filme (o que gera verdadeiros intervalos entre eles)[21]; mas de fazê-los deslizar um em direção ao outro, assim como deslizamos o olhar de um ponto a outro no interior de uma mesma imagem – tendo-se em mente que é muito raro poder fazê-lo de maneira direta, já que muitas vezes são necessários pontos de ligação ("pontos de vida", por exemplo, como reivindica Straub para seu *Bachfilm*). Trata-se, portanto, de uma tensão interior que se estabelece entre as próprias imagens, os próprios planos: as diferentes "superfícies de rostificação" comunicam-se, sem necessariamente falar a mesma língua (ou seja, sem compor "cenas, nem episódios"), pois cada uma possui seus pontos de referência ou seus "graus dinâmicos" bem definidos e fixados, sendo habitada por micro-movimentos que a animam (os "traços de rosticidade", com suas variações constantes).

É o que explica, pelo menos em parte, o rigor e a coerência com que Straub organiza os diferentes tipos de planos que compõem o filme, determinando com precisão suas durações e movimentos de câmera: os planos musicais (*pontos de música*), os planos com as partituras, documentos manuscritos, mapas, gravuras e cartas de época (*pontos de arquivo*) e os planos reconstituindo a vida de Bach (*pontos de vida*). O primeiro tipo estendendo-se muito mais na duração do filme que os outros, que chegam às vezes a ser excessivamente breves: o segundo plano do filme, por exemplo, mostrando pela primeira vez a personagem de Anna Magdalena Bach, sentada numa poltrona diante de uma janela, não dura mais do que um único segundo. E enquanto no primeiro e no terceiro tipos a câmera permanece a maior parte do tempo fixa – exceto pelos sutis *travellings* para frente ou para trás, frequentemente empregados nos pontos musicais, que abordaremos em detalhe mais adiante –, no segundo, ao contrário, encontramos uma maior variedade de movimentos (panorâmicas em todos os sentidos) sobre os mapas, partituras e outros documentos.

Fotogramas de *Crônica de Anna Magdalena Bach* – planos 2 e 9.

PARTE I: A COMPOSIÇÃO FÍLMICA

A forma sintética, encontrada anteriormente no filme de Resnais, adquire aqui um caráter analítico, no sentido em que a pedagogia do olhar empreendida por esse filme de Straub (que incita nosso olhar a uma espécie de passeio na imagem) provoca e reclama, de certo modo, uma atitude analítica em relação à imagem – em busca, ainda que inconscientemente, de uma possível queimadura do olhar. Novamente em analogia à música pontual, vemos que "o foco quase analítico sobre eventos individuais, seguido da transição entre eles, confere a essa música [ou a esse filme] uma imobilidade muito distanciada da qualidade gestual de outras peças"[22]. O que lembra, aliás, o ataque constantemente efetuado por Bresson, não a um gênero musical, mas ao que ele denomina o "cinema ou teatro fotografado", em referência aos gestos ou à "qualidade gestual" dos atores. Por exemplo: "Colocar sentimentos no seu rosto e nos seus gestos, isso é a arte do ator, isso é o teatro. Não colocar sentimentos no seu rosto e nos seus gestos, isso não é o cinematógrafo. Modelos expressivos involuntários (e não inexpressivos voluntários)."[23] Nota-se nessa citação um forte eco à postura assumida por Straub, quando este declara:

> O trabalho, para mim, quando escrevo uma decupagem, consiste em chegar a um quadro que seja completamente vazio, para que eu esteja seguro de não ter mais absolutamente intenção alguma, de não mais poder tê-la quando eu filmo. Estou sempre eliminando todas as intenções – as *vontades de expressão*. [...] Stravínski disse: "sei bem que a música é incapaz de exprimir qualquer coisa". Tenho a opinião de que um filme também. [...] Para não cair numa dessas armadilhas, o trabalho de decupagem consiste, para mim, em destruir desde o início essas diferentes *tentações de expressão*. Somente então pode-se fazer na filmagem um verdadeiro trabalho cinematográfico.[24]

Percebemos a poderosa ênfase posta por Straub, ao mesmo tempo, no momento da filmagem e num completo bloqueio dessas *vontades* ou *tentações de expressão* – temos vontade de dizer: bloqueio de uma espécie de *Ausdruckwollen* (em alusão ao *Kunstwollen* de Alois Riegl[25]). O que não impede que as imagens de seu filme – apesar de seu enorme empenho em inibir qualquer *intenção* no momento da filmagem e graças a seu caráter bem próximo do documental, devido à concentração no trabalho de interpretação musical (ou seja, graças ao engajamento do olhar convocado pelos micromovimentos e por esse "algo que queima no plano"[26]) – acebem por tornar-se, como os modelos para Bresson, involuntariamente expressivas[27].

Desse modo, as imagens não são mais insignificantes (como em Bresson), dependentes de suas ligações imediatas para se completa-rem, nem agentes (como em Resnais), solicitando outros momentos e outras imagens do filme (e de outros filmes), apelando para a memória e para conexões distantes. No filme de Straub, elas são, antes, imagens eloquentes, cuja vocação primeira é a de se exprimir – e não necessariamente de exprimir algo, como faziam as imagens agentes (que eram icônicas), mas simplesmente de se exprimir, se manifestar enquanto imagens, enquanto "pontos" em que alguma coisa se passa. Pois é o olhar do espectador que, neste caso, se torna agente, enquanto as imagens, por sua vez, tornam-se expressivas, eloquentes[28]. E trata-se, para Straub, de concretizar seu filme pela música, pelo canto, da mesma forma que outros filmes seus o farão sobretudo pela palavra.

Porém, é importante salientar aqui o fato de que não importa, *a priori*, o que é dito ou cantado, mas sobretudo a ação de fazê-lo, que se dirige tanto ao olho quanto ao ouvido[29]. Segundo o exem-plo dado por Cícero: "o gesto de Antônio não era uma tradução plástica das palavras, mas respondia aos pensamentos aos quais tudo se ajustava, as mãos, os ombros, os quadris, o batimento do pé, a imobilidade das idas e vindas, de uma maneira geral toda sorte de movimento"[30]. E Jacqueline Lichtenstein conclui que "tal é a definição paradoxal da eloquência: uma arte do discurso que se julga num lance de olho, uma palavra cuja apreciação depende unicamente do olhar!"[31]

Assim, enquanto na arte da memória, como no filme de Res-nais, as imagens agentes estimulam a imaginação, no de Straub, ao contrário, as imagens eloquentes estimulam o olhar. O que remete justamente à fórmula proposta por Serge Daney a respeito da obra de Straub: "no cinema, a enunciação está talvez escondida em algum lugar, uma pequena máquina que repete o *motto* lacaniano: 'Você quer olhar? Então, veja isto!'"[32].

2. O CONTRAPONTO CINEMATOGRÁFICO

Observando atentamente *Meu Tio da América*, veremos nele alguns elementos que se aproximam daquilo que Straub denomina *pontos*: como os planos que dizem respeito à vida das três personagens principais, no início do filme, os comentários enunciados pelo professor Laborit, ou ainda os ratos encerrados em suas gaiolas. Porém, Resnais desenvolve cenas (ou blocos, como se diz em relação ao mosaico) em seu filme a partir desses elementos, conservando ligações diretas no interior de uma mesma sequência (entre os planos), mas dissolvendo-as externamente (entre as séries), a fim de retomá-las em várias ocasiões, num vaivém que gera grandes intervalos. Trata-se, portanto, de uma construção em blocos, organizada por séries temáticas, de um todo que se quer basicamente fragmentado e que só se estrutura efetivamente através da montagem[33].

De modo totalmente diverso, *Crônica de Anna Magdalena Bach* estrutura-se por plano, por imagem, definindo-se já inteiramente no momento da filmagem – talvez a partir de uma busca por "algo que queima no plano", pela "matéria cinematográfica pura". Logo, o mistério ou a surpresa não surgem mais da sucessão dos planos, como ainda é o caso no filme de Resnais, pois já se encontram em cada imagem. Com efeito, é como se o filme fosse composto por uma sucessão de *closes*, de planos de rostos (mesmo se, finalmente, existem pouquíssimos rostos ou *closes* nesse filme), pois os planos não se comunicam mais por justaposição (Bresson), nem por saltos (Resnais): eles simplesmente se sucedem, como que empurrando uns aos outros, sem se comunicar diretamente[34].

Trata-se, portanto, de uma sucessão de pontos (retomando a metáfora emprestada de Stockhausen), como as notas musicais que se distribuem na partitura: ponto após ponto para aqueles de mesma natureza (musicais, de arquivo ou de vida) ou ponto contra ponto (para os de natureza distinta). O que remete ao contraponto musical, significativamente tão empregado e desenvolvido por Johann Sebastian Bach: *punctus contra punctus* (nota contra nota), referente à relação entre duas ou várias vozes independentes no nível do ritmo e da melodia (a componente horizontal), mas interdependentes no nível da harmonia (a componente vertical)[35].

Assim como havíamos assimilado a ideia de ponto, no filme de Straub, ao mesmo tempo à unidade de imagem (o plano) e às unidades na imagem (os micromovimentos), podemos igualmente aplicar a noção de contraponto musical tanto à sucessão de planos (os macropontos) na estrutura do filme, quanto ao jogo de micromovimentos (os micropontos) no interior de cada imagem. A intensão identificada anteriormente representaria nada mais do que uma tensão contrapontística: no sentido em que os planos postos em contato, ou simplesmente em sucessão, acabam guardando sua singularidade e sua independência pontual (ao mesmo tempo que conservam seus pontos de referência e seus "graus dinâmicos", inclusive nos casos excepcionais que chegam a "compor cenas", mencionados acima), sucedendo-se uns após os outros, numa espécie de harmonia geral que os reúne, apesar de suas disparidades incontornáveis e a despeito de uma aparente despreocupação com a montagem[36].

Logo, o que está em jogo no filme de Straub não é uma reunião de imagens que se colariam com justeza (como em Bresson e na arte do puzzle), nem uma totalidade completamente esburacada, cujo fluxo de imagens permaneceria esfacelado pelas interrupções e retomadas constantes (como em Resnais e na arte do mosaico). No *Bachfilm*, a ideia de continuidade/descontinuidade parece esvanecer, em prol de um projeto, mais profundo e pertinente, ao menos para Straub, de instante ou evento. Como se as relações entre os planos, entre as sequências de imagens, por mais importantes que elas sejam, dessem prioridade ao que se passa categoricamente no interior de cada imagem, no momento exato de sua captura[37]. Pois, para Straub, o essencial é justamente reforçar o "trabalho figurativo" posto em prática pela música de Bach, em detrimento de uma suposta história a ser contada[38].

E é justamente por essa via que chegamos à noção de contraponto no interior da própria imagem: pois os micromovimentos parecem esboçar pontos, permitindo-nos passear nela com o olhar. Um exemplo explícito dessa ideia encontra-se, mais uma vez, no plano que mostra Anna Magdalena ao cravo com sua filha brincando no chão: vemos na imagem, literalmente, duas "vozes" distintas, duas séries de micromovimentos, dois gêneros de gestos distintos dispostos como sobre as linhas horizontais de uma pauta musical imaginária. Logo, resta ao nosso olhar, ao longo do plano, dividir-se entre essas duas "vozes" visuais, em busca de certa *harmonia*, no sentido musical, entre elas.

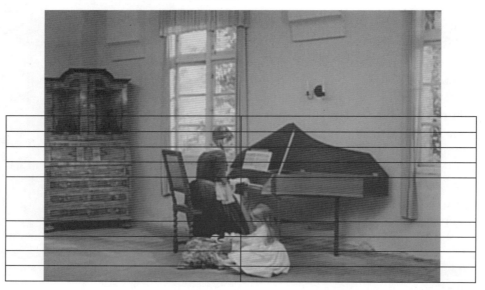

Fotograma de
Crônica de Anna Magdalena Bach: plano 34.

Aliás, é também a partir da ideia de ponto na imagem que Roland Barthes avalia o olhar do *Spectator*, em *A Câmara Clara*. Considerando a imagem fotográfica, ele define inicialmente o *studium* como sendo a "aplicação a uma coisa, o gosto por alguém, uma espécie de investimento geral, ardoroso, é verdade, mas sem acuidade particular"[39]; é o que decorreria mais da ordem do "cultural", e que poderíamos associar, em nossa abordagem do filme de Straub, ao mesmo tempo à organização geral (a sucessão) dos planos e ao *aspecto* (como um "trabalho ou olhar de fora", do qual falava Hubert Damisch) da "superfície de rostificação", através de seus componentes externos: o cenário, as perucas, os trajes de época etc. Em seguida, Barthes define o *punctum* justamente como sendo o "elemento que vem contrariar o *studium*": pois não se trata mais de investir minha consciência de espectador no campo da imagem, mas de ser invadido por alguma coisa "que parte da cena, como uma flecha, e vem me transpassar", deixando-me atingir assim por "essa ferida, essa picada, essa marca feita por um instrumento pontudo". E Barthes acrescenta ainda:

> Essa palavra me serviria em especial na medida em que remete também à ideia de pontuação e em que as fotos de que falo são, de fato, como que pontuadas, às vezes até mesmo mosqueadas, com esses pontos sensíveis; essas marcas, essas feridas são precisamente pontos. [...] O *punctum* de uma foto é esse acaso que, nela, me *punge* (mas também me mortifica, me fere).[40]

E podemos estender nossa analogia do filme com a música a ponto de afirmar, no que diz respeito à "superfície de rostificação" (sobre a qual se aplica o *studium*), que ela assumiria no cinema o papel que o baixo contínuo (*basso continuo*) exercia na música barroca: "o fundamento mais completo da música [...] pois ele não para de tocar continuamente, enquanto as outras vozes silenciam-se de quando em quando"[41]. Por outro lado, os "traços de rosticidade" (os micromovimentos correspondendo ao *punctum* barthesiano conjugado ao movimento das imagens) equivaleriam às outras vozes, segundo uma gradação de alturas, com agudos mais ou menos cortantes.

É como se as fotos utilizadas por Resnais em *Meu Tio da América*, bem como os planos mais ou menos modificados e reiterados ao longo de todo o filme, tornassem-se, no filme de Straub, micromovimentos que persistem no interior da própria imagem (embora jamais de maneira idêntica), não se repetindo a si mesmos, mas provocando no espectador a reiteração do ato de percorrê-la com o olhar: nossos olhos *passeiam*, por assim dizer, pela imagem, através da música e do hábito, adquirido ao longo de vários planos, de seguir um percurso, graças aos micromovimentos e, sobretudo, à busca desses pontos sensíveis, por mais vagos e subjetivos que possam parecer – como aquele "algo que queima no plano" tão caro a Straub[42].

Do Rosto à Paisagem

A ideia de *punctum* como "instrumento pontudo" ou "flecha", porém mais explicitamente atrelado a questões de movimento, encontra-se presente na obra de Paul Klee (cuja sensibilidade era profundamente marcada pela música), como pode ser observado, por exemplo, em quadros como *Equilíbrio Oscilante* (1922) ou *Flecha no Jardim* (1929). Mas, contrariamente à função usual das flechas, que servem para indicar uma orientação qualquer na imagem, nesses dois exemplos elas representam, como demonstra Pierre Boulez em seu belo ensaio dedicado ao pintor-músico, uma "função dinâmica"[43]. O que o próprio pintor confirma ao longo de uma reflexão acerca da composição de uma obra, em seus "esboços pedagógicos":

> Os esquemas [de flechas] precedentes são proposições para a confecção de órgãos do movimento. Mas a própria composição, o organismo cinético, é de uma essência mais alta; ela é bem mais do que suas partes e reclama uma elaboração mais complexa. A norma da composição é o conjunto constituído pelo funcionamento coordenado dos órgãos, a totalidade autônoma dotada de uma atividade imóvel ou de uma imobilidade ativa. A composição não pode se completar antes que aos movimentos respondam contramovimentos ou que desponte uma solução pelo movimento perpétuo.[44]

Paul Klee, *Equilíbrio Oscilante* (1922), Museu de Belas Artes, Basileia; e *Flecha no Jardim* (1929), Museu Nacional de Arte Moderna, Paris.

Uma dialética complexa é sugerida por tal dispositivo de composição: organismo cinético/órgãos do movimento, conjunto de partes/totalidade autônoma, movimentos/contramovimentos, imobilidade ativa/movimento perpétuo. Por isso não ficamos surpresos que ele defenda que "a gênese como movimento formal constitui o essencial da obra", ou ainda que "a formação, como desdobramento do impulso misterioso que leva à adequação ao objetivo visado [...], determina a forma e a recompensa em consequência". O ato de confecção da obra leva vantagem, assim, em relação à ideia de uma obra finalizada, já que "a marcha da forma, cujo itinerário deve ser ditado por alguma necessidade interior ou exterior, prevalece sobre a meta final, sobre o fim do trajeto", pois "a *forma* é fim, morte; a *formação* é Vida". Daí ele recomendar ainda: "aspirar, portanto, menos à forma ('natureza morta') que à formação"[45].

Não seria o caso, mais uma vez, de enxergarmos aí certo parentesco com a conjunção micromovimentos/unidade refletora imóvel de que falava Deleuze, referindo-se ao cinema? E não seriam os micromovimentos equivalentes ao *punctum* barthesiano, tendo como resposta uma espécie de *contrapunctum* para que a composição se complete? Além disso, não seria plausível que, também no cinema, a formação fosse privilegiada em detrimento da forma, como sugere Klee? Podemos, de qualquer modo, deduzir que num filme, graças a uma espécie de "movimento perpétuo" (inerente ao cinema e, não esqueçamos, sempre aparente), não haveria mais necessidade de flechas (como constata Klee em relação à pintura[46]), mas de pontos (que ele empregará em seus quadros, especialmente a partir dos anos 1930, para preencher "as superfícies com pequenos pontos mais ou menos densos que fazem surgir os diversos tipos"). Do mesmo modo que, na música, para indicar que uma nota preenche determinada duração, o compositor Anton Webern se serve de pontos não mais para contê-la, mas para "fazê-la surgir por meio de notas *staccato* mais ou menos próximas, ou seja, mais ou menos rápidas, mais ou menos lentas"[47]. O que, aliás, remete à tensão contrapontística empregada pelo filme de Straub: contrastando entre longos pontos musicais e curtos (por vezes, demasiado curtos) pontos de vida.

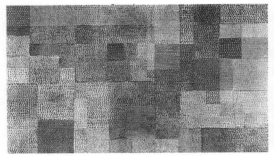 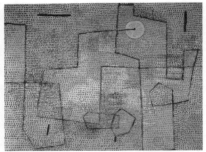

Paul Klee, *Polifonia* (1932), Museu de Belas Artes, Basileia; e *Emacht* (1932), Centro Paul Klee, Berna.

Uma obra ou uma imagem em formação constante, movendo-se através dos pontos que a compõem, parece de algum modo evocar o aspecto fotogênico de que fala Jean Epstein em seus escritos: uma "mobilidade ao mesmo tempo no espaço e no tempo", que pode afetar tanto os seres vivos (os rostos na tela) quanto os objetos ou as paisagens[48].

Não à toa, Jacques Aumont resume da seguinte forma a primeira tese de Epstein sobre o tema: "a fotogenia só existe no movimento [...] ela habita o inacabado, o instável, aquilo que tende a um estado, sem atingi-lo. Ela é essencialmente mutável, fugidia, descontínua"[49].

Anton Webern, *Drei Wolkstexte Opus 17* (1924), partitura, p. 3.

Trata-se, portanto, de uma mobilidade fotogênica que pode animar os rostos (lembremos, por exemplo, do *close* de Bach tocando o cravo com as mãos fora de quadro no plano 85, mencionado acima), mas também os objetos: "um *close* de revólver não é mais um revólver, é a personagem-revólver", pois "mecanicamente, a objetiva consegue sozinha, às vezes, imprimir a intimidade das coisas"[50]. Curiosamente, é também um revólver que serve de metáfora a Serge Daney, no mesmo artigo sobre Straub-Huillet citado anteriormente, ao retomar a ideia de Christian Metz sobre a transcrição linguística, no cinema, de um plano de revólver que teria como resultado não a palavra "revólver", mas "eis um revólver":

> Observemos rapidamente que esse exemplo não é neutro: trajetória do dedo, do olho e da bala, pulsão escópica, pulsão balística. Todo o problema da "enunciação" no cinema consiste em saber quem, no tempo de projeção de um filme, funciona como a instância que enuncia, a voz silenciosa que diz: "Aqui... eis aqui cadáveres, um B-52 etc." A asserção é o privilégio do som [...], mas o privilégio da imagem, a *presentificação*, o ato mesmo do "eis aqui", não foi colocado em xeque.[51]

Talvez a reflexão de Epstein sobre a fotogenia relacionada à paisagem possa solucionar, ao menos em parte, o questionamento de Daney: pois entre uma paisagem *fotografada* por um "cineasta medíocre" qualquer e essa mesma paisagem *posta em cena* "por um Gance" (é o exemplo que ele utiliza, além de Griffith e L'Herbier), algo muda na imagem. E esse algo é da ordem da poesia, da marca pessoal do artista, pois: "a poesia, que poderíamos considerar como sendo mero artifício da palavra, figura de estilo, jogo de metáfora ou de antítese, enfim, algo como nada, recebe aqui uma encarnação brilhante"[52]. Observamos, assim, a transformação sutil de uma obra em formação, sempre em movimento e confrontada a uma certa impossibilidade de se completar, sendo movida por micromovimentos, por uma mobilidade fotogênica que a afeta enquanto imagem, independentemente do objeto visado, e que tende a algo mais abstrato, ou mais poético, como prefere Epstein. Trata-se, enfim, de uma espécie de reabilitação do retrato: porém, de um *retrato* que não se limita mais à figura humana, mas que se estende a todos os objetos visíveis.

Do rosto à paisagem, Epstein parece advertir, não existe real distância, nem dessemelhança: a poesia pode tudo tocar, basta que o objeto seja posto em cena (*mis en scène*), que ele seja impregnado de um olhar único – uma espécie de equivalência das imagens que não se dá mais pelo caráter arbitrário da montagem, tal como executada por Resnais, mas por um olhar que consegue imprimir em toda e qualquer imagem pequenos pontos que cintilam, como as estrelas no céu[53]. Da mesma forma que da paisagem às nuvens, Epstein prossegue,

> As catedrais são construídas com pedras e céu. Os belos filmes são construídos com fotografias e céu. […] O prazer plástico é um meio, nunca a meta. As imagens, tendo evocado uma série de sentimentos, não devem fazer mais que aconselhar sua evolução semiespontânea como as flechas que conduzem o pensamento ao céu. O próprio filme é uma melodia da qual, na película, só está escrito o acompanhamento, mas escrito de tal forma que a melodia não pode deixar de se desenvolver em cada espectador.[54]

Da Paisagem às Nuvens

Mas de que maneira um cineasta consegue imprimir numa imagem esse seu olhar singular? E em que medida o espectador consegue percebê-lo, cravando nela, ele também, seu próprio olhar, sua própria marca? Esse olhar nos parece de certo modo aparentar-se àquele empregado pela pintura romântica inglesa e alemã. Consideremos, em particular, Caspar David Friedrich, em cujos quadros as personagens são dispostas de costas, como *O Viajante Sobre o Mar de Névoa* (1818) e *Mulher à Janela* (1822) – assim como Bach, Anna Magdalena e outras personagens no filme de Straub, reverberando um procedimento de *mise en scène* que será utilizado, aliás, várias vezes em seus filmes[55]. As paisagens que as personagens dos dois quadros contemplam parecem menos reais que interiores: como se o próprio ato de olhar sobressaísse em relação ao objeto de sua contemplação. Trata-se, então, de um trabalho interiorizado que implica uma certa tensão entre o que é observado (o objeto) e o ato mesmo daquele que o observa (o sujeito), mas sobretudo que incita a um engajamento de nosso próprio olhar, enquanto observadores, um olhar que participa ativamente desse ato, uma vez identificado ao de uma personagem que imita, por assim dizer, nosso trabalho.

A propósito desse dispositivo pictórico posto em prática por Friedrich, Pierre Wat esclarece que essa duplicação do olhar se dá a partir de nossa experiência enquanto observadores, mas também da experiência do artista no momento da criação da obra. Opondo-se a uma pintura que se propõe como puro espetáculo – que resultaria na coincidência, absolutamente ilusória, do olhar do artista sobre o objeto com o do observador sobre a tela, através de um "quadro janela aberta" –, encontraríamos aqui uma pintura como visão, que enfatiza a defasagem entre o momento no qual o artista viu o objeto e aquele em que vemos a imagem resultante dessa visão: o que demandaria uma ativação de nosso olhar, a fim de atingirmos uma experiência subjetiva próxima à do artista. E Wat conclui:

Caspar David Friedrich, *O Viajante Sobre o Mar de Névoa* (1818), Museu de Arte, Hamburgo; e *Mulher à Janela* (1822), Galeria Nacional, Berlim.

> A fusão do espectador com a pintura, sucedendo à do artista com a natureza, é o que permite a plena realização do simbólico

ou a recondução desse *déjà vu* do artista ao espectador. A figura de costas (*Rückenfigur*), tão comumente utilizada por Caspar David Friedrich, assume, no seio do espaço pictórico, o papel de ligação figurativa favorecendo a recondução fusional de uma mesma experiência. Essa presença de um sujeito olhando designa a paisagem como "algo visto". Sua situação no espaço contribui para dar o sentimento de que a paisagem emana dele, enfatizando assim o papel da subjetividade na determinação do sentido simbólico da paisagem.[56]

Além dos três tipos de planos ou pontos identificados anteriormente, descobrimos no filme de Straub um quarto tipo, muito menos frequente e mais enigmático que os demais, no seio de sua estrutura: são justamente o que poderíamos chamar de *pontos de paisagem*. Eles se apresentam em número bastante reduzido (apenas três) e funcionam como uma espécie de contracampo exterior a um filme que, de resto, é inteiramente filmado em interiores. Esses planos, esvaziados de personagens, são habitados apenas por seus próprios micromovimentos e pela música, representando assim um outro possível, algo irreal, tamanha a discrepância em relação aos demais planos do filme. Os dois primeiros apresentam o mesmo tipo de paisagem e possuem a mesma duração (sete segundos): são planos do mar batendo levemente nas pedras da praia (planos 43 e 61); já o terceiro só aparece no último terço do filme, porém com uma duração mais longa (dois minutos e trinta e cinco segundos): trata-se de uma "abertura entre dois cimos de árvores, com nuvens passando até que o céu esteja desanuviado, enquanto ouve-se o duo n. 1 da *Cantata BWV 140*"[57] (plano 83).

Fotogramas de *Crônica de Anna Magdalena Bach* – planos 61 e 83.

Esses pontos de paisagem (discretos, mas desconcertantes), não parecem ter como objetivo crucial aliviar-nos o olhar, fazendo-o respirar em relação ao restante do filme – que se encontra sufocado, por assim dizer, entre um dos cômodos da casa de Bach e a tribuna de órgão de uma igreja, ou entre a sala de música de um castelo e uma sala de reuniões da prefeitura. Ao contrário, eles se tornam a prova incontestável da eficácia da "pedagogia" straubiana: pois nosso olhar, durante a visão desses planos singulares, não segue mais os micromovimentos efetuados pelos músicos ou por um rosto reconhecível, mas acompanha os micromovimentos executados pela espuma do mar batendo nas pedras ou pelas nuvens que passam no céu, sempre instáveis e versáteis, desenhando formas tão sutis e efêmeras quanto as do arco num violino ou dos dedos num cravo. Isso lembra um comentário feito por Alfred Stieglitz a respeito de sua longa série de fotografias de nuvens, chamada *Equivalentes*, criada a partir de uma inspiração musical – e significativamente intituladas *Música: Uma Sequência de Dez Fotos de Nuvens* (1922) e *Canções do Céu: Segredos do Céu Revelados Por Minha Câmera* (1923):

> Eu queria uma série de fotos que, uma vez vistas por Ernest Bloch (o grande compositor), fariam com que ele escrevesse: "Música! Música! Mas isso é música! Como você conseguiu fazer isso?" [...] Meu objetivo é atingir progressivamente o ponto em que minhas fotos se parecerão tanto com fotos que, a menos que se tenha *olhos* para *ver*, elas não serão vistas – porém, uma vez vistas, ninguém as esquecerá jamais.[58]

Alfred Stieglitz, *Música n. 1* (1922) e *Música n. 2* (1922).

Carl Gustav Carus, em suas *Nove Cartas Sobre a Pintura de Paisagem* endereçadas a Friedrich entre 1815 e 1824, constatou que a reconciliação com o visível, após uma "crise do olhar", passava por um "aprendizado progressivo" ao qual o artista devia submeter-se[59]. Como analisa Pierre Wat: "assim 'treinado', o olhar do pintor possuirá enfim essa faculdade que poderíamos nomear 'imagente' e que lhe permitirá valorizar a unidade da paisagem, instaurando sua coesão"[60] – já que ela não passa, finalmente, de um produto do olhar, pois "a paisagem, enquanto tal, só existe no olho do espectador", segundo August Wilhelm von Schlegel[61].

Como uma imagem "em vias de deformação"[62], a paisagem perpetua essas alterações – enquanto as nuvens as deixam mais patentes –, ao mesmo tempo que torna menos objetivo o olhar do artista e, consequentemente, o do espectador: "não é a representação fiel do ar, da água, das rochas e das árvores que constitui a tarefa do pintor, mas que sua alma (*Seele*), sua sensibilidade se reflita nela"[63]. Por isso, diante de uma imagem de paisagem (ou de nuvens) nosso olhar se sente: ora cativado, engajado ou mesmo hipnotizado pela ação de se deixar levar, de flanar nessa imagem; ora ele se enfada completamente, não chegando a conectar-se, logo, não aderindo a ela[64]. Gaston Bachelard, em seu *Ensaio Sobre a Imaginação do Movimento*, define aquilo que ele chama de "imaginação vertical" (que pode ser positiva ou negativa, de sonho de voo ou de queda de Ícaro), aliando-a à ideia de um "convite à viagem", ao salientar:

> Essa potência formal do amorfo que percebemos em ação no "devaneio das nuvens", essa total continuidade da deformação devem ser incluídas numa verdadeira participação dinâmica [pois] face a esse mundo de formas mutáveis, no qual o desejo de ver, ultrapassando a passividade da visão, projeta os seres mais simplificados, o sonhador é mestre e profeta. Ele é o profeta do instante. Ele diz, com um tom profético, o que se passa presentemente diante de seus olhos.[65]

Esse raciocínio coincide tanto com a "recondução do *déjà vu* do artista ao espectador", sugerida por Wat em relação a Friedrich, quanto com as "formas mutáveis" que pressupõem, para serem vistas, ou melhor, para serem acompanhadas em seu caminhar, uma ativação do olhar daquele que as observa. Por isso, em sua *Teoria da Nuvem*, Hubert Damisch sugere acerca desse "corpo sem superfície"[66] em pintura (e podemos estender essa sugestão ao cinema) que:

> Se a nuvem assume, no domínio pictórico, uma função estraté-gica é porque ela atua alternativamente [...]: como integrante, na medida em que [...] assume um valor transitivo ou comuta-tivo, garantindo por meio do signo, e de acordo com a norma do sistema, a unidade da representação; e como desintegrante, na medida em que, renunciando-se como signo e assumindo--se como "figura", ela parece colocar em questão, tanto por sua ausência de limites como pelos efeitos solúveis aos quais se presta, a coerência, a consistência de uma organização sintática fundada num delineamento nítido das unidades.[67]

A presença constante de um trabalho interior salta aqui aos olhos (um trabalho já suscitado pelas "figuras de costas" de Friedrich), no que concerne a essa ativação do olhar: seja pelo olhar de um outro (justamente das *Rückenfiguren* na imagem), seja através dos micro-movimentos que também participam dessa ativação. Um trabalho *no* interior da imagem, portanto, mas igualmente um trabalho *do* interior da imagem – absolutamente distinto do trabalho do aspecto (ou "olhar de fora", de que falava Damisch e que abordamos em rela-ção a Bresson), ou ainda do trabalho da substância (identificado no filme de Resnais em referência ao emprego de fotos e ao reemprego de imagens fílmicas). Não olhamos mais através de imagens "não significantes", nem saltamos de uma imagem agente a outra. Dessa vez, mergulhamos o olhar numa imagem eloquente que funciona como uma superfície opaca na qual se inscrevem (passam) coisas e do interior da qual irrompe uma profusão de micromovimentos, incitando o olhar a perder-se nela. Trata-se, portanto, de um *labor--intus*: no duplo sentido de um trabalho interior, mas também de uma "fabulosa morada do inextricável"[68].

3. A ARTE DO LABIRINTO

Assistimos, então, nesse tipo de construção fílmica, a um confronto entre cada imagem (mais do que a obra em sua integralidade) e seu espectador (incluído nessa categoria o próprio cineasta[69]), pois ela se apresenta como o campo complexo e mutável de uma configuração contida, encerrada em si mesma. E cabe somente ao olhar ativado, engajado do espectador percorrê-la, buscando decifrá-la. Não somos mais nós que cavamos a imagem com o olhar, tentando atravessá-la, perfurá-la; nem operamos sua ligação a outras imagens, mais distantes; mas é a própria imagem que estoura seu quadro, avançando em nossa direção, devorando-nos.

Logo, não se trata mais de uma imagem centrípeta ("derivada da pintura", como diria Bazin) e sim, mais que nunca de uma imagem centrífuga[70]. Daí os singulares e sistemáticos movimentos de câmera do filme de Straub nos pontos de música[71]: sutis *travellings* para a frente e para trás que estabelecem espécies de corredores imaginários, que abrem-se e fecham-se, e através dos quais todos os elementos da imagem e o nosso olhar desfilam. Somos como que capturados numa armadilha, tomados por essa imagem que nos envolve e à qual não temos real acesso senão percorrendo-a com o olhar. Pois não basta simplesmente olhá-la: deve-se explorá-la, decifrá-la, assim como o músico experiente decifra uma partitura musical com neumas antigos[72], à moda de um labirinto imbricado, cuja saída passa a ser uma questão secundária.

Tomemos mais um rápido desvio pela literatura, a fim de aprofundar nossa abordagem desse tipo de cinema. Jorge Luis Borges, em seu conto "O Jardim de Veredas Que Se Bifurcam", narra a maneira como, durante a Primeira Guerra Mundial, o doutor Yu Tsun, "antigo catedrático de inglês na *Hochschule* de Tsingtao", acaba encontrando o tesouro perdido de seu bisavô Ts'ui Pên, "que foi governador de Yunnan e renunciou ao poder temporal para escrever um romance [...] e para edificar um labirinto em que todos os homens se perdessem"; mas ele seria assassinado, nada deixando além de "manuscritos caóticos" e um labirinto que não podia ser encontrado. Ao conhecer um certo Stephen Albert – personagem tão misteriosa e improvável quanto a maior parte das personagens de Borges –, Yu Tsun encontra finalmente a obra escondida de seu ancestral: uma alta escrivaninha de marfim, "um labirinto de símbolos [...], um invisível labirinto do tempo". Como lhe explica Albert:

> Ts'ui Pên teria dito certa vez: "Retiro-me para escrever um livro." E outra: "Retiro-me para construir um labirinto." Todos imaginaram duas obras; ninguém pensou que o livro e o labirinto eram um único objeto. [...] Duas circunstâncias deram-me a reta solução do problema. Uma: a curiosa lenda de que Ts'ui Pên tinha se proposto um labirinto que fosse estritamente infinito. A outra: um fragmento de uma carta que descobri.[73]

Nessa carta, redigida "com um minucioso pincel" e a caligrafia renomada de seu ancestral, Yu Tsun lê a seguinte frase: "deixo aos vários futuros (não a todos) meu jardim de veredas que se bifurcam". Albert propõe-lhe, em seguida, sua interpretação da frase:

> Compreendi quase imediatamente; "o jardim de veredas que se bifurcam" era o romance caótico; a frase "vários futuros (não a todos)" me sugeriu a imagem da bifurcação no tempo, não no espaço. [...] Em todas as ficções, cada vez que um homem se defronta com diversas alternativas, opta por uma e elimina as demais; na do quase inextricável Ts'ui Pên, opta, simultaneamente, por todas. Cria, assim, diversos futuros, diversos tempos, que também proliferam e se bifurcam. Daí as contradições do romance.[74]

Daí também, ao que parece, as contradições do filme de Straub, assim como sua beleza. Pois, ao deturpar o papel da montagem, tornando-a mais excêntrica e complexa – ainda que de modo bem distinto daquele adotado por Eisenstein ou Vertov –, Straub adota o uso sistemático de longos planos-sequência para os pontos de música (que compõem os corredores ou galerias, através dos quais atravessamos o filme com o olhar); e ao optar por não decupá-los, ele se exime de impor suas possibilidades, seus pontos de vista sobre cada momento, deixando-nos relativamente livres para percorrer nosso próprio caminho, ainda que permaneçamos, contudo, restritos ao interior de cada longa imagem, quase imóvel e cerrada. Trata-se, assim, de uma arte do labirinto, como nos ensina Borges, ele próprio mestre nessa arte, da qual sua obra nunca se distanciou[75]. E como Stephen Albert, sua personagem, explica:

> O Jardim de Veredas Que Se Bifurcam é uma imagem incompleta, mas não falsa, do universo tal como Ts'ui Pên o concebia. Diferentemente de Newton e de Schopenhauer, seu antepassado não acreditava num tempo uniforme, absoluto. Acreditava em infinitas séries de tempos, numa rede crescente e vertiginosa de tempos divergentes, convergentes e paralelos. Essa trama de tempos que se aproximam, se bifurcam, se cortam ou que secularmente se ignoram, abrange todas as possibilidades.[76]

Da Arte do Labirinto à Passagem

No interior de cada imagem, nosso olhar trabalha ou passeia. Um trabalho interior, como vimos, um *laborintus*, análogo àquele do músico sobre uma partitura desconhecida: trabalho de decifração, de reconhecimento de sinais, de neumas. Porém, "a notação é uma imagem da música; não a música"[77], como esclarece Olivier Cullin em seu livro sobre a música medieval, pois: "'notar' a música é, antes de tudo, conferir-lhe uma imagem, uma representação cujo efeito ultrapassa enormemente seu conteúdo"[78]. De modo semelhante, um filme é uma imagem da realidade, não a própria realidade – uma obviedade que, apesar de banal, nem sempre nos ocorre. Por isso, fazer um filme pode ser comparado a notar a realidade (a cinematografá-la, como diria Bresson); não *a* realidade, mas *uma* realidade específica, imaginada ou vislumbrada (posta em cena, como diria Epstein) pelo cineasta. No caso do filme de Straub, trata-se de sua visão singular do universo de Bach e de sua realidade relativa; o que nos garante, consequentemente, a sua visão de Gustav Leonhardt[79] e dos outros musicistas, durante a filmagem, em tal cenário, em tal época etc. O seu labirinto torna-se o nosso[80], a partir do momento em que nos é oferecido ao olhar, com suas entradas em número infinito[81].

No cinema, portanto, o equivalente da partitura musical nunca é, como podemos equivocadamente supor, o roteiro, mas o próprio filme. Não é preciso fazer apelo ao roteiro cada vez que se quer reviver um filme, pois recorre-se diretamente a ele: assim como os instrumentistas recorrem à partitura[82]. Eis a razão pela qual uma verdadeira decifração, no caso de um filme que se aproxima de tal configuração labiríntica, revela-se necessária. Eis também o motivo pelo qual, graças a esse trabalho interior, o espectador acaba por tornar-se, ele próprio, intérprete, executante – comparável, nesse caso, ao escriba ou notador de uma certa realidade[83]. Daí a importância acordada, no filme de Straub, à escrita de Bach, tão presente ao longo do filme, através dos pontos de arquivo: seus manuscritos e cartas sendo minuciosamente explorados pela câmera (ora fixa, ora deslizando em todos os sentidos sobre os documentos de época)[84].

Cullin comenta, acerca da notação musical, que "o manuscrito e sua escritura situam-se na continuidade do oral; o que percebemos pela leitura não passa de uma re-produção e não de uma produção". A partir desse raciocínio, começamos a entender o que Bresson queria exprimir com a ideia de que o filme "não analisa, nem explica [mas] recompõe"[85]: configurando-se como derradeira tentativa de prolongamento de uma "realidade" para sempre perdida[86]. Algumas questões a esse respeito já foram aqui exploradas, levando-se em conta o duplo trabalho de escritura/leitura em que consiste um filme – e Cullin acrescenta, sempre em referência à notação musical, que "arquivada fixando-se com códigos uma parte visível da obra e/ou memorizada diretamente ou interiormente por uma meditação indireta [...], a escritura manuscrita congela a oralidade, interrompendo-a no nível de uma determinada performance"[87].

Nesse sentido, o ato cinematográfico (a escritura/leitura) torna-se fundamentalmente um ato simbólico, ao estabelecer "um esquema posto em correlação com um domínio de referência", e ao definir "um lugar de poder", pois "quem controla o código e quem o lê"?[88] Assim, o filme serve, ao mesmo tempo e paradoxalmente, como revelador dessa realidade relativa, e como tela (ou barreira) dessa mesma realidade, no sentido em que ele a oculta, dissimulando-a – a câmera e todo o processo de realização de um filme servindo, por outro lado, como agentes de codificação[89]. O desnudamento implementado pelo filme de Straub ilustra, à perfeição, todas essas questões – não apenas através de sua estruturação complexa, de sua *mise en acte* (atuação) estranha e do rigor com que ordena seus diferentes planos (pontos), mas também pela explicitação da escritura musical que age como símbolo do ato cinematográfico: escritura, mas também, simultaneamente, leitura[90].

Paul Klee soube resumir muito bem esse espírito (e sua reflexão irmana-se com a de Bresson, no que concerne à obra de arte que "recompõe"): "as etapas principais do trajeto criador são assim: o movimento anterior em nós, o movimento agindo, operando, voltado para a obra e, enfim, a passagem aos outros, aos espectadores, do movimento consignado na obra. Pré-criação, criação e re-criação"[91]. E ele afirma ainda que "a obra é sua história"[92] – assim como Walter Benjamin, por outro lado, insiste que uma escrita dialética da história consiste em colocar em constante curto-circuito um passado não congelado e um presente "construtivo", mas que trabalha por "bloqueio do tempo"[93]. Ou seja, no que tange a esse tipo de construção cinematográfica, o filme deve ser a cada vez deformado pelo olhar crítico do espectador, por sua experiência única, no momento mesmo de visualização da obra. Pois trata-se bem da história de um passado multiplicado: de todos os que passam *na* imagem (ou melhor, que passaram diante do pequeno orifício da câmera, como diria Barthes[94]) a todos os que passam diante dessa mesma imagem, ou melhor, que deixam passear seu olhar por ela.

Solucionamos, assim, algumas das questões apresentadas no início deste estudo, referentes à passagem como fundamento da imagem cinematográfica: não se trata mais aqui de um "isso foi" ou um "isso é" (Barthes), nem de um "isso passou" ou "isso passa". Pois encontramos nesse filme de Straub um "isso se passou" ou um "isso se passa" – e a ênfase, antes posta sobre o objeto, vê-se agora sensivelmente desviada para o evento. Já sabemos quem é desenhado, quem posa ou quem passa: é a figura humana, centro da representação ocidental, habitando soberanamente o retrato. Entretanto, ainda nos resta refletir sobre como e onde desdobra-se essa passagem, essa experiência, essa travessia do labirinto: um novo cruzamento corpo-imagem estabelece-se, então, cheio de bifurcações, pois o corpo humano e o corpo do filme concedem estranhamente seu lugar à paisagem – e à passagem das nuvens.

Do Filme à Imagem Derivada

O cinema não está ligado ao labirinto unicamente pela música; uma coisa não pressupõe a outra e, no caso específico do filme de Straub, essa última serve apenas como aliada privilegiada do primeiro. A questão encontra-se em outra parte: a imagem torna-se aqui o campo de batalha de uma profusão de microeventos decompondo o "movimento primeiro"[95] (ou, dito de outra forma, a imagem originária). A paisagem torna-se, assim, análoga ao "neuma": como um "sopro, [uma] emissão de voz"[96].

Da representação à experiência, passamos "da descrição à narrativa de uma errância"[97]: errância dos micromovimentos na imagem, mas igualmente da deriva de um olhar engajado, ativado. Deriva no sentido em que esse mesmo olhar vê-se desviado de sua rota, como se estivesse "sob o efeito dos ventos ou das correntes"[98]. Um olhar soprado, por assim dizer, por essa imagem e por sua própria deriva no interior dela. O que resulta, de um lado, numa dança[99] e, de outro, numa visão sempre parcial, como aquela mencionada por Boulez:

> Diante do espaço de um quadro, mesmo dividido como o espaço de um tabuleiro de xadrez, a visão é em princípio uma visão global. A visão fragmentada que lhe sucede permitirá apreciar ainda melhor esse espaço global. Na música [como no cinema], acontece o oposto: é o instante ou pelo menos a relação de um instante com outro instante que apreciamos [...] de um ponto a outro. Ao concluirmos, temos enfim uma visão global, mas trata-se de uma visão global virtual. A visão global do quadro é uma visão real e sua visão fragmentada, uma visão quase virtual pois somos forçados a isolá-la. Na música como no cinema, o elemento tempo, o módulo de tempo fala imediatamente aos sentidos, sendo percebido no instante. A reconstituição da obra em sua globalidade é uma reconstituição imaginária. Nunca temos uma visão real de uma obra musical [ou cinematográfica], cuja percepção é sempre parcial. A síntese só pode ser feita depois, virtualmente.[100]

Chegamos, assim, a uma imagem derivada, no duplo sentido em que: de um lado, ela deriva de outras imagens (e sons: palavras, música etc.); de outro, segue "os ventos e as correntes", desviando

PARTE I: A COMPOSIÇÃO FÍLMICA

nosso olhar de uma rota única e previsível. Uma "reconstituição imaginária" é desse modo provocada por outras imagens, pelos micromovimentos no interior dessas imagens, pelas palavras e sons que delas emanam – cada espectador possuindo a sua e a cada vez diferente. Ela se situa, portanto, no extremo oposto da imagem originária, precisamente do outro lado do caminho: ignorando sua origem, o que se passava na cabeça do cineasta visionário, e derivando de uma (e numa) imagem sempre virtual e parcial, que se adivinha na tela. Essa imagem derivada é uma imagem outra, estrangeira, subjetiva e efêmera – habitando, ainda que apenas por alguns instantes, a cabeça do espectador, e sempre em fuga.

Durante o ano letivo de 1978 - 1979, Roland Barthes organizou no Collège de France um seminário interdisciplinar intitulado "A Metáfora do Labirinto", para o qual "diferentes conferencistas aportaram suas contribuições a essa pesquisa, estrangeira a qualquer programa racionalmente preconcebido e sem a pretensão de esgotar o tema"[101]. Pascal Bonitzer propôs uma intervenção a respeito da relação labirinto/cinema, a partir de um texto significativamente intitulado "A Visão Parcial"[102]. Embora aproximando-se, em vários pontos, das questões aqui levantadas, a associação que ele oferece entre o labirinto ("efeito da pressa" e "do tempo passional") e um único gênero cinematográfico (o suspense) parece-nos bastante redutora, para não dizer equivocada. Partindo sobretudo da obra de Hitchcock, ele pretende demonstrar como um "filme clássico" – e que recorre a uma "montagem de planos curtos, descontínuos, com movimentos de câmera, que nunca é subjetiva [...], mas que encerra a personagem", enfim, um cinema cheio de "efeitos de captura" – pode engendrar uma espécie de labirinto[103]. A questão principal, para ele, consiste no fato de se cativar o espectador unicamente através de sua identificação com as personagens cativas.

Todavia, especialmente no início do texto, ele lança algumas hipóteses a partir de elementos muito mais pertinentes, como a ideia de um "cegamento" do espectador, quando este não consegue mais enxergar o rosto da personagem e vê-se, assim, investido de uma "empreitada cega"[104]. Algo semelhante ao que sucede com as *Rückenfiguren* de Friedrich, dispositivo que também encontramos em Straub-Huillet: o exemplo mais sintomático sendo, certamente, o das duas personagens cegas, Édipo e Tirésias, que conversam de costas numa biga em marcha, em *Da Nuvem à Resistência* (*Dalla nube alla resistenza*, 1979). Um cegamento, aliás, relacionado ao fato de que o espaço cinematográfico é partilhado em dois campos: o espaço *in* e o espaço *off*, ou dito de outra forma, "o campo especular" e "o campo cego". Donde a ideia de uma "visão parcial", pois

> O que o cinema [diferente da pintura] introduz é, concretamente, a visão parcial, ou seja, o fato de que no cinema não estamos no exterior, mas dentro do quadro. Viajamos com os diferentes tipos de planos, os múltiplos ângulos de tomada, no interior de um quadro sem bordas, de um quadro proliferante e ilimitado, nem que seja no tempo.[105]

Outra intervenção apresentada no mesmo seminário organizado por Barthes abordou as relações matemáticas sugeridas pelo labirinto. Nela, Pierre Rosenstiehl lança uma outra ideia que se aparenta à de visão parcial: a do "olhar míope"[106], visto que "é o viajante e sua miopia que fazem o labirinto e não o arquiteto e suas perspectivas"[107]. O que nos remete, efetivamente, ao papel mais ativo e paradoxal exercido pelo espectador – cujo olhar deve ser engajado pela imagem, a despeito (e por causa) de sua *miopia* e do fato de que sua visão permanece sempre parcial –, devido ao "apelo à exploração, à fascinação do espaço de busca. Não se trata mais de um ponto preciso de convergência da arquitetura, nem de uma saída pontual, nem de uma fusão que resolveria tudo e que, finalmente, estragaria tudo. A gratificação do homem é de sentir--se explorando o espaço"[108].

A única maneira de escapar desse labirinto, Straub parece nos indicar com seu cativante plano de nuvens desfilando sobre as árvores, seria voando como Ícaro, cujo trágico fim conhecemos. E como adverte Bachelard: "quando houvermos compreendido, em sua enorme amplitude, em sua consequência máxima, o sentido dinâmico do convite à viagem de uma imaginação aérea, poderemos tentar determinar os vetores imaginários que se podem agregar aos diversos objetos e fenômenos aéreos"[109]. Logo, o que esse tipo de cinema parece proporcionar é um livre curso à "reconstituição imaginária" bastante pessoal de cada espectador, inalienável, provocada, contudo, pela armadilha dessa imagem composta de pontos e de micromovimentos, na qual os olhos *exploram* o espaço, à deriva, levados por "ventos e correntes".

Um filme recompõe, diria Bresson, assim como "o vento sopra onde quer". Quando ver torna-se o mesmo que pensar, perder-se em pensamentos torna-se o mesmo que perder-se em visões, pois "pensar [...] é adentrar o labirinto, mais precisamente fazer existir e surgir um labirinto, quando poderíamos ficar simplesmente 'estendidos por entre as flores, encarando o céu'. É perder-se em galerias que não existem senão porque as cavamos incansavelmente"[110].

Decididamente, a ideia de um filme como forma acabada ou contínua cai aqui por terra. Ele não apenas permanece aberto no tempo e na duração, como também extrapola o espaço: começando pelos espaços da imagem originária e das imagens concretas que se sucedem, até atingir o espaço da reconstituição imaginária do espectador – ilimitado, descontínuo e em constante deformação, como as nuvens no céu. Deixemos então aberta esta primeira parte de nosso estudo, para que ela possa servir como fonte e desembocadura para a parte seguinte, na qual exploraremos mais atentamente as metamorfoses desse espaço múltiplo e mutável.

Parte II

A Organização
do Espaço no Cinema:
Sutura, Cesura e Mensura

I A Leitura da Madeira

1. O ESPAÇO NO CINEMA

Iniciamos este estudo pela ideia, de inspiração bressoniana, de que um filme é considerado como *locus de recomposição*. Vimos que nesse "lugar" desenham-se pelo menos três formas de (re)composição: uma primeira, próxima do puzzle de madeira, que gera fissuras-jogos entre uma imagem originária (mental) na cabeça do cineasta e a imagem concreta (material) do filme; uma segunda, descendente, por assim dizer, do mosaico antigo, que conserva intervalos-distâncias entre imagens atuais (fílmicas) e outras, virtuais (mnemônicas); e uma terceira, labiríntica, que garante o passeio do olhar através de pontos-corredores que se formam entre a imagem concreta do filme e uma imagem derivada na cabeça do espectador. Também vimos que essas três formas fílmicas acolhem, respectivamente, imagens insignificantes, agentes ou eloquentes. Porém, de que modo essas imagens contribuem para (re)compor o espaço do filme, sua porção visível?

Comecemos abrindo um longo parêntese que talvez nos ajude a refletir melhor sobre o que parece ser um dos aspectos mais centrais e pouco estudados do cinema: o espaço. Michel Foucault, numa conferência apresentada em março de 1967, atesta que "a nossa época talvez seja, acima de tudo, a época do espaço"[1]. Contrariamente à ideia da história ligada ao tempo, bastante cara ao século XIX,

> Vivemos na época da simultaneidade: vivemos na época da justaposição, do próximo e do longínquo, do lado a lado e do disperso. Julgo que ocupamos um tempo no qual a nossa experiência do mundo se assemelha mais a uma rede que vai ligando pontos e se intersecta com sua própria meada do que propriamente a uma vivência que vai se enriquecendo com o tempo.[2]

E ele prossegue insistindo que não se trata, contudo, de "uma negação do tempo; mas, tão somente, de uma maneira distinta de lidar com aquilo que chamamos tempo e com aquilo que chamamos história"[3]. O mesmo valeria para nós, pois um filme não se inscreve num apanhado de tempo de um lado e de espaço de outro, mas apresenta-se desde sempre como uma configuração plástica espaço-temporal – sobretudo visual, lá no início, e a partir de um determinado momento, também sonora. Contudo, a sobrecarga dada ao caráter temporal do cinema – afinal de contas, bastante compreensível – parece haver, durante muito tempo, negligenciado a importância de seu caráter espacial.

Ao abordar o espaço no cinema – menos "o espaço na narrativa fílmica", como faz André Gardies, do que o espaço como elemento-chave da construção fílmica, numa concepção mais plástica que geográfica[4] –, somos tentados a aderir aos argumentos de Foucault, em relação aos nossos três modelos (o puzzle, o mosaico e o labirinto). Primeiramente, quando ele constata que "não vivemos numa espécie de vazio, no qual se colocam indivíduos e coisas" (como no cenário de um filme rodado em estúdio, por exemplo), mas "num espaço que é todo carregado de qualidades" e, logo, essencialmente heterogêneo e repleto. Além disso, quando ele identifica um "espaço de dentro": da percepção, do delírio, das paixões (e poderíamos adicionar por nossa conta: da imagem originária, bem como da imagem derivada); e um "espaço de fora": do conjunto de relações que determinam os diferentes "lugares de passagem", como as ruas, os trens[5] (ou ainda: as imagens concretas de um filme).

Já verificamos, na primeira parte deste estudo, como a estabilidade, a completude, a continuidade e a imobilidade tornam-se, no cinema, qualidades utópicas, ou seja, sem lugar ou, no máximo, ilusórias. Mas, ainda segundo Foucault, ao passo que no mundo existem lugares ou posicionamentos "de alta provisória" (cafés, cinemas etc.) ou "de descanso" (a casa, o quarto etc.), encontramos igualmente "alguns dentre eles que possuem a curiosa propriedade de relacionar-se com todos os outros, mas de tal modo que suspendem, neutralizam ou invertem o conjunto de relações que se encontram designadas, refletidas ou presumidas por eles"[6] – justamente aquilo que ele denomina *utopias* (lugares irreais) e *heterotopias* (os contra-posicionamentos)[7]. Somos levados a comungar com os termos de Foucault assim que admitimos que um filme só pode ser construído a partir de "espaços estranhos": espaços em metamorfose, em constante transformação, que o mantêm num estado de "permanente topomorfose"[8], estabelecendo relações complexas entre si, já que no cinema, antes de tudo, estamos face a um espaço em movimento, um espaço dinâmico que, ao mesmo tempo, arrasta e se vê arrastado pela passagem (dos seres, dos objetos, do tempo, de qualquer coisa diante do pequeno orifício e na tela etc.), e já que toda imagem fílmica é, antes de tudo, espaço – nem que seja o espaço da tela que lhe serve de suporte de projeção e reaparição – e lugar de passagem.

Recorremos uma terceira vez ao pensamento de Foucault, quando ele se propõe a "retraçar muito grosseiramente" uma história do espaço "na experiência ocidental", determinando três categorias que se revelam extremamente úteis para nossa reflexão sobre o cinema: o espaço de localização, que remete à Idade Média, correspondendo a um "conjunto hierarquizado de lugares"; a extensão, que ele situa no século XVII e descreve como sendo "um espaço infinito, infinitamente aberto"; e finalmente a situação, própria à nossa época e "definida pelas relações de vizinhança entre pontos ou elementos"[9].

Apesar de Foucault circunscrever essas três categorias de espaço a períodos históricos precisos – e ainda que o cinema seja considerado, de modo geral, uma arte ou uma técnica pertencente à modernidade –, não deixam de surpreender as possíveis correspondências entre seus três "modelos" de espaço e nossas três formas de (re)composição fílmica. Pois somos levados a reconhecer ressonâncias evidentes entre o que ele denomina *espaço de localização* e o cinema próximo do puzzle: por conta dos lugares hierarquizados, nos quais cada coisa tem seu lugar bem definido, como as peças de um quebra-cabeça. Assim como a situação, enquanto procedimento de estocagem/identificação de elementos na memória de uma máquina, aproxima-se da configuração mosaística no cinema[10]. Do mesmo modo que a indeterminação significativa da extensão, na qual um lugar não passa de um "ponto no movimento", assim como o repouso é apenas esse mesmo movimento "indefinidamente ralentado", nos remete por outro lado à errância inerente à forma labiríntica no cinema.

Isso não significa, obviamente, que o puzzle represente, por assim dizer, um "estado medieval" do cinema, ou o labirinto sua versão "barroca", enquanto o mosaico corresponderia à sua variante mais "moderna". Significa apenas que, independentemente da época à qual Foucault associa a predominância de tal ou tal modelo, esses três tipos de espaço podem muito bem encontrar um eco contemporâneo, ao menos em relação a essas três formas de construção cinematográfica, ajudando-nos a pensá-las. Vejamos, então, de que maneira cada uma dessas categorias foucaultianas pode nos fazer avançar em nossa exploração do espaço no cinema e em nossa reflexão acerca dessas três formas de (re)composição fílmica.

A Localização

Foucault descreve do seguinte modo o que ele denomina espaço de localização: "um conjunto hierarquizado de lugares: lugares sagrados e lugares profanos, lugares protegidos e lugares expostos e indefesos, lugares urbanos e lugares rurais [...]; havia os lugares para onde as coisas tinham sido deslocadas violentamente e outros, ao contrário, onde elas encontravam sua posição e sua estabilidade naturais"[11]. Contrariamente à porta da cela de uma prisão, a do quarto de Michel – o protagonista de um outro filme de Robert Bresson, *Pickpocket: O Batedor de Carteiras* (1959) – permanece aberta. Por falta de uma fechadura, cada vez que sai ele a deixa entreaberta, pois ela não pode ser verdadeiramente fechada senão do interior, com o auxílio de um simples trinco de metal em forma de gancho. A ideia de aprisionamento encontrando-se em outra parte – talvez no interior da própria personagem –, não haveria mais a necessidade de portas fechadas, os planos atraindo-se uns em direção aos outros, como que imantados através de pequenos ganchos.

Aliás, numa análise mais atenta, percebemos que todas as portas nesse filme permanecem abertas ou entreabertas: a do prédio de Michel, pela qual ele espia o lado de fora, antes de sair; a do apartamento de sua mãe, no qual ele não entra em sua primeira visita; a do táxi, durante seu primeiro assalto em equipe; a da estação de trem, durante o grande assalto em equipe; a do apartamento da vizinha de sua mãe, Jeanne, quando ele viaja e depois, quando volta do estrangeiro e encontra o bebê; a do bar no qual ele entra após haver recebido seu primeiro pagamento. Até que ele vai parar na prisão, onde encontra, enfim, a redenção através do amor de Jeanne, confessando: "estas paredes, estas grades, tanto faz. Nem mesmo as vejo..."

Diferentemente dos "lugares protegidos" – como os castelos medievais ou as prisões, por exemplo –, existem os "lugares expostos e indefesos" – como as ruas ou os hipódromos, onde agem, em relativa liberdade, os ladrões.

Fotogramas de *Pickpocket* – as portas sempre entreabertas de "lugares indefesos".

Essa dualidade atravessa o filme de Bresson: entre a liberdade relativa das pessoas e seu aprisionamento (físico ou espiritual), encontram-se lugares abertos ou fechados, portas deixadas entreabertas ou grades de ferro bem sólidas. Eis aí, portanto, um problema típico de localização, quando tentamos associar as pessoas aos lugares em que se encontram, limitadas pelo espaço circundante: livre ou cativo, padre ou ateu, citadino ou camponês, nobre ou plebeu. Um problema bastante complicado no cinema de Bresson, pois a contenção (imobilidade) de uma personagem num plano conjunto pode contrastar com a fluidez (mobilidade) de sua mão quando esta ocupa um plano detalhe. Esse paradoxo espacial é provocado pelo esfacelamento dos corpos, comum em seus filmes, e por uma notável e convincente, ainda que às vezes incongruente, associação dos planos.

Pois nesse filme determinados modelos bressonianos – assim como os musicistas no filme de Jean-Marie Straub – encontram-se absolutamente compenetrados em uma ação, como a de roubar. A câmera os segue cuidadosamente nesse ato único, normalmente dissimulado de nossa visão cotidiana; mas ela os segue bem de perto, às vezes quase ao nível das pontas dos dedos. Porém, contrariamente ao que se passa em *Crônica de Anna Magdalena Bach*, no filme de Bresson não podemos deixar nosso olhar passear na imagem, em busca dos micromovimentos dos ladrões, pois todo gesto já é decomposto: decupado e filmado em primeiro plano ou plano próximo, e não durando o bastante para que possamos permanecer nele. O ato de roubar é aqui descrito (assim como o contorno de um desenho,

Fotogramas de *Pickpocket* – contraste entre a contenção de uma personagem e a fluidez de sua mão.

segundo Damisch) à medida que é executado, através do encadeamento preciso dos vários planos: uma espécie de balé no qual as peças desse puzzle fílmico, como harmoniosos passos de dança, encaixam-se à perfeição.

Mas o elemento que localiza nesse filme é sobretudo o olhar: é ele que lança, às vezes em profusão, "ganchos" (como lançamos um anzol para apanhar um peixe). Mais que nunca no cinema, o olhar parece exercer a função de desencadeador de um movimento de ação-reação sem que haja necessariamente um vínculo direto com a narrativa – como nos filmes de suspense, por exemplo –, pois essa ação-reação se dá justamente de modo localizado. Não é um olhar que une duas personagens (por cumplicidade ou rivalidade) ou uma personagem a um objeto (por exemplo, a arma do crime) de modo primordial para o desenrolar de uma trama, mas sim um olhar que faz um plano se ligar ao que o sucede, sem que haja uma significação senão formal, localizada, atada a esse episódio único.

Um ótimo exemplo disso surge logo na primeira sequência do filme, quando assistimos e servimos de testemunhas ao primeiro assalto de Michel no hipódromo. Seguindo uma série de planos que se colam através de olhares lançados por personagens que ainda desconhecemos (planos 2 e 3, assim como 5 e 6), vemos um homem colocando-se exatamente atrás de uma mulher que assiste a uma corrida de cavalos – percebida só indiretamente, pelo som *off* e pela atitude das pessoas em quadro (segurando binóculos, virando a cabeça de um lado para o outro ao mesmo tempo etc.). Ao longo do plano 6, enquanto todas as outras pessoas na imagem, incluindo a mulher, parecem observar muito atentamente a corrida, o homem

lança duas vezes seu olhar para baixo, antes que o plano seguinte nos revele o objeto de seu interesse: a bolsa da mulher. A partir desse momento, o binômio ação-reação bifurca-se em uma montagem alternada que revela duas situações paralelas: de um lado, os rostos impassíveis; de outro, o ato manual de abertura da bolsa para se alcançar o dinheiro em seu interior. E o único elemento que efetivamente une as duas situações é o olhar do ladrão.

Fotogramas de *Pickpocket*, planos 2, 3, 5 e 6 – os olhares que conectam um plano a outro como ganchos.

Assim Bresson compõe seu filme: não baseado em uma forma global, em uma ideia de conjunto, mas a partir de episódios localizados, tão intensos e concentrados (e nos quais os planos se colam tão bem graças aos efeitos de ação-reação desencadeados por olhares ou gestos manuais) que uma certa autonomia em relação ao restante do filme não os impede de conectarem-se uns aos outros, guardando de todo modo sua coerência: cada coisa em seu lugar, em seu devido lugar[12]. Os movimentos, os gestos, as transições de um plano a outro, tudo se encadeia perfeitamente, pois não lidamos aqui com séries e intervalos (como no mosaico), nem com pontos e corredores (como no labirinto), mas com plagas formadas pelos episódios e seus detalhes.[13]

Uma Arte do Detalhe

Outro importante elemento de localização que encontramos em Bresson, além do olhar e dos gestos em plano detalhe – que, a partir de um determinado momento, assumem o mesmo papel que o olhar, deslizando de um plano a outro, através de *raccords* rítmicos e, por vezes, imaginários –, é o som. Como ele próprio recomenda, "se o olho está inteiramente conquistado, não dar nada ou quase nada ao ouvido. (E o inverso, se o ouvido está inteiramente conquistado, não dar nada ao olho.) Não se pode ser ao mesmo tempo totalmente olho e totalmente ouvido"[14].

Um ótimo exemplo dessa compensação entre olho e ouvido (ou som e imagem) é dado pela sequência do torneio de Escalot, em *Lancelote do Lago* (1974). Aliás, eis um filme quase inteiramente assombrado pelo ruído metálico das armaduras dos cavaleiros, deixando nossa percepção sonora em alerta constante, ao longo de todo o filme, em relação a esse elemento perturbador e fortemente localizante. Além disso, trata-se de um filme no qual as personagens encontram-se extremamente bem localizadas (no sentido foucaultiano, com cada coisa ocupando seu devido lugar): os cavaleiros sob as tendas, o rei Artur e a rainha Genebra no castelo etc.[15]

Contudo, a sequência do torneio determina uma configuração que cristaliza muito bem certos traços bressonianos: o fracionamento do espaço e das personagens, recorrendo-se constantemente ao plano detalhe; a utilização do olhar como importante elemento de localização, capaz de fazer com que os planos se colem; a utilização do som como forma de substituição de elementos não fornecidos pela imagem, engendrando espaços sonoros. A respeito desse último aspecto, Bresson adverte: "quando um som pode substituir uma imagem, suprimir a imagem ou neutralizá-la. O ouvido vai mais em direção ao interior, o olho em direção ao exterior"[16]. E é exatamente isso que ele põe em prática nessa sequência: em lugar de mostrar o torneio de maneira tradicional – ou seja, através de um plano-conjunto que situaria o espectador em relação ao espaço do torneio e seus principais elementos, os quais só seriam detalhados aos poucos, em planos mais fechados –, ele o apresenta de maneira minimalista e indireta, apenas com o auxílio de sons e planos-detalhe ("um material bastante parco, repetitivo e serial"[17]).

Uma forma radical e paradoxal de localização se desenha então, como precisa André Targe: "6 minutos de continuidade fílmica, sem um plano-conjunto e sem que possam se estabelecer com precisão as correlações espaciais dos elementos constitutivos"[18]. Bresson nos priva, assim, de uma noção de conjunto da cena para dedicar-se apenas aos detalhes (como já fizera, de maneira mais sutil e anunciada, nas cenas de assalto de *Pickpocket*), pontuados de quando em quando pelo som regular de uma gaita de fole[19]. A existência do torneio só é então garantida pelos detalhes visuais (ponta de mastro no qual se hasteiam os brasões dos cavaleiros, porção de gaita de fole sustentada pelas mãos do seu tocador, extremidades de lanças, patas de cavalos) e sonoros ("os choques metálicos, a ressonância surda dos galopes, os suspiros de prazer de uma plateia invisível") que dialogam, completando-se e reiterando-se.

Targe distingue então, através de uma análise minuciosa, dois tipos de espaço estabelecidos logo no início dessa sequência e "desigualmente ligados por implicações recíprocas":

Fotogramas de *Lancelote do Lago* – um torneio sugerido apenas por detalhes visuais e sonoros.

> - o espaço A, propriamente semiótico, produz sinais sonoros e visuais funcionando (em aparência) segundo os princípios da heráldica. Este espaço A decompõe-se em duas séries: a dos brasões e a das sonoridades.
> - o espaço B, evidentemente dramático, por sua vez hierarquizado em *Olhar* [de Galvão na arquibancada, no alto], *Ação 1* [o movimento dos cavaleiros, em baixo] e *Ação 2* [ponto de vista de Lancelote]. Assim é composto o ritual do torneio, até a chegada de Lancelote que perturba esse funcionamento sem história...[20]

Encontramos mais uma vez, concentrada nesse episódio, a mesma dupla localização presente no restante do filme (assim como em *Pickpocket*), no sentido em que, por um lado, a identidade das personagens continua sendo determinada em relação aos diferentes lugares que elas ocupam no filme – no alto, sentados na arquibancada, espaço de suserania (filmado em contra-*plongée*); embaixo, a pé ou montados nos cavalos, espaço guerreiro (filmado em *plongée*). Por outro lado, a globalidade da cena não nos é mostrada, senão através de porções estritamente localizadas, o que acaba reforçando o aspecto de "funcionamento sem história", já assinalado anteriormente em *Pickpocket*, e que percebemos com frequência nos dois filmes.

Trata-se, portanto, de uma arte da localização, através da qual as personagens são identificadas por sua posição espacial. De certo modo, é o que ocorre nos polípticos ou retábulos da pintura medieval, nos quais as figuras são posicionadas em compartimentos, sendo então definidas em relação a uma localização precisa. Tomemos como exemplo o *Tríptico da Anunciação* (também conhecido como *Retábulo de Mérode*), realizado no século xv por Robert Campin, no qual a Virgem e o Anjo ocupam o cômodo central, enquanto José é colocado em sua oficina de carpintaria e o comanditário, no exterior da casa, contemplando a cena principal, através da porta que permanece entreaberta.

Robert Campin, *Retábulo de Mérode* (c. 1427-1432), Museu Metropolitano de Arte, Nova York.

Mas trata-se também, ao mesmo tempo, de uma verdadeira arte do detalhe, como forma de organização do espaço no filme por fracionamento, a partir de um espaço originário, que todavia evita uma utilização supérflua, anedótica e pitoresca do detalhe[21]. Assim como opõe-se igualmente a uma arte do labirinto – na qual a visão parcial é compensada pela duração que permite o passeio do olhar pela imagem (retomaremos isso mais adiante). Pois a arte do puzzle opera, como destacava Perec, pela decupagem de pequenas peças insignificantes que só adquirem sentido ao se combinar com outras peças. É o caso do plano de uma mão que desliza sobre um paletó (*Pickpocket*) ou daquele de um brasão desconhecido içado sobre o mastro (*Lancelote*): apenas dois exemplos, dentre tantos outros, de planos bressonianos que adquirem algum sentido somente ao entrarem em relação com outros planos – pela imagem ou pelo som[22].

O que faz Bresson de maneira mais explícita na sequência do torneio não é contar uma história de modo detalhado, mas, ao contrário, apresentá-la apenas a partir de alguns detalhes, omitindo todo o resto, o que resulta numa economia sóbria, em busca de depuração, mais do que de um uso ornamental dos detalhes. Além disso, nessas sequências compostas "apenas por alguns detalhes" (dando uma ideia do todo somente através de suas partes), constitui-se uma configuração espacial abstrata e esfacelada. Uma configuração à primeira vista um tanto extravagante, mas que não deixa de evocar um antigo dispositivo pictórico conhecido como *Arma Christi* (literalmente, armas de Cristo ou instrumentos da Paixão) que foi empregado, por exemplo, em certos afrescos pintados por Fra Angelico no Convento de São Marco, em Florença, em meados do século XV: a figura do Cristo é aí representada em meio a objetos (como uma lança, bastões e uma tocha) e pedaços de corpos (como mãos ou cabeças), símbolos da paixão e do sacrifício destacados de sua origem e soltos no espaço,

Fotogramas de *Pickpocket* e *Lancelote do Lago* – planos ("peças") insignificantes.

compondo uma cena bastante invulgar que ultrapassa a visão através de um jogo de sugestões.

Fra Angelico, *O Cristo Ultrajado, a Virgem e São Domênico* (1438-1450) e *Cristo Ressuscitando no Túmulo, Entre a Virgem e São Tomás* (1438-1450).

A descrição proposta por Daniel Arasse desse dispositivo pictórico torna ainda mais evidentes as relações entre o motivo empregado pela pintura religiosa do fim da Idade Média e o uso que faz Bresson dos detalhes: "a imagem das *Arma Christi* fascina porque a abstração de um princípio é aí demonstrada através da extrema concretude de seu detalhe, e porque ela é capaz de utilizar esse detalhe recortado por sua eficácia mnemônica, modificando sua escolha e disposição de acordo com a demanda"[23]. Sendo que, no caso do filme de Bresson, o que Arasse chama de "eficácia mnemônica" assume, antes, o aspecto de uma eficácia funcional, na medida em que esses detalhes só existem enquanto índices visíveis (ou audíveis) do que permanece invisível na imagem – assim como as imagens atuais substituem uma imagem originária. Por essa razão, em relação à sequência do torneio, Targe defende que "no lugar das identidades ou dos jogos cênicos o olho discerne apenas funções", no que ele denomina uma "construção quase pictórica, equivalente visual da rigidez funcional do código cavaleiresco"[24].

2. O ESPAÇO PICTÓRICO

Éric Rohmer, em um dos artigos da série intitulada "O Celuloide e o Mármore", publicada na revista *Cahiers du cinéma*, em 1955, retoma uma ideia proposta alguns anos antes no título de um outro artigo, publicado em 1948[25]: "o cinema é uma arte do espaço: o que não significa que ele deva buscar auxílio nesse ramo particular das artes da forma que é a pintura, tal como a concebemos desde a Renascença"[26]. No entanto, em sua tese de doutorado defendida em 1972 e intitulada *L'Organisation de l'espace dans le "Faust" de Murnau* (*A Organização do Espaço no "Fausto" de Murnau*), ele identifica três tipos de espaço no cinema, dos quais o primeiro seria denominado precisamente pictórico.

A aplicação do termo "pictórico" ao cinema – que evidentemente remete à pintura, e parece, portanto, estrangeiro a uma arte que se quer autônoma –, longe de ser uma novidade, remonta aos primeiros anos de sua existência. Como lembra Pierre Sorlin, um crítico estadunidense do início do século XX já tinha por hábito tratar do cinema de um ponto de vista estritamente pictórico; daí o emprego em inglês dos termos *pictures* ou *moving pictures* para designar os filmes ou a indústria cinematográfica: "Johnson avaliava os filmes *'from a pictorial point of view'*, *'pictorially'*, e admirava Griffith cuja 'composição é a de um pintor.'"[27]

Associada ao enquadramento e aos diferentes elementos plásticos abordados em sua relação com a pintura (a iluminação, o desenho e as formas), a noção de espaço pictórico é desenvolvida por Rohmer a fim de demonstrar como alguns "raros cineastas", tais como Murnau, Eisenstein e Dreyer – que manifestavam, segundo ele, "uma real e profunda cultura pictórica" e "cuja concepção fotográfica deve mais à pintura dos museus que ao imaginário popular" –, fazem "obra de pintor"[28]. Bresson, ele mesmo pintor, dedica uma atenção especial a esse tipo de espaço em seus filmes,[29] a despeito das discordâncias intrínsecas que possamos encontrar entre suas ideias e sua prática do cinematógrafo e certo raciocínio que Rohmer elabora a partir do estilo cinematográfico de Murnau.

André Bazin dizia que num filme sobre a pintura: "o quadro [pictórico] se encontra afetado pelas propriedades espaciais do cinema", pois "a tela [do cinema] destrói radicalmente o espaço pictórico"[30]. Será que podemos inverter essa fórmula e deduzir que, ao aplicarmos a pintura ao cinema (como deseja, de certo modo, Rohmer), fazemos com que o filme seja afetado pelas propriedades espaciais da pintura? A teoria de Rohmer apoia-se, a princípio, no fato de que um fotograma qualquer extraído e isolado do filme de Murnau, ainda que arrancado de seu movimento, continua belo e forte como um quadro:

> Peguemos no *Fausto*, ao acaso, um fotograma, uma "imagem". Ainda que façamos abstração do movimento que a anima [...] é inegável que ela "se mantém de pé". Não há nela um único ponto, uma única linha, uma única superfície, um único contraste de sombra e luz que não pareça, longe dos acasos da reprodução mecânica, traçada com a mesma liberdade, rigor ou fantasia que pela mão do homem.[31]

Uma ideia que vai de encontro à tendência bressoniana de tornar as imagens cinematográficas "insignificantes"[32]. Porém, Rohmer ameniza os termos de sua proposta ao afirmar que no cinema de Murnau – em oposição à maior parte dos filmes feitos em estúdio, em condições similares e na mesma época – o que conta não é "sua habilidade em dar a ilusão de pintura", mas a de "conservar o poder de investigação bruto, fotográfico da câmera para nos fazer entrar plenamente num universo essencialmente pictórico. Melhor ainda, ele nos revela que o universo, nosso mundo cotidiano, é pictórico em sua natureza profunda"[33].

Em suma, o cinema de Murnau não estaria tão distante assim da imagem bressoniana, pois apesar da grande divergência de estilo, um mesmo objetivo parece prevalecer em ambos: garantir à imagem cinematográfica um resultado "bruto, fotográfico"[34]. Podemos então indagar, a partir dos termos de Rohmer: por que não um universo "essencialmente fotográfico" ou "fotográfico em sua natureza profunda"? Mas quando fala de fotografia em seu estudo, Rohmer refere-se, sobretudo, ao sentido cinematográfico do termo, ou seja, à técnica empregada no cinema concernindo aos registros de imagens sobre a película – o que a língua inglesa distingue pelo termo *cinematography*. Ele atribui, desse modo, o sucesso desse caráter "pictórico" – e, portanto, "cinematográfico" – na obra de Murnau, num primeiro momento, a uma subordinação da forma à luz. Pois é a luz, para Rohmer, que "modela a forma, esculpindo-a"[35].

Não esqueçamos, no entanto, que o objeto de sua análise – o filme de Murnau, em seu estilo e construção, mas particularmente em termos de espaço – pertence a um momento ou, se preferirmos, a uma escola (o chamado Expressionismo Alemão) na qual os efeitos de iluminação e os fortes contrastes de claro-escuro são empregados de maneira abundante. O que não é absolutamente o caso em Bresson, pois à exceção das primeiras obras – *Os Anjos do Pecado* (1943) e *As Damas do Bois de Boulogne* (1945), ainda rodadas de maneira mais tradicional, utilizando atores profissionais e uma iluminação bastante contrastada e "focalizada" –, a grande maioria de seus filmes emprega uma iluminação discreta e suavizada, conservando sobretudo tons de cinza nas obras em preto e branco ou uma coloração esmaecida naquelas em cor – portanto, em total oposição aos efeitos de luz dos filmes de Murnau. Avesso à existência de zonas de luz e sombra, Bresson quer que tudo esteja escuro ou iluminado, o que dá "a impressão de uma igualdade na repartição da luz"[36]. Além disso, ao rodar no interior de um apartamento com paredes brancas, por exemplo, ele pede ao diretor de fotografia de *Quatro Noites de um Sonhador* (1972) que o exterior visto pela janela seja mais claro que o interior – contrariando a convenção –, conservando, entretanto, seus modelos bem iluminados e visíveis[37]

O Diabo Provavelmente (1977) é certamente um dos filmes de Bresson que melhor trabalham a luz em termos

Fotogramas de *As Damas do Bois de Boulogne* e *Lancelote do Lago* – da luz focalizada a uma iluminação difusa.

PARTE II: A ORGANIZAÇÃO DO ESPAÇO NO CINEMA

de uma abordagem mais "pictórica" da composição espacial. Prova disso é a imagem de abertura do filme: noturna, ela revela as luzes de um barco que atravessa o rio Sena e cujos reflexos na água formam uma profusão de raios luminosos em direção à parte inferior do quadro, que vão desaparecendo à medida que ele avança para trás de uma ponte, restando apenas a escuridão. Se aceitamos a hipótese proposta pelo artigo de Marianne Fricheau – de que esse filme estaria afiliado, em vários aspectos, à obra pictórica de Giotto e em particular à luz de seus afrescos[38] –, poderemos então associar esses raios sobre a água àqueles que caem sobre a cabeça das personagens da imagem de *Pentecostes*, que faz parte do conjunto de afrescos da Capela Scrovegni, em Pádua. Pois no plano diurno que sucede essa imagem (além de dois planos de páginas de jornal), as personagens principais do filme, assim como os apóstolos na pintura de Giotto, encontram-se precisamente às margens do Sena, no lugar exato "atingido" pelos raios luminosos do barco – e onde encontrava-se previamente a câmera.

Se for esse o caso, então é proposto ao espectador uma espécie de puzzle espacial que deve ser solucionado à medida que se assiste ao filme, e que se joga através de aproximações diretas, sem intermediários ou distâncias, nem o auxílio da memória. As ligações, em termos de espaço, são feitas diretamente, de plano a plano, a despeito das fissuras. Resta ao espectador apenas compreender o quebra-cabeça visual (além do sonoro[39]) proposto por esse "fabricante" – no caso, o próprio Bresson. Daí o martírio de Charles, que acompanhamos ao longo de todo o filme até seu desfecho trágico, dividir-se entre cenas diurnas e noturnas, rodadas em interior ou em exterior, iluminadas de maneira homogênea (a rua, o parque, o apartamento de Charles) ou então regularmente escuras (a igreja de Saint-Rémy, as margens do Sena, o cemitério Père-Lachaise), de modo que o que se vê são apenas emblemas, detalhes de um conjunto que nos escapa em sua totalidade.

Daí também os episódios mais ou menos autônomos, as plagas destacadas do restante do filme, tais como as cenas de roubo em *Pickpocket* ou a cena do torneio em *Lancelote do Lago*, mencionadas anteriormente. O que reconduz sem dúvida à ideia de uma imagem originária que se dissimula por trás de uma outra, concreta;

ou então à da "pintura que começa com Giotto [como] modo de representação ao mesmo tempo realista e elíptica: ver um quadro é contar, a partir do que ele representa de fato, aquilo que ele representa verdadeiramente"[40].

É justamente essa concretude (poderíamos dizer "bruta, fotográfica", parafraseando Rohmer), ao mesmo tempo "realista e elíptica", que torna as imagens de Bresson tão únicas e sedutoras. É a simples beleza do cotidiano, ainda que estilizado, e a "força da presença" dos seres e objetos nelas mostrados que fascinam. O que é obtido com o auxílio de uma luz pálida, discreta, e graças ao caráter banal captado à pequena distância e assegurado pela utilização sistemática da objetiva 50 mm.

Uma Câmera-Pincel

Um segundo componente do espaço pictórico no cinema é o que Rohmer chama de desenho: algo que estaria ligado, no caso de Murnau, a uma "determinada amplitude, uma plenitude do traço que pertence somente a ele, tornando-o facilmente identificável", e que ele associa a uma predominância de tomadas em plano-médio contra um desprezo pelas "opções extremas", como o primeiro plano ou os planos de multidões (os quais eram caros, por exemplo, a Fritz Lang). Se por um lado identificamos facilmente um plano de Bresson (talvez por seu "desenho", sua "matéria", como sugere Rohmer acerca de Murnau), por outro percebemos que sua utilização abundante de planos-detalhe e planos aproximados contrasta com a ausência quase absoluta de planos gerais. Talvez isso se deva, sobretudo, a um olhar que deseja estar o mais próximo dos seres e das coisas, algo que é corroborado pelo uso exclusivo e sistemático da mesma objetiva para todos os planos de seus filmes: a 50 mm. Como o próprio Bresson esclarece: "trocar a todo instante de lente é como trocar a todo instante de óculos"[41].

Esse é um dos aspectos que determina a extrema particularidade de seu ponto de vista, e que acaba se tornando seu "traço" singular em vários sentidos, pois é sempre o mesmo tipo de imagem que vemos graças à distância focal proporcionada pela objetiva 50 mm

PARTE II: A ORGANIZAÇÃO DO ESPAÇO NO CINEMA

(média). Cobrindo um campo de aproximadamente 47°, a objetiva 50 mm é aquela que corresponde melhor à visão humana, já que não deforma a distância entre a câmera e o objeto – ao contrário dos efeitos de distorção da perspectiva provocados pelo emprego de uma teleobjetiva (por exemplo, a 100 mm) ou de uma grande--angular (como a 18 mm). Por outro lado, o uso sistemático da 50 mm reforça uma posição de certo modo "respeitosa" em relação ao objeto, uma vez que, não podendo trapacear com efeitos de aproximações ou distanciamentos ilusórios, a câmera se vê obrigada a guardar sempre uma "boa" distância – e no caso de Bresson, uma distância bastante próxima do objeto, já que ele aprecia particularmente os planos-detalhe.

Além da "singularidade da iluminação" e da "particularidade do ponto de vista", Rohmer destaca ainda como ponto crucial do que ele denomina desenho[42], sempre em relação ao cinema de Murnau, a "escolha de um motivo em movimento", pois "é sobretudo o movimento, em sua obra, que faz o desenho. É o movimento que ele trata de deformar, de interpretar em lugar de sua mão ausente"[43]. Da mesma forma, na obra de Bresson a importância atribuída aos movimentos contribui igualmente para o estabelecimento de seu traço singular.

Primeiramente, no que diz respeito às portas e janelas deixadas abertas (constituindo, como vimos anteriormente, um traço recorrente em seus filmes), o que permite o livre trânsito das personagens e do fluxo dos movimentos de um cômodo a outro, de um espaço no outro, entre planos espaciais diversos (primeiro plano, fundo do quadro etc.) que transbordam uns nos outros, como no quadro de Samuel van Hoogstraten, *Vista de Interior* (ou *As Pantufas*, 1654-1662). Assim como as fusões, bastante empregadas por Bresson, participam também desse transbordar de uma imagem na outra. São imagens insignificantes que se encadeiam, através de suas diferentes "aberturas", numa espécie de comunhão de imagens em progresso ou em "elaboração parcial" – como sustenta Philippe--Alain Michaud, a propósito do desenho em pintura:

> O espaço do desenho não é dotado de uma fachada lisa e coerente: ao contrário do da pintura, é um espaço "aberto". A superfície não

constitui um *continuum* analógico, ela não é o meio que envolve as figuras, nem mesmo o plano de fundo sobre o qual elas se elevam. O desenho deve manter-se num estado de elaboração parcial: aquele que tiver seu fundo totalmente coberto, diz Walter Benjamin, deixará de ser desenho.[44]

Samuel van Hoogstraten, *As Pantufas* (1654-1662), Museu do Louvre, Paris; e fotograma de *O Dinheiro*.

Em segundo lugar, no que tange a certos gestos que às vezes parecem inspirar diretamente a fluidez dos movimentos da câmera, agindo assim como um pincel deslizando sobre a tela. Por exemplo, quando Michel senta-se em sua cela, em *Pickpocket*, tendo em suas mãos a carta de Jeanne, esta é delicadamente acompanhada por uma panorâmica ondulante; ou ainda quando o padre de Ambricourt, em *Diário de um Padre,* cujo rosto tenso de sofrimento é acompanhado por um *travelling* em *plongée*, esforça-se para caminhar pelo bosque entre dois desmaios. Porém, é significativamente a mão o elemento mais acompanhado por essa câmera-pincel de Bresson: lembremos do balé de mãos na maioria de seus filmes, como em *Um Condenado à Morte Escapou*, *Pickpocket*, ou ainda *A Grande Testemunha* (1966), *Lancelote do Lago*, *O Dinheiro* (1983) etc. É como se todas as mãos desenhassem claramente os movimentos não apenas na imagem, mas igualmente com ela, conduzindo a câmera e o olhar do espectador no deslocamento de um acúmulo de detalhes, compondo um episódio de modo coreografado sem necessariamente contar uma história – como as mãos pintadas no *Estudo de Mãos* (c. 1715) de Nicolas de Largillière. E, desse modo, não deixa de ser uma espécie de câmera-pincel como variante da "câmera-caneta" proposta por Alexandre Astruc em seu célebre artigo de 1948:

> Todo filme, visto que ele é antes de mais nada um filme em movimento, ou seja, que transcorre no tempo, é [...] um lugar de passagem de uma lógica implacável [...]. Essa ideia, essas significações que o cinema mudo tentava fazer nascer por uma associação simbólica, compreendemos que elas existem na própria imagem, no decorrer do filme, em cada gesto das personagens, em cada uma de suas palavras, nos movimentos de câmera que ligam os objetos entre si e as personagens aos objetos. [...] É ao explicitar essas relações, ao desenhar seu traço tangível, que o cinema pode se tornar verdadeiramente o lugar de expressão de um pensamento.[45]

Nicolas de Largillière, *Estudo de Mãos* (c. 1715), Museu do Louvre, Paris; e fotograma de *Pickpocket*.

Em terceiro lugar, o traço de Bresson se justifica pela representação das cenas através de detalhes, o que gera uma dinâmica bastante particular no seio de cada episódio: algo que percebemos muito claramente na célebre cena do roubo na estação ferroviária, em *Pickpocket*; ou ainda nos planos iniciados por um detalhe, mas que revelam em seguida algo que o ultrapassa graças aos movimentos da câmera ou do modelo – por exemplo, nesses planos de *Processo de Joana d'Arc* (1962) e *A Grande Testemunha*.

Lembremos que em *O Diabo Provavelmente* o destino da personagem principal, que ainda desconhecemos, nos é revelado logo no início do filme – nos planos 2 e 3 que apresentam versões

contraditórias da morte de Charles através das manchetes de dois jornais distintos. Não se tratando então de solucionar uma intriga, só nos resta acompanhar uma série de episódios cujo desfecho já conhecemos de antemão[46]. Trata-se, desse modo, de uma sucessão de detalhes que se colam, mas "que não têm importância em si", pois

Fotogramas de *Processo de Joana d'Arc* e *A Grande Testemunha*.

> As elipses não separam os instantes de uma sucessão, esse dia do outro, ou um momento do outro: elas separam, por exemplo, um momento destacado desse dia de um momento destacado de um outro dia; elas demonstram naturalmente que a escolha não é cronológica, mas qualitativa.[47]

Aliás, uma escolha oposta àquela empreendida pelo mosaico, que é mnemônica e cuja importância encontra-se justamente na sucessão de fragmentos com intervalos entre si; mas também àquela assumida pelo labirinto, que é contrapontística e na qual a sucessão praticamente deixa de existir, pois o episódio (formado, na obra de Bresson, por uma seleção de detalhes destacados a partir de uma cena originária) reduz-se aí a uma única imagem que reúne em si todas as particularidades imprevisíveis e virtualmente incontroláveis. É por isso que Fricheau compara a construção em episódios de Bresson – que ela chama simplesmente de "grupos de planos" – àquela dos afrescos da época de Giotto que, em lugar de contar linearmente uma história, o fazem através da seleção de momentos privilegiados, já que

> a narração, nesse caso, não é um acúmulo de fatos que tendem em direção a um desfecho: trata-se simplesmente de pôr em imagens, em sons, em rimas uma história com inteira liberdade na escolha dos detalhes e na representação que pode ser feita dela. De modo que cada sequência tem o valor de um pedaço de afresco, sendo organizada evidentemente em planos, de acordo com a pressão do tempo contínuo[48].

Giotto, *Entrada Triunfal em Jerusalém* e *Noli Me Tangere* (1304-1306), Capela Scrovegni, Pádua.

Além disso, talvez seja também essa a razão pela qual todos os temas encontrados nesse filme – tais como: política, ecologia, pornografia, igreja, bomba atômica, droga, psicanálise, dinheiro, ociosidade voluntária etc. – permanecem apenas esboçados, sem ser jamais aprofundados: "porque esses temas são tratados por Bresson como objetos, através de uma técnica do contorno: ele os desenha em lugar de preenchê--los; pois esses temas são armadilhas, ilusões"[49].

Outro indício de um esboço (ou de um transbordamento espacial), por outro lado, são os espaços que surgem antes ou que permanecem depois de uma ação qualquer na imagem. Porque em vários momentos dos filmes de Bresson um plano se inicia pouco antes que um movimento se desenhe nele; assim como ele pode durar mais tempo que a ação, uma vez que as personagens já tenham abandonado o quadro e o espaço vazio pareça exprimir-se somente por uma simples presença silenciosa – eco de uma ausência, bem como signo de um espaço mais antigo e maior do que aquele que nos é permitido ver. Paradoxalmente, ao mostrar mais do que se esperava ver, acaba-se aludindo a tudo aquilo que nesse plano permanece oculto – ou seja, o espaço funciona como índice de uma imagem originária.

Mise en Chaîne

Se o segundo componente do espaço pictórico, o desenho, é considerado por Rohmer como a "maneira" pela qual um cineasta contamina seu filme com um traço pessoal, o terceiro componente, as formas, representaria a "matéria" com a qual ele opera, no sentido em que "o conteúdo narrativo dessas formas, seu impacto sentimental, as informações que elas veiculam como signos ou símbolos são aí não desprezados, mas acessórios em relação ao 'puro' jogo de formas no espaço, no qual repousa o fascínio que exerce sobre nós toda criação de ordem plástica"[50].

Essa ideia remete, na obra de Bresson, a uma incrível capacidade de "abstração" atingida, curiosamente, através do emprego de imagens extremamente concretas – "brutas, fotográficas", como observamos acima. Uma contradição em termos que permanece tão harmoniosa quanto assumida: "veja seu filme como uma combinação de linhas e volumes em movimento fora do que ele representa e significa"[51]. Por essa razão, Michel Estève defende que o espaço nos filmes de Bresson é, antes de tudo, sempre "enquadrado [...] à maneira do espaço delimitado num quadro, espaço portanto limitado, espaço privilegiado no qual [as personagens] vivem intensamente"[52]. Ele sustenta ainda que esse mesmo espaço permanece, ao mesmo tempo, "abstrato": no sentido em que se isola um elemento muito importante de um conjunto, negligenciando-se todos os outros que parecerão então secundários em relação ao primeiro – por exemplo, em *As Damas do Bois de Boulogne* nunca vemos o apartamento de Hélène em sua integralidade, nem toda a cela de Fontaine em *Um Condenado à Morte Escapou*, os quais poderiam ser facilmente apresentados em um plano-conjunto. Eis, enfim, um espaço que é sobretudo "estilizado", na medida em que

> a própria "estilização" nos conduz ao símbolo, realidade dupla, ao mesmo tempo carnal e espiritual. No cinema, o simbolismo pode ser encontrado através de um excesso de materialidade ou por meio de uma rarefação da matéria: a originalidade da busca estética de Bresson parece situar-se no ponto de encontro dessas duas hipóteses. A imagem, em Bresson, é menos "abstrata" que "estilizada" [...] Se o espaço cinematográfico explorado pela câmera de Bresson parece abstrato é sobretudo na medida em que é minuciosamente trabalhado com um propósito estético[53].

Os lugares escolhidos e apresentados nos filmes de Bresson, embora concretos e a princípio reconhecíveis, tornam-se sempre estrangeiros ao nosso olhar, combinando-se intimamente ao universo único do filme. Distinguem-se, de algum modo, dos lugares verdadeiros nos quais os planos foram rodados, mas também daqueles figurando em qualquer outro filme, rodado ou não em estúdio, que tenta reconstituir lugares reais, com o auxílio de uma "realidade" artificial. Pois Bresson, ao contrário da maioria dos diretores, contamina os lugares filmados com uma espécie de artificialidade própria ao seu olhar, ou seja, esse espaço, ainda que fragmentado, "bruto", "enquadrado" e "abstrato", adquire sobretudo um aspecto "estilizado"[54]. Esses lugares são muito raramente identificados – com exceção, por exemplo, do Bois de Boulogne (em *As Damas...*), da cidade de Ambricourt (através da placa no início de *Diário de um Padre*) ou ainda da Pont Neuf (através da placa luminosa em *Quatro Noites de um Sonhador*); e mesmo quando ele os identifica, isso não nos impede de continuar tendo dificuldade em reconhecer esses lugares: pois eles adquirem uma aparência estranha, típica de lugares jamais vistos antes, exceto num filme de Bresson – e isso talvez se deva, em grande parte, justamente ao uso insistente da objetiva 50 mm.

Além disso, como vimos anteriormente, o espaço na obra de Bresson é fragmentado a todo momento, impedindo-nos de obter uma visão global dos lugares. Um tipo de "visão parcial" nos é então imposta, porém muito diversa daquela proposta por um labirinto, pois ela não está ligada a um "olhar míope", nem a uma duração que permita o passeio do olhar na imagem, mas a um desejo de atualizar e acentuar ausências localizadas: por exemplo, ignoramos o espaço da prisão, bem como o caminho percorrido pelos prisioneiros em direção à liberdade em *Um Condenado à Morte Escapou*. Assim, seja na cidade ou no campo, todos os lugares tornam-se igualmente irreconhecíveis. Como condensa muito bem Philippe Arnaud:

> É, por assim dizer, o todo da ação como *devir-cena* que é *barrado*; e a cena como *quadro estável* que convida sem parar seu exterior para nele se revelar que é *recusado*. Um mandamento mudo acompanha a *forma ablativa* dessa construção: "Não verás, não conhecerás tudo." Essa exposição lacunar indica a sujeição do espectador a uma ausência que ele deve experimentar.[55]

Trata-se, assim, de um "recuo em relação a uma espera", de um recorte que produz, ao mesmo tempo, uma "visão parcial", mas também uma "erotização dos cantos do quadro", ligada a uma "proibição parcial"[56] em relação ao pouco que nos é autorizado ver. Além disso, é de um modo paradoxal que Bresson alia-se significativamente ao puzzle, pois ao mesmo tempo que nos dá a ver uma totalidade esfacelada (apresentada apenas em detalhes, sinalizando ausências), esses fragmentos são reunidos de uma maneira tão justa e direta – através de olhares, gestos em movimento ou sons, como já observamos –, que acabam gerando uma espécie de espaço original, extremamente coerente e firme, a ponto de se tornar convincente[57].

Porém, de que "formas" pode se manifestar esse espaço original? Em pedaços, em detalhes, como já pudemos constatar. Não há no cinema de Bresson uma predominância de linhas ou figuras geométricas quaisquer (como parece haver na obra de Murnau, segundo Rohmer: círculos e triângulos). Pode haver breves e raros lampejos de formas puras (por exemplo, os planos nos quais as árvores secas e retorcidas pelo inverno assombram a passagem angustiada do padre de Ambricourt) ou de recorrência de certa opção de *mise en scène* (como as conversas que algumas personagens do mesmo filme têm lado a lado, como se lhes fosse interditado ficar face a face).

Fotogramas de *Diário de um padre* – a angústia da personagem refletida na paisagem e a impossibilidade do diálogo face a face.

Contudo, as formas mais recorrentes nos filmes de Bresson são simplesmente os detalhes, resultado do esfacelamento das coisas e dos seres: porções de espaço, pedaços de objetos, fragmentos de corpos humanos e de animais (sobretudo, mãos e pés, mas também pernas, cabeças vistas de costas etc.). Porém, são detalhes que se encadeiam perfeitamente, como as peças de um puzzle de madeira, guardando sempre suas pequenas fissuras – como lembra Daniel Arasse, remetendo a Roland Barthes a propósito do detalhe em pintura, mas que podemos igualmente aplicar a um cinema como o de Bresson, no que concerne a um possível "desejo de cinema":

> O detalhe é, no quadro como na língua, segundo Roland Barthes, o vocábulo: seu "brilho", sua "diferença", sua "potência de fissura, de separação" fazem surgir um "valor" que não tem nada a ver com um "saber", um desejo de pintura que não se encontra no quadro através dos detalhes "que o representam, que o contam", mas através de detalhes "suficientemente recortados, suficientemente brilhantes, triunfantes".[58]

Identificamos na obra de Bresson, portanto, os *detalhes* como forma predominante, dispostos para o espectador numa legítima *mise en chaîne* (ou encadeamento) que ele opera nessa construção – assim como o definiu Pascal Bonitzer, acerca dos filmes de Godard da fase Dziga Vertov (Godard/Gorin):

> Onde não há, aparentemente, nada para se ver na imagem "em si mesma" [...], pois o sentido encontra-se no encadeamento, na criação de uma rede de imagens e sons (poderíamos, aliás, opor essa *mise en chaîne* à *mise en scène* clássica). Quanto menos houver "na" imagem *para ver* (contrariando a ideologia do "olhar preenchido", que não reina apenas em Hollywood), mais a imagem inscreve, como aquilo que chamamos ideograma, traços pertinentes, e mais haverá *para ler* (numa estrutura, o filme, na qual o movimento, a diacronia modela a figura).[59]

3. UM ESPAÇO TESTEMUNHA

Um problema de leitura parece se impor através desse tipo de cinema: leitura de uma imagem originária, de si mesmo e de seu universo bastante pessoal. Daí nos sentirmos, diante de alguns filmes de Bresson, como testemunhas, cúmplices dos pensamentos de suas personagens ou de seus diários íntimos. Isso se dá através da simples voz *off* da personagem (*Um Condenado à Morte Escapou*), pelas páginas escritas de seu diário na tela (*Diário de um Padre* e *Pickpocket*) ou ainda pela inusitada gravação da voz do protagonista em um gravador (*Quatro Noites de um Sonhador*)[60]. Uma leitura contraditória, como uma inscrição: não o termo, mas a reverberação contínua de uma intensão (tensão interior ligando com um olhar perfurador dois tipos diferentes de imagens: uma originária e outra concreta, a partir de uma realidade dada) de escritura. Quando ler já é escrever, pois trata-se sempre de uma "descrição"[61].

Leitura, portanto, em seu sentido mais amplo, na medida em que convoca necessariamente muito mais do que a simples visão. Ao mesmo tempo, uma leitura que não tem nada a ver com um saber ou uma razão causal[62], mas que é generosa e aberta – como as portas nos filmes de Bresson. Uma leitura que se descobre enquanto se cria, sempre fresca, como aquela descrita por Maurice Blanchot:

> Ler, ver e ouvir uma obra de arte exige mais ignorância que sabedoria, exige um saber que envolve uma imensa ignorância e um dom que não é dado de antemão, que é preciso a cada vez receber, adquirir e perder, no esquecimento de si mesmo. Cada quadro, cada obra musical nos presenteia com esse órgão de que precisamos para acolhê-los, nos "dá" o olho e o ouvido necessários para ouvi-la e vê-lo.[63]

Além disso, uma leitura que "não faz nada, não adiciona nada"[64], mas que deixa, ao contrário, o ser simplesmente ser. É bem o caso, parece-nos, dos filmes de Bresson, sobretudo no que diz respeito a seu trabalho com os modelos: "o modo de eles serem as pessoas do seu filme é ser eles mesmos, permanecer o que eles são. (*Mesmo em contradição com o que você havia imaginado.*)"[65]. Daí a antinomia inerente aos modelos em relação a uma atitude de abertura

PARTE II: A ORGANIZAÇÃO DO ESPAÇO NO CINEMA

gerada pela leitura, pois "só se abre aquilo que está bem fechado; só é transparente o que pertence à maior opacidade; só se deixa admitir na leveza de um Sim livre e feliz o que se suportou como o esmagamento de um nada sem consistência"[66].

Roland Barthes distingue em literatura o "texto legível" de um "texto escritível". Consideremos, por enquanto, algumas questões relacionadas aos "textos legíveis", pois observaremos mais atentamente os "textos escritíveis" mais tarde, quando retornarmos à obra de Alain Resnais e à forma mosaico. Primeiramente, "são produtos (e não produções)" – ainda que no cinema sejam, como no caso da imagem originária, produtos da imaginação do cineasta[67]. O que implica, da parte dos que recebem esses produtos, em um jogo de interpretação, no sentido nietzschiano da palavra: "interpretar um texto não é conferir-lhe um sentido (mais ou menos fundamentado, mais ou menos livre); é, ao contrário, apreciar de que plural ele é feito"[68].

Trata-se, assim, de um ato de afirmação da pluralidade de uma obra – que, aliás, pode-se reconhecer em qualquer tipo de obra: literária, pictórica, mas também cinematográfica, por exemplo. Trata-se, ainda, de "libertar o texto de seu exterior e de sua totalidade", pois "nada existe fora do texto, nunca há um todo do texto" – o que combina perfeitamente com a reflexão empreendida neste estudo, segundo a qual a imagem originária e a imagem derivada são consideradas apenas a partir das imagens concretas.

Dentre os textos plurais, Barthes diferencia ainda os que o são integralmente (ou seja, nos quais "não pode haver estrutura narrativa, gramática ou lógica narrativa") daqueles que são apenas "moderadamente plurais" ou "simplesmente polissêmicos" – o que seria talvez o caso de Bresson, bem como o de Resnais e Straub, para os quais a abstração ou a experimentação, quando necessária, nunca virá em detrimento da narração nem em oposição a uma certa lógica narrativa, ainda que, por vezes, esta possa ser tênue ou confusa. Um "instrumento modesto" através do qual se pode abordar o texto moderadamente plural, contrário e subalterno à denotação, é a conotação. Enquanto para os filólogos, segundo Barthes, o sentido primeiro dado por um texto é unívoco, canônico e dotado de uma verdade, o que justificaria que uma importância maior fosse acordada à denotação – "a morada: centro, guardião, refúgio, luz da verdade" –, para os semiólogos, ao contrário, não há motivo algum para se fazer da denotação "o espaço e a norma de um sentido primeiro, origem e medida de todos os sentidos associados". Por isso, ele chega a uma noção de conotação como determinação, relação ou "traço nominável, computável de um certo plural do texto" – o que se aproxima da noção de localização proposta por Foucault e associada por nós ao cinema de Bresson[69].

Para Bresson, é importante determinar, a partir do caos integralmente plural da imagem originária, quais seriam os elementos escolhidos e quais seriam as únicas relações possíveis de se estabelecer entre eles, a fim de se atingir uma ordem "moderadamente plural"[70]. Ao desconstruir o espaço originário, ao recortá-lo, o cineasta ("fabricante de puzzles") põe-se no lugar do espectador ("montador das peças"). Uma vez mais é a lógica do puzzle de madeira, segundo Georges Perec, que se encontra aí retomada – e percebemos um eco dela na seguinte definição de Barthes do texto legível:

> O legível, como se pode esperar, é regido pelo princípio de não contradição, mas ao multiplicarem-se as solidariedades, ao marcar-se sempre que possível o caráter compatível das circunstâncias, ao unirem-se os eventos relatados por uma espécie de "cola" lógica, o discurso conduz esse princípio à obsessão; ele toma a atitude precavida e desconfiada de um indivíduo que teme ser surpreendido em flagrante contradizendo-se; ele vigia e prepara sem cessar, contra qualquer acaso, sua defesa contra o inimigo que o forçaria a reconhecer a vergonha de um ilogismo, de uma perturbação do "bom senso".[71]

Diagramas de Corpos

A questão relativa ao retrato (em pintura, em fotografia e no cinema), apresentada logo no início deste estudo, parece aqui esclarecer-se. Como vimos, a origem da palavra – do italiano *rittratare, rittrato*, que resultaria no francês *trait pour trait = portrait* (traço por traço = retrato) – já designava um ato posterior, de repetição, de "retraço"[72]. Daí sua filiação a uma retomada, uma descrição, uma leitura que assume, na obra de Bresson, a aparência de uma decupagem radical e, à primeira vista, "monstruosa", no sentido em que os corpos são reduzidos (assim como objetos e espaços) a pedaços recortados (quase à faca) ou a retângulos que se encaixam[73]. Um "diagrama de corpos, não sua cópia"[74], como definia Barthes a propósito de um quadro presente na novela de Honoré de Balzac analisada por ele – raciocínio que podemos facilmente estender a um filme de Bresson:

> A leitura do retrato "realista" não é uma leitura realista, mas uma leitura cubista: os sentidos são cubos, amontoados, deslocados, justapostos e no entanto mordendo uns aos outros, cuja translação produz todo o espaço do quadro, fazendo desse espaço um sentido *suplementar* (acessório e atópico): o do corpo humano, pois a figura não representa a totalidade, o quadro e o suporte dos sentidos, ela representa um sentido a mais: uma espécie de parâmetro diacrítico.[75]

Fotogramas de *O Dinheiro*, planos A e B, E e F.

Esse corpo esfacelado, cubista, resulta justamente do gesto de decupagem efetuado por Bresson: na medida em que, de um lado, seu modelo autômato nada mais é do que o próprio modelo parcialmente ausente[76] "tornado automático, protegido contra todo pensamento"[77]; e de outro lado, "como ideal simbólico, a personagem não possui aparência cronológica, biográfica, não há mais Nome, só há um lugar de passagem (e de retorno) da figura"[78]. Trata-se de uma construção tão coerente que a relação personagem/modelo reflete, por assim dizer, o esquema, ou melhor, a intensão entre imagem originária/imagens concretas.

É, portanto, assim que um filme de Bresson "faz sentido" (ou "faz cena", retomando a expressão empregada por Straub): de um modo bastante complexo e imbricado, embora aparente ser muito simples e depurado. Pois se nesse cinema a denotação refere-se ao que vemos (os modelos e as imagens concretas), a conotação, enquanto "instrumento modesto" ou "unidade de sentido", remete, por sua vez, ao que se *imaginou* (as personagens e a imagem originária).[79]

Barthes assinala, contudo, que a conotação se faz determinar através de dois espaços: "um *espaço sequencial*, sequência ordenada, espaço submisso à sucessão das frases, ao longo das quais o sentido prolifera por implante, e um *espaço aglomerativo*, certos lugares do texto ligando-se a outros sentidos exteriores ao texto material e formando com eles espécies de nebulosas de significados"[80]. Mas qual poderia ser a relação desses dois tipos de espaço com um filme? Talvez da seguinte maneira: enquanto o "espaço sequencial" relaciona todos os elementos, gestos e movimentos que (se) passam em cada imagem e de uma imagem à seguinte (*raccords* de vizinhança direta)[81],

o "espaço aglomerativo" formaria e relacionaria as diferentes plagas bressonianas (*raccords* episódicos). Porém, de que formas surgem esses *raccords*, essas relações? De que maneira todos esses elementos se unem, essas imagens, esses episódios?

O Olhar Subjetivante e a Sutura

Talvez o próprio espectador seja capaz, às vezes, de servir de "ponto de ligação" entre as imagens de Bresson. A esse respeito, Michel Estève afirma que "em *Pickpocket*, os lugares nos quais Michel está em contato com a sociedade – cafés, corredores de metrô, plataformas de estações e vagões de trem – são vistos pela câmera numa óptica subjetiva. Dito de outra forma, Bresson só nos deixa ver e ouvir do mundo exterior aquilo que vê e ouve seu herói"[82]. Todavia, contrariando em parte essa suposição, o que parece evidente em seus filmes é que Bresson nos propõe, ou melhor, nos impõe o papel de "testemunhas" de suas personagens, no sentido em que o que se passa diante de nossos olhos parece ser mostrado unicamente a nós. E isso se dá através de procedimentos de filmagem que substituem uma suposta câmera subjetiva – que apresentaria o olhar de uma personagem – por uma espécie de olhar subjetivante, conduzindo e engajando ainda mais nosso olhar de espectador. Pois não é através do olhar de Michel ou de uma personagem qualquer que vemos os lugares ou as coisas nos filmes de Bresson (o que caracterizaria, de fato, a "câmera subjetiva" sugerida por Estève), mas através de uma câmera que não toma o lugar de ninguém, assumindo a função de dispositivo de presentificação, ao mesmo tempo do olhar do cineasta e do espectador – que adquire então, ainda que somente por um instante preciso, consciência da câmera e do olhar dela, ao qual seu próprio olhar se prende.

O melhor exemplo desse dispositivo é certamente aquele proposto por Jean-Pierre Oudart em dois artigos publicados na revista *Cahiers du cinéma* em 1969, nos quais ele analisa, a partir de alguns filmes de Bresson (mais precisamente, *Pickpocket* e *Processo de Joana d'Arc*), uma operação que ele denomina "sutura": resultado do "encerramento do enunciado cinematográfico conforme a relação mantida com seu sujeito (sujeito fílmico, ou antes, sujeito cinematográfico), reconhecido e colocado em seu devido lugar, o espectador"[83]. Ele começa lembrando que a todo campo fílmico corresponde, na quarta parede, uma ausência[84]. É nesse "campo do Ausente" que o imaginário do espectador posiciona uma personagem, que Oudart nomeia (com base na psicanálise) "o Ausente" e cuja posição coincide, normalmente, com a da câmera.

Assim, antes mesmo que os planos se articulem entre si, eles o fazem em relação a esse "campo ausente" (que, aliás, podemos aproximar da noção de imagem originária). E o procedimento cinematográfico que melhor ilustra a relação entre esses dois campos, o ausente e o presente, continua sendo o campo/contracampo:

através do qual o espaço se articula entre duas porções habitadas por diferentes pessoas que conversam, eclipsando-se a cada vez entre presente e ausente – com a porção ausente permanecendo retroativa e prospectiva em relação à outra, no imaginário do espectador.

Porém, em *Processo de Joana d'Arc*, Bresson parece subverter a pretensa "normalidade" desse sistema com um simples e espantoso posicionamento oblíquo da câmera, o que acaba provocando um olhar enviesado que não pertence nem a uma personagem nem a outra, mas apenas à câmera; ou seja, no limite, ao espectador, que assume, independentemente de sua vontade, o papel de testemunha ocular da cena, estabelecendo-se assim uma distância entre ele, identificado com a câmera, e o que essa mostra[85]. Uma percepção perigosa – próxima daquela proposta pelas *Rückenfiguren* de Friedrich[86] – que desarticula completamente o confortável esquecimento incitado por um campo/contracampo convencional. O que Bresson faz, através dessa quebra na sutura, é despertar no espectador a impressão, a sensação de que existe alguma coisa entre ele e as pessoas filmadas (tanto presentes quanto ausentes); e essa alguma coisa (a câmera, o diretor, o artifício), demasiado presente – ou pelo menos demasiado pressentida em sua ausência –, encontra-se no lugar exato de seu olhar. Como especifica Oudart:

Fotogramas de *Damas do Bois de Boulogne* – campo/contracampo tradicional.

> [O imaginário do espectador] pode, portanto, ocupar uma posição à qual corresponde espacialmente sua obliquidade de sujeito evanescente e descentrado de um discurso que se fecha, suturado em si mesmo, que ele só pode assumir de um ponto de vista

imaginário [pois não ocupa] nem o lugar da personagem no qual sua imaginação se debruça [...], nem uma posição arbitrária que o restringiria a colocar perpetuamente esse ausente como sujeito fictício de uma visão que não é a sua, e sobre o qual sua imaginação bloquear-se-ia. [87]

Fotogramas de *Processo de Joana d'Arc* – o estranho campo/contracampo enviesado que inclui o Ausente.

O modo como Joana d'Arc e os juízes são filmados durante o interrogatório no tribunal – sob dois eixos oblíquos, de cerca de 45 graus, à esquerda e à direita –, demonstra com precisão o procedimento e o lugar reservado à testemunha ausente (o espectador?).

A maneira excessivamente complicada (para não dizer confusa) como Oudart apresenta sua análise dessa operação – por si só, já suficientemente complexa – esclarece-se, ao menos em parte, pela interpretação realizada por Philippe Arnaud, com o auxílio de um esquema que ilustra bem seu funcionamento[88]. Todavia, ele se equivoca com uma dedução, talvez demasiado apressada, relacionada a uma falsa pista da quarta parede proposta por Bresson em *Processo de Joana d'Arc* e que seria encarnada pela personagem de Isambart, cuja posição não coincide absolutamente com aquela ocupada pelo olhar do espectador (como parece crer Arnaud, por aproximação[89]), pois filmada de viés, assim como as outras personagens da mesma cena. Isso apenas reforça a complexidade e a nuance da operação de Bresson: pois a sutura que se dá, como afirma Arnaud, "quando o Ausente abolido ressuscita em alguém" (uma personagem qualquer, e, nesse caso, Isambart) é aqui desvirtuada quando o próprio olhar do espectador assume o lugar de um Ausente, desperto e engajado.

Notemos, mais uma vez, que o espaço nunca é mostrado em sua integralidade. Temos apenas alguns planos ligeiramente isolados que só se encadeiam pelos olhares das personagens – aliados ao da câmera, através da sutura (ou sua quebra). Porém, essa operação, marcada sobretudo pelos campos/contracampos (que, segundo Oudart, devem ser aqui nomeados de outro modo), verifica-se de certa maneira disseminada pela obra de Bresson, na medida em que o espectador encontra-se, várias vezes, cooptado num ato de testemunho, como se ele estivesse dentro do espaço, mas fora da imagem, observando através de fissuras somente alguns poucos fragmentos dela, graças a uma espécie de subjetivação do seu olhar: evidenciada, por exemplo, quando os modelos abandonados na imagem à própria sorte parecem ter apenas a câmera (e, logo, o espectador) a olhar por eles.

Oudart aproximará essa relação de um *erotismo* ligado à palavra e a um campo que seria "menos o espaço de um evento que um campo de emergência do simbólico"[90]. Acreditamos ser esse, de fato, um espaço-testemunha: no sentido em que ele estabelece, por sua fragmentação localizada em detalhes, por suas fissuras e pelo olhar que ele engaja a partir do exterior, em aparente segurança (garantida pela distância propiciada pela "atuação" dos modelos bressonianos), uma conexão insólita entre o espectador e as imagens[91].

Fotogramas de *Processo de Joana d'Arc* e *Mouchette*: o espectador *dentro* do espaço e *fora* da imagem.

II A Escritura das Pedras

1. ESPAÇOS E LUGARES

Em seu livro dedicado ao espaço no cinema, André Gardies lembra que num filme nunca existem espaços, mas lugares. Ele define o espaço como sendo um conjunto de lugares, enquanto o lugar seria apenas um fragmento do espaço. Como sua análise, ao contrário da nossa, limita-se ao "espaço na narrativa fílmica" numa perspectiva semio-narratológica[1], ele declina em seguida, a partir de Saussure, uma noção de lugar que corresponderia à palavra num "espaço-língua": "um (particular, manifesto, localizável, contingente) não permitiria acessar o outro (geral, latente, virtual, imaterial, imanente, em uma palavra, sistemático)?"[2]

Ele sugere, assim, uma distinção entre espaço representado – num mundo diegético "povoado de lugares" – e espaço construído, "pois no cinema o espaço não é dado, nem figurado (a não ser, claro, sob a forma de lugares)". E conclui que, para passar dos lugares ao espaço, ou seja, para que o espaço seja efetivamente construído no cinema, torna-se necessário engajar tanto a participação do espectador quanto o "impulso vetorizante do processo narrativo", entre a dispersão fragmentária essencial de um filme e sua unificação[3]. Um impulso, portanto, que equivale à intensão presente de maneira tão emblemática em *Meu Tio da América*: entre uma totalidade heterogênea que nos é imposta integralmente e cada uma de suas partes independentes.

Ainda que concordemos com Gardies quanto ao fundo, guardamos ressalvas quanto à forma. Pois podemos constatar nos filmes de Bresson, por exemplo, que os próprios lugares podem ser (e são, na maior parte do tempo) fragmentados, incompletos ou, ao menos em parte, não visíveis. Isso significa que os lugares requerem, também eles, uma construção, já que não são "nem dados, nem figurados", senão sob a forma de porções (planos-detalhe ou planos próximos) – o que, como vimos, impede uma visão de conjunto dos lugares. Isso demanda, ainda, um esforço por parte do espectador para que ele consiga imaginar ou reconstituir algo que só enxerga parcialmente – o mesmo valendo para o espaço, segundo Gardies.

Além disso, o espaço no cinema ultrapassa significativamente a exiguidade daquilo que é visto ou percebido no filme como "lugar". A própria noção de um espaço em constante metamorfose, como aquele encontrado nos filmes aqui analisados – algo que se deve à sua fragmentação constitutiva e às mudanças de planos, assim como à movimentação das imagens, dos atores, da câmera, às mudanças de iluminação etc. –, não pode ser reduzida a uma única visão uniforme e unívoca desse espaço, que se forma simplesmente juntando-se os pedaços de um suposto sistema espacial virtual. Não estamos mais diante de um quadro ou de uma paisagem da qual podemos, *a priori*, ter uma visão de conjunto que satisfaça nossa curiosidade a partir de um ponto de vista determinado; nem tampouco diante de um espaço apenas visual e necessariamente "atualizável". O espaço do filme nos escapa o tempo todo, a cada segundo (quase a cada fotograma, nos casos mais radicais), não nos autorizando senão a vã possibilidade de uma visão temporária, fugaz e parcial – dependendo do quão serrado seja o plano ou de quão curta seja sua duração. E isso se verifica mesmo em relação a um cinema de base narrativa como o de Bresson, Resnais e Straub.

Daí nossa abordagem do espaço cinematográfico como algo muito mais aberto e menos preso a uma ordem puramente topográfica ou visual. Logo, um espaço que pode ser tanto visual quanto sonoro: composto de fragmentos de lugares (um quarto, um jardim, a rua), de pedaços de corpos (um braço, pernas, uma cabeça) ou de objetos; bem como alterado constantemente por movimentos no interior dos planos ou por passagens de um plano a outro. Além disso, um espaço que serve fundamentalmente para localizar, situar ou deslocar os elementos, antes mesmo que ele se dê a ver. Um espaço que parece ser completamente assimilado à própria matéria fílmica, tão grudado nela quanto o tempo que a desvela.

O que esses filmes propõem é uma espécie de audiovisão "especializada", ou melhor, "espacializante" do mundo[4]. Assim, tudo, tanto no nível visual quanto sonoro, pode gerar espaços, pois o visual transborda no sonoro e vice-versa, ambos contribuindo mutuamente para sua construção. Por isso, se falamos de organização do espaço no cinema – como faz Rohmer, dentre outros –, não é somente em termos de composição do quadro, de eficácia do cenário ou de distribuição de objetos e atores, mas também, de modo bem mais amplo, levando-se em conta igualmente: as tensões entre os planos e entres as diferentes porções de um plano; a dinâmica dos olhares; a movimentação dos gestos; as "deformações" ocasionadas pelas expressões faciais; a composição do espaço sonoro, assim como o papel de certos mecanismos suscitando espaços por meio do som; e, especialmente, como veremos mais tarde, no que se refere aos diálogos e sua função evocativa, em relação à imagem derivada.

Tomemos como exemplo a análise realizada por Michel Marie da representação/construção do espaço no filme *Muriel ou o Tempo de um Retorno* (*Muriel ou le temps d'un retour*, 1963), de Alain Resnais[5].

Ele demonstra com precisão a maneira complexa pela qual se aplica, nesse filme, o que denominamos aqui uma audiovisão espacializada ou espacializante do mundo, ao identificar nele todo um "trabalho de desintegração do espaço conhecido", a partir do momento em que toda referência possível é continuamente "destruída", seja pelos movimentos e mudanças de posição da câmera, seja pelos deslocamentos não representados das personagens (fora de quadro); ou ainda pela negação da perspectiva, através do uso de falsas pistas e pela autonomia de uma câmera que assume seu próprio ponto de vista. Ele opõe, assim, uma "abertura do espaço pela autonomia da câmera" a um "encerramento espacial pela construção plástica dos planos"[6]. Desse modo, ao repertoriar uma série de procedimentos utilizados pelo filme na "construção-desconstrução" de seu espaço, ele enumera alguns sistemas de abertura e de ruptura:

- Há um primeiro nível que corresponderia ao tratamento relativamente contínuo das "cenas" do filme. As personagens são enquadradas no cenário, em relação com ele; o que implica um espaço identificável e conhecido, mas esse conhecimento global do espaço nunca é dado imediatamente por um plano de conjunto do cenário.
- O segundo nível concerne aos processos que "dinamizam" esse espaço representado (mobilidade das personagens; sistema de *raccords*).
- O terceiro nível faz intervir a câmera, a modificação de suas diferentes posições em relação ao objeto filmado.[7]

Ele adiciona a isso tudo o componente temporal que, segundo ele, opera a partir do interior a constituição desse espaço fílmico, através das "rupturas de lugar dentro de uma continuidade temporal" e das elipses. E conclui que "esse trabalho de restruturação põe em jogo o filme como temporalidade", impedindo-nos de considerá-lo apenas "sob o ângulo da narratividade".

Élie Faure presumia que, no cinema, é o espaço que incorpora o tempo, pois este não é senão "uma dimensão do espaço"[8]. Acreditamos sobretudo que, assim como o som e a imagem transbordam um no outro, ao menos a partir do advento do sonoro, o mesmo acontece entre o espaço e o tempo no cinema: as formas espaciais são construídas, sugeridas ou desorientadas pela temporalidade no seio das imagens cinematográficas (na passagem como vibração), do mesmo modo que as formas temporais só podem ser de fato percebidas por nós graças aos fragmentos de espaço e lugares, de coisas e seres tornados visíveis e/ou audíveis, ao compor, por sua vez, um plano.

A Situação

Em alguma parte além do local e aquém do global existe, de qualquer modo, um lugar. Um lugar que é escolhido, atribuído, como para um edifício, um quadro, um mosaico, ou simplesmente para que aí se exerça uma atividade qualquer. Um lugar, além do mais, que estabelece relações com outros lugares, mais ou menos distantes dele. É o que Foucault denomina "situação", sendo "definida pelas relações de vizinhança entre pontos ou elementos; formalmente, pode-se descrevê-las como séries, ramificações, grades", nas quais cada objeto – ou cada imagem – surge ligado a uma rede:

> Estocagem da informação ou dos resultados parciais de um cálculo na memória de uma máquina, circulação de elementos discretos, com saída aleatória (como simplesmente os automóveis ou, afinal, os sons numa linha telefônica), identificação de elementos, marcados e codificados, no interior de um conjunto que é ora repartido ao acaso, ora colocado numa posição unívoca, ora numa posição plurívoca etc.[9]

Vimos com Resnais e a forma mosaico que o cinema pode ser considerado como uma "máquina inteligente" ou um "robô intelectual", cuja informação ou "resultados parciais" seriam estocados em sua "memória registradora fotoquímica"[10]. Não se trata mais de simplesmente identificar ou localizar "cada coisa em seu lugar", seguindo uma espécie de hierarquia – tal personagem pertencendo a tal localização, tal detalhe de um lugar atrelado de um modo ou de outro a esse lugar etc. –, mas de situar os elementos em relação a toda uma rede (virtual/atual) de objetos e posições. Assim, mesmo as relações locais (o avanço direto de um plano a outro, em Bresson, ambos ligados por olhares, sons ou gestos) tornam-se mais dispersas, espalhadas, não bastando mais seguir a sucessão gradual das imagens, pois elas saltam de uma para a outra, ao mesmo tempo que conservam intervalos entre si. Intervalos, aliás, que não passam, eles próprios, de imagens: reproduzindo ou substituindo, por assim dizer, os interstícios pretos presentes entre os fotogramas da película 35 mm por imagens que se interpõem umas às outras – o que ilustra tão bem, como vimos anteriormente, a imagem-síntese de *Meu Tio da América*.

Talvez o mais drástico e impressionante exemplo de interstício, pelo menos na obra de Resnais, continue sendo aquele empregado em *Morrer de Amor* (*L'Amour à Mort*, 1984): as telas de neve (ou poeira cósmica) que pontuam todo o filme, interpondo-se entre os planos ou entre as curtas sequências de planos, sempre acompanhadas por trechos da sombria música de Hans-Werner Henze. Aliás, trechos musicais cuja primeira nota retoma, a cada vez, a última nota emitida por um ator no plano precedente, compondo assim um tipo de música "dodecafônico-mosaística" que atravessa o filme inteiro. Logo, temos: de um lado, as palavras, os ruídos e as imagens dos atores, do cenário etc.; de outro, as telas de neve e uma música oriunda de instrumentos musicais. Imagens "nevadas", cujos flocos sobre a tela escura representam, de certo modo, as próprias imagens do filme, sempre separadas umas das outras, num esquema que parece reproduzir aquele do filme: floco de neve/escuridão/floco de neve/escuridão = imagem/tela de neve/imagem/tela de neve. A tela de neve (que, a partir de certo momento, torna-se uma simples tela escura) representa, assim, a imagem-síntese desse filme.

Fotograma de *Morrer de Amor* – a tela de neve ou poeira cósmica.

A situação – bem como "o solo mudo onde os seres podem justapor-se"[11] –, quando considerada em rede, coloca para Foucault o problema de se saber "que relações de vizinhança, que tipo de estocagem, de circulação, de rastreamento, de posição dos elementos humanos devem ser preferencialmente retidos, em tal ou tal situação para atingir tal ou tal finalidade"[12]. A ênfase é então deslocada da questão primordial sobre a posição que se ocupa (se é que se pode, efetivamente, ocupar alguma posição constante) em direção a uma questão para ele mais aguda: quais são os tipos de relações mantidas pelo conjunto de posições (ou, naquilo que nos interessa mais particularmente, pelo conjunto de imagens)? Eis uma questão que parece absolutamente coerente com a construção "em mosaico" de um filme, como vimos anteriormente com Resnais. Porque essas imagens, como as tesselas de um mosaico, não seguem uma lógica de *mise en chaîne* (como nos filmes de Bresson), mas de *mise en réseau*.

Encontramos aí uma inversão: enquanto em Bresson as imagens encadeiam-se mais diretamente e as personagens *pertencem* aos locais (Fontaine à sua cela, Joana à dela, Michel a seu quarto, o padre de Ambricourt a seu casebre, Lancelote e os demais cavaleiros a suas tendas etc.), nos filmes de Resnais, ao contrário, são os lugares que *habitam* as personagens, construindo a partir delas uma rede: a cidade de Nevers atormenta a atriz francesa, e a de Hiroshima assombra seu amante japonês, em *Hiroshima, Meu Amor* (*Hiroshima, mon amour*, 1959); diferentes castelos (Karlstadt, Marienbad, Friedrichsbad) retornam indistintamente e sem cessar da memória ou da imaginação das personagens de *O Ano Passado em Marienbad*; Madri e Paris confundem-se, em *A Guerra Acabou* (*La Guerre est Finie*, 1966), assim como a cidade de Boulogne-sur-mer mescla-se a uma aldeia imaginária da Argélia, em *Muriel*. E não podemos deixar de lado a importância da memória e das relações longínquas que interligam as imagens dos filmes de Resnais, estabelecendo assim, ao contrário dos filmes de Bresson com seus episódios "localizados", uma rede na qual a circulação das imagens se dá de maneira muito mais casual e dispersa, sempre num vaivém e em repetições variadas, sempre com o risco de eventuais curtos-circuitos entre personagens e lugares.

O exemplo mais radical dessa circulação algo delirante das imagens na obra de Resnais continua a ser, sem dúvida, *Eu Te Amo,*

Eu Te Amo (*Je t'aime je t'aime*, 1968): um filme composto de um preâmbulo linear, no qual o protagonista, recém-saído de uma fracassada tentativa de suicídio, é conduzido a um laboratório secreto e convencido a participar de uma experiência de transporte no tempo. A partir do momento em que a personagem entra numa bizarra e improvável máquina do tempo, ou seja, antes mesmo que um terço do filme tenha transcorrido, descamba-se para uma profusão aparentemente desordenada e aleatória de imagens que, em certos casos, repetem-se várias vezes (como exemplo, a imagem da saída do mar, no início de sua viagem temporal), representação da desordem mnemônica que atravessa a personagem, perdida entre suas reminiscências e sua percepção atual, num passado sobre o qual ela não tem mais controle algum, tendo-se em vista o vaivém de imagens que lhe escapam, a despeito de qualquer cronologia linear.

Esse filme, ilustração perfeita de uma construção em rede, é radical tanto em sua forma – porque composto de um desfilar de imagens sem relações diretas entre si –, quanto em seu conteúdo – pois a opção adotada por Resnais e pelo roteirista Jacques Sternberg consiste em mostrar do cotidiano da personagem (passado, presente ou futuro, nunca se sabe direito onde se encontra) somente as cenas mais banais, sem qualquer importância na ação ou na sequência narrativa: o café da manhã na cama, a leitura do jornal, o trabalho no escritório, um passeio a dois etc. Entretanto, são essas imagens agentes que compõem o filme: no sentido em que, contrariamente às imagens insignificantes de Bresson, que só se comunicam à proximidade direta, estas se referem umas às outras à distância e sem respeitar qualquer restrição lógica ou temporal – já que só reconhecemos, não sem um certo esforço de memória, um determinado lugar, tal ou tal personagem secundária, uma situação ou uma imagem que se repete, gestos que são reiterados etc.

Uma Arte do Fragmento

Alain Resnais também emprega um grande número de planos-detalhe em seus filmes. Mas, ao contrário de Bresson, ele não o faz no interior de uma mesma sequência cuja totalidade nos é ocultada em prol de alguns detalhes. Sempre fiel à sua lógica mnemônica, ele os utiliza como fragmentos dispersos, pertencendo a temporalidades distintas e a sequências distintas. Assim, esses pedaços de objetos, corpos e paisagens não formam apenas sequências fissuradas – como as de Bresson, nas quais encaixando-se as peças obtém-se uma ideia do conjunto –, mas sequências profundamente esburacadas, nas quais os intervalos, as distâncias entre as imagens são comumente bastante consideráveis. É como se o puzzle se abrisse, esgarçando assim as fissuras que separam suas peças, as quais vão se tornando então verdadeiros intervalos e acabam fazendo parte da imagem, só que dessa vez compondo um mosaico. Porém, outra diferença inerente a esses "pedaços", tais como Resnais os utiliza, provém do fato de que eles pertencem a momentos ou sequências do filme dos quais são arrancados sem piedade. Eles representam, portanto, os vestígios, os traços de uma sequência por vezes distante, desaparecida ou ocultada do filme, da qual só nos chegam alguns destroços, de tempos em tempos, como os fragmentos de uma ruína antiga saídos diretamente de uma exploração arqueológica.

Daniel Arasse inicia seu belo estudo sobre o detalhe em pintura ressaltando que o termo, em italiano, é bipartido entre: *particolare*, "uma pequena parte de uma figura, de um objeto ou de um conjunto", e *dettaglio*, "o resultado ou o vestígio da ação daquele que 'faz o detalhe', seja ele o pintor ou o espectador"[13]. Encontramos ainda na origem deste último o verbo *talhar* (*tagliare*, em italiano), como em talhar os pedaços de uma pedra para confeccionar as tesselas de um mosaico, daí o verbo *detalhar* (*dettagliare*):

- Como particolare, o detalhe pode tender a deixar sua posição; ele é, com efeito, retomando as palavras de Ingres, algo "pouco importante" que resiste à "razão", que cria lacuna e, longe de se submeter à unidade do todo, desloca-a para suscitar o que Baudelaire chama de um "motim dos detalhes" e que Alberti já denominava, empregando um termo com conotações políticas, "agitação".

- Como dettaglio, o detalhe também desloca o quadro, não somente ao isolar um elemento no qual o todo se perde, mas sobretudo ao desfazer o dispositivo espacial dado, o qual deve gerir, ao longo da história da mimese em pintura, a relação física do espectador com o quadro, de modo que este último obtenha todo seu "efeito" à distância conveniente.[14]

Logo, ao passo que Bresson utiliza o detalhe como *particolare* – ao localizá-lo em relação a um conjunto (uma sequência, um episódio) do qual ele se destaca –, verificamos que Resnais o emprega como *dettaglio* – no sentido em que ele é situado em relação a um conjunto ao qual não pertence, a princípio, mas que o acolhe, esfacelando-se e abalando sua estabilidade espacial, a qual dependerá, daí em diante, dos "efeitos de distância" – o que "também faz com que a composição corra o risco de dispersão"[15], em eco ao mosaico. Além disso, notemos que se por um lado o *particolare* determina um *sujeito* que faz a ação de selecionar um pedaço de um objeto (de um quadro ou de um filme), por outro, o *dettaglio* destaca o próprio *objeto* como sendo o fragmento "detalhado" que sofreu essa ação.

Através dessa ação de detalhar utilizada por Resnais em seus filmes, ou seja, remover um pedaço de um conjunto a fim de situá-lo em outra parte, obtém-se como resultado um fragmento (*dettaglio*) – distinto daquele obtido pela seleção de Bresson: o detalhe (*particolare*)[16]. Omar Calabrese distingue esses dois termos acentuando o fato de que, desde a sua origem etimológica, o fragmento (derivado do latim *frangere*, "romper", e conexo a "fração" e "fratura") diferencia-se do detalhe por conter um componente temporal, relacionado à sua própria ruptura de um conjunto: "o fragmento o sucede, a fração é o ato divisor, a fratura é uma potencialidade de ruptura não necessariamente definitiva"[17]. O que justificaria sua autonomia de objeto sem conjunto: pois o conjunto que precede esse fragmento só permanece nele em estado de lembrança, de traço – donde a proximidade com as ruínas: "o conjunto encontra-se *in absentia*"[18].

Assim, os limites desses fragmentos não são definidos (como os detalhes em Bresson, bem delimitados por seus "contornos" e em relação ao conjunto do episódio), mas interrompidos, encontrando relações somente à distância, em rede. Assim como as fotos utilizadas em *Meu Tio da América*, os fragmentos para Resnais são como evidências de um crime, pertencendo a um espaço imaginário: mortas, frias como as tesselas de pedra de um mosaico. Por isso, se o episódio em Bresson possui certa autonomia em relação ao restante do filme e os planos (detalhes) que compõem esse episódio permanecem ligados a ele, nos filmes de Resnais observamos uma maior autonomia dos planos (fragmentos), pois eles só se ligam à distância às séries que os geraram. Por exemplo, os planos bastante curtos da cidade de Boulogne-sur-mer apresentados no início de *Muriel*, que invadem a caminhada noturna das personagens entre a estação de trem e o apartamento de Hélène: não entendemos de onde vêm essas vistas diurnas e noturnas, nem qual sua relação com as personagens que caminham ou com a narrativa em curso[19].

Fotogramas de *Muriel*, planos 91 e 92 – fragmentos desconexos.

Eis, portanto, uma *arte da situação*, na medida em que os fragmentos são situados em função de uma rede que ultrapassa os limites espaço-temporais das cenas. Situações que espalham as personagens e os lugares, mas não os reúnem, nem os identificam – o que acaba provocando curtos-circuitos. Enquanto as personagens de Bresson localizam-se nos lugares, nos filmes de Resnais um pedaço de uma personagem e de um lugar possuem cada qual sua independência relativa e, assim, podem ocupar indiferentemente uma mesma vizinhança.

Porém, eis igualmente uma *arte do fragmento*, pois não importam mais os detalhes de uma mesma coisa – um corpo, um objeto, um lugar –, mas os fragmentos de coisas diferentes, partilhando às vezes a mesma sequência de imagens, uns transbordando nos outros. Um "diagrama do corpo, não sua cópia", como diria Roland Barthes, só que dessa vez do corpo do filme. Além disso, uma arte do fragmento que se apresenta na obra de Resnais de duas maneiras distintas. Uma mais "cubista", no sentido em que pedaços completamente dissociados sugerem ações paralelas espacialmente separadas, apesar de dividirem uma mesma sequência temporal. Talvez o exemplo mais impressionante venha da sequência de abertura de *Muriel*, na qual acompanhamos ao mesmo tempo (desconhecendo as personagens e sem qualquer referência espacial) a conversa entre duas mulheres e a preparação do café por um rapaz, as duas ações encontrando-se absolutamente fragmentadas e desconectadas entre si, culminando numa série de planos bastante curtos de uma mesma mulher vista de ângulos diversos, a partir de posicionamentos de câmera distintos. O que retoma no cinema, por assim dizer, o modo pelo qual Pablo Picasso compunha seus retratos cubistas: decompondo as figuras ao concentrar diferentes pontos de vista (face, perfil, ¾ etc.) numa única imagem.

A segunda maneira pela qual Resnais trabalha seus fragmentos é, digamos, mais "surrealista": no sentido em que ele relaciona planos que, a princípio, não possuem qualquer ligação direta, provenientes de sequências díspares (momentos e lugares distintos da narrativa), o que gera enormes elipses (intervalos) espaço-temporais. Vimos anteriormente – sobretudo com Giulio Camillo e seu *Teatro da Memória*, mas também com Resnais e *Meu Tio da América* – como as imagens podem reduzir-se a lugares de armazenamento da memória nos quais objetos, frases e outras imagens são dispostos. Vejamos agora como o espaço pode tornar-se, ele próprio, imagem, ou seja, não mais a imagem como lugar, mas o lugar como imagem.

Fotogramas de *Muriel*, planos 2, 7, 18 a 21 – uma arte do fragmento "cubista".

2. O ESPAÇO ARQUITETÔNICO

O segundo tipo de espaço no cinema, segundo Éric Rohmer, é o que ele denomina arquitetônico, referindo-se aos cenários, objetos e figurinos de um filme. De acordo com sua série de artigos de 1955, "O Celuloide e o Mármore", encontramos na pintura e no romance o que ele qualifica de "tentação de arquitetura", ou, dito de outra forma, uma "visão arquitetônica da vida": ou seja, "uma perspectiva coerente na qual a estética tem a última palavra, ainda que a ética não se encontre totalmente ausente", presente na obra de pintores (como Claude Lorrain, Vittore Carpaccio ou Nicolas Poussin) que "tratam monumentos como se fossem paisagens, e paisagens como se fossem monumentos"[20].

Ao contrário das outras artes que, segundo ele, teriam por tarefa reproduzir ou cantar o mundo, a arquitetura – ou "música petrificada", como prefere Goethe[21] – produz obras que integram o próprio mundo e "cuja ambição não é a de refazer a natureza, mas de enriquecê-la com aquisições novas" – o que, por outro lado, não significa abandonar "a estética do museu, para adotar a do cartão postal". E ainda que o cinema, para Rohmer, pertença à primeira dessas categorias (a de reprodução do mundo), ele sustenta que, ao se construir uma ficção (em segundo grau, ao contrário do pintor) a partir do próprio real, o cineasta seria antes um demiurgo que um criador – assim como a arquitetura em seu "reconhecimento de uma ordem"[22].

Em sua tese sobre a organização do espaço no *Fausto* de Murnau, ele começa definindo a arquitetura como uma forma ou um conjunto de formas propostas ao olhar: "forma de um edifício, forma de um objeto, forma de uma paisagem". Entretanto, ele acaba destacando que a especificidade da arquitetura é "o que ela tem de próprio, ou seja, a 'função'"[23]. Apesar de o *Fausto* possuir, segundo ele, um cenário desenvolvido sobretudo com um "interesse puramente decorativo" – já que "não é o cenário que determina o gesto, mas o gesto que normalmente, neste universo mágico, determina o cenário" –, os outros filmes de Murnau parecem beneficiar-se, ao contrário, de suas possíveis "virtudes funcionais", pois "os lugares não servem apenas de moldura para a ação, seu receptáculo; eles pesam sobre as atitudes das personagens, influenciam sua atuação, ditam seus deslocamentos"[24].

De um modo totalmente distinto daquele empregado por Bresson (para quem os cenários apresentados em detalhe possuem uma função somente em relação ao episódio no qual se inserem), o cenário para Resnais parece ter funções mais autônomas e "agentes" face aos elementos com os quais ele interage, no próprio interior do plano – um pouco como nos filmes de Murnau citados por Rohmer. E embora isso seja aplicável a qualquer obra de Resnais, nenhuma o explicita melhor do que *O Ano Passado em Marienbad* (1961), cujos cenários extremamente complexos e imbricados – repletos de corredores, salões e jardins que se repetem num vaivém vertiginoso, confundindo-se durante toda a narrativa lacunar de Alain Robbe--Grillet – desempenham um papel preponderante no filme, ditando ou pelo menos inspirando as poses congeladas e os movimentos recorrentes das personagens-autômatas, assim como as situações um tanto inusitadas em que se encontram e os falsos *raccords* espaciais espalhados pelo filme.

Fotogramas de *O Ano Passado em Marienbad*, planos A-B-C – falsos *raccords* espaciais.

Nos filmes de Resnais os lugares são ilusórios, pois só vemos fragmentos de conjuntos que não (mais) existem, mas que são, todavia, dispostos de modo a relacionar-se, a fim de recompor novos espaços, bastante heterogêneos. Situações tipicamente artificiais, e cinematográficas por excelência, que remetem diretamente à tradição da "geografia criativa" teorizada por Lev Kulechov, nos anos 1920, a partir de seus próprios experimentos e dos filmes estadunidenses, como os de Griffith, que chegavam a reunir porções de lugares completamente distintos, e por vezes distantes, num mesmo espaço coerente[25]. Esse é exatamente o caso do castelo de *O Ano Passado em Marienbad*: filmado de fato em dois castelos diferentes e em estúdio, no intuito de recompor um único castelo na tela – graças à potência de um espaço imaginário que aí se estabelece[26]. Um procedimento largamente empregado pelo cinema desde sempre, mas que em Resnais torna-se assumidamente explícito e insólito.

Por outro lado, as personagens, nesse filme mais que em qualquer outro, funcionam como elementos pertencentes ao cenário: elas são posicionadas, às vezes imóveis, nos numerosos corredores, salões e jardins, como peões num tabuleiro de xadrez ou velas num candelabro. Os lugares, ao contrário (graças ao uso de vários e elegantes *travellings*, que os descortinam na medida em que deslizam, bem como à solene voz *off* que parece quase exprimir-se por eles), fazem eco à ideia de personagem espacial, uma figura grandiosa que assombra esse filme e cujo corpo parece estilhaçado em mil pedaços[27]. Um tipo de castelo onírico, imaginário, multiforme, eterno e onipresente, que parece existir antes do surgimento e após o desaparecimento de todas essas personagens-estátuas (esses pequenos fantasmas), encarnando assim a própria noção de lugar como imagem da memória do filme, desse espaço e seus habitantes (incluindo-se nesse esquema a memória do espectador enquanto assiste ao filme).

Fotogramas de *O Ano Passado em Marienbad* – personagens posicionados como peões num tabuleiro de xadrez.

Além disso, o espaço desse filme é apresentado através de fragmentos de cenários numa narrativa em abismo, de modo que várias vezes sua configuração (e em particular a do jardim localizado no exterior dessa construção imaginária) encontra-se reproduzida em miniaturas penduradas nas paredes, no interior do próprio castelo. Um dispositivo que afeta tanto a narrativa – condensada pela peça de teatro com um casal de atores e um cenário pintado, cujo final nos é apresentado no início do filme –, quanto a representação dos atores – cujos gestos automáticos e os diálogos são reiterados muitas vezes por diferentes atores. O que provoca a curiosa sensação de que todos eles compartilham as mesmas duas ou três personagens esquemáticas do filme, assim como os diversos vestidos e cenários compartilham o corpo de Delphine Seyrig – pois nesse filme troca-se de vestido como troca-se de cenário, sempre de modo bastante fortuito: basta passar de um plano a outro, mesmo no interior de uma mesma sequência narrativa.

Fotogramas de *O Ano Passado em Marienbad* – configuração espacial em *mise en abyme*.

Ou então, os atores podem se situar em dois pontos afastados do mesmo cenário, em momentos distintos de um único plano. Por exemplo, ao longo de um plano pouco iluminado, vemos o cenário desdobrar-se sucessivamente diante de nossos olhos: inicialmente, a mulher A encontra-se sozinha, vindo juntar-se a ela o homem X, com quem ela conversa; em seguida, uma série de outras personagens são reveladas lentamente – sempre graças ao movimento lateral da câmera –, até que o homem X reaparece entre elas, em outro ponto do cenário, observando a mulher A ressurgir no alto de um balaústre, na extremidade oposta de onde ela se encontrava inicialmente.

Fotogramas de *O Ano Passado em Marienbad* – início, meio e fim do mesmo plano-sequência.

Em outro momento do filme, descobrimos também que um espaço claro, intruso, parasita, persiste em piscar até conquistar a tela, contra a permanência de outro, escuro, que se encontra, por sua vez, tomado de assalto por ele: de um lado, aquele em que o homem x e a mulher a encontram-se lado a lado no bar do castelo, cada qual com seu copo na mão; de outro, aquele em que a mulher a, sozinha em seu quarto, troca de calçados. Tamanho grau de simbiose é alcançado entre os dois planos que certos gestos (a mulher a rindo em seu quarto, seguida de outra mulher que ri no bar) ou mesmo ações (um copo a se quebrar no bar e um frasco de perfume, no quarto) reverberam de um espaço no outro.

Fotogramas de *O Ano Passado em Marienbad* – simbiose violenta de espaços distintos que ecoam um no outro.

Os cenários propostos pelos filmes de Resnais compõem, decididamente, espaços estranhos, ultrapassando tudo o que a arquitetura ou mesmo o teatro jamais poderiam sonhar em oferecer à cenografia cinematográfica. Como ressalta Jean-Pierre Berthomé, em relação ao trabalho que Jacques Saulnier, cenógrafo habitual de Resnais, realiza em *Providence* (1976):

> Os espaços transformam-se maliciosamente: uma escada surge para tornar a desaparecer logo em seguida, a mesma varanda dá vista para o mar e depois para o campo, os interiores recusam-se obstinadamente a combinarem-se com os exteriores aos quais conduzem e o próprio cenário apresenta-se como uma construção mental com uma topografia incerta, de ornamentação misteriosa.[28]

Uma Dramaturgia do e no Espaço

Rohmer insiste que a importância do espaço arquitetônico "não aparece na fase do roteiro, mas só se manifesta no exercício da *mise en scène*"[29]. No entanto, o caso Resnais serve para atestar que isso pode também entrar em jogo sobretudo no nível da montagem – ele próprio tendo iniciado sua carreira no cinema como montador[30]. Vimos anteriormente que é somente a partir da articulação dos fragmentos espaciais com o tempo, e com o auxílio do espectador, que se esboça um espaço imaginário. Élie Faure afirmava, nos anos 1930, que "o Cinema, arquitetura em movimento, consegue, pela primeira vez na história, despertar sensações musicais que se solidarizam no espaço, por meio das sensações visuais que se solidarizam no tempo. De fato, é uma música que nos toca por intermédio do olho"[31].

Essa "arquitetura em movimento", mencionada por ele, encontra-se diretamente relacionada a uma espécie de dramaturgia do espaço que um cineasta como Resnais molda, como pudemos constatar em filmes como *O Ano Passado em Marienbad* e *Providence*, nos quais os cenários desempenham um papel essencial de quase-personagem[32]. Aliás, Jean Epstein observa, a propósito da dramaturgia cinematográfica, que se dá a ver segundo distâncias e proximidades variáveis, diferentemente da teatral, que só representa um evento a uma distância fixa do espectador, que "o teatro não admite senão uma dramaturgia plana, enquanto o cinema permite uma dramaturgia no espaço"[33]. Essa constatação, aparentemente simplista, revela-se fundamental, em particular no que diz respeito ao emprego do artifício no cinema: ao contrário do teatro, no qual a mentira pode ser "exteriorizada e ornada", essa dramaturgia no espaço "exige uma qualidade de mentira [...] muito mais interior e natural". Assim, da mesma forma que os atores se tornam objetos de cena no espaço fantasmático de *Marienbad*, os fragmentos de lugares assumem, por sua vez, a posição de objetos representando um papel determinante nessa dramaturgia do e no espaço.

Rohmer dedica um segundo aspecto desse espaço arquitetônico aos objetos de cena, chamando a atenção para o fato de que eles funcionam, no cinema, como um tipo de compensação imóvel à mobilidade humana (ou animal) na tela. Mas se por um lado sua inércia pode servir ao ser animado "como contraste ou padrão", por outro, seu eventual movimento (no caso de uma máquina, por exemplo) acaba servindo como auxiliar ou concorrente, quiçá como inimigo[34]. Assim, ele divide os inúmeros objetos utilizados por

PARTE II: A ORGANIZAÇÃO DO ESPAÇO NO CINEMA

Murnau, em *Fausto*, em duas categorias: os "instrumentos" – as ferramentas que as personagens empregam numa cena, exploradas por Murnau no nível dos "gestos que não levam a nada" – e os "ornamentos" – que não inspiram ação alguma, servindo apenas para ser admirados por sua própria beleza[35].

Porém, vimos como Resnais emprega suas personagens e os fragmentos de espaço como objetos, o que complica um pouco essa esquematização rohmeriana. Mas é novamente Epstein que nos ajuda a esclarecer e nuançar o problema, ao afirmar que

> Exterior aos objetos e invisível, o movimento da câmera transferiu-se aos objetos, nos quais tornou-se visível como uma mobilidade própria, animando cada forma e permitindo-lhe modificar-se. Essas figuras inconstantes, incapazes de se sobrepor, são objetos no mundo filmado: objetos secundários de uma realidade secundária; mas essa é justamente a única realidade sensível à disposição do espectador. Tais objetos indicam um espaço não homogêneo, assimétrico, no qual o egocentrismo habitual, com sua proporção humana, encontra-se desorganizado. Entre esses espectros, tão evasivos em suas relações recíprocas quanto em sua conformação individual, como que viscosos, nenhuma identidade pode ser inteiramente estabelecida.[36]

Talvez a descrição mais justa das personagens anônimas de *O Ano Passado em Marienbad* – assim como das de *Providence* ou mesmo de qualquer outro filme de Resnais – consista em dizer que essas personagens (mas também as palavras, os lugares, as próprias imagens) agem como espectros, como objetos desencarnados que no entanto habitam (ou assombram) essas obras-fantasmas. Segundo essa lógica, podemos discriminar os objetos presentes nesse tipo de construção cinematográfica em três outras categorias principais: as figuras humanas, os fragmentos de lugares e os elementos do cenário. A não ser que sejamos obrigados a simplesmente admitir que toda imagem já possui em si um estatuto de "objeto", especialmente nesse cinema da substância. O que justificaria, então, que a máquina fílmica de Resnais empregue imagens de acordo com sua própria vontade, a despeito de possíveis restrições externas (tais como uma sequência narrativa linear ou ainda *raccords* espaço-temporais), dado que cada elemento na imagem e a própria imagem compartilham esse estatuto de objeto que pode ser posicionado em diferentes lugares e recuperado diversas vezes – ao contrário de Bresson e de sua prática da posição única da câmera[37]. Daí, mais uma vez, a necessidade de uma dramaturgia no espaço e do espaço, ainda que para isso seja necessário um espaço ou um cenário que se torne literalmente um objeto.

É o que comprovamos, por exemplo, através das duas maquetes que Resnais utiliza em *A Vida É um Romance* (1983): de um lado, a que representa um conjunto monumental de construções, apresentada no início do filme e chamada de "Estância da Felicidade", cuja única porção construída servirá de cenário para as três histórias do filme[38]. Um projeto que se insere na tradição das "cidades ideais", concebidas em diferentes épocas pelos chamados utopistas que sonhavam com toda sorte de construções arquitetônicas idealizadas, mas que acabavam sendo consideradas demasiado extravagantes e, portanto, irrealizáveis, como os projetos visionários de Claude-Nicolas Ledoux para a cidade ideal de Chaux[39], ou ainda o chamado painel de Baltimore de *A Cidade Ideal*, pintado no final do século XV. Logo, não é por acaso que encontramos semelhanças espantosas entre imagens desses projetos[40] e a primeira maquete do filme de Resnais, pois ela deve servir de modelo à construção do "Templo da Felicidade", desempenhando, em momentos distintos do filme, um papel de objeto-personagem[41] – por isso, quando abandonada na Floresta das Ardenas ela "testemunha" a Primeira Guerra Mundial, posicionada contra um fundo noturno bombardeado e em chamas.

Fotogramas de *A Vida É um Romance* – maquete da "Estância da Felicidade", antes e durante a Primeira Guerra Mundial.

Trata-se, portanto, de promover não uma certa funcionalidade dos lugares e objetos – tal como preconizava Rohmer, em relação ao aspecto funcional da arquitetura e dos instrumentos –, mas uma espécie de prazer que eles possam suscitar em sua mobilidade de objetos agentes: entre a realidade concreta das pedras e a vaidade imaginativa do ar[42]. Pois, como já observava Alberti em sua obra *De re aedificatoria*: "a cidade não deve ser construída somente para a comodidade e necessidade das habitações, mas também deve ser disposta de modo que haja locais bastante agradáveis e honestos"[43].

Por outro lado, existe uma segunda maquete nesse mesmo filme que é apresentada pela personagem de Sabine Azéma durante um colóquio intitulado "Educação da Imaginação", organizado no castelo por um certo Senhor Leroux[44]. Ela expõe da seguinte maneira o "dispositivo pedagógico" desenvolvido por seus alunos, sob sua orientação, numa escola rural: "a partir de um único objeto, imaginado e construído pelas crianças, todas as disciplinas podem ser ensinadas: geologia, ecologia, história e civilização..." Ou seja, a maquete assume de certo modo o lugar de uma imagem-síntese: uma vasta paisagem (povoada de montanhas, riachos, árvores, animais, estradas, vulcão etc.) desmontável e cujos pedaços são tão intercambiáveis quanto as tesselas de um mosaico ou os planos de um filme de Alain Resnais.

Fotogramas de *A Vida É um Romance* – maquete do "dispositivo pedagógico".

Tudo isso leva a crer que o que interessa ao cineasta nas paisagens ou nos estranhos cenários, fictícios e fragmentados, é o toque humano, a possibilidade e a liberdade de (re)mover-lhes os pedaços, enquanto cineasta-arquiteto-mosaísta. E como ele próprio resume: "é o vestígio do homem que me interessa, ainda que esteja escondido, oculto. Uma paisagem por si só me deixa indiferente. Estou em busca de lugares que me proporcionem a impressão de um espetáculo, de um cenário [...] ocultando algum mistério. Digamos, um lugar 'mágico', onde me pareça que algo possa ter ocorrido ou ocorrerá"[45]. Diferentemente de Bresson, que torna "estrangeiros" lugares naturais ao desfamiliarizá-los, Resnais só emprega determinados lugares quando estes se assemelham a cenários de cinema.

Uma Segunda Pele

O terceiro e último elemento que compõe o espaço arquitetônico, segundo Rohmer, são os figurinos. Ele destaca nos filmes de Murnau sobretudo a simplicidade extrema dos figurinos, em perfeita adequação aos cenários: "Fausto é sombrio em seu gabinete sombrio. Margarida é branca em seu quarto branco." Ele sustenta que esse "gosto pelos tons unificados" resulta de uma predominância da "luz" sobre o "desenho": o que justifica que num cenário bem iluminado, como a casa de Margarida, as roupas sejam não apenas unificadas, mas planas, evitando, assim, a sombra e permitindo a difusão da luz; enquanto num cenário contrastado, como o gabinete de Fausto, as dobras das vestimentas reproduzem a justaposição de sombra e claridade. Ele conclui que "num mundo feito de relações de força, não de persuasão", como o de Murnau, os figurinos – bem como os objetos – nunca são vistos como um meio ou uma arma para seduzir, mas sobretudo para atacar ou se fazer atacar, num "universo de puro desejo" no qual "cada ser é para o outro um vampiro ou uma vítima"[46].

De modo semelhante, nos filmes de Resnais os figurinos (assumindo um papel bem menos "neutro" e "simples" do que em Murnau), desencadeiam de maneira igualmente brilhante uma espécie de duelo entre as personagens: seja ao distingui-los em termos de cor (Azéma/Arditi, entre o negro e o vermelho, em *Morrer de Amor*), ou ao unificá-los em termos de formas (como os figurinos estilizados, idênticos, que utilizam todas as personagens que participam da experiência no antro do Templo da Felicidade, em *A Vida É um Romance*). Porém, encontramos nos figurinos de Resnais algumas particularidades, especialmente no que concerne à sua função de carapaça mutante: alguns deles servindo como um meio para se metamorfosear – quase em eco ao que Epstein descrevia como "uma mobilidade própria, animando cada forma e permitindo-lhe modificar-se"[47]. Rohmer também identifica essa metamorfose no *Fausto*, pois "à mudança de figurino, corresponde quase sempre uma transformação profunda do ser"[48].

A indumentária em Resnais apresenta, desse modo, uma dupla natureza espacial: ora é a pele humana que adquire a aparência de um vestuário ou mesmo de um lugar (às vezes com o auxílio de maquiagem); ora são as vestimentas que assumem o lugar de uma segunda pele, de um disfarce, quase de uma personagem à parte. O primeiro exemplo encontramos explicitado no início da longa sequência de abertura de seu primeiro longa-metragem, *Hiroshima, Meu Amor*, quando os fragmentos de braços dos dois amantes encontram-se cobertos de uma espécie de areia ou poeira espessa que vai se umedecendo até tornar-se pastosa, deixando a pele rugosa e parecida com a superfície terrestre ou um tecido. Observamos o mesmo efeito reproduzido em outros planos do filme, planos mais "documentais", particularmente os de pessoas gravemente atingidas pelas sequelas da bomba atômica. De modo diverso, encontramos esses efeitos em *Providence*, nas estranhas criaturas que assumem a forma de um lobisomem, com a pele recoberta de pelos. Trata-se aí de uma questão de textura, já que o toque é claramente convocado; mas de uma textura, de uma pele que se aproxima de matérias brutas, inorgânicas (como a terra, a pedra ou a areia). Como as pedras na ilha de *Meu Tio da América*, cobertas de musgo; ou os tijolos do muro pintado de Nova York, no final do mesmo filme, cobertos de tinta e separados por intervalos irregulares preenchidos com cimento.

Fotogramas de *Hiroshima, Meu Amor* – a pele humana assumindo a aparência de uma vestimenta ou de um lugar.

Rohmer afirma, ainda acerca de Murnau, que, graças a seu "temperamento de pintor", ele descobre os segredos das "duas únicas maneiras nobres de se representar o modelo humano": o nu e o drapeado[49]. Contudo, se Resnais também faz bom uso do nu, não é absolutamente do mesmo modo que Murnau em *Tabu* (1931), pois ele permanece sempre ligado a uma prática sexual. Assim, se em *Hiroshima, Meu Amor* ele explora uma espécie de erótica erosiva, através da qual os corpos entregam-se a uma verdadeira fricção que parece gerar destroços, na cena de amor de *A Guerra Acabou* ele emprega uma erótica escorregadia, num balé de fragmentos detalhados dos corpos de Yves Montand e Ingrid Thulin, que deixam-se deslizar suavemente um sobre o outro – mãos e bocas sobre pés e braços, um tronco nu contra o outro, as mãos sobre os seios etc. –, não mais por fricção, mas por simples contato.

Por outro lado, sua utilização do drapeado difere igualmente da de Murnau, pois as vestimentas em Resnais podem assumir o lugar de uma segunda pele, exteriorizando o estado de espírito de uma personagem, quase como uma personagem à parte – como ocorre, já o vimos, com os fragmentos dos cenários. É exatamente o caso de todos os vestidos usados por Delphine Seyrig em *O Ano Passado em Marienbad*, que desaparecem e reaparecem de um plano a outro, como que manifestando a dispersão dessa mulher em várias mulheres ou então sua instabilidade emocional, assim como a do tempo, da realidade, do próprio espaço do filme; vestidos que, além disso, dobram-se e desdobram-se como se possuíssem vida própria. As diversas peles de uma mesma mulher que desempenham o papel, ao mesmo tempo, de cenários e telas sobre as quais projeta-se a dança frenética dos movimentos dos drapeados ou das plumas.

Fotogramas de *O Ano Passado em Marienbad* – a dança frenética dos movimentos dos drapeados.

Um fenômeno, aliás, semelhante ao que observamos no quadro *A Primavera* (1478), de Sandro Botticelli – no qual os ornamentos do vestido de Vênus saem diretamente da boca de Flora – ou na obra da fotógrafa contemporânea Nicole Tran Ba Vang, na qual a segunda pele se confunde com a vestimenta ou o cenário, em particular nas séries *Coleção Primavera/Verão 2001* e *Coleção Outono/ Inverno 2003-2004.*

Notemos, ainda nesses filmes, a utilização do figurino como disfarce, provocando por vezes a mutação de uma personagem ou de um ator em outro. Por exemplo, quando na farsa *Na Boca, Não* (2003) a personagem de Jalil Lespert veste-se de Zorro e a de Sabine Azéma de mexicana para uma performance de "Arte total", enquanto o ator Darry Cowl encontra-se travestido de Madame Foin; ou então quando a personagem de Azéma, em *Medos Privados em Lugares Públicos* (2006), troca de roupa no banheiro de seu empregador noturno: ela entra como beata cuidadora de idosos e sai como dominatrix sadomasoquista. Trata-se, portanto, para Resnais, de um trabalho que consiste em operar permutações, embaralhar dados, provocando assim uma complexa *mise en réseau* de todos os fragmentos de personagens, corpos, espaços, objetos, frases, sons, vestimentas etc. E desse modo ele constrói seus filmes numa espécie de composição mosaística, reservando ao espectador a tarefa de preencher os intervalos.

3. UM ESPAÇO ESCRITURAL

Percebemos que o cinema de Resnais não trabalha na chave do testemunho, como o de Bresson, pois mantém certo distanciamento em relação àquilo que se vê – daí, talvez, o clichê de se considerar sua obra demasiado cerebral, demasiado fria. Uma questão de escritura parece sobressair de tal cinema: escritura de um espaço imaginário (de "espaços outros", como diria Foucault). Não à toa, em lugar de adaptar textos já existentes (como costuma ser o caso de Bresson e Straub-Huillet), Resnais privilegia sobretudo roteiros originais encomendados a romancistas – a fim de que ele mesmo possa, ainda que indiretamente, participar com eles da escritura[50]. Além disso, como vimos, trata-se de uma escritura composta por fragmentos. E é justamente a respeito de uma escritura com fragmentos que Roland Barthes propõe o seguinte:

> O que aparece na escritura são pequenos blocos erráticos ou ruínas de um conjunto complicado e denso. E o problema da escritura encontra-se aí: como suportar que essa enxurrada que há em mim desemboque, no melhor dos casos, num fiozinho de escrita? Pessoalmente, saio-me melhor ao não buscar construir uma totalidade, deixando soltos resíduos plurais. É assim que justifico meus fragmentos.[51]

Talvez seja de um modo semelhante que Resnais considera a elaboração de sua escritura arruinada. Com efeito, seus filmes sempre dão a impressão de ser como uma enxurrada de informações (visuais e sonoras) que demanda do espectador atenção constante e memória bem desperta, a fim de que se possa seguir minimamente o fluxo de sons e imagens sem se perder demais nele. Pois essa coleção de "ruínas" dispersas, que sempre remetem a outra coisa sem necessariamente retomá-la, mantém mais ou menos a mesma dinâmica que um texto sendo escrito. Não é mais uma ação de descrição que está em jogo (como é o caso em Bresson), mas de alegação de um processo: no sentido em que não acompanhamos o filme como testemunhas ("tocando as peças de um quebra-cabeças"), mas o relatamos como observadores, guardando uma "boa distância" e intervalos entre os fragmentos – como se deve fazer ao construir/observar um mosaico[52].

PARTE II: A ORGANIZAÇÃO DO ESPAÇO NO CINEMA

A propósito do que denomina "texto escrítivel" – distinto do "texto legível" produzido pela literatura –, Barthes afirma que ele se encontra num "presente perpétuo, ao qual não se pode associar nenhuma palavra consequente (que fatalmente o transformaria em passado)", dado que seu modelo não é mais representativo, mas produtivo: é o texto sendo escrito[53] – assim como, para o que nos interessa, é o filme sendo feito, montado, estruturado, diante de nossos olhos. Da mesma forma, numa análise crítica do "realismo" relacionada a certas contradições ligadas à mimese em pintura como em literatura, Barthes chega à seguinte constatação: "os códigos de representação explodem, hoje, em favor de um espaço múltiplo cujo modelo não pode mais ser a pintura (o 'quadro'), mas o teatro (a cena), como já havia anunciado, ou pelo menos desejado, Mallarmé"[54].

De modo bastante sintomático, foi progressivamente em direção ao teatro e à cena teatral que avançou o cinema de Alain Resnais: desde os primeiros roteiros originais – notadamente, *Marienbad*, *Stavisky* (1974) e *Meu Tio da América* –, chegando às adaptações de peças de teatro, nas quais a cena teatral é às vezes explicitamente assumida como cenário para suas personagens. O que vemos em: *Na Boca, Não*, adaptação de uma opereta de André Barde, com música de Maurice Yvain, criada em 1925; em *Smoking/No Smoking* (1993) e em *Medos Privados em Lugares Públicos*, ambos adaptações de peças de Alan Ayckbourn que denunciam seu cenário; ou em *Melô* (1986), adaptação de uma peça de Henry Bernstein, de 1929, na qual uma cortina vermelha, emblema teatral maior, abre algumas cenas em fusão. Como se, ao fazê-lo, Resnais quisesse atestar a inexorável teatralidade do mundo e do espetáculo cinematográfico.

Maurice Blanchot, recorrendo a Mallarmé para abordar a escritura, fala de um estado bruto da palavra em relação a um "puro silêncio", a uma ausência: "Mallarmé não quer 'incluir no sutil papel [...] a madeira intrínseca e densa das árvores." Assim, voltamos mais uma vez a questões próprias à denotação e à conotação (convocadas no capítulo anterior, a partir de Barthes), pois "nada é mais estrangeiro a uma árvore que a palavra árvore"[55].

Será que podemos indagar o mesmo acerca da imagem de uma árvore? Será que podemos afirmar, por exemplo, que nada é mais estrangeiro a um homem que sua própria imagem? Pode uma imagem "bruta" (e "fotográfica", como acrescentaria Rohmer), à maneira de uma "palavra bruta", ser tão "digna do essencial" quanto "próxima do silêncio"? Talvez sim, mas somente se (como a "palavra bruta") ela se revelar "útil": "certamente um puro nada, a própria nulidade, mas em ação, algo que age, trabalha, constrói – o puro silêncio do negativo que culmina na estrondosa febre das tarefas"[56]. Pois as imagens agentes de Resnais não estão ali à toa: elas servem principalmente para construir toda uma estrutura e para nos remeter, a cada momento, a outras imagens, a outras sequências de imagens, engendrando intervalos entre elas, de uma maneira análoga à de um mosaico.

Por isso os intervalos entre essas imagens funcionam um pouco como os brancos para o poema de Mallarmé: como "força de afirmação específica", pois as imagens não valem apenas por si mesmas, mas devem ser mescladas e confundidas com seu suporte cinematográfico e com a distância que as separa enquanto fragmentos soltos. Desse modo, é um dispositivo que nos oferece uma consciência da matéria, da "substância", próxima daquela proposta pela obra de Mallarmé, na qual:

> Os "brancos" do texto não são, sob esse aspecto, uma vaga técnica da expressão determinada pelos códigos ordinários da composição tipográfica: eles são, a um só tempo, a condição da dinâmica textual e o lugar de afloramento, de insistência da superfície de inscrição com a qual confunde-se o texto e à qual este último remete um leitor muito rapidamente esquecido da dimensão material do objeto que ele passa a conhecer.[57]

Uma Arquiescritura

Em sua análise da ciência da escritura, batizada por ele "gramatologia", Jacques Derrida salienta a tendência atual em se utilizar o termo "escritura":

> Para designar não apenas os gestos físicos da inscrição literal, pictográfica ou ideográfica, mas também a totalidade do que a torna possível; [...] ou seja, tudo o que pode dar lugar a uma inscrição em geral, que ela seja ou não literal, e mesmo se o que ela distribui no espaço é estrangeiro à ordem da voz: cinematografia,

PARTE II: A ORGANIZAÇÃO DO ESPAÇO NO CINEMA

> coreografia, claro, mas igualmente "escritura" pictórica, musical, escultural etc. [...] Tudo isso para descrever não somente o sistema de notação ligado secundariamente a essas atividades, mas a essência e o conteúdo delas próprias.[58]

A escritura, como "inscrição sensível", lembra ainda Derrida, sempre foi considerada, na tradição ocidental, "como o corpo e a matéria exteriores ao espírito, ao sopro, ao verbo e ao logos". A ponto de que essa "matéria sensível e exterioridade artificial" fosse justamente associada a uma espécie de vestimenta[59]. A escritura assume, assim, um papel de dissimulação de uma presença natural; ou melhor, só se torna possível à condição de que essa presença "natural", "original", jamais tenha existido. Em suma, que a escritura já seja, desde sempre, uma escritura – ou, como prefere Derrida, uma arquiescritura[60].

Aplicando essa ideia à nossa reflexão, produziremos uma dissociação de uma suposta imagem originária (que ainda se encontra em Bresson) em prol de uma imagem concreta que se escreve à medida que é montada/mostrada (como em Resnais, com todos os seus vaivéns e todas as suas repetições). Derrida nos propõe, a partir da noção de "arquiescritura" e em lugar de uma presença – como aquela encarnada pela imagem "insignificante" de Bresson –, a noção de rastro como "origem da origem", como "o ser impresso da impressão"[61]. Assim, é

> Na temporalização de um vivido, que não se encontra nem *no* mundo nem num "outro mundo", que não é mais sonoro do que luminoso, não mais *no* tempo do que *no* espaço, que as diferenças aparecem entre os elementos ou, antes, os produzem, fazendo-os surgir como tais e constituindo textos, cadeias e sistemas de rastros.[62]

Talvez possamos igualmente considerar a *mise en réseau* praticada por Resnais em seus filmes em termos de um "sistema de rastros". Pois é justamente o "tecido do rastro" que permite ao tempo e ao espaço articularem-se, através de uma "cadeia gráfica ('visual' ou 'tátil', 'espacial')" que se adapta a uma "cadeia falada ('fônica', 'temporal')"[63]. Algo semelhante à escritura mista Maia – em pedras (no caso das estelas) ou nos poucos manuscritos (grandes faixas de fibras vegetais ou de peles de animais, dobradas em sanfona) que chegaram até nós, como o Código de Dresden –, que consiste num sistema associando, de maneira silábica, figuras logográficas (desenhadas) a outras, fonéticas[64]. Seria, por assim dizer, o equivalente de um ancestral das histórias em quadrinhos (tão caras a Resnais, que tantas vezes as relacionou com o cinema) ou do próprio cinema, que também associa de maneira mista e aparentemente aleatória imagens a palavras/sons[65]. Porém, essa articulação entre componentes visuais/espaciais e sonoros/temporais, similar à das tesselas de um mosaico, conserva intervalos que Derrida chama, por sua vez, de "espaçamentos". O espaçamento, segundo ele, é sempre "o não percebido, o não presente e o não consciente"; ou ainda: "o devir--ausente e o devir-inconsciente do sujeito"[66].

Por outro lado, a ideia de um "sistema de rastros" pode ecoar, de modo igualmente "alegórico", no gráfico criado por Sylvette Baudrot[67], a continuísta habitual de Alain Resnais, para o filme *O Ano Passado em Marienbad*, no qual:

> horizontalmente, da esquerda para a direita, é representada a sucessão das sequências (os pequenos retângulos negros), na ordem em que elas aparecem na tela. Verticalmente, desenrola-se, de cima para baixo, a suposta cronologia da ação. A parte superior refere-se ao "ano passado", a parte inferior ao tempo presente, os pequenos retângulos cinzas verticais separando as duas zonas são um *no man's land* que corresponde ao imaginário, passado ou futuro, ao desejo, ao sonho etc. Ele é designado convencionalmente pelo nome de "todos os tempos"[68].

O que parece estar em jogo nesse cinema é igualmente uma "escritura da diferença", no sentido em que ela cava em vez de preencher. E ao fazê-lo, essa escritura provoca uma cesura, em lugar de uma sutura, privilegiando, assim, a descontinuidade, o desvio, a reserva. Eis um parâmetro que encontramos nos filmes de Resnais, através de imagens que retornam num mesmo filme (como constatamos anteriormente em *Meu Tio da América* ou *Marienbad*, por exemplo), mas sobretudo em imagens de outros filmes que vêm habitar os dele. Ele se apropria, desse modo, de imagens ("rastros")

PARTE II: A ORGANIZAÇÃO DO ESPAÇO NO CINEMA

de outrem e as insere em seus próprios filmes, como que operando uma espécie de escavação arqueológica (como a que vemos em *Morrer de Amor*). Essas imagens-fantasmas retornam, então, renovadas, "ressituadas" e em total equivalência com aquelas que ele próprio filma. Resnais faz isso em *Meu Tio da América*, com imagens de filmes antigos em preto e branco; mas ele já o fazia, e de forma ainda mais desconcertante, em *Noite e Neblina* (1956), misturando indiferentemente suas próprias imagens, em cor, àquelas de arquivos ou de filmes de ficção sobre a liberação dos campos de concentração nazistas; e em *Hiroshima, Meu Amor*, no qual a distinção entre as imagens realmente documentais e as reconstituídas por Resnais ou outro cineasta perde-se à medida que o filme avança[69].

O Sistema de Rastros e a Cesura

Resnais parece empregar, portanto, a cesura como operação de eclosão de fronteiras ou de contornos, como desencadeador de anacronismos, como demiurgo de mundos nos quais imagens muito distintas equivalem-se, sempre graças aos intervalos ("espaçamentos") entre elas. Uma vez mais, o que se impõe através desse cinema é uma arte do fragmento como rastro de algo que não mais existe em sua totalidade e cuja origem nos escapa completamente. Logo, é uma arte da cesura, da disjunção, da bricolagem. Uma arte também de inspiração arqueológica: uma arte da escavação, do reemprego, da recuperação dos "arquivos" (num sentido bem largo).

Assim, constrói-se um espaço imaginário que é, ao mesmo tempo, um espaço escritural, naquilo que ele permite a essa "escritura da diferença" realizar-se a partir dos fragmentos e dos rastros provocados pela cesura. Desse modo, não cabe mais ao espectador um lugar de testemunha, pois ele permanece agora do lado de fora dessa "trama", desse turbilhão de imagens e de tempos distintos, dispersos em pedaços de lugares esparsos. Tampouco ele se identifica com o olhar da câmera ou de uma personagem qualquer (presente ou ausente da imagem), por encontrar-se excluído dessa estrutura, sendo forçado a guardar certa distância a fim de poder verificá--la, alegá-la, relatá-la com um mínimo de discernimento, mas sem qualquer certeza. Porque os segredos contidos nesse sistema de rastros desdobram-se sobre si mesmos, repetidamente.

A partir dessa cesura que nos afasta do filme, assim como uma imagem daquela que a sucede, e através desse sistema de rastros que recupera, por assim dizer, as imagens, recolocando-as em outro lugar, mas conservando uma equivalência, a despeito de suas disparidades, esse tipo de construção cinematográfica abre-se em direção à configuração espaço-temporal de uma escritura em vias de ser elaborada, de imagens em vias de se montar (mostrar), de se encadear em rede, mantendo seus intervalos, seus "espaçamentos" que vão se alargando ao longo desse processo.

São imagens que se escrevem, que se inscrevem, que se incrustam como as tesselas talhadas em mármore colorido de um mosaico: certamente uma escritura de pedras, porém ritmada e sobretudo determinada pela montagem, pelo próprio assentamento das tesselas. Assim, enquanto no puzzle as peças possuem um lugar bem definido no qual devem se encaixar, ocultando ao máximo suas arestas, no mosaico, ao contrário, as tesselas são dispostas lado a lado, com diversas possibilidades de serem colocadas aqui ou ali, compondo um conjunto sempre heterogêneo e com arestas bem visíveis.

Por isso Lucien Dällenbach define o puzzle como uma "escritura com procedimento", que "se impõe restrições", e o mosaico como uma "escritura com processo", "que não se liga a nada para não comprometer a parcela de imprevisto que a escritura descobre passo a passo"[70]. Logo, o puzzle estaria relacionado a uma certa "visão de detetive", a ponto de cortejar o motivo do remate, acentuando a colocação da última peça – lembremos aqui de um certo efeito epifânico que sentimos com frequência ao final dos filmes de Bresson, como uma espécie de *graça* alcançada somente ao final do percurso para a personagem (e ao final do filme para o espectador). De um modo diverso, o mosaico, como assegura Dällenbach, busca um "horizonte aberto contrastando com o laço que aperta, dando carta branca à invenção, numa atividade desapegada dos resultados e cujo único termo seria a fadiga do mosaísta"[71].

Por outro lado, o cinema de Alain Resnais, assim como o mosaico, trabalha também com um "gesto de recuperação", reciclando por assim dizer suas próprias imagens, imagens de outros, gestos, palavras ou fotos através do filme. É um cinema de brico-lagem que resgata fragmentos de arquivos, ao mesmo tempo que os torna coletivos e heterogêneos, estilhaçando a ideia de *posse* (e opondo-se, de certo modo, ao direito de autor). Além disso, um procedimento que consiste em tornar público e visível aquilo que poderia permanecer privado e escondido, ao abrigo do olhar; mas tomando o cuidado de salvaguardá-lo, pela poesia, da banalização e do dilaceramento fatais[72].

Talvez esse cinema represente o prenúncio do retorno das imagens, dos gestos, das palavras num cinema que se deixa invadir por suas próprias imagens, seus gestos e suas palavras. É um cinema repleto de uma escritura poética – chegando, por vezes, a fazer uso da palavra escrita – que deixa transbordar o silêncio e a ausência de tudo aquilo que não se encontra nele. É, portanto, um cinema da nostalgia e do rastro, assim como o de Bresson é o da presença e da graça[73].

III   A Tessitura das Nuvens

1. UM ESPAÇO QUE RESPIRA

"Um filme é, antes de tudo, definição de um espaço, inserção de personagens num cenário natural ou reconstituído em estúdio." Com essa afirmação um tanto categórica, Henri Agel abre seu livro sobre o espaço cinematográfico, ressaltando que não é à literatura que a iniciação ao cinema deve se vincular, mas às atividades relativas ao espaço: "liturgia, dança, teatro, pintura, escultura, arquitetura etc."[1] Ao analisar esse espaço, ele efetua então uma aproximação do cinema com a História da Arte através de duas categorias espaciais que ele elabora a partir de Pierre Francastel[2]: a de um espaço contraído, em oposição a um espaço dilatado.

O termo contraído designa um espaço ligado a toda sorte de encerramento, de reclusão, consequência de uma certa "hostilidade do espaço"[3]. Agel faz alusão a filmes realizados por cineastas "redutores do espaço", que ele associa (algumas vezes de maneira ligeira e simplista) aos filmes expressionistas alemães (sobretudo os de Fritz Lang, Paul Wegener e Murnau), aos filmes *noir* ou de suspense estadunidenses (de Orson Welles, William Wyler, Robert Wise, Alfred Hitchcock, John Huston) ou ainda a determinados faroestes (como *No Tempo das Diligências* e *Sangue de Heróis*, ambos de John Ford); mas também a filmes como *Toda a Memória do Mundo* (Alain

Resnais) ou *O Sanatório da Clepsidra* (Wojciech Has), e a cineastas tão diversos quanto Carl Theodor Dreyer, Ingmar Bergman, Jean Cocteau, René Allio, Agnès Varda, Jean-Luc Godard, Alain Robbe-Grillet[4] ou Jean-Marie Straub e Danièle Huillet. Trata-se de um espaço "bloqueado", no qual reina uma fatalidade virtual que Agel assimila explicitamente à armadilha e ao labirinto: "figura-mãe que resumiria esse espaço mutilado, estraçalhado, esse espaço da extirpação e da frustração"[5]. A respeito de Fritz Lang, por exemplo, ele salienta que "esse encerramento que também pode ser um cerco e combinar todas as figuras geométricas – perpendiculares, ziguezagueantes, oblíquas, circulares – está ligado, em *Metrópolis* como em *O Tigre de Bengala*, ao arquétipo do subterrâneo, das catacumbas, da gruta e do labirinto sem saída"[6].

Por outro lado, o espaço que Agel qualifica como dilatado supõe a ideia de um "respiro" cinematográfico, de uma abertura (em direção ao céu, ao mar, ao vento, à natureza e aos exteriores), de uma "celebração do espaço [que] pode suscitar no ser humano uma descontração libertadora"[7]. Esse tipo de espaço estaria relacionado ao emprego da música por cineastas como Jean Vigo, Robert Flaherty, Victor Sjöström, Nicholas Ray, Joseph L. Mankiewicz, Vincente Minnelli, Joris Ivens, Satyajit Ray, Jean Renoir, Kenji Mizoguchi e Jean Rouch; mas também poderia estar associado ao "ciclo bretão" de Jean Epstein (composto por *Finis Terrae*, *O Ouro dos Mares* e *O Tempestário*) ou a um gênero como o faroeste – não de Ford, que ele

PARTE II: A ORGANIZAÇÃO DO ESPAÇO NO CINEMA

considera sobretudo enclausurante, mas de Walsh, Hawks ou Mann. Esse espaço corresponderia, assim, a um tipo de cinema movido por uma "expansão espacial" (levada ao seu apogeu nas obras soviéticas de Dovjenko, Pudovkin, Vertov e Eisenstein), a propósito da qual Agel declara:

> O espaço, ou mais exatamente o sentimento espacial, não se limita a um plano fixo ou em movimento, nem a uma sequência de planos circunscrevendo ou amplificando um lugar determinado [pois] a justaposição dos planos torna-se um conjunto sinfônico na medida em que a analogia e o sincronismo fundem-se para comunicar o mesmo sentimento alegre e dilatado.[8]

Embora sua taxonomia pareça, a princípio, tão arbitrária quanto pouco produtiva – no sentido de que ela não avança nenhum argumento realmente consequente ou conclusivo no que concerne ao espaço cinematográfico, contentando-se em apenas associar filmes e cineastas a escaninhos ("contraídos" ou "dilatados") –, ela acaba sendo útil na medida em que esse "milagre da respiração cinematográfica: sístole-diástole; contração-dilatação; signos da terra e signos do ar"[9] permite vislumbrar essas duas categorias espaciais coabitando um único filme. Sobretudo se considerarmos uma "arte do labirinto", tal como sugere de modo brilhante Jorge Luis Borges em seu brevíssimo conto "Os Dois Reis e os Dois Labirintos": um labirinto fechado, como aquele em que o rei das ilhas da Babilônia encerra, "para zombar da simplicidade de seu hóspede", um rei dos árabes que nele se perde até o cair da noite; e outro aberto, como o deserto ao qual é conduzido o rei da Babilônia, atado a um camelo, vencido pelo mesmo rei árabe, que conclama:

> Oh, rei do tempo e substância e símbolo do século, na Babilônia, quiseste que me perdesse num labirinto de bronze com muitas escadas, portas e muros; agora o Poderoso achou por bem que eu te mostre o meu, onde não há escadas a subir, nem portas a forçar, nem cansativas galerias a percorrer, nem muros que te vedem os passos.[10]

Podemos observar espaços bem fechados ou escancarados ao explorar esse tipo de construção cinematográfica ligada a uma arte do labirinto. Porque no cinema podemos passar de um espaço interior a um espaço exterior, e vice-versa, com extrema facilidade. Todavia, a personagem (como o espectador) pode igualmente submeter-se a um ou a outro espaço durante toda a duração do filme: por um lado, em filmes rodados entre quatro paredes, a portas fechadas (*huis clos* ou *Kammerspiel*); por outro lado, naqueles rodados inteiramente a céu aberto. O que nos interessa aqui, contudo, não é simplesmente determinar se um filme faz uso de um espaço contraído ou dilatado (ou dos dois ao mesmo tempo, "respirando"), mas saber até onde esse espaço (visual e sonoro) se estende para, consequentemente, descobrir até onde pode chegar nossa audiovisão "espacializante".

Pois é precisamente o espaço no cinema (não importa o quão fragmentado, fugaz e virtual) que permite à nossa audiovisão colar-se a pedaços de personagens, objetos, cenários e sons que compõem o filme; ou melhor, nesse tipo de construção próxima à de um labirinto, não apenas colar-se, mas passear com eles. Porém, seja em relação à imagem de um grupo de músicos apertados uns contra os outros num canto de igreja ou de nuvens a deslizar livremente no céu (como vimos no *Bachfilm* de Jean-Marie Straub), nosso olhar experimenta os mesmos limites (do quadro, dos elementos na imagem e seus micromovimentos etc.) e a mesma liberdade de passear em busca de "algo que queima no plano", como diria o próprio Straub.

Esse paradoxo liberdade/limites, exterior/interior é o que materializa, por exemplo, um plano "em exterior" rodado em estúdio com o auxílio de um fundo falso em *back projection* (o plano 57 de *Crônica de Anna Magdalena Bach*); ou então um plano em interior, rodado em um teatro com uma falsa luz vinda "do exterior", através de uma janela cenográfica (em *De Hoje Para Amanhã*, 1996). Aliás, como nota Helmut Färber:

> Os filmes dos Straub feitos na Alemanha – *Machorka-Muff, Não Reconciliados, Crônica de Anna Magdalena Bach, O Noivo, a Atriz e o Cafetão, América: Relações de Classe* – são quase inteiramente filmes de interiores, [enquanto] aqueles feitos em outros lugares são quase inteiramente filmes de exteriores, mesmo os filmes "quase alemães" – *Lições de História, A Morte de Empédocles, Pecado Negro, Antígona*.[11]

PARTE II: A ORGANIZAÇÃO DO ESPAÇO NO CINEMA

Fotogramas de *Crônica de Anna Magdalena Bach* e *De Hoje Para Amanhã*.

Ao contrário da decupagem trabalhada no nível dos detalhes por Bresson e da *mise en réseau* de fragmentos operada por Resnais, o espaço é habitualmente dado a ver, nos filmes de Straub-Huillet, não em pedacinhos, mas numa determinada extensão (no espaço) e numa determinada duração (no tempo). Assim, os planos não se encontram atados por uma espécie de *mise en chaîne* (Bresson) nem se comunicam à distância, em rede (Resnais), mas conservam sua independência em relação aos planos-vizinhos, porque o que importa para esse cinema ocorre menos nas relações entre as imagens do que no interior mesmo do plano. É no seio da própria imagem que tudo acontece: os músicos tocam seus instrumentos musicais, assim como os atores atuam ao longo de suas ações físicas ou de suas declamações de textos; ao passo que o próprio espectador passeia com o auxílio de sua audiovisão no interior da imagem e para além dela, através da imagem derivada. A operação agenciada por Straub-Huillet é, assim, da ordem de uma *mise en acte* ou de uma *mise en jeu*.

A Extensão

Os quebra-cabeças são compostos de peças que localizamos a partir de uma "imagem total". Os mosaicos, ao contrário, são feitos de tesselas situadas numa superfície onde formam uma imagem à qual agregam-se intervalos. Os labirintos, por sua vez, revelam-se à medida que nos deslocamos através de corredores e encruzilhadas que se desdobram no interior de sua extensão.

Contígua a uma ideia de "globalidade" espacial, a extensão surge com Galileu, segundo Foucault, e constitui um "espaço infinito e infinitamente aberto", de modo que "o lugar de uma coisa não era mais que um ponto em seu movimento, assim como o repouso de uma coisa era apenas seu movimento infinitamente retardado"[12]. Uma noção que dialoga com elementos essenciais identificados na obra de Straub: os pontos e os micromovimentos que constituem um conjunto de vibrações no interior da imagem. Contudo, trata-se nesse cinema de uma extensão que permanece tão virtual e ilusória quanto a unidade do espaço ou da imagem cinematográfica[13]. Mas até que ponto essa extensão de Galileu pode nos ajudar a entender a organização do espaço nos filmes de Straub-Huillet? E em que medida isso pode nos instruir em relação à maneira como Resnais ou Bresson exploram o espaço cinematográfico?

Houve um dia uma "cena cinematográfica clássica"[14] que teria se estabelecido, por assim dizer, reiterando o "teatro desdobrado" da *República* de Platão, segundo o qual o universo (o espaço) seria composto de "cenas-esferas concêntricas", tendo por centro a Terra (a esfera sensível, imperfeita) englobada pelo Céu estrelado (a esfera ideal, perfeita): "dois sistemas espaciais que, com um lado voltado à narrativa e outro ao modelo – à palavra e ao objeto –, contêm um ao outro"[15]. Essa "cosmologia esférica" (aprimorada por Aristóteles e Ptolomeu) na qual cada coisa possui um lugar justo, imutável, talvez pudesse explicar (ainda que de maneira altamente metafórica) a busca incessante por uma imagem originária que o cinema narrativo, da construção linear e do espetáculo, teria privilegiado desde sempre.

O gesto fundamental (e paradoxal) que Robert Bresson opera na representação cinematográfica dita "moderna" consiste precisamente em inverter essa equação clássica, pelo desvio do olhar, principal demanda dessa imagem originária (o roteiro, tradicionalmente falante, ou as imagens na cabeça do solitário cineasta), justamente em direção ao que ele denomina modelo, ou seja, a pessoa "imperfeita", "estrangeira"[16]. Esse gesto atesta não apenas uma inversão de acento – o cineasta, não tendo mais por modelo a imutável perfeição de um protótipo "ideal", "estável", "uniforme", adotará o perigoso risco da incerteza, da instabilidade e do inesperado próprios aos "movimentos" e às "imperfeições" dos não atores[17] –, mas também uma subversão dêitica – reatando com a denominação bressoniana, extremamente contraditória, do termo "modelo": tão distante do idealismo platônico quanto da imobilidade que se espera dos modelos em pintura.

Por outro lado, encontramos nessa mesma "cena cinematográfica clássica" um eco da doutrina "heliocêntrica" sustentada por Nicolau Copérnico – mas já proposta, desde a Antiguidade, em textos védicos e por Aristarco de Samos –, segundo a qual a Terra encontrava-se marginalizada em relação ao Sol (estando este no centro do universo), tornando-se autônoma e equivalente a qualquer outro astro no interior de um universo de todo modo centrado: "o planeta deixa de ser uma cena desfocada, onde uma outra vem se repetir sem alegria: lugar do fenômeno opacificado, coberto – como se diz do céu"[18]. Trata-se de um espaço "diferenciado", onde as coisas encontram-se bem situadas, distribuídas, medidas segundo as leis da geometria – um espaço, portanto, propício ao advento da perspectiva renascentista, tendo por centro o ponto de fuga[19].

A radicalidade do gesto de Alain Resnais na representação cinematográfica "moderna" reside na maneira como ele consegue romper com o centro, conservando a autonomia dos elementos e suas equivalências: um sistema cujo objetivo é frustrar, do interior, "a geometrização do espaço no fundamento da representação – da figuração perspectiva"[20]. Seu gesto não apenas marca a degradação de um sistema estritamente centrado e métrico (através da fragmentação e do estilhaçamento indiferenciado dos pedaços equivalentes), como também age na deformação de uma lógica de produção: pois, ao favorecer a montagem desses fragmentos como uma ação generativa, acaba privilegiando um "geno-plano ou planimetria operante, em oposição ao feno-plano constituído pela planimetria operada, do desenho a construir, do esquema fixado"[21].

Com Galileu (para finalmente retomarmos Foucault e a categoria espacial denominada "extensão", cuja aparição ele situa não à toa no século XVII), o Sol adquire manchas e a Lua crateras e montanhas, Júpiter ganha "luas" e a Via Láctea começa a ser considerada não mais como um astro cintilante contínuo, mas como um vasto conglomerado, uma nuvem muito densa de estrelas[22]. Contudo, ainda fiel à superfície esférica que funciona como "plano horizontal real", bem como aos movimentos "naturalmente" circulares, Galileu não consegue desvencilhar-se da ideia de uma "autoridade da semelhança", segundo a qual, por exemplo, os membros do corpo humano reproduziriam as mesmas figuras circulares traçadas pelos planetas em torno do Sol[23]; do mesmo modo que ele se opõe às aberrações provocadas pelas anamorfoses e alegorias que se anunciam às vésperas do advento da estética barroca[24].

Será somente com Kepler que a extensão atingirá toda sua plenitude, ultrapassando o círculo (centrado, finito e fechado) para chegar, por anamorfose ou "derivação"[25], à elipse como emblema de um espaço excêntrico, "imperfeito" e cuja geometria poderia ser assimilada "a um momento numa dialética formal, de componentes dinâmicos e múltiplos, projetáveis em outras formas e generativos"; pois "um centro solar – numa carpintaria circular –, dourado, único, deixou de imantar e ordenar; as figuras derivam, caem ou tornam a subir, fugindo em direção às bordas"[26].

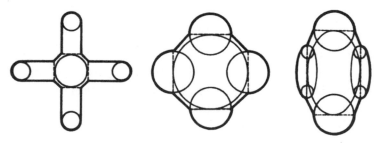

A amplitude do gesto de Straub-Huillet, no seio da representação cinematográfica dita "moderna", provém da maneira como suas imagens transbordam do quadro num duplo sentido: por um lado, pelos elementos visuais que forçam as bordas em direção ao seu esfacelamento, à sua extensão, ou antes à sua expansão; e por outro lado, pela musicalidade e pelo alcance das palavras (ora declamadas, ora cantadas) que desencadeiam em nós, espectadores, a formação de outras imagens, imagens derivadas. Não se trata mais, portanto, de uma busca pela imagem originária nem de uma lógica de montagem imaginária, mas sobretudo de um trabalho de deriva, de deambulação do olhar na imagem, seguido de uma profusão de imagens

Francesco Borromini, Diferentes fases do projeto da igreja de *San Carlo alle Quattro Fontane* (1667)

mentais sobre as quais nem o realizador nem o espectador exercem qualquer controle.

Fotogramas de *Machorka-Muff* (1963) – a extensão (virtual) sugerida pelos transbordamentos do quadro.

Seu gesto denuncia, assim, a perversão do quadro cinematográfico – "máscara"[28] potente, miragem de uma representação efetivamente elíptica, falha[29] –, bem como a corrupção de um sistema de representação visual que se mostra altamente falível e insuficiente, mas que encontra sua libertação ou sua redenção (no sentido kracaueriano) através do poder evocativo do som, e mais singularmente da palavra.

Uma Arte da Porção

Constatamos anteriormente que, ao contrário de Bresson e Resnais, Straub raramente utiliza planos fechados ou de curta duração em seus filmes – o que nos garante justamente a ocasião e o tempo necessários para explorarmos cada imagem em seus diversos pontos e micromovimentos. Logo, não existem mais detalhes compondo episódios, nem fragmentos compondo cenas "esburacadas" por intervalos de imagens, pois o que vemos nesse cinema são porções consideráveis de espaço habitadas por elementos bem distintos que nelas se desdobram sem necessariamente "fazer cena". Cada plano conserva, por assim dizer, sua autonomia, seu universo, sua extensão própria.

Os elementos (personagens, objetos, movimentos etc.) não são mais localizados nem situados na imagem, mas deslocam-se nela, através de sua extensão e duração. Ao se deslocar gerando micromovimentos, carregam consigo nosso olhar: o que engendra no

espectador, consequentemente, um verdadeiro exercício, uma atividade do olhar. E esse deslocamento dos elementos e do olhar ocorre
sem choque nem pressa, como se de cada lado houvesse o tempo
necessário para deslocar-se tranquilamente, a seu bel prazer – já que
nada é imposto. Mas, além do deslocamento das coisas e do olhar
na imagem, há ainda o deslocamento da imagem atual na tela em
direção a uma imagem virtual (derivada) evocada, ou melhor, provocada pela musicalidade das palavras.

Trata-se, portanto, de um cinema que propõe uma contemplação
radicalmente ativa: ou nos engajamos verdadeiramente nela ou nos
sentimos completamente excluídos, num tédio mortal. Um cinema
que produz filmes compostos de um tipo de imagem que apresenta
uma "duração trêmula"[30]. Porções de espaço de uma opacidade crua,
material, que não se comunicam de fato com outras porções de
espaço, mas que se espalham por toda parte, explodindo em direção
a uma extensão incerta. Divergindo, assim, ao mesmo tempo, do
detalhe (*particolare*) bressoniano e do fragmento (*dettaglio*) empregado por Resnais, essa parcela de espaço, tal como utilizada por
Straub, aproxima-se mais daquilo que Georges Didi-Huberman
chama – a partir da leitura que Marcel Proust faz de um quadro de
Johannes Vermeer (*Vista de Delft*, 1661) – de "porção": um "acidente
soberano", um "lampejo de matéria" ou uma "intensidade parcial".[31]
A porção domina a obra de Vermeer, bem como a de Straub-Huillet, pois as imagens são constantemente invadidas por (quando já
não constituem elas próprias) zonas de incerteza ou de "desfoque"
semântico que escapam a qualquer interpretação definitiva:

> Sombra, nuvem, chama ou leite, lábio ou projeção líquida, asa ou
> dilúvio: todas essas palavras não valem nada por si só, tomadas
> separadamente […] cada uma delas pertence ao que poderíamos
> denominar uma visibilidade "flutuante" […] e, nesse caso, sua esco-
> lha só diz respeito ao observador. […] É nesse sentido que a *porção
> de tinta* se impõe no quadro: ao mesmo tempo, acidente da repre-
> sentação (*Vorstellung*) e soberania da apresentação (*Darstellung*).[32]

Mas enquanto Didi-Huberman a relaciona ao "punctum" barthesiano, destacando contudo sua diferença teórica – o fato de que
"a noção de *punctum* parece perder em pertinência semiológica

o que ganha em pertinência fenomenológica: captamos com clareza a soberania do *acidente visível*, sua dimensão de evento", mas pagando o preço "da 'tonalidade afetiva' e da 'celebração do mundo'"[33] –, a porção nos leva, antes, a pensar no "terceiro sentido" ou "sentido obtuso" do qual trata o mesmo Roland Barthes: "desconheço seu significado, pelo menos não consigo dar-lhe um nome, mas posso distinguir os traços, os acidentes significantes que compõem esse signo, no momento incompleto"[34]. Pois a porção é, sobretudo, da ordem do *evento* e da *significância*[35].

Por outro lado, Didi-Huberman a aproxima de um conceito proposto por Meyer Schapiro – acerca dos "elementos não miméticos da imagem que podemos chamar de seu veículo material, a substância imaginante: as linhas ou as manchas de tinta"[36] –, apenas para novamente distingui-la logo em seguida: pois "[Schapiro] sugere uma mudança de ordem gnosiológica diante da obra, em lugar de um acidente ou de uma materialidade singular exibidos pela própria obra, [só se ocupando] disso em relação à universalidade de parâmetros que variam na modificação dos pontos de vista perceptivos, a mais ou menos grande 'agudeza de observação'"[37]. Porém, parece-nos que Schapiro toca em um ponto fundamental da questão: que "o artista e o espectador sensível à obra de arte sejam caracterizados pela capacidade de deslocar livremente sua atenção de um aspecto a outro, sobretudo distinguindo e julgando as qualidades da substância pictórica em si mesma"[38]. Pois, se a porção encontra-se ligada a essa "substância imaginante" que escapa, por assim dizer, de qualquer interpretação definitiva e fechada, ela demanda, ao mesmo tempo, um passeio do olhar pela imagem.

De todo modo, ainda de acordo com Didi-Huberman, enquanto o detalhe permanece um objeto bem determinado por seus contornos, a "parte descontável do todo", através de uma circunscrição perfeitamente identificável de um espaço figurativo mensurável e de extensão bem definida ("um objeto representado, algo que tem lugar, ou antes que *tem seu lugar* no espaço mimético; sua existência tópica é portanto especificável, localizável, como uma *inclusão*"), a porção designa mais do que um simples objeto: um evento, a parte que devora o todo, a partir de uma zona de intensidade com uma capacidade desmedida de expansão, pois "alguma coisa *se passa*,

passa, extravasa no espaço da representação e resiste a 'incluir-se' no quadro, porque provoca nele detonação, ou *intrusão*"[39]. As porções pertencem, assim, menos à figuração que à *desfiguração*, devido aos deslocamentos que oferecem. Logo, não "se destacam", como os detalhes, mas "borram": as porções são menos da ordem do óptico que do háptico – como metaforizam, aliás, as mãos e os dedos no *Bachfilm* de Straub, inspirando nosso passeio do olhar. Além disso, sua expansão se dá através de um espaço alusivo, parcial, precário, meio-concreto/meio-mental: um espaço derivado, do qual só vemos uma parcela, ao passo que projetamos mentalmente sua extensão, a partir dos deslocamentos dos elementos no quadro (e fora dele) e do nosso próprio olhar.

Por isso, no cinema de Straub-Huillet, o plano conserva uma certa autonomia em relação ao restante do filme; mas, de outra parte, os pontos compondo a imagem com seus micromovimentos "explodem", por assim dizer, estendendo-a para além de sua porção visível. Por exemplo, quando num filme em que tudo não passa de ausência e expansão (*Não Reconciliados ou Só a Violência Ajuda Onde a Violência Reina*, 1965[40]), uma personagem olha diretamente para a câmera ou outra dirige-se para o espaço fora de quadro.

Este cinema lida, portanto, com uma arte da extensão, no sentido de que as porções "explodem", virtualmente, em direção a um além das bordas do quadro: antes em direção a uma suposta extensão da imagem do que a outros planos, forçando e esticando os limites espaciais da imagem visível. Uma extensão que aprisiona as personagens em seu interior, ativando

Fotogramas de *Não Reconciliados*, planos 15 e 125.

aquilo que permanece afastado da vista num espaço virtual (derivado). Assim, em vez de localizar-se num lugar bem determinado (como em Bresson) ou de situar-se em qualquer lugar, aqui ou ali (como em Resnais), uma personagem de Straub desloca-se numa extensão composta pelo campo visível da imagem e por tudo aquilo que a extravasa.

Além disso, ele lida também com uma arte da porção, na medida em que não se trata mais de detalhes de uma mesma coisa (um corpo, um objeto, um lugar), nem de fragmentos de coisas diferentes (partilhando, às vezes, a mesma sequência de imagens, uns transbordando nos outros), mas de zonas de "figurabilidade" em processo, em deformação, em constante metamorfose: menos uma arte da ilusão que da desilusão[41] – da derivação ou deambulação do olhar. Pois, na prática, nosso olhar continua seguindo os micromovimentos nas imagens de Straub, movido por eles, por esses "pontos de intensidade" (Philippe Arnaud), por esse "algo que queima no plano" (Straub).

Tendo por referência uma outra época, Jean Epstein escreveu sobre o olhar do espectador de cinema em termos de um olhar do movimento e em movimento, mas que só pode mover-se por intermédio da câmera. Ora, vimos com o *Bachfilm* de Straub que os micromovimentos no interior da imagem, aliados ao som (e nesse caso específico, à música), convidam o olhar a passear pela imagem, apesar da ausência total (ou quase) de movimentos de câmera. No entanto, nesse mesmo texto, Epstein acaba antecipando, por assim dizer, o que nomeamos aqui imagem derivada: na relação enigmática entre a contemplação de uma imagem cujo sentido derradeiro nos escapa e a subjetividade mais íntima do espectador:

> Como uma criança que não sabe ainda caminhar e que um adulto carrega de um lado para o outro, o espectador é levado a contemplar uma sucessão de câmaras e paisagens que ele não pode ligar entre si, nem penetrar, com seus próprios gestos. Ao acomodar seus olhares a distâncias variáveis, ao posicionar sua cabeça, seus olhos e suas orelhas em direções diversas, estendendo seus braços, a criança pode começar a sondar muscularmente esses panoramas, a orientá-los e a equilibrá-los de acordo com a gravidade, a atingir pelo menos a soleira, para apreender as formas mais próximas, tomando por medida sua própria forma, apalpando-as, cheirando-as, provando-as. [...] O uso exclusivo da contemplação deixa o espaço da tela num estado de inacabamento, de imperfeição, do ponto de vista da lógica de pleno emprego, mas também, e em igual proporção, num estado de liberdade diante dessa mesma lógica. Esse grau de liberdade permite a sobrevivência, mais ou menos discreta, de formas que, ao admitir a indefinição, a contradição, a transdução, guardam possibilidades estendidas, permanecendo aí parcialmente protegidas contra as intervenções de normalização, como numa reserva na qual o emprego de determinadas armas demasiado destrutivas, de determinados sentidos demasiado construtivos, encontra-se interditado.[42]

2. O ESPAÇO FÍLMICO

O terceiro e último tipo de espaço cinematográfico proposto por Éric Rohmer é o fílmico: relativo à decupagem e à montagem, mas também ao que ele chama de "jogo"[43]. É o espaço onde se harmonizam os "dois tipos de sujeito" que contribuem para a construção do filme: de um lado, uma "dramaturgia das formas puras" (ou melhor dizendo, a forma do filme), de outro, "um drama, no sentido corrente do termo, uma temática, uma problemática" (seu conteúdo)[44]. Resumindo, não é mais um espaço estático no qual se organizam os elementos e seu entorno (que ele associa respectivamente, como vimos, à pintura e à arquitetura), mas um espaço dinâmico em relação direta com o movimento como campo de atividade de dois tipos distintos de mobilidade: a do motivo filmado (no interior do quadro) e a da câmera (que muda de posição e, logo, de ponto de vista)[45].

Porém, contrariamente ao que poderia supor o senso comum, Roland Barthes propõe uma outra definição do "fílmico"[46], no mesmo artigo em que define o "terceiro sentido" da imagem, que passa pela imobilidade:

> O fílmico, paradoxalmente, não pode ser apreendido no filme "em situação", "em movimento", "ao natural", mas apenas, repito, nesse artefato maior que é o fotograma. [...] o "movimento" que consideramos a essência do filme não é animação, fluxo, mobilidade, "vida", cópia, mas apenas a armadura de um desdobramento permutativo, e faz-se necessária uma teoria do fotograma, da qual algumas possíveis soluções vou tentar expor para concluir. O fotograma nos dá o dentro do fragmento.[47]

O "fílmico", para Barthes, parece brotar do próprio âmago da imagem cinematográfica, no sentido de que se liberta absolutamente do movimento das coisas ou da câmera para emergir da organização e permutação dos elementos no interior dos fotogramas. Daí ele recorrer a Eisenstein no que tange às novas possibilidades da montagem audiovisual: "o centro de gravidade fundamental [...] transfere-se *para dentro* do fragmento, *dos elementos incluídos na própria imagem*. E o centro de gravidade já não é o elemento 'entre os planos' – o choque –, mas o elemento 'dentro do plano' – *a ênfase no interior do fragmento*"[48]. Trata-se, assim, de algo que se passa dentro das imagens (como os "pontos de intensidade" ou aquele "algo que queima no plano"), e não no choque entre elas: portanto, algo da ordem do evento. Porém, é uma ênfase que só pode ser apreendida em sua imobilidade – logo, da ordem do imutável, daí o paradoxo.

Ao associar o "fílmico" ao "terceiro sentido"[49], Barthes o subordina a um sentido primeiro, o da informação, depois a um segundo, o das significações[50]. O "fílmico" estaria, assim, ligado a um sentido que nos escapa – ou que pelo menos escapa à nossa linguagem racional e articulada –, mas que se encontra relacionado a referenciais e sentidos que nos são familiares. Contudo, o que fazer com essas imagens – planos ou fotogramas – das quais nada se sabe e das quais nenhuma informação ou significação prévia foi dada? O que fazer, por exemplo, com o segundo plano de *Crônica de Anna Magdalena Bach* (citado anteriormente, que só dura um segundo), no qual aparece o rosto de uma mulher? Ou com os planos de ondas ou nuvens do mesmo filme? Ou ainda com os dois intrigantes movimentos panorâmicos que revelam, um após o outro, indo e vindo, uma mesma paisagem campestre iluminada distintamente pelo sol, e que invadem sem razão aparente o recitativo das personagens do filme *Gente da Sicília*?

Num artigo em que propõe "elementos para uma teoria do fotograma"[51] (tal como desejava Barthes), Sylvie Pierre chega a uma constatação extremamente esclarecedora, a partir da útil distinção entre a imagem do filme na película ou reproduzida e a fotografia de cena empregada para fins de exploração comercial: se por um lado o fotograma mata o cinema, na medida em que revela sua inerente falta de movimento, por outro, a foto de cena o salva, pois ela "não é nada além de uma manobra que permite separar a imagem do filme de si mesma, de sua materialidade imperfeita e perecível". Daí a preferência, por exemplo na imprensa, pela utilização de "fotos de cena" em lugar de "imagens fotogramáticas", devido ao caráter reconfortante, idealista, gerado por essas fotos que imitam as imagens do filme – o que, aliás, provoca "uma tendência à não leitura, um abandono opaco e cego de uma imagem falsamente clara, uma visão do homem da caverna, mas invertida: a de um homem que estaria encerrado *fora* da caverna, enxergando *apenas* as ideias"[52].

PARTE II: A ORGANIZAÇÃO DO ESPAÇO NO CINEMA

Logo, aquilo que seria propriamente fílmico poderia surgir das imagens fotogramáticas imperfeitas, algumas delas tendo que assumir sua ilegibilidade, sua falta de informação e de significação:

> Pois nesse fotograma ilegível não se encontra mais inscrito, na imobilidade da imagem, senão a *"marca da falta" do tempo*, o duplo efeito de sua ausência: devastador para a forma e o sentido, libertador para tudo o que não é nem um nem outro. Parece evidente, assim, que o cinema não possui dois corpos, um intemporal, a cadeia descontínua dos fotogramas imóveis, e outro temporal, o desenrolar das imagens: *o cinema só possui um corpo, no qual o tempo encontra-se inscrito*.[53]

Estamos lidando aqui com imagens da ordem do "acidente" (como ocorre com a porção para Didi-Huberman). Imagens regidas pelo evento, pela significância e pelo acidente, assim como as imagens desafetadas e eloquentes de Straub-Huillet, que estimulam nosso olhar. Pois o papel da visão e da participação ativa do espectador em relação à obra revela-se capital para o advento do fílmico (e de seu suposto espaço). E é sintomaticamente esse olhar ativado, engajado do espectador que adianta, no seio da imagem cinematográfica, o próprio movimento.

Num artigo sobre a percepção do espaço na arte cinética, Arnauld Pierre destaca, a partir de uma análise da iconografia pictórica holandesa do século XVII[54], a importância de se "suspender a narração para valorizar o ato de ver"[55]. Alguns artistas da arte cinética – tais como Julio Le Parc, Jean-Pierre Yvaral, Joel Stein, François Morellet e Gianni Colombo, quase todos membros do Groupe de Recherche d'Art Visuel (GRAV) – insistem na importância de uma participação ativa por parte do espectador, exprimindo em suas obras e escritos o desejo de estimulá-lo ao mudar radicalmente a relação arte/público, especialmente através de instalações, como as séries *Labyrinthes* e *Aires de Jeux* (entre 1963 e 1968), que incitam uma real participação interativa. O espectador deve tornar-se ator e a arte, interativa; e não apenas interativa, mas lúdica – o que demonstram as plantas dos labirintos propostos pelo GRAV em Paris (1964) e em Nova York (1965).

Enquanto Victor Vasarely gaba-se das "superfícies respirantes" e de uma dinâmica do olhar, Lygia Clark preconiza "que a superfície se torne

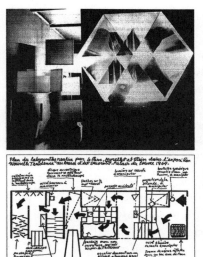 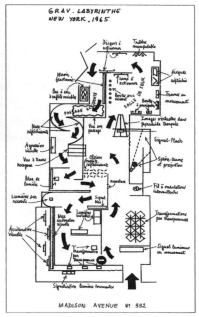

um corpo orgânico, como uma entidade viva", através da qual o espectador torne-se ator[56]. Não é mais o "cine-olho" exaltado por Dziga Vertov que está em jogo, mas o "olho--corpo" que Lygia Clark (entre outros artistas neoconcretistas brasileiros[57]) propõe como forma de deslocamento do olhar *na* obra e *da* obra pelo mundo – o que ilustram, ainda que de maneira alegórica e aberrante, seus *Óculos* (1968)[58].

GRAV, vista, planta e corte do *Labyrinthe* II (1964) e planta do *Labyrinthe* III (1965).

Porém, o que Le Parc chama de "terceiro estado" da percepção[59] – ou seja, a multiplicação da sensação visual oposta a um "estado habitualmente passivo e contemplativo", sensação devida majoritariamente, na arte cinética, ao deslocamento do espectador diante da obra[60] – corresponde, no cinema, ao fílmico: o resultado do encontro – feliz, mas nem sempre evidente[61] – do deslocamento das imagens (e dos elementos que a compõem) com um olhar espectatorial ativado e engajado.

Uma Economia do e no Espaço

Para Rohmer, a decupagem e a montagem são duas operações fundamentais da *mise en scène* cinematográfica, que ele não define

PARTE II: A ORGANIZAÇÃO DO ESPAÇO NO CINEMA

em termos de tempo, pois "decupar e montar um filme é não apenas organizar sua duração, mas seu espaço"[62]. Segundo ele, ao privilegiar as relações espaciais em detrimento das temporais, e "a ação acontecendo em vez de realizada", Murnau acaba empregando inúmeras elipses que não passam de "um meio para se chegar mais rápido ao essencial, para saltar por cima do tempo oco e dos espaços amorfos"[63]. O mesmo vale para o comedimento straubiano em *Crônica de Anna Magdalena Bach*, atestado por sua recusa em criar "episódios", e de maneira ainda mais radical em *Não Reconciliados*, obra rica em elipses que só servem para reforçar todos os planos apresentados, ressaltando assim o poder eloquente ("mágico"[64]) de cada plano, de cada imagem singular. Rohmer complementa essa ideia, ainda acerca do cineasta alemão:

> Um plano de Murnau não se apresenta como a revelação de alguma coisa, mas como um campo aberto a essa revelação, fragmento de espaço vazio que o evento trata de fornecer [...] Resulta que o plano goza, em Murnau, de uma autonomia maior que em outras concepções cinematográficas. É ele próprio que nos ilumina, não seu confronto com aquele que o precede ou sucede.[65]

O que ele chama de "campo aberto", em relação a Murnau, é o que chamamos aqui de extensão em relação à obra de Straub-Huillet. Uma extensão na qual desdobra-se o evento que cada plano deve apresentar. É dessa autonomia relativa do plano que provém a instabilidade dos encadeamentos imperfeitos: cada vez mais abstratos e menos diretos. Sem apelar à memória para recompor séries (com fragmentos e intervalos), nem a encadeamentos perfeitos para compor plagas (com detalhes e fissuras), é no próprio plano que o cineasta investe, a fim de abrir caminho aos deslocamentos através de corredores (compostos por porções e pontos)[66].

Pois no labirinto existe, de um lado, um deslocamento do olhar através daquilo que se observa e, de outro, uma projeção mental de tudo aquilo que se encontra obstruído da visão – decupagem e montagem concretas, mas também mentais, tanto por parte do diretor quanto do espectador. Basta que se ofereça a este último, por assim dizer, a capacidade e a ocasião de "decupar"/"montar" ele próprio as imagens que lhe são apresentadas, sem que para isso elas devam constituir, necessariamente, planos-sequência[67]. Mas basta, igualmente, possibilitar ao cineasta montar seu filme sem decupá-lo em demasia, através do ritmo imposto por planos curtos e longos, nos quais o vento deve soprar e o olhar se mover. Não à toa, Straub apresenta assim seu filme: "longe de ser um filme-puzzle (como *Cidadão Kane* ou *Muriel*), *Não Reconciliados* seria melhor descrito como um 'filme lacunar', no mesmo sentido em que [o dicionário] *Littré* define um corpo lacunar: um todo composto de cristais aglomerados que deixam entre si intervalos, como os espaços intersticiais entre as células de um organismo"[68].

Mas esses "cristais aglomerados" não são como as imagens-células do mosaico – tais como analisadas em relação aos filmes de Resnais, assim como esses "espaços intersticiais" não correspondem aos intervalos do mosaico. Pois o motor dessa construção move-se menos em direção à dispersão no corpo do filme (em favor de uma reestruturação mnemônica ulterior) do que à concentração, em certos pontos precisos, de um percurso (elíptico), a fim de escapar de outros, supérfluos. Eis a razão pela qual Louis Seguin observa, acerca do mesmo filme, que "o cenário de Straub é de um rigor clínico. [...] Nada distingue, exceto alguns acessórios submetidos à rigidez absoluta do estereótipo, uma sala de jantar de um corredor, e um quarto de hotel de um quarto de hospital"[69]. Além disso, é a marca de um estilo sóbrio, severo e depurado que se impõe, mas de uma austeridade diferente daquela encontrada em Bresson, já que a economia straubiana recusa-se, a maior parte do tempo, a compor cenas, episódios[70], uma vez que, ao se revelar tão plena (em sua imperfeição, instabilidade e recolhimento), a imagem tem certa dificuldade em se ligar a outras imagens. Do mesmo modo que seu emprego das elipses distingue-se do que faz Resnais, na medida em que Straub não tem a ambição de estabelecer ligações mnemônicas ou saltos entre as imagens, cuja autonomia acaba impedindo qualquer chance de saída ou de um elo que não seja rítmico[71].

Fotogramas de *Não Reconciliados* – o hotel (plano 32) e o restaurante (plano 47).

PARTE II: A ORGANIZAÇÃO DO ESPAÇO NO CINEMA

Nesse sentido, como poderia um filme ser decupado e montado de outro modo que não pelos procedimentos indiretos de aproximação de imagens? Ao falar justamente de decupagem e economia, Nicole Brenez questiona-se:

> O que decupa no cinema? O que organiza as relações das partes com o todo, do fragmento com seu outro, da unidade com a pontuação, do principal com o secundário? O que leva, por exemplo, um cineasta a confrontar dois sistemas de proporções num mesmo filme, a inventar uma economia do incompatível para poder mostrar algo do corpo, do tempo, da comunidade humana?[72]

Ora, é justamente uma "economia do incompatível" que Straub propõe, forçando cada vez mais os limites de uma dialética aplicada ao cinema: seja ao reunir planos extremamente curtos a outros bastante longos (*Bachfilm* e o ritmo); seja ao estilhaçar as diferenças temporais de uma narrativa para reconhecê-la como sendo sempre atemporal e presentificada (*Não Reconciliados* e as elipses); ou ainda ao assumir plenamente as diferenças de luz a o amálgama dos sons, entre a natureza dos homens e os ruídos da natureza (*Othon* e os opostos) etc.

Trata-se, portanto, de uma economia que se manifesta *no* espaço: por exemplo, quando os sutis *travellings* de *Crônica de Anna Magdalena Bach* tornam-se, em *Os Olhos Não Querem se Fechar o Tempo Todo ou Talvez um Dia Roma Permitir-se-á Fazer Sua Escolha* (1969, adaptação da peça *Othon*, de Pierre Corneille, nome pelo qual o filme é mais conhecido), potentes movimentos de *zoom* capazes, repetidas vezes, de reorganizar inteiramente o campo visível de um plano, dinamizando radicalmente a configuração dos elementos e os limites do quadro (entre o dentro e o fora), sem recorrer, para isso, a movimentos de câmera ou de atores, nem a mudanças de planos.

Ou ainda quando panorâmicas "impessoais" e algo enigmáticas desvelam uma paisagem: além das duas já citadas de *Gente da Sicília*, recordemos igualmente as que aparecem na maioria dos filmes de Straub-Huillet, como em *Cedo Demais/Tarde Demais*, em *Lorena* (1994) ou no plano de abertura de *Othon*. Encontramos aí uma espécie de evolução (no sentido de que algo executa uma manobra, um movimento) dos "pontos de paisagem" (ondas, nuvens) do *Bachfilm*. Jacques Aumont dá a isso uma justa interpretação:

> A panorâmica no cinema é o instrumento do "tudo ver", a ferramenta ordinária da relação possessiva com a realidade. As panorâmicas de Straub são outra coisa [...]: a constatação de que não podemos dar a volta no visível, mas talvez possamos encontrar um ponto nas coisas de onde elas possam ser vistas e fazer sentido. Combinação da arte do geógrafo com a do cineasta, a escolha do posicionamento da câmera é determinada por considerações de economia, de rentabilidade; não se trata de reduzir tudo a um olhar de mestre, mas de encontrar uma montagem da realidade que faça sentido; virar a câmera, como um olhar escrupulosamente anônimo, equivale a tirar as medidas – estética, geográfica, semiótica, política – da paisagem.[73]

Mas trata-se igualmente de uma economia *do* espaço: no sentido em que esse procedimento permite e induz, por outro lado, tanto uma extrema concentração quanto parcimônia na escolha de locações: três para *Othon* (o Palatino, as ruínas do Estádio de Domiciano e os jardins da Villa Doria Pamphili), contrastando enormemente com as vinte e cinco do *Bachfilm* e sobretudo com as quarenta e cinco de *Não Reconciliados*[74]. Uma economia que, no entanto, nunca impediu, considerando-se o conjunto da obra, a exploração (por vezes, bastante inesperada) de uma grande variedade de lugares, apesar de sua concisão pontual, especialmente no que concerne aos filmes "cantados" ou "recitados": ora em ruínas antigas (*Othon*, *Moisés e Aarão*, *Antígona*) ou em museus (*Cézanne*, *Uma Visita ao Louvre*), ora num teatro (*De Hoje Para Amanhã*) ou ainda em campos e cidades contemporâneas (*Lições de História*, *Da Nuvem à Resistência*, *Pecado Negro*, *Operários*, *Camponeses*).

Atores Compositores

Rohmer considera a decupagem/montagem em Murnau sempre em relação a um tipo de movimento de câmera – como a panorâmica ou o *travelling* (no carrinho ou óptico). Mas existe outro tipo de movimento no interior do plano, ainda mais pregnante, que ele denomina "movimento do motivo filmado" e associa particularmente ao jogo dos atores. Ele analisa movimentos dos elementos naturais (a água, o ar e o fogo) nos filmes de Murnau, mas é aos dos atores que dedica uma atenção especial: pois, a julgar pelos manuscritos do diretor alemão, os mínimos movimentos de seus atores eram controlados, assim como seu ritmo e sua inscrição no espaço[75].

Jean-Marie Straub parece, também ele, ditar os menores movimentos e dar indicações precisas de ritmo a seus "atores", que funcionam sobretudo como veículos através dos quais as personagens passam, rompendo radicalmente com um tipo de atuação psicológica e convencional. Porém, se em Murnau a ausência das palavras deve ser preenchida com uma atuação bastante codificada e exagerada – "são gestos portadores de uma significação sem referência com a concepção global da *mise en scène* [que] só servem para substituir a palavra ausente com uma mímica 'eloquente'"[76] –, nos filmes de Straub-Huillet, ao contrário, cabe menos ao gestual dos atores e mais às suas palavras (à dicção, à projeção, à velocidade, à acentuação) serem eloquentes, ainda que mantendo uma contenção extrema.

Uma espécie de paradoxo emerge, então, em perfeita harmonia com a "economia do incompatível" praticada por Straub e com a frase de Brecht nos créditos de *Não Reconciliados*: "Em vez de querer suscitar a impressão de que improvisa, o ator deve antes mostrar o que é a verdade: ele cita."[77] Não se trata, portanto, de uma ausência de si dissimulada por trás de uma máscara, a fim de exprimir uma personagem idealizada (Emil Jannings como Mefisto ou Yvette Guilbert como Senhora Marta, em *Fausto*), mas de uma presença exacerbada de si, ainda que absolutamente na retaguarda, a fim de submeter o espectador a uma percepção crítica, distanciada e sempre desperta da personagem – daí o emprego de instrumentistas e cantores verdadeiros nos filmes "cantados" de Straub-Huillet, por exemplo.

Aliás, em vez de personagem, no sentido habitual da palavra, Straub emprega sobretudo o que Vladimir Propp e, depois dele, Algirdas Julien Greimas chamaram de "actante", ou seja, aquele (ser humano, mas também animal ou objeto) que numa narrativa executa ou sofre uma ação[78]. Aplicando essa mesma noção ao teatro, Matteo Bonfitto define três tipos de "seres ficcionais": o "actante-máscara", que se refere às "personagens-indivíduos" (Anton Tchékhov) e às "personagens-tipos" (Bertolt Brecht); o "actante-estado", que aparece cada vez que as personagens, através de ações virtuais que não chegam a se concretizar, "destemporalizam-se" para "espacializar-se" (Bernard-Marie Koltès); e o "actante-texto", presente toda vez que o próprio texto assume as funções que não pertencem mais à personagem, provocando assim o desaparecimento de uma intriga (Peter Handke). Em seguida, Bonfitto propõe dois procedimentos opostos de composição pelo ator, de acordo com o tipo de "ser ficcional" a ser criado: enquanto para o "actante-máscara" parece natural partir do texto e de uma ideia da personagem em direção às ações que a constroem (intenção ⇒ sentido), para o "actante-estado" como para o "actante-texto" torna-se necessário buscar um percurso que parta das ações físicas/vocais do ator, conduzindo à expressão de um texto e/ou de uma personagem (corporeidade ⇒ sentido)[79].

O "método" Straub-Huillet (se é que ele existe) parece aproximar-se dessa última operação. Pois se é verdade que eles costumam adaptar um texto de ópera, teatro ou literatura preexistente, eles o fazem passar (como para filtrá-lo) pelos corpos, vozes e ações físicas (quase no sentido stanislavskiano[80]) bem concretos, sem apelar para qualquer efeito psicológico. Além disso, exploram o "impulso", em seus actantes, de uma maneira próxima daquela proposta por Jerzy Grotowski no teatro, em oposição a Stanislávski: não do exterior para o interior, mas do interior para o exterior ("im/pulso = lançar do interior")[81]. O resultado atesta um uso sempre complexo de não atores ao mesmo tempo parcimoniosos, vivos e pregnantes, tão comprometidos com seu gestual e seu texto (recitado ou cantado) quanto os músicos do *Bachfilm*. Pois se o filme é perceptível como uma partitura, como vimos anteriormente, os atores tornam-se, também eles, verdadeiros compositores, escrevendo-a com o cineasta[82].

Aliás, no que se refere ao som (ou sua emissão pelos actantes), observamos que enquanto todos os filmes de Bresson são dublados por seus modelos (e de uma maneira bastante sistemática, de acordo com uma determinada musicalidade atingida ao custo de muitas repetições das mesmas frases ao longo da filmagem, que acabam sendo retomadas posteriormente com mais facilidade), nos filmes de Resnais, e especialmente em seus primeiros longas metragens, os atores devem imitar fielmente a leitura em voz alta registrada pelo roteirista (Duras ou Robbe-Grillet, por exemplo), seguindo o mesmo ritmo e a mesma entonação. Diferentemente, nos filmes de Straub-Huillet, sejam eles falados ou cantados, o som direto reina absoluto, mas sem ser sobrecarregado; ao contrário, na maioria das vezes busca-se um efeito de distanciamento com o espectador, forçando a estilização a ponto de se estabelecer uma musicalidade e um ritmo específicos para cada intérprete[83]. É particularmente o caso em *Othon*, no qual cada actante possui um andamento (no sentido musical, rítmico) e um sotaque singulares, ao mesmo tempo que desenvolve um trabalho complexo de pausas e respirações, em relação aos alexandrinos cornelianos que deve recitar numa velocidade específica, diferente da dos demais; assim, vai-se do mais rápido (Othon) ao mais lento (Galba, o imperador), mesclando-se o conjunto de vozes aos ruídos cotidianos e contemporâneos das ruas romanas que Straub, em vez de mascarar, acentua através de bruscos cortes entre planos distintos que quebram a continuidade do som ambiente – o "contraponto entre verso e Vespa"[84].

Já no que diz respeito à relação entre os "atores" e o espaço, nos filmes de Straub, várias questões aparecem. Onde eles atuam? Quais podem ser as especificidades desse "espaço fílmico" e "econômico" no qual *agem* esses actantes? De que modo a recusa em fazer "episódio" ou "cena" pode gerar uma outra forma de representação do espaço no cinema? Em que medida, enfim, as *Rückenfiguren*, tão recorrentes em Straub-Huillet, contribuem para atrair nossa atenção para esse espaço?

Fotogramas de *Da Nuvem à Resistência* e *Lorena* – as *Rückenfiguren* de Straub.

Por um lado, não é um espaço no qual os actantes circulam livremente, mas uma porção determinada de um espaço vasto, mais extenso, dentro do qual já se encontra encerrado(a), encurralado(a) aquele(a) que o deve habitar: uma "cena", mas no sentido primitivo da palavra (como esconderijo ou bastidor), como salienta Louis Seguin:

> A cena, a σκηνή, no início não era o palco, o chão, o espaço relativamente vasto no qual evoluía o coro, a θυμέλη, o altar, mas o abrigo, o estrado, a parede e o teto, o recinto onde os atores encontravam-se encurralados. É o obstáculo que barra o olhar, o fim do mundo. Da mesma forma, a *mise en scène* não é um comércio de entradas e saídas, mas um problema persistente de suporte e vertigem. Os atores e aquele que os dirige encontram-se aí confrontados às angústias de uma claustrofobia original e que não espera qualquer socorro, nem à direita, nem à esquerda. Eles encontram-se bloqueados, acuados entre o coro e o fundo do espaço.[85]

Por outro lado, é igualmente o espaço como forma aberta e oferecida ao olhar do actante, mas também do espectador, como lugar propício a um passeio: a partir dos elementos que compõem o quadro, do jogo de luzes e sombras, dos deslocamentos ou ações físicas dos actantes, de seus olhares oblíquos lançados em direção a lugar algum (para o além do quadro), da conjunção daquilo que é dito/cantado com aquilo que é visto na imagem. Um passeio do olhar, cujos frutos somente o espectador pode colher: pelas imagens que atraem o olhar em deriva ativa e pelas palavras que desencadeiam as imagens derivadas. Algo que é, de certo modo, confirmado por Jacques Aumont, a propósito de *Moisés e Aarão*:

> Vários planos [...] permitem, sem dúvida, reconstruir mentalmente uma geometria ou uma topologia, mas sem naturalizá-la, dando-a como imediata ou transparente; ela continua, ao contrário, sendo da ordem da construção, sentida como tal, sobretudo por causa da extrema brusquidão dos movimentos de câmera, em particular o último, que só deixa perceber Moisés e Aarão num *flash*. A intenção dessa soma de recusas é apenas uma: busca-se não utilizar os meios tradicionais de representação de um espaço "fílmico" (no sentido entendido por Éric Rohmer em seu ensaio sobre Murnau), mas afastar-se visivelmente e expressivamente desses meios, para engajar o trabalho mental – e afetivo – que permita ao espectador ter acesso ao lugar, ao mesmo tempo como substrato da filmagem e como suporte imaginário do drama.[86]

A respeito das "direções privilegiadas" de orientação do espaço em Murnau, Rohmer identifica três variações do movimento na construção fílmica: convergência/divergência, expansão/contração e atração/repulsão. Sobre a expansão, por exemplo, ele diz que "os movimentos que Murnau coordena conseguem [...] perturbar toda a extensão da imagem, como uma pedrinha na superfície da água límpida. Eles mobilizam não apenas uma zona mais ou menos grande da tela, mas sua superfície inteira, do centro às bordas e vice-versa"[87].

Também há movimentos (micromovimentos) nas imagens de Straub-Huillet, mesmo naquelas que permanecem aparentemente estáticas. Pois forma-se uma espécie de inquietação, de impaciência straubiana que impede qualquer contemplação passiva, serena – como aquela oferecida por certos filmes asiáticos, por exemplo. A "contemplação straubiana", se é que ela existe, nunca é tranquila: ela continua sempre curiosa, ruidosa, falastrona e inquieta. As imagens movem-se, os sons movem-se: as imagens produzem palavras, assim como as palavras provocam imagens (derivadas).

3. UM ESPAÇO ECRÂNICO

Consideremos um filme que se dá a ver como uma partitura na qual participam tanto o diretor e os atores na qualidade de compositores[88], quanto o espectador como seu intérprete (no sentido musical do termo). Não nos encontramos mais, nesse caso, nem no regime do testemunho (a "leitura" do quebra-cabeça), nem no registro de um observador que se mantém a uma boa distância (a "escritura" do mosaico), mas antes na posição de uma participação mais implicada, mais ativa, exceto quando não há qualquer aderência ao filme, seja por tédio ou pela mais profunda desconexão em relação à obra. Vimos como nesse tipo de construção cinematográfica os corpos e as vozes contribuem para o ato de composição e a que ponto trata-se de uma questão de economia, de ritmo e de trama, até se alcançar a boa *textura*: de corpos, de nuvens, de paisagens, de ventos, de palavras, de sons, de acidentes, de *tempi*... Uma palavra empregada em música define plenamente essa questão: a "tessitura", ou seja, a escala de sons que um instrumento pode alcançar sem dificuldade; é a tessitura de um instrumento (ou de uma voz) que designa a extensão que se consegue percorrer entre o som mais grave e o mais agudo[89].

Ora, nos filmes de Straub-Huillet é revelada, ou ao menos sugerida, a extensão de um espaço derivado – do qual só é revelada uma porção (um "acidente") – e seus limites, justamente. Trata-se, assim, da medida, da tessitura de um espaço composto de extremos, de um espaço paradoxal que se encontra em expansão, em explosão, em respiração constante (em "sístole-diástole") – "ilimitado", mas somente dentro de seus próprios limites (os limites da imagem). É como uma resistência: uma fuga condenada desde o início, pois encerrada no interior de um labirinto – daí sua força, sua poesia e sua beleza. Roland Barthes, ao falar de pintura, adverte sobre essa fuga:

> O quadro não é um objeto real nem um objeto imaginário. Certamente, a identidade do que é "representado" é remetida sem cessar, seu significado ficando sempre deslocado [...], mas essa fuga, esse infinito da linguagem é precisamente o sistema do quadro: a imagem não é a expressão de um código, ela é a variação de um trabalho de codificação: ela não é o repositório de um sistema, mas geração de sistemas.[90]

PARTE II: A ORGANIZAÇÃO DO ESPAÇO NO CINEMA

Assim como em outro ensaio, no qual analisa o "tecido de vozes" contido num texto literário de Balzac, ele afirma:

> Os brancos e os desfocados da análise serão como os rastros que indicam a fuga do texto; pois se o texto submete-se a uma forma, essa forma não é unitária, arquitetada, finita: é a migalha, o naco, a rede cortada ou apagada, são todos os movimentos, todas as inflexões de um *fading* imenso, que garante ao mesmo tempo a sobreposição e a perda das mensagens.[91]

Daí talvez a dificuldade que às vezes nos impede de acompanhar o que é "dito" nos filmes de Straub: de um lado, porque somos hipnotizados pelo que mostram as imagens; de outro, porque o "texto" (não apenas o que é recitado/cantado pelos actantes, mas a integralidade de elementos que participam da tessitura de sons na imagem) nos escapa[92]. Pois "as vozes *off* são ouvidas: são os códigos: ao se trançar, eles (cuja origem 'perde-se' na massa perspectiva do *já-escrito*) desoriginam o enunciado: a concorrência (dos códigos) torna-se escritura"[93]. Logo, ocorre neste caso algo da ordem de uma "reescritura" ou de uma "releitura". Ainda segundo Barthes, somente a releitura "salva o texto da repetição"[94], assim como o procedimento implementado pela música barroca, que consistia em "retomar", *da capo* e em sua integralidade, o trecho já tocado, mas sempre com preciosas, ainda que sutis, variações. Algo que condiz perfeitamente, por um lado, com as diversas versões de um mesmo filme estabelecidas por Straub-Huillet (como *A Morte de Empédocles*, *Pecado Negro* ou ainda *Gente da Sicília*) através do retorno às mesmas imagens, mas com tomadas distintas, cujo resultado não é exatamente idêntico ao original. E, por outro lado, com a regra de ouro da "exploração do labirinto", de acordo com o matemático Pierre Rosenstiehl: "nunca percorrer duas vezes um mesmo corredor no mesmo sentido"[95].

Trata-se, portanto, de uma reescritura/releitura de imagens, de vozes, de textos em fuga. Vozes que, no texto moderno, são "tratadas até a negação de qualquer referencial: o discurso, ou melhor, a linguagem fala"[96]. Dito de outro modo, no caso dos filmes de Straub-Huillet: os corpos falam, em toda sua materialidade; e suas vozes ressoam, antes de qualquer outra coisa, aquém dos referenciais e além do sentido, com o calor, a vibração, a falta de jeito, a imperfeição e a instabilidade dos corpos. Ao discutir uma "solidificação progressiva" da escritura em direção a um termo neutro, branco – de acordo com um terceiro termo que brotaria dos dois outros, gerados pela polaridade singular-plural/pretérito-presente, um "grau zero da escrita" –, Barthes afirma que tal termo permanece: "de início, objeto de um olhar [puzzle], depois de um fazer [mosaico] e, enfim, de um assassínio, ela [a escritura] atinge hoje um último avatar, a ausência"[97].

Como a ausência que assombra os filmes de Straub-Huillet, sentida nas panorâmicas que revelam uma paisagem esvaziada da presença humana ou nos finais de planos que persistem (resistem) mesmo depois de os actantes haverem evacuado o quadro. Mas que é igualmente sentida nos silêncios, entre as palavras e as frases, impostos pela escansão e pelas pausas de respiração – tal como uma *fantasmata* sonora, entre o eco das palavras pronunciadas e o sopro daquelas por vir. Porém, um silêncio habitado, como ressalta Louis Seguin:

> O rumorejo não se encontra longe da palavra, porque é a parte audível de seu silêncio. O silêncio não é a ausência do som, mas seu abismo, o próprio fundo, a continuação do texto. Ele lhe confere uma escala, um modo e uma forma [...] Ele lhe confere uma matéria, o apresenta, o carrega e o acompanha. Ele o organiza, preparando-lhe o ninho, os acordes de sua espera e os prolongamentos de sua reverberação. O silêncio possui suas regras e suas compensações: ele raciona e ressoa.[98]

Fotogramas de *Lorena* e *De Hoje Para Amanhã* – os espaços evacuados.

O Fio, o Voo, o Monstro e a Projeção

Nos filmes de Straub-Huillet, é o sopro (assim como o "rumorejo", a "sonoridade") que funciona como fio de Ariadne: esse golpe de "loucura", essa artimanha "que escapa à Razão" guiando Teseu na travessia do Labirinto de Creta ("um estratagema certamente eficaz, mas quão ridículo, diante das exigências do pensamento!")[99]. Esse fio de Ariadne é sonoro, tênue como o do mito, porém mais firme, porque invisível. Deve-se segui-lo sensível e atentamente, para além das palavras, para além dos sentidos, em seu ritmo e musicalidade próprios, a fim de ultrapassar a razão, em busca justamente de um caminho alternativo que nos conduza através do filme e em direção a uma imagem derivada, pessoal e intrínseca a cada espectador.

Por outro lado, são as nuvens/paisagens (assim como o vento nas folhagens ou a água correndo ao longo das margens) que concedem ao nosso olhar seu voo de Ícaro: quando o próprio Dédalo, mítico arquiteto do Labirinto, encontra-se prisioneiro com seu filho nessa construção cuja saída ele ignora, é através de uma artimanha aérea que eles conseguem escapar, ao "introduzir num sistema com duas dimensões uma coordenada suplementar, possibilitando assim tirar-lhe as medidas"[100]. Os "pontos de paisagem" dos filmes de Straub representam, à perfeição, uma espécie de "fundo informe" (Damisch) – como a "superfície de rostificação" (Deleuze) ou o *basso continuo* (da música barroca) no qual desfilam, como vimos anteriormente, os pontos com seus micromovimentos – nesse labirinto que se encontra por vezes despovoado de suas estranhas figuras, mas que permanece contudo assombrado pelas asas visuais (virtuais) que permitem ao nosso olhar nele passear. É como uma tela (ou um ecrã, como se diz em Portugal) que abriga o voo do olhar na imagem.

Entretanto, apesar da valiosa ajuda oferecida por esses dois "auxiliares" (o fio de Ariadne e o voo de Ícaro, ou seja, o som e a imagem, tais como oferecidos por Straub-Huillet), ainda paira sobre o espectador o risco de uma deriva mal conduzida, de um afastamento total, de uma errância em falso, circular. E como o próprio Straub admite: "queremos que as pessoas se percam em nossos filmes"[101]. Mas há ainda o risco de o espectador ser conduzido em direção a um perigo equivalente ao do Monstro que habitava o Labirinto de

Creta: cada imagem, segundo Jean-Luc Nancy, é por sua própria natureza "(de)monstrativa" ou "(de)monstrante", pois:

> a imagem é da ordem do monstro: *monstrum* é um sinal prodigioso que adverte (*moneo, monestrum*) sobre uma ameaça divina. Em alemão, a palavra para imagem, *Bild* – que designa a imagem em sua forma, em sua formação –, vem de uma raiz (*bil*) que designa uma força ou um signo prodigioso. Por isso há uma monstruosidade na imagem: ela se encontra fora do comum da presença, porque é a ostentação, a manifestação dela não como aparência, mas como exibição, atualização e destaque. O que é (de)monstrado não é o aspecto da coisa, mas através do aspecto ou saindo dele (ou então arrancando-o do fundo e abrindo-o, jogando-o para frente) sua unidade e sua força. A própria força não é outra coisa senão a unidade que amarra uma diversidade sensível. O aspecto encontra-se na diversidade, na relação estendida das partes de uma figura. Mas a força encontra-se na unidade que as reúne para projetá-las à luz do dia.[102]

Assim, cada imagem retira sua força ("de-monstrativa") de sua unidade e de sua capacidade de reunir seus pedaços a fim de projetá-los, exibindo-os, "jogando-os para frente". E isso se verifica nas imagens de Straub-Huillet pela maneira como as pessoas são colocadas em posição de espera para serem filmadas, apresentadas, dadas à visão, exibidas: sempre no "proscênio" da imagem, afrontando (confrontando) a câmera (e consequentemente, o espectador) – um efeito, aliás, reiterado nos planos de objetos e paisagens.

Trata-se, portanto, de uma unidade necessariamente heterogênea, pois, como determina Marie-Claire Ropars-Wuilleumier: "a heterogeneidade do espaço deve ser reconhecida de acordo com sua modalidade mais extrema, que se retire dele qualquer outra identidade que não seja a de uma discordância em expansão"[103]. E é essa "heterogeneidade espacial" ou essa "discordância em expansão" na imagem que justificaria, em Straub-Huillet, o fato de que as figuras apareçam tão descoladas do fundo: como se fossem projetadas numa espécie de ecrã – como aquele do *Bachfilm* em *back projection,* citado anteriormente, ou então sugerido pela abundância de paredes brancas, árvores ou muros de pedras[104]. O que entra em perfeita sintonia com a seguinte declaração de

Jean-Marie Straub: "o que tentamos fazer, a cada filme, é abrir o leque. [...] Creio que o que buscamos, conscientemente depois de *Moisés e Aarão*, é a monumentalidade [...]. A monumentalidade da personagem em relação ao cenário, a monumentalidade do cenário em relação à personagem"[105].

É assim que um verdadeiro "diálogo de gigantes" se delineia entre o ator (cuja dignidade encontra-se redobrada por seu descolamento diante de um cenário que não se reduz a um simples fundo anônimo e puramente ilustrativo) e o cenário (cuja importância é amplificada graças às trocas dinâmicas com os atores, tornando-se, por sua vez, um actante tão fundamental quanto os atores e o texto). O que acaba configurando uma espécie de espaço ecrânico[106], sobre o qual recitam, cantam e atuam as personagens e a partir do qual são geradas as imagens derivadas. Podemos comprová-lo de modo bastante explícito, por exemplo, num plano de *Não Reconciliados* e no plano-sequência que abre *Lições de História*: durante esses dois longos planos, respectivamente através das ruas de Colônia e de Roma, pessoas são vistas através do para-brisa de um carro realizando suas ações e movimentos cotidianos, como que projetadas numa tela, sendo igualmente observadas (assistidas) pelos atores que se encontram dentro dos carros, de costas (como as *Rückenfiguren* de Friedrich).

Fotogramas de *Não Reconciliados* e *Lições de História* – os espaços ecrânicos no interior da imagem.

Através desse espaço ecrânico, Straub propõe imagens-armadilha (tanto no nível visual quanto sonoro) que se encontram em perpétua metamorfose dinâmica e nas quais é permitido *voar* ou a partir das quais é possível *ver* mentalmente imagens derivadas. Mas Pierre Rosenstiehl nos tranquiliza: "o labirinto é extricável!"

Basta saber "parentesar", ou seja, fechar atrás de si cada porta toda vez que um corredor é percorrido – mas "atenção, Teseu: ao fechar uma porta, feche a última aberta"[107]. Straub consegue essa façanha ao garantir para cada plano uma autonomia relativa (ou dito de maneira metafórica: fechando cada porta que abre) diante daquele que o precede ou sucede – ao contrário do que fazem Bresson e Resnais, de maneiras distintas: o primeiro, ligando um plano a outro de modo direto; o segundo, mantendo as "portas" sempre abertas para eventuais retornos a uma mesma série.

O Ponto Estratégico e a Mensura

Assim, esse tipo de construção fílmica busca determinar não mais o bom *raccord* entre os planos (*puzzle*) nem a boa distância entre eles (mosaico), mas sua boa mensura. A noção de tessitura consiste então, no caso do cinema de Straub-Huillet, em estabelecer na imagem até que ponto podem chegar o "fundo" (sua extremidade horizontal, "grave", para empregar um termo musical) e as "figuras" (que designam, por assim dizer, seus limites verticais, "agudos"). Mas ela também consiste em definir no local da filmagem o "ponto estratégico", único, a partir do qual serão filmados todos os planos e instalados os refletores – mudando posteriormente apenas a posição da câmera e as objetivas, em relação a esse ponto[108]. Parafraseando Eugène Delacroix, "apenas os grandes artistas partem de um ponto fixo e é a essa expressão pura que lhes parece ser tão difícil retornar na execução longa ou rápida da obra"[109].

Logo, se no nível do som um espaço derivado é sugerido pelo trabalho complexo com textos ou músicas que desencadeiam imagens mentais na cabeça do espectador (diferentes daquelas, também mentais, que surgem na cabeça do cineasta: as imagens originárias), remetendo às tradições ancestrais de contadores de fábulas e lendas populares orais, no nível da imagem, constrói-se um espaço ecrânico, no qual são projetadas "figuras" (os actantes: sejam eles pessoas, objetos ou paisagens/nuvens) e onde brotam micromovimentos[110] – mas também no qual nosso olhar passeia, mais ou menos livremente.

De um lado como de outro, são imagens que escapam ao controle do cineasta e do espectador: tanto pelo aspecto sonoro (e suas derivações), quanto pelo visual (e seus passeios). Pois nesse cinema elas não fazem mais "sentido" (como o quebra-cabeça e as imagens insignificantes de Bresson), nem "cena" (como o mosaico e as imagens agentes de Resnais), mas fazem "fuga" (as imagens eloquentes de Straub sendo da ordem do labirinto): no sentido em que, ao conservar sua autonomia relativa, essas imagens nos fazem perder o fio diretor a cada instante, o que demanda uma atividade e um engajamento constantes, tanto de nosso olhar quanto de nossa audição[111].

É então através da tessitura (como forma de "reescritura" ou "releitura") que as porções se constituem, a partir da mensura e da definição de um "ponto estratégico": entre o "grave" do fundo e os "agudos" das figuras. O espectador não se encontra no papel de testemunha (identificando-se com o olhar da câmera ou de uma personagem qualquer), tampouco no de observador à distância (fora do "sistema de rastros", devendo apenas constatá-lo, alegá-lo, mas sem nenhuma certeza), porque, ainda que mantenha uma posição extremamente crítica, ele encontra aí a possibilidade de mensurar a qualidade do que lhe é dado a ver/ouvir. Desse modo, ele mede por si próprio até onde pode chegar o som (ao "reescrevê-lo", com sua capacidade pessoal e inalienável de ver as imagens mentais que dele derivam) e até onde pode chegar a imagem (ao "relê-la", com sua capacidade óptico-cinética engajada em explorar o campo da imagem, pleno de curiosidade, através de seus pontos e micromovimentos).

O cinema realizado por Straub-Huillet não é, portanto, um cinema da presença e da graça (Bresson), nem da nostalgia e do rastro (Resnais), mas da ausência e da ameaça: de afastamento, de insatisfação, de falta de centro, de perda de sentido, bem como de uma liberdade formidável, devido à sua generosidade e resistência. Por isso o cineasta nos faz partilhar com ele, através de seus filmes e de seus actantes, sua condição de exilado, de migrante, de desgarrado, de ser errante. Maurice Blanchot exprime esse sentimento de maneira brilhante, a respeito do poeta e seu risco na arte:

> Num de seus *Sonetos a Orfeu*, Rilke no desafia assim:
> *Nós, nós infinitamente arriscados...*
> Por que infinitamente? [...] O poema é o exílio, e o poeta que pertence à insatisfação do exílio encontra-se sempre fora de si mesmo, fora de seu lugar natal, pertence ao estrangeiro, ao que Hölderlin nomeia, em sua loucura, quando vê aí o espaço infinito do ritmo. Esse exílio, que é o poema, faz do poeta um errante, o eterno desgarrado, aquele que é privado da presença firme e sempre verdadeira. E isso deve ser entendido no sentido mais grave: o artista não pertence à verdade, porque é a própria obra que escapa do movimento da verdade, que sempre, de qualquer lado, a revoga, escondendo-se da significação, designando essa região onde nada permanece, onde o que aconteceu não aconteceu de fato, onde o que recomeça todavia nunca começou, lugar da indecisão mais perigosa, da confusão da qual nada advém e que, fora do eterno, é muito bem evocado pela imagem das trevas *exteriores* nas quais o homem é posto à prova do que a verdade deve negar para tornar-se a possibilidade e a via.[112]

Parte III

Três Tendências Composicionais: Puzzle, Mosaico e Labirinto

I   A Imagem-Puzzle

1. UM CINEMA DE EPISÓDIOS

Uma vez apresentadas e esmiuçadas as três formas de construção fílmica aqui exploradas, cada uma delas associada a um modelo externo (puzzle, mosaico ou labirinto) e à obra de um determinado cineasta (Robert Bresson, Alain Resnais ou Jean-Marie Straub), resta-nos agora, ao sintetizar o que foi discutido até aqui, conferir: primeiramente, se as formas identificadas e suas características principais aparecem de algum modo refletidas na obra de outros cineastas; e em seguida, se essas três formas resultam em algum tipo de sintoma mais ou menos explícito e verificável nos filmes, deixando, por assim dizer, sua marca.

Vimos através do conjunto de obras tão diversas que o cinema fatalmente demonstra seu desejo ou, antes, sua vocação para a liberdade, a fuga, a evasão. Estávamos, contudo, cientes de que o fato de utilizá-los separadamente, em relação a diferentes formas de composição cinematográfica – uma próxima da (re)composição de um puzzle, outra da construção de um mosaico e a última da exploração de um labirinto –, não impedia que pudéssemos identificar, no seio de um mesmo filme, qualidades próprias a essas três formas. Pois um filme não é algo congelado ou estável, podendo esconder ao mesmo tempo fissuras, intervalos e corredores através dos quais podem se instaurar, em diferentes momentos, a flutuação do sentido, a instabilidade das formas e a errância do olhar.

Tendo servido apenas temporariamente como catalisadores para as três formas de composição aqui analisadas, a fim de que pudéssemos apreendê-las em profundidade – e ecoando somente algumas das inúmeras questões envolvendo a construção de um filme (ou de uma obra de arte) em toda sua complexidade –, cada um desses cineastas, através de sua obra (e às vezes também de seus escritos ou declarações em entrevistas), inscreve-se seguramente numa mesma linhagem de artistas que se colocam constantemente em situação de risco, de desafio, questionando não apenas seus próprios trabalhos, mas também todo um sistema de produção artística. Assim, em vez de possibilitarem o acesso a respostas definitivas ou fórmulas prontas, eles oferecem tão somente pistas concernindo às diversas (ou mesmo infinitas) possibilidades de composição de um filme, pois embora só tenhamos escolhido explorar três delas, muito provavelmente existem muitas outras formas de construção fílmica a serem identificadas. Por outro lado, suas obras também apontam certas tendências (no sentido de uma inclinação, mas também de uma pulsão dinâmica) que as três formas aqui analisadas acabam por desencadear. Porque não se trata aqui de associar tal ou tal cineasta (a partir de um suposto "estilo" pessoal) a uma forma de composição fixa e determinada, mas de descobrir em certos aspectos de sua obra o que pode justamente emergir de universal e reconhecível em outros filmes, de cineastas oriundos de diferentes países, em diversas épocas.

Comecemos então fazendo abstração dos escritos e dos filmes de Robert Bresson, mas também de alguns de seus traços mais pessoais, especialmente os princípios teórico-práticos em torno das noções de "cinematógrafo" e "modelo". O que resta desse tipo de cinema cuja lógica de construção se aproxima tanto, como vimos, da de um quebra-cabeça? De que modo essa forma de composição pode contribuir para suscitar a emergência de uma certa tendência? Pois quando falamos aqui de tendências cinematográficas, não é absolutamente em referência a eventuais afiliações ou escolas, mas a propensões pontuais imanentes a determinados projetos de filmes (já que o cinema que prevalece em nosso estudo continua sendo aquele concebido de maneira mais artesanal que industrial) que refletem, por sua vez, um possível devir do cinema.

Os Traços do Puzzle no Cinema

Recordemos os principais traços do tipo de construção cinematográfica que se aproxima daquela realizada pela arte do puzzle de madeira:

- o filme reflete uma imagem originária, conservando em suas imagens concretas o que denominamos aqui fissuras;
- cada imagem insignificante permanece como um detalhe de uma totalidade fissurada, com ênfase não nos elementos ou nas imagens de um conjunto, mas nas relações, nas ligações diretas que aí se estabelecem;
- esse filme, cujas imagens mantêm entre si jogos (margens, folgas) e conexões (relações, ligações), compõe-se no entanto de plagas (episódios localizados) que guardam uma autonomia relativa;
- essa construção se dá por meio de uma *mise en chaîne* (um encadeamento), destacando-se dessa operação tanto uma arte da localização, que identifica as personagens ao lugar que elas ocupam, quanto uma arte do detalhe, como forma de organização do espaço fílmico por fracionamento, a partir de um espaço originário: não se tratando de contar uma história de modo detalhado, mas, ao

contrário, de mostrá-la somente através de certos detalhes, omitindo todo o resto e, consequentemente, cultivando falhas localizadas;

- ao desconstruir esse espaço originário, decupando-o, o cineasta (fabricante de puzzles) põe-se no lugar do espectador (jogador de puzzles): quando ler já é escrever;
- o que culmina num espaço testemunha (no sentido em que uma conexão insólita se estabelece entre o espectador e as imagens), organizado entre um "espaço sequencial", que relaciona todos os elementos, gestos e movimentos em cada imagem e uma imagem à seguinte (*raccords* de vizinhança direta), e um "espaço aglomerativo", que forma e relaciona as diferentes plagas (*raccords* episódicos).

Desses traços de composição surge um tipo de filme que tende a se formar por conexões diretas entre as imagens, bem como por aglomeração de episódios localizados – do mesmo modo que um puzzle pode compor-se de "plagas" verdes para as árvores e a grama, de "plagas" brancas e azuis para o céu, de "plagas" vermelhas ou amarelas para as roupas das personagens etc. Uma tendência já presente em Bresson, a partir de *Pickpocket* ou de *A Grande Testemunha*, mas que se acentua em *Lancelote do Lago* e em *O Diabo Provavelmente*, atingindo o ápice em seu último filme, *O Dinheiro*. Porém, antes de observá-la mais de perto, vejamos no que esse tipo de construção difere da de outros tipos de filmes em episódios.

Tipos de Filmes em Episódios

Ao longo da história do cinema, encontramos basicamente três tipos de filmes estruturados em episódios. Primeiramente, há o seriado, um gênero bastante popular no início do século xx: como o grande sucesso produzido pela sucursal estadunidense da Pathé (Pathé-Exchange), *Os Perigos de Paulina* (1914), ou os realizados por Louis Feuillade para a Gaumont francesa, como *Os Vampiros* (1915) ou *Judex* (1916). Nesse tipo de filme, um único universo ficcional com os mesmos protagonistas é explorado, seja em episódios temáticos fechados ou em capítulos que interrompem o fluxo narrativo em momentos de

PARTE III: TRÊS TENDÊNCIAS COMPOSICIONAIS

clímax a fim de manter certo suspense, incitando a curiosidade do espectador até o capítulo seguinte. São os antepassados dos folhetins televisivos e suas variações (séries, minisséries, *sitcoms* etc.).

Uma variante completamente distinta é o filme de esquetes, muito em voga sobretudo nos anos 1960 e 1970, especialmente na Itália, mas também na França e no Brasil. Nesses longas metragens, episódios completamente autônomos e independentes são geralmente realizados por cineastas diferentes, como curtas reunidos em torno de um elemento aglutinador comum. Ora trata-se de um tema: por exemplo, os pecados capitais (*Os Sete Pecados Capitais*, cuja segunda versão francesa, produzida em 1962, contava com esquetes dirigidos por Sylvain Dhomme, Max Douy, Édouard Molinaro, Jean-Luc Godard, Jacques Demy, Roger Vadim, Philippe de Broca e Claude Chabrol); a favela (*Cinco Vezes Favela*, realizado igualmente em 1962 por Marcos Farias, Miguel Borges, Cacá Diegues, Joaquim Pedro de Andrade e Leon Hirszman); ações fraudulentas (*As Mais Belas Escroquerias do Mundo*, de 1964, com direção de Hiromichi Horikawa, Roman Polanski, Ugo Gregoretti, Chabrol e Godard); ou uma cidade (*Paris Vista Por...*, realizado em 1965 por Jean Douchet, Jean Rouch, Jean-Daniel Pollet, Éric Rohmer, Godard e Chabrol). Ora trata-se de um motivo plástico: a figura da *femme fatale* (*Boccaccio 70*, feito na Itália em 1962 por Vittorio de Sica, Federico Fellini, Mario Monicelli e Luchino Visconti) ou uma mesma atriz interpretando em cada esquete um papel diferente, de acordo com o estilo de cada diretor (Silvana

Mangano, em *As Bruxas*, de 1967, dirigido por Mauro Bolognini, De Sica, Pier Paolo Pasolini, Franco Rossi e Visconti).

Uma terceira variante surge a partir dos anos 1990, mas retoma, em certa medida, a estrutura de um filme como *Paisá* (1946), de Roberto Rossellini. Mesclando os dois tipos anteriores, esses filmes são igualmente compostos de episódios autônomos, porém realizados por um único cineasta em torno de uma mesma temática ou motivo: seja um hotel em Memphis e a memória de Elvis Presley (*Trem Mistério*, 1989) ou os encontros inusitados num táxi, em cidades tão diversas quanto Los Angeles, Nova York, Roma, Paris e Helsinki (*Uma Noite Sobre a Terra*, 1991, ambos de Jim Jarmusch); ou então a mesma história de separação de um casal vivida de maneira bastante distinta por personagens diferentes numa mesma cidade (Hong Kong, em *Amores Expressos*, dirigido por Wong Kar-Wai em 1994) ou em cidades distintas (Nova York, Berlim e Tóquio, em *Flerte*, dirigido por Hal Hartley em 1995).

Evidentemente, alguns filmes mesclam características dessas três principais variações aqui descritas. No entanto, nenhum deles contém os traços do cinema que se aparenta ao puzzle em termos de estrutura. Pois, como vimos anteriormente, a construção em episódios ou plagas desse tipo de cinema refere-se, antes, aos afrescos de Giotto e Fra Angelico: já que em vez de contar uma história linearmente, prefere-se contá-la somente através de trechos selecionados em relação a um tipo de espaço próprio à época medieval, no qual, segundo Foucault, cada coisa ocupa seu devido lugar.

2. A SEPARAÇÃO DAS PLAGAS

Logo, não abordaremos aqui, no que concerne a esse tipo de construção, nem o filme em episódios, nem o filme de esquetes, nem o seriado. Pois se é verdade que os filmes que possuem traços do puzzle são estruturados em torno de uma única história e das mesmas personagens, seus "episódios" não chegam, contudo, a se configurar como corpos independentes, autônomos, visto que seu papel na estrutura final do filme permanece ambíguo e sutil. Daí falarmos em plagas, cujas separações (as fissuras criadas entre elas) apresentam-se de forma mais discreta, virtual, dissimulada. Elas não possuem títulos, no máximo uma espécie de subtítulo, equivalente ao dos capítulos de um romance ou dos movimentos de uma sonata; tampouco possuem novos protagonistas, pois trata-se mais ou menos das mesmas personagens numa nova aventura, num novo dia, numa nova peripécia de sua história, sem que haja rupturas drásticas com as plagas que precedem ou sucedem.

De fato, é uma estrutura que já se encontra latente em qualquer filme narrativo graças à sua construção em sequências (as chamadas unidades dramáticas que reúnem os planos), mas que se torna, nesse tipo de cinema, a premissa efetiva de um modo de transfiguração mais profundo da forma fílmica, desembocando em estruturas puzzle, cuja linearidade sucumbe, ao menos em parte, diante de uma sucessão complexa de plagas localizadas. O que se radicaliza ainda mais, como vimos, nos filmes próximos do mosaico, graças à dispersão das séries, e naqueles próximos do labirinto, nos quais uma certa autonomia acaba atingindo cada plano (e não um conjunto deles).

Essa espécie de transfiguração é pressentida em Bresson, notadamente em *O Dinheiro*, mas também em *Francisco, Arauto de Deus* (1950) de Roberto Rossellini, um exemplo de filme que se desdobra justamente através de uma sucessão de plagas (os chamados *fioretti* do próprio título original do filme), curtos relatos narrando as aventuras e desventuras de São Francisco de Assis e seus companheiros. Em eco aos afrescos de Cimabue e Giotto, que representam determinadas passagens da vida do santo (e que, inclusive, aparecem num prólogo ao filme presente na cópia projetada no Festival de Veneza, em 1950, e depois comercializada nos Estados Unidos, em 1952), somente alguns trechos selecionados da vida das personagens são apresentados, conservando-se sua abertura e seu caráter "local", mas sem que qualquer laço estrito, cronológico ou outro, seja mantido entre os episódios autônomos.

É o dispositivo de ação-reação que frequentemente anima a sucessão de planos de um filme (presente aqui, mas no interior de cada episódio) que se desliga, digamos, de uma plaga a outra. O que não impede, entretanto, que os planos permaneçam bem colados e que as personagens atravessando as diferentes plagas continuem sendo as mesmas. O que muda, efetivamente, é a relação mantida entre uma plaga e aquela que a precede ou sucede: seu encadeamento torna-se mais embaçado, mais incerto, o que nos deixa sem saber se tal momento ocorreu logo antes ou logo depois do outro, ou ainda com dias ou anos de distância. Assim, se somos tranquilizados pelos planos que se sucedem de maneira ordinária e linear no interior de um mesmo episódio, por outro lado ficamos perdidos a cada mudança de plaga – embora os subtítulos sirvam, nesse filme de Rossellini, como indicação explícita da separação dos episódios, através de curtos textos que anunciam o tema do seguinte. Por exemplo: "Do maravilhoso encontro de Santa Clara com São Francisco em Santa Maria dos Anjos" ou "Como o irmão Ginepro foi condenado à morte e como sua humildade venceu a ferocidade do tirano Nicolau".

Del meraviglioso incontro di Santa Chiara con Santo Francesco in Santa Maria degli Angeli.

Come frà Ginepro fu giudicato alle forche e come la sua umiltà vinse la ferocia del tiranno Nicolaio.

Porém, a existência de intertítulos não chega a amenizar o desconforto do espectador. Aliás, encontramos outros filmes igualmente estruturados em plagas nos quais os intertítulos contêm, além de um texto conciso identificando cada episódio, a data exata em que ocorre o evento,

Fotogramas de *Francisco: Arauto de Deus* – cartelas que indicam as plagas a seguir.

como em *Andrei Rublev* (1966), de Andrei Tarkóvski, ("Teófanes, o Grego, Ano 1405" ou "A Paixão Segundo Andrei, Ano 1406"). Entretanto, nada muda ao nível da apresentação dos episódios e de sua relativa autonomia, uns em relação aos outros, pois uma plaga, ao contrário de uma sequência, não responde diretamente a outra, dispondo de um início e de um fim.

Outra maneira de se empregar intertítulos para separar as plagas consiste em colocar o texto escrito não sobre uma tela preta, neutra, mas sobre uma imagem, ainda que estática, que se refira ao que é dito ou escrito. Por exemplo, no filme de Manoel de Oliveira, *Palavra e Utopia* (2000), intertítulos indicando o nome do local ou da cidade em que o Padre Antônio Vieira se encontra em diferentes momentos de sua vida (às vezes com uma data) são sobrepostos a uma imagem pintada ou a um antigo mapa da cidade em questão.

Fotogramas de *Palavra e Utopia* – intertítulos sobrepostos a imagens separam plagas.

Tipos de Fissuras

Outras formas de separação de plagas, ou de inscrição de fissuras mais sutis entre elas, podem ser igualmente empregadas. Uma vez que não se faz mais apelo, como no cinema silencioso, a intertítulos dispostos entre dois episódios, tenta-se encontrar um substituto de outra natureza. Porque para alguns desses "filmes com plagas" parece necessário definir bem as fronteiras que as separam: daí o uso de títulos internos (estes, sim, autênticos "intertítulos") para designar cada plaga da narrativa, sejam eles escritos, falados ou cantados.

Por exemplo, em *A Ronda* (1950), de Max Ophuls, é uma das personagens (uma espécie de mestre de cerimônias) que adverte o espectador e conduz os protagonistas de um episódio a outro: e ela o faz não apenas comunicando em voz alta cada "intertítulo" para a câmera, mas também escrevendo-o na claquete que ela própria maneja. Assim como num filme de Joseph Losey, *Galileu* (1975, adaptado da peça de Bertolt Brecht), as passagens entre os diferentes momentos da vida de Galileu Galilei são pontuadas por um coro de três garotos que aparecem de quando em quando diante da câmera com a única função de literalmente cantar o tema e a data correspondentes ao episódio seguinte, sempre vestidos a caráter e às vezes interpondo-se entre a câmera e os protagonistas do filme.

Fotogramas de *A Ronda* e *Galileu*.

Contudo, outros filmes imprimirão os títulos de seus episódios na própria imagem dos atores ou de um cenário. É o que acontece no filme de Agnès Varda, *Cléo de 5 às 7* (1961), inteiramente construído dentro de um intervalo de tempo bem preciso, cujo desenrolar é progressivamente lembrado ao espectador através de legendas sobre a imagem: que não apenas determinam a hora e os minutos exatos durante os quais a ação de um certo capítulo (*Chapitre*) se desenrola no tempo total do filme, como também dão nome à personagem que ocupa a tela no momento de sua aparição – ora Cléo, se ela permanecer sozinha em determinada plaga, ora aquele ou aquela que a acompanhará durante o episódio em questão.

Fotogramas de *Cléo de 5 às 7*.

PARTE III: TRÊS TENDÊNCIAS COMPOSICIONAIS

Algo semelhante ocorre no filme de Rainer Werner Fassbinder, *A Terceira Geração* (1979), cujas seis partes (*6 Teilen*) abrem-se com textos recolhidos em banheiros públicos berlinenses, literalmente transcritos na imagem vista e meticulosamente identificados (localizados).

Fotogramas de *A Terceira Geração*.

Outros filmes implantarão ainda os intertítulos das diferentes plagas no interior de seu espaço diegético, como se fizessem parte da própria narrativa. Um procedimento ilustrado de maneira primorosa pelo filme *Gaviões e Passarinhos* (1966), de Pier Paolo Pasolini, que separa as diversas aventuras da dupla de cômicos Totó e Ninetto Davoli: de um lado, através da imagem recorrente de sua caminhada pela estrada, frequentemente acompanhados por um corvo falante e passando às vezes por placas que indicam direções improváveis; de outro, pela inserção de palavras que designam, no interior das próprias imagens, o tema do episódio. Por exemplo, os dizeres *spettacoli volanti* pintados na lateral de um carro quando eles cruzam uma trupe de teatro ambulante, ou então os cartazes do "1º Convegno dei Dentisti Dantisti", colados num ônibus na entrada de um "Congresso de Dentistas Dantescos" que eles acabam visitando.

Fotogramas de *Gaviões e Passarinhos*.

Fotogramas de *Sob o Sol de Satã* – fim de uma plaga e início da seguinte.

De um modo ou de outro, é sempre através de palavras que esses filmes distinguem seus respectivos episódios: ora pelo emprego de intertítulos típicos do cinema silencioso, ainda que cumprindo funções diversas, ora pelos diferentes tipos de "intertítulos" falados, cantados ou escritos, como acabamos de ver. No entanto, há outros filmes compostos por plagas, como os de Bresson, que não apelam às palavras nem às separações explícitas de suas partes, trabalhando de maneira mais sutil essa composição fissurada.

A Ausência de Intertítulos

Filmes como *Processo de Joana d'Arc*, *A Grande Testemunha* e *O Dinheiro* não apresentam qualquer "intertítulo" separando seus diferentes episódios. Ao contrário, tudo se passa como se nada de estranho estivesse acontecendo: o filme avança naturalmente de um episódio a outro, sem fazer alarde de seu descompasso, sem expor suas fissuras. O que não impede que as distinções entre as plagas, as passagens de um episódio a outro existam, ainda que de modo discreto.

É o caso de um filme como *Sob o Sol de Satã* (1987), de Maurice Pialat, no qual acompanhamos em paralelo a história de um padre (Gérard Depardieu) mergulhado em profunda angústia espiritual e a de uma jovem inquieta e revoltada (Sandrine Bonnaire). Apesar de as duas personagens se cruzarem em dado momento, ambas são apresentadas durante toda a primeira parte do filme de maneira completamente independente, sem travarem qualquer contato. Após doze minutos de projeção e várias sequências com o padre, o filme muda de protagonista e de história, sem qualquer plano de transição: surge, então, a jovem que acompanharemos durante uns vinte minutos, quando o padre enfim reaparecerá, sempre sem qualquer relação com a moça ou sua história. Somente mais tarde, e de modo inusitado, os dois "núcleos" do filme partilharão uma pequena parcela da narrativa, antes que seus caminhos novamente se separem, revelando uma estrutura tão sutil quanto surpreendente.

Logo, há filmes que, sem recorrer a palavras ou títulos, tornam ainda mais patente sua composição em episódios. Uma composição "não declarada", porém marcada pela separação de suas plagas. É o caso de alguns filmes de Luis Buñuel, como *A Via Láctea* (1969) e *O Fantasma da Liberdade* (1974), e de Federico Fellini, especialmente: *Satyricon* (1969), *Roma* (1972), *Amarcord* (1974) e *Casanova* (1976). Sejam eles "biográficos" (ou "autobiográficos") ou revelando um percurso iniciático ou de viagem, todos possuem em comum o fato de serem compostos, em sua integralidade ou quase, por plagas no interior das quais os planos colam-se perfeitamente, nem sempre conseguindo ocultar suas fissuras, percebidas justamente graças a essa estrutura ao mesmo tempo linear (encadeada) e episódica. Uma vez revelada essa estrutura e analisadas algumas constantes das plagas, só nos resta agora questionar as imagens que as compõem.

3. AS IMAGENS-PUZZLE

Assim se constitui um filme próximo do puzzle: a partir de uma construção fílmica que privilegia o encadeamento cerrado dos planos, mas também a aglutinação de plagas cuja autonomia relativa, localizada, pode se revelar de modo mais ou menos explícito. Mas será que isso nos autoriza a falar em imagem-puzzle? A resposta seria negativa se considerássemos que nesse tipo de cinema o essencial reside nas ligações entre os planos (as imagens "insignificantes"); mas a reposta pode ser positiva se nos lembrarmos que algumas dessas imagens sempre guardam (e "denunciam") suas fissuras.

Tomemos como exemplo uma imagem fixa, como um quadro célebre, uma fotografia ou uma ilustração qualquer. Supondo que ela seja recortada (decupada) como um puzzle – o que em inglês designa-se pela expressão *jigsaw puzzle*, ou seja, uma imagem recortada em pequenos pedaços com uma serra tico-tico[1] –, remontada e enquadrada para ser posta na parede de casa, notaremos sempre, e antes de tudo, suas "cicatrizes": as fissuras que não podem ser dissimuladas.

Exemplos de puzzles de madeira anônimos (século XIX e c. 1933).

Além disso, há ainda uma outra expressão em inglês utilizada para designar um puzzle representando uma imagem qualquer, como a reprodução de um quadro ou foto de estrela de cinema: é a chamada *picture puzzle*[2]. Ao contrário dos antigos "puzzles mecânicos" (conjuntos tridimensionais em madeira, de origem grega, que só funcionam por encaixes puros, sem imagem) e do *tangram* ou "puzzle chinês" (conjunto de sete peças geométricas em madeira com as quais são formadas figuras em silhueta), os *picture puzzles* (puzzles de imagem, em tradução literal) partem, invariavelmente, do recorte de uma imagem preexistente, que só será redescoberta a partir do encaixe correto e exato das peças, do qual não resultam várias possibilidades, mas somente uma.

Essa imagem preexistente (que no cinema próximo do puzzle é sobretudo mental: a imagem originária) determina, desse modo, não apenas o ponto de partida para a decupagem (pelo fabricante do puzzle), como o de chegada para a montagem (pelo jogador do puzzle). Porém, vimos com Bresson que é a *intensão* entre essa imagem originária e a imagem concreta do filme finalizado que acaba engendrando fissuras, análogas às "cicatrizes" dos puzzles de imagem. A grande diferença é que, nos últimos, as fissuras são visíveis no interior da própria imagem, entre as peças, enquanto num filme elas só se tornam visíveis entre as imagens, através de suas ligações – e, mais precisamente ainda, entre as plagas.

Os Puzzles de Imagem e as Imagens Enigmáticas

O que mais chama a atenção num puzzle de imagem é justamente seu caráter de quebra-cabeça suplantando a própria imagem, com suas fissuras bem evidentes[3]. E sua imagem imperfeita, cheia de "cicatrizes", de certo modo nos repele assim que a olhamos. Entretanto, há igualmente imagens que, sem ter sofrido qualquer "fratura" aparente, adquirem valor de puzzle (ou simplesmente de enigma), intrigando *a posteriori*, durante o processo de leitura experimentado pelos que as observam: trata-se particularmente de pinturas cuja exegese é considerada "difícil" ou altamente arriscada e fugidia, frustrando várias gerações de historiadores da arte[4].

É o caso do *Jardim das Delícias Terrenas* (1490-1510), de Hieronymus Bosch, ou da *Tempestade* (1500-1510), de Giorgione. Esses dois quadros – sob diversos pontos de vista, muito diferentes, apesar de quase contemporâneos – permitem justamente observar a importância atribuída pelos dois artistas aos "detalhes localizados", ao seu encaixe preciso (ainda que às vezes inexplicável), à sua disposição em plagas e ao seu aspecto irreal (embora partam, pelo menos em aparência, de elementos extremamente concretos), o que torna lugares e objetos, a princípio banais, praticamente irreconhecíveis. Algo inteiramente condizente com os principais traços de um cinema próximo do puzzle, tais como apresentados e examinados nos capítulos anteriores, através da obra e do pensamento de Robert Bresson. E se por um lado não existem fissuras visíveis, o mesmo princípio que orienta a arte do puzzle encontra-se aí quase incólume: a confecção da imagem pelo fabricante (no caso, o pintor) anteciparia, por assim dizer, as dificuldades de leitura infligidas ao jogador (aquele que observa o quadro, tentando interpretá-lo).

Entretanto, o que há em comum entre esses dois tipos de imagem – o puzzle produzido a partir de uma imagem qualquer e a imagem tornada puzzle por seu caráter enigmático – é que a imagem original sofre, aqui como ali, uma espécie de violência, comparável a uma agressão: no primeiro caso, de ordem física, através do recorte com a serra; no segundo caso, de ordem semântica, através das diversas tentativas de interpretação, conduzindo por vezes a impasses ou mesmo culminando em absurdos. Trata-se, portanto, em ambos os casos, de imagens levadas à própria ruína: o puzzle de imagem ao expor suas cicatrizes e a imagem enigmática ao dissimulá-las. De todo modo, a lição tirada dessas correspondências permanece clara: seja real ou imaginário, visível ou oculto, o corte (enquanto ação de

Bosch, *O Jardim das Delícias Terrenas* (1480-1510) painel central, e Giorgione, *A Tempestade* (1500-1510).

cortar ou de [de]talhar) fala menos da própria imagem do que da maneira pela qual ela é percebida. Ao mesmo tempo, o fato de a imagem ser recortada ou interpretada não muda em absolutamente nada sua relação com o que lhe é imposto, em termos de forma e/ou de sentido, e que ela insiste muitas vezes em negar, perpetuando-se como imagem rebelde e, em si mesma, insignificante.

Do Puzzle de Imagem à Imagem-Puzzle

Retornando às imagens cinematográficas, percebemos que se elas não deixam transparecer suas fissuras do mesmo modo que os puzzles de imagem, ou seja, visivelmente e interiormente, elas o fazem na transição de uma plaga a outra. As fissuras esgarçam-se, portanto, entre uma imagem e outra, e mais profundamente entre o fim de uma plaga e o início de outra. Daí algumas imagens desempenharem no cinema um papel equivalente ao das peças de um puzzle de imagem: ao constituir uma plaga que se distingue das demais por suas cores e linhas (sua forma) ou simplesmente pelo que mostra (seu conteúdo). Logo, isso não se aplica a toda e qualquer imagem cinematográfica, mas a imagens específicas que operam na distinção das plagas, indicando, assim, rupturas no encadeamento dos planos.

Por outro lado, elas podem intrigar por ao menos duas boas razões. Primeiramente, por seu papel de "imagens não significantes" (Bresson) que só chegam a "fazer sentido" associando-se a outras imagens, num conjunto dividido em plagas, ou seja, não apenas uma imagem associada a outra (como em Eisenstein com sua fé numa "montagem dialética"), mas a várias: o sentido vindo aqui não do "choque" produzido entre duas imagens, mas do acúmulo de "informações" engendradas pelo desenrolar da plaga. Em segundo lugar, por seu aspecto algo enigmático, irreconhecível (ainda que bem distante do "terceiro sentido" barthesiano), justamente porque uma vez mais esse aspecto não se encontra no seio de uma única imagem fixa (de um fotograma ou de um plano), mas na relação entre várias imagens. Paradoxalmente, a mesma relação que lhes garante um mínimo de sentido também pode torná-las ainda mais enigmáticas.

Logo, a imagem-puzzle nasce significativamente desse paradoxo próprio à lógica do puzzle: apesar do encadeamento perfeito das peças (ou das imagens), o enigma persiste de tempos em tempos, assim como no puzzle de imagem, a cada mudança de plaga. O jogador do puzzle pode se perguntar: "mas de onde vem esta peça preta, quando até aqui tudo era azul ou branco?" Da mesma forma, o espectador também pode desconfiar da súbita aparição de um mastro de madeira, em *Lancelote do Lago*, de Bresson, quando até ali ele acompanhava na tela o deslocamento e a conversa de cavaleiros numa floresta, pois sua capacidade de localização diante do filme encontra-se, então, bruscamente abalada.

Fotogramas de *Lancelote do Lago* – fim de uma plaga e início da seguinte.

Sendo assim, a primeira e a última imagem de uma plaga constituem imagens-puzzle: no sentido em que elas reproduzem o mesmo efeito de surpresa, ao inscrever rupturas mais ou menos perturbadoras no fluxo (formal e/ou narrativo) do filme, e ao instilar no espectador uma inquietação que pode durar de uma fração de segundo a vários minutos. Porém, contrariamente ao choque provocado pelos intervalos do mosaico que, como veremos posteriormente, repete-se praticamente de um plano a outro, sem "fazer episódio", como diria Jean-Marie Straub, aquele desencadeado pelas fissuras do quebra-cabeça e atestado pelas imagens-puzzle permanece apaziguado durante o desenrolar do episódio, graças ao encadeamento direto entre os planos.

Elas constituem, portanto, rupturas intermitentes, localizadas na fronteira entre as plagas. E enquanto todos os tipos de "intertítulo" (com um mestre de cerimônias, as legendas colocadas na imagem etc.) só servem para explicitar e reforçar de diferentes maneiras as fissuras que separam os episódios (ao mesmo tempo que as mascaram, preenchendo-as), as imagens-puzzle, por sua vez, fazem-se notar sem qualquer ajuda externa, somente através das transições das plagas, indicando menos as fissuras do que as diferenças gritantes de cada plaga – afastando, assim, a ideia ou a impressão de um conjunto perfeito, homogêneo.

Por isso, não se deve confundir os dois: as fissuras não são necessariamente marcadas por "intertítulos", enquanto as imagens-puzzle aí se encontram, sempre sinalizando sua presença. Logo, são as imagens-puzzle – que, aliás, podem às vezes coincidir com os "intertítulos" (por exemplo, no filme de Losey citado acima) – que rompem efetivamente com uma suposta linearidade na composição fílmica ao estabelecer rupturas entre as plagas, mas também, e sobretudo, ao instaurar desacordos localizados entre um plano e outro, pertencentes a plagas distintas. É o que percebemos no final de *A Vadia* (1978) de Jacques Doillon: de fato, de um plano a outro, não é apenas a cor da blusa da protagonista que muda, mas também a roupa do rapaz que acabou de deixá-la, assim como a sequência lógica da narrativa (suposta e esperada) que é surpreendentemente sacudida (entendemos em seguida tratar-se de uma elipse temporal nunca anunciada ou preparada).

Fotogramas de *A Vadia* – fim de uma plaga e início da seguinte, a derradeira do filme.

A imagem-puzzle representa, assim, plenamente, o primeiro sintoma ou o primeiro passo (ainda modesto, mas já radical) de um cinema em busca de desestabilização, de fuga. Um "filme-puzzle" ou um "cinema-puzzle" em si não existe. Existem apenas imagens-puzzle, aqui e ali, mesmo em filmes não inteiramente compostos de plagas, e só as percebemos através de um choque que nos intriga pela percepção de uma ruptura misteriosa.

Um último exemplo emblemático, tão impressionante quanto esclarecedor, encontra-se num filme de Hiroshi Teshigahara, *A Face de um Outro* (1966): como no filme de Pialat mencionado acima, mas de maneira ainda mais drástica, ao final de 27 minutos de projeção, uma plaga é literalmente invadida por outra. Abandonamos os protagonistas do filme até então (um homem sem rosto e sua esposa) para acompanhar uma moça que tem metade do rosto desfigurado, apresentada sem qualquer preâmbulo, através de uma imagem (filmada com uma janela de formato diferente da do restante do filme, o que produz tarjas pretas) que se deixa escorrer progressivamente sobre a do casal. Como as peças de um puzzle, as duas imagens incrustam-se até que uma acaba engolindo a outra, selando definitivamente o encaixe perfeito das plagas. Enfim, é a manifestação figural do puzzle no fílmico.

Fotogramas de *A Face de um Outro* – o encaixe perfeito das plagas e a manifestação figural do puzzle no fílmico.

II   A Imagem-Mosaico

1. UM CINEMA DE VESTÍGIOS

Em seu curso de introdução às teses de Henri Bergson sobre o movimento, a partir das quais ele reconhecerá os estreitos laços que unem o pensamento ao cinema (e que servirão de base a seus dois volumes dedicados a uma filosofia deste último[1]), Gilles Deleuze descreve da seguinte maneira a importância do conceito de "tendência" no pensamento bergsoniano:

> O mundo em que vivemos é um mundo de misturas [...] Na experiência, só existem mesclas. [...] Qual é a tarefa da filosofia, então? É muito simples: analisar. Mas o que quer dizer *analisar* para Bergson? [...] Analisar será buscar o *puro*. Numa mescla dada, significa liberar... o quê? Os elementos puros? Não, [...] não há elementos puros. A única coisa que pode ser pura é uma *tendência* que atravessa a coisa. Logo, analisar a coisa é liberar as *tendências puras* [...] nas quais ela se divide, que a atravessam, que a entregam. [...] É o que Bergson denominará *intuição*: descobrir as articulações da coisa. Mas será que posso dizer que a coisa se divide em várias tendências puras? Não, [...] o puro só existe sozinho. [...] Uma coisa se decompõe em uma *tendência pura* que a impele e uma *impureza* que a compromete, uma *impureza* que a interrompe.[2]

Esse raciocínio de Deleuze resume bem o espírito de nossa busca: pois o que está em jogo aqui não é destrinchar as obras (os filmes) a fim de torná-las mais "compreensíveis", seja ao nível da forma ou do conteúdo, mas identificar o que elas podem evocar ou revelar como "tendências puras" (para empregar o termo de Deleuze/Bergson), evitando ao mesmo tempo uma forma congelada, graças às suas "impurezas". Somos levados a constatar, através dessa busca, que quanto mais formas de composição fílmica existirem, mais distintas e numerosas serão as tendências cinematográficas a insuflar-lhes "vida". Contudo, seguindo a sugestão de Bergson, tal como Deleuze a apresenta, basta que identifiquemos uma única tendência "pura" ou principal que emane de alguma das três categorias de construção fílmica analisadas até o momento: uma primeira, própria à (re)composição de um puzzle (já abordada no capítulo precedente); uma segunda, próxima da construção de um mosaico (que observaremos no presente capítulo); e uma última, similar à exploração de um labirinto (a ser analisada no capítulo seguinte).

Qualquer uma dessas categorias só atesta, finalmente, uma resistência nítida ao incontestável fracasso da vocação maior (da "tendência pura"?) do cinema: a de tornar-se pensamento por imagens e sons e não apenas espetáculo de imagens e sons [3]. É a busca quase desesperada do que pode ainda restar de poético nesse pensamento (alimentado pela própria realidade que ele deve representar) que parece animar o tipo de cinema que exploramos aqui.

Seu aspecto espetacular sendo, assim, uma impureza entre outras, que se apresenta no intuito de comprometer ou interromper esse pensamento; assim como um determinado aspecto pensativo não passaria de impureza para outro tipo de cinema, dedicado fundamentalmente ao espetáculo.

O filme partidário de uma tendência ou de outra torna-se, então, a arena privilegiada na qual definem-se essas duas supremacias divergentes, com suas respectivas impurezas. Desse modo, seja guiado pelo pensamento ou pelo espetáculo (o que não chega a ser excludente, visto que falamos aqui de uma "tendência pura" que permanece, contudo, sempre acompanhada de suas "impurezas"), o filme assume sozinho as consequências de sua escolha: selando para si mesmo seu estandarte, sua marca, assim como sua salvação e sua perdição.

Mas abandonemos por ora essa digressão filosófica, fazendo igualmente abstração dos filmes de Alain Resnais, a fim de podermos discernir melhor, dentre os traços de um cinema próximo do mosaico, uma "tendência pura" que revele sua sorte.

Os Traços do Mosaico no Cinema

Primeiramente, recordemos os principais traços do tipo de construção fílmica que se aproxima daquela empregada pela arte do mosaico:

- o filme apresenta-se como uma imagem-síntese, lacunar, composta de imagens-células entre as quais são conservados intervalos;
- a imagem cinematográfica agente existe como fragmento de uma totalidade heterogênea, um lugar de memória que serve para remeter a outras imagens, adjuntas a ela: com ênfase nas relações mais distantes (mnemônicas);
- esse filme, cujas imagens operam saltos (conexões longínquas), compõe-se de séries (posicionadas no interior de uma rede) que se entrecruzam;
- essa construção se dá, assim, por uma *mise en réseau*: consistindo em uma arte da situação, que espalha as personagens e os

lugares, situando-os em relação a uma rede que ultrapassa os limites espaço-temporais das cenas, e em uma arte do fragmento, como forma de organização do espaço no filme por disjunção, a partir de um espaço imaginário, no qual não importam mais os detalhes de uma mesma coisa (um corpo, um objeto, um lugar), mas os fragmentos de coisas distintas, partilhando por vezes uma mesma sequência de imagens, umas transbordando nas outras;

- ao sugerir esse espaço imaginário, o cineasta (mosaísta) oferece ao espectador uma "arquiescritura" composta de fragmentos, através da qual transitam tanto imagens como lugares de memória quanto lugares como imagens da memória;
- o que culmina num espaço escritural, organizado entre um caráter fixista (estabilização de gestos e figuras pelo emprego de imagens estáticas e pelos ecos entre duas imagens ou dois filmes) e um caráter dinamista (instabilidade provocada pelas repetições alteradas).

O filme resultante desses traços de construção tende, portanto, a se compor de séries de imagens que se espalham e se entrelaçam, formando assim uma rede. Isso se manifesta graças a uma extrema desconfiança diante do desaparecimento das imagens: pois as imagens, no cinema, nunca estão mortas – é, antes, a vida que precisa ser salva, e não as imagens[4]. Estas permanecem em "modo de espera" (em *stand by*), situadas numa espécie de limbo imaginário: uma zona da qual as imagens podem ser convocadas e para a qual elas retornam a cada vez, após terem sido utilizadas. Trata-se, portanto, de um tipo de construção fílmica que busca nesse limbo (como num arquivo infinito) imagens adormecidas: imagens tornadas célebres ou escondidas no esquecimento. E esse resgate pode tanto se restringir (concretamente) a um único filme, quanto estender-se (virtualmente) a todo o cinema e mesmo para além dele. É o caso, como vimos, dos filmes de Resnais, mas também de muitos outros. Vejamos, então, que formas pode assumir esse ato de recuperação de imagens.

PARTE III: TRÊS TENDÊNCIAS COMPOSICIONAIS   250

Vias Para as Imagens Recicladas

Diferenciemos, muito rapidamente, três vias principais de utilização pelo cinema daquilo que normalmente denominamos "imagens de arquivo" (ou o que em inglês é designado como *found footage*). Foi particularmente o cinema de cunho experimental que se dedicou de modo mais rigoroso e sistemático à recuperação de imagens recicladas, ao mesmo tempo deslocando suas funções e seus lugares de origem.

A primeira via é a do desvio semântico, através da qual o cineasta debruça-se sobre um filme específico, mas não necessariamente antigo, do qual são pinçadas algumas imagens, a fim de serem desvirtuadas ao adquirirem um sentido completamente distinto do original, graças a uma nova montagem. É o caso de *Rose Hobart* (1936), de Joseph Cornell, releitura de um filme B de George Melford, *East of Borneo* (1931), a partir da reapropriação, de modo obsessivo, das imagens de sua atriz preferida, que dá nome a seu filme, a despeito de uma possível narrativa. Mas é também o caso do filme de Martin Arnold, *Alone: Life Wastes Andy Hardy* (1998), no qual opera-se um trabalho rítmico minucioso a partir de centenas de imagens de três filmes da série estadunidense *Andy Hardy* (1937-1958, com Mickey Rooney e Judy Garland), transformando o inocente beijo de um filho no rosto de sua mãe numa cena de exacerbado erotismo[5].

Fotogramas de *Rose Hobart* e *Alone: Life Wastes Andy Hardy*.

A segunda via é a da ruína física, através da qual a degradação das imagens (e sobretudo daquelas oriundas dos primórdios do cinema, portanto submetidas por muito mais tempo às intempéries e às formas inadequadas de conservação) serve ao mesmo tempo como veículo e testemunha de sua resistência. O agenciamento estético bastante sofisticado recebido por essas imagens (graças, por um lado, aos sinais de sua própria decomposição e, por outro, ao tratamento visual e sonoro a que são submetidas posteriormente, pela montagem e pelo emprego de música) lhes confere uma espécie de sobrevida de uma riqueza plástica impressionante, ainda que distante de seus estados e funções originais. Dentre os exemplos mais surpreendentes, a obra de Bill Morrison permanece uma das mais bem sucedidas, tomando de empréstimo aos pedaços de película em nitrato em avançado estado de deterioração a matéria-prima que dá forma a seus poemas visuais musicados, como o longa *Decasia* (2002) ou os curtas *The Mesmerist* (2003) e *Light is Calling* (2004), ambos criados a partir de sequências tiradas de um mesmo filme de James Young, *The Bells* (1926).

Fotogramas de *Decasia* e *Light is Calling*.

Esses são filmes compostos de imagens-fantasmas, que ainda chegam a comunicar algo, apesar de sua decadência (ou melhor dizendo, graças a ela). E isso é percebido a despeito de sua curta duração – por exemplo, no filme que não dura mais que um minuto de Gustav Deutsch, *Tradition ist die Weitergabe des Feuers und nicht die Anbetung der Asche* (1999) – ou mesmo em obras que não sejam inteiramente constituídas de imagens em decomposição – como o filme de seis horas e meia de Ken Jacobs, *Star Spangled to Death* (2003), composto em grande parte de *found footage*.

A terceira via, enfim, é a do resgate histórico, através da qual imagens do passado de povos condenados à exploração e ao desastre são recuperadas numa espécie de redenção *post-mortem*. É o caso de filmes cujas imagens são encontradas em arquivos documentais "oficiais" (museus, cinematecas, arquivos nacionais etc.), mas também, e sobretudo, em coleções particulares de filmes amadores (de família ou de guerra). Além do pioneiro Artavazd Pelechian, seguem igualmente por essa vereda cineastas como Angela Ricci Lucchi e Yervant Gianikian, que criam a partir de imagens recicladas verdadeiros afrescos trágicos, notadamente no que diz respeito aos absurdos do colonialismo – por exemplo, em *Do Polo ao Equador* (1986) – e da Primeira Guerra Mundial – através de sua "Trilogia da Guerra", composta por *Prisioneiros de Guerra* (1995), *Nos Picos Há Paz* (1998) e *Oh, Homem!* (2004).

Fotogramas de *Do Polo ao Equador* e *Oh, Homem!*

253

Também por esse caminho segue Péter Forgács, fundador em 1983 do Private Photo & Film Archives Foundation, em Budapeste, e realizador da série *Private Hungary*, feita a partir de antigos filmes de família em 8 mm, bem como de *Meanwhile Somewhere... 1940-1943* (1994), no qual ele associa às imagens provenientes de um macabro ritual praticado pelos nazistas na Polônia cenas da vida cotidiana na Europa, no mesmo momento.

Seja por uma via mais lúdica, poética ou ideológica, esse cinema que se dedica apenas a imagens encontradas em coleções (públicas ou privadas) nem por isso confia cegamente nelas. Logo, se por um lado essas três vias lançam um olhar fresco sobre as imagens do passado, salvando-as do esquecimento ao reabilitá-las em um novo contexto fílmico, por outro, elas continuam, apesar de tudo, pertencendo a um registro de "imagens de arquivo": distantes de nós por sua textura, seus traços de velhice, mas ao mesmo tempo reunidas por seus "laços de parentesco", já que esses filmes recorrem a imagens recicladas, sejam elas em sua origem mais ou menos documentais ou ficcionais, profissionais ou amadoras, públicas ou domésticas. O que as afasta, de qualquer modo, de uma construção próxima daquela do mosaico no cinema é o fato de que no caso de Resnais, como vimos, as imagens aqui denominadas recicladas recuperam, por assim dizer, outras imagens que não o são, dispondo-as em séries que compõem uma rede.

2. A RESSURREIÇÃO DOS FANTASMAS

O filme *Oh, Homem!* (Ricci Lucchi e Gianikian) expõe um desfile de atrocidades de guerra inscritas nos corpos dos soldados (filmados em hospitais e asilos logo após a Primeira Guerra Mundial), ordenado por temas de acordo com diferentes tipos de mutilação: olhos, narizes ou bocas, orelhas, membros etc.[6] De modo semelhante, o filme em duas partes de Gustav Deutsch, *Film ist: 1-6* (1998) e *7-12* (2002), apresenta imagens recicladas de origens diversas, mas igualmente dispostas em blocos temáticos: 1. *Movimento e Tempo*, 2. *Luz e Escuridão*, 3. *Um Instrumento*, 4. *Material*, 5. *De Relance*, 6. *Um Espelho*, 7. *Cômico*, 8. *Magia*, 9. *Conquista*, 10. *Escrita e Linguagem*, 11. *Sentimentos e Paixões*, 12. *Memória e Documento*[7].

Ora, essa organização aproxima-se muito mais das plagas (episódios) encontradas em um filme de Bresson do que das séries da construção em mosaico, tal como vimos em Resnais. Pois para "fazer rede" é necessário que as séries temáticas de imagens sejam espalhadas e entrecruzem-se, a fim de que o vaivém provoque curtos-circuitos mnemônicos próprios a uma rede, quebrando continuamente o fluxo (narrativo/plástico). Além disso, esse pré-requisito torna-se tanto mais fundamental no que concerne a esse tipo de construção quando admitimos o emprego de imagens recicladas como sendo unicamente a ilustração primeira e mais evidente da recuperação de imagens em geral. Assim, o que prevalece aí é o agenciamento em séries compondo uma rede, independentemente do tipo de imagem utilizada.

Existem, portanto, em determinados filmes, imagens que partem e retornam, mas segundo duas ordens distintas: há as imagens que tratamos aqui como recicladas – oriundas de outros filmes (imagens dos primórdios e de arquivos, mas também publicitárias, de séries B etc.) ou fotográficas – e aquelas que qualificaremos como retornantes – ou seja, originárias de uma mesma série, no interior de uma obra, que se interrompe com intervalos de distância. Enquanto as primeiras pressupõem uma espécie de memória coletiva do cinema, as segundas, ao contrário, dependem de uma memória individual do filme – ecoando a máxima de Dominique Paini: "o cinema é fundado sobre o princípio de uma imagem que persegue a outra, conservando sua memória"[8].

Aliás, encontramos filmes inteiramente compostos de imagens retornantes, que se apoiam na memória individual do espectador ao longo da projeção. É o caso da obra de Peter Watkins, que descreve a vida do famoso pintor norueguês *Edvard Munch* (1974) através de séries que se espalham e se entrelaçam do início ao fim do filme, garantindo assim uma extrema fluidez durante seus 221 minutos, graças ao frescor que emana das imagens que reincidem repetidamente. Não resta, nesse filme, praticamente nenhum plano que se ligue diretamente a outro (ao modo das plagas do puzzle), mas tampouco existem imagens autônomas (como as da construção próxima do labirinto), pois elas compõem séries.

Fotogramas de *Edvard Munch* – algumas imagens retornantes.

A Equivalência das Imagens

Mas existem filmes que empregam imagens retornantes ou recicladas de maneira menos sistemática, não sendo, portanto, inteiramente compostos por elas. Em *O Espelho* (1974), Andrei Tarkóvski insere, em meio às plagas monocromáticas ou em cor que se intercalam e se confundem, ora séries de imagens que se reportam ao passado da narrativa (com a mãe e seus filhos, por exemplo), ora séries compostas de autênticas imagens de arquivo (como as das crianças enviadas ao exílio durante a Guerra Civil Espanhola).

Fotogramas de *O Espelho* – uma imagem retornante e uma imagem reciclada.

Porém, assim como em Resnais, aqui as imagens *recicladas* e as *retornantes* equivalem-se entre si, mas também em relação às imagens-puzzle (pois há algumas delas nesse filme) e a todas as outras imagens do filme. Além disso, uma imagem pode ser, ao mesmo tempo, "reciclada" e "puzzle" (se ela se encontrar bem no início ou bem no final de uma plaga), ou "reciclada" e "retornante" (se ela reincidir de quando em quando, sendo tirada de um outro filme ou de outra fonte qualquer externa ao filme). Mas ela nunca será "retornante" e "puzzle" pois, ao repetir-se, a imagem retornante não pode mais causar surpresa; do mesmo modo que, ao remeter a uma série, ela só marca uma ruptura indiretamente, visto que todos os laços de vizinhança direta já se encontram inevitavelmente rompidos.

Fotogramas de *O Espelho* – duas imagens-puzzle, sendo a segunda também uma imagem reciclada.

Quanto às imagens que são ao mesmo tempo "recicladas" e "retornantes", encontramos um bom exemplo no filme de Agnès Varda, *Ulisses* (1983): uma antiga foto tirada pela própria diretora em 1954 serve como desencadeador de toda uma profusão de imagens (inclusive de outras imagens recicladas) e de reflexões que terminam sempre voltando à mesma foto, que se torna uma espécie de emblema do filme. Assim como a imagem das três meninas islandesas, mostrada no início de *Sem Sol* (1983), de Chris Marker, retorna posteriormente, fazendo eco a outras imagens que compõem uma série[9]. Aliás, não por acaso, Marker abre seu filme com a seguinte frase de Racine: "o afastamento dos países repara, de alguma maneira, a excessiva proximidade dos tempos"[10]. Esse "afastamento dos países" ilustra perfeitamente, por assim dizer, o das imagens compondo as séries numa construção fílmica próxima do mosaico.

A Presença de Intervalos

Fotogramas de *Ulisses* e *Sem Sol* – imagens ao mesmo tempo recicladas e retornantes.

A construção dos filmes ditos "narrativos" privilegia, na maior parte do tempo, a formação de plagas, ou seja, de conjuntos de planos que se conectam diretamente (comumente chamados de sequências). Todavia, as séries insinuam plagas desmembradas ou potenciais, em devir – pelo menos virtualmente, na cabeça do espectador. É como se pegássemos um quebra-cabeça e começássemos a montá-lo misturando as figuras: perturbando e fragmentando, assim, as plagas (de cores ou de temas). O que de certo modo faz o artista Jess, através de uma colagem intitulada *Cross Purposes* (1974), na qual são montados conjuntamente dois "puzzles de imagem" diferentes: uma paisagem com árvores (no sentido vertical) que se intercala com uma cena religiosa (no sentido horizontal, porém disposta verticalmente), da qual só distinguimos alguns rostos, mãos ou pedaços de vestimentas.

As peças chegam a se encaixar (assim como os planos de um filme sempre se ligam, ao menos fisicamente), mas somente ao custo de uma confusão gerada no interior das plagas que se encontram contaminadas por pedaços de outras plagas ou ainda por peças isoladas que remetem a outras imagens ou séries de imagens, mas à distância. Logo, a reconstituição só é possível graças a um esforço do nosso olhar em conectar virtualmente os pedaços esparsos, saltando de um ao outro em busca da coerência perdida por entre os intervalos mais ou menos grandes que os separam.

Um filme dessa natureza acontece, portanto, justamente no interior desses intervalos, entre as imagens que só se conjugam à distância. As *História(s) do Cinema* (1988-1998) de Jean-Luc Godard fundam aí sua crença, explicitando-a. E Godard constata, no episódio

PARTE III: TRÊS TENDÊNCIAS COMPOSICIONAIS

4b, intitulado *Os Signos Entre Nós*, que "a matéria fantasma nascera: onipresente, mas invisível". Ao falar dessa espécie de antimatéria, ele se refere a todas as imagens que, das profundezas de um limbo imaginário, assombram os filmes. No episódio 3b, *Uma Vaga Nova*, ele afirma: "não são mais as imagens em si que contam; mas o seu retorno ou o modo como elas retornam".

Eis o ápice de uma perspectiva mosaística: juntamente com a "reciclagem de materiais", que ela autoriza, o retorno das imagens, conservando intervalos entre aparição informativa e desaparição pregnante. "Porque o verdadeiro cinema era aquele que não consegue ver-se" – como afirma Godard, nomeando-o "museu do real" –, quase em contradição com o cinema preconizado e defendido por Pasolini como "língua escrita [e viva] da realidade". Contudo, Godard lembra "que a imagem é, primeiramente, da ordem da redenção – mas atenção: da redenção do real". O que Jean-Louis Leutrat resume da seguinte forma:

> Se o intervalo é tradicionalmente uma interrupção do contínuo, em Godard ele só pode ser uma descontinuidade de natureza particular, *alguma coisa que quando aparece já é outra*. [...] O traço encontra-se, para Godard, na relação entre a imagem a ser feita e aquela já feita, do passado. Trata-se de um instante fugaz, fragmento espacializado insituável, que pertence à categoria do devir.[11]

Daí as imagens (recicladas, retornantes, mas também sobrepostas por fusão) surgirem, desaparecerem e ressurgirem repetidamente nas *História(s) do Cinema*: como se já estivessem ali, há muito tempo e para sempre, sejam elas visíveis ou não. Os intervalos, nesse caso particular, indicam muito mais sua presença que sua ausência. Ou

Fotogramas de *História(s) do Cinema* – intervalos condensados numa mesma imagem.

melhor, eles nos indicam menos a presença de uma imagem que a de uma série de imagens "fantasmas" agentes (ou antes persistentes), das quais só nos é permitido conhecer algumas, e de vez em quando, pois elas se revelam e se escondem a seu bel-prazer, sempre fugidias, evanescentes, esquivas.

O intervalo torna-se, assim, não mais aquilo que separa (estritamente falando) as imagens, mas justamente aquilo que as une, ou pelo menos que guarda delas vestígios, quando uma série desliza e volta a deslizar sobre a outra[12]. Lembremos, além disso, que o intervalo nesse tipo de cinema próximo do mosaico também já é uma imagem: uma imagem que remete a outra, da qual ela se encontra separada por uma terceira, e assim por diante – "alguma coisa que quando aparece já é outra" (como na dança por *fantasmata* mencionada anteriormente). O entrelaçamento ao qual se prestam essas "imagens-intervalos" e seus "intervalos-imagens" só servem para confirmar que todas as séries de imagens – de um filme, mas também de todo o cinema (e não apenas do cinema, mas também da pintura etc.) – coexistem, coabitam: entre "matéria" e "antimatéria", correspondendo-se eternamente umas com as outras. O que nos leva a interrogar mais de perto, para aquém das séries, essas imagens.

3. AS IMAGENS-MOSAICO

Vimos como se constrói um filme próximo do mosaico: através de um entrelaçamento em rede de diferentes séries de imagens que se entrecruzam ao mesmo tempo como imagens e como intervalos de imagens, manifestando explicitamente sua "presença" (real ou virtual) constante. Mas será que podemos, a partir dessa constatação, considerá-las todas imagens-mosaico? Certamente não, se lembrarmos que havia igualmente imagens-puzzle em alguns dos filmes mencionados acima, coabitando harmoniosamente com as imagens recicladas ou retornantes. Por outro lado, as imagens-mosaico são efetivamente todas aquelas que, em vez de indicar fissuras (passagens de uma plaga a outra, como fazem as imagens-puzzle), constituem, elas próprias, intervalos, "buracos" entre as imagens de uma mesma série.

Observemos um mosaico de verdade: o da Basílica de Aquileia, na Itália, que data do século IV e comporta retratos. Notemos que a imagem nunca é uniforme, pois não se trata aqui de uma imagem originalmente coerente e homogênea que foi recortada e depois remontada – e que por isso percebemos bem, apesar das cicatrizes provocadas por seu recorte (os chamados puzzles de imagem) –, mas de uma espécie de aberração de imagem que conseguimos apenas deduzir por trás ou além dos intervalos que separam suas tesselas. Essas imagens são, em sua base, "imperfeitas": rugosas, heterogêneas, com ferimentos que nunca cicatrizam.

Retratos das séries *As Quatro Estações (Outono)*, *Os Personagens da Recepção* e *Os Doadores* (314 d.C.). Pavimento mosaístico da ala sul, Basílica de Aquileia.

Porém, ao contrário dos puzzles de imagem, os mosaicos figurativos não foram "feridos" *a posteriori* (partindo de uma imagem originária intacta), mas desde sua constituição: ou seja, a imagem do mosaico já nasce partida em mil pedaços. Não existe uma versão primeira que seja "perfeita", homogênea, lisa, pois a imagem já se encontra, no momento exato de sua formação, alquebrada. O que existe, de fato, é: uma imagem de conjunto, visível a uma certa distância (e, logo, apreendida como uma imagem aparentemente convencional), e uma imagem que, quando vista de perto, em detalhe, não esconde seu aspecto fragmentado, despedaçado.

A Imperatriz Teodora Com Seu Cortejo (século VI), Basília de São Vital, Ravena – vista global e detalhe.

Por isso o mosaico não possui um modelo "ideal" a ser seguido: ele pertence a uma outra natureza de imagem, oriunda e destinada ao esfacelamento eterno, como em vibração constante. A imagem não é mais fraturada a partir de seus contornos (como o puzzle), mas no próprio interior das figuras em que cada pequena tessela é posicionada, mantendo distâncias irregulares, mas constantes, em relação às outras. E ao contrário de um puzzle de imagem (que parte de uma imagem preexistente a ser recortada, depois recomposta, a fim de "fazer sentido"), o mosaico figurativo parte de um delineamento ínfimo que deverá ser preenchido com pedras e cimento para que, pela primeira vez, a imagem de fato ali se produza. Assim, o que importa no mosaico não é "fazer sentido", mas "fazer imagem", já que esta não existia antes enquanto tal. A ênfase é posta mais na colocação das tesselas do que no ato de cortá-las; é a própria construção da imagem por vir (sua montagem, enfim) que ocupa o mosaísta.

Aplicada ao cinema, essa abordagem própria ao mosaico não representa de modo algum uma espécie de desdém em relação ao roteiro ou à preparação do projeto do filme – da mesma forma que também no cinema próximo do puzzle a montagem conserva sua importância. É somente o grau de relevância que muda a cada vez: ora percebemos uma predominância da decupagem (puzzle), ora da montagem (mosaico). Outra diferença notável entre esses dois procedimentos encontra-se no fato de que, no mosaico, não encontramos mais a mesma rigidez na colocação dos fragmentos (na montagem), pois nele existe um colorido a compor ao longo de sua própria construção, e não mais um desenho a recompor.

Aliás, mais do que nunca devemos falar em termos de cores: enquanto para as plagas do puzzle cada coisa cabia em seu lugar bem definido (o azul do céu sendo diferente daquele do vestido da menina, indicamos a plaga como sendo a "do vestido" e não a "azul"), para as séries do mosaico, ao contrário, o azul do céu pode ser exatamente o mesmo da vestimenta do agricultor. Pois, de qualquer modo, nenhuma cor permanece isolada, sendo contaminada e deixando-se contaminar por outras cores, que "respingam" umas nas outras compartilhando entre si uma mesma figura (série), invadindo-se reciprocamente. Assim, à irregularidade das formas das tesselas adiciona-se a confusão das cores. Quanto mais nos aproximamos de um mosaico, mais nos damos conta da dispersão mais ou menos desordenada das tesselas de uma mesma cor, disseminadas no interior e no entorno de várias figuras. Por exemplo, o verde de uma personagem pode ser encontrado em torno dela, entre as tesselas de uma cor mais clara, neutra; assim como em sua vestimenta ou sobre sua pele encontramos igualmente pedras do seu entorno. Trata-se, portanto, de imagens não apenas heterogêneas e fragmentadas, mas também cromaticamente mestiças.

A Vitória Cristã (c. 314 d.C.). Pavimento mosaístico da ala sul, Basílica de Aquileia – detalhes.

Os Mosaicos Figurativos e as Telas Divididas ou Múltiplas

O mosaico continua sendo, desse modo, um objeto problemático e complexo, no que concerne à construção de uma imagem. Encontramos o eco disso em determinados dispositivos ainda mais surpreendentes, no cinema como na arte contemporânea, como o *split screen* ou as telas múltiplas. Segundo Malte Hagener, podemos distingui-los da seguinte maneira: o *split screen* (literalmente, tela dividida ou cindida), mais comum no cinema, é uma tela dividida em várias imagens representando ações paralelas; enquanto as *multiple screens* (telas múltiplas), mais difundidas no campo das videoinstalações, consistem em uma imagem criada pela conjunção de várias telas[13].

A tela dividida em *Confidências à Meia-Noite* (Michael Gordon, 1950) e as telas múltiplas em *Fervor* (Shirin Neshat, 2000).

Mas as imagens de uma tela dividida também podem formar uma única imagem ou então comunicar-se entre si, assim como múltiplas telas podem apresentar cenas independentes que dialogam apenas em paralelo, como num *split screen*, ou ainda reproduzindo o procedimento campo/contracampo, só que simultâneo, o que acaba resultando na existência de dois campos ou dois contracampos concomitantes[14].

De todo modo, esses dois dispositivos demonstram o agenciamento das imagens em fragmentos dispostos em séries que permanecem separadas umas das outras por intervalos espaço-temporais, não impedindo que elas formem uma rede, ainda que mantendo suas distâncias. Algo que se ajusta perfeitamente aos principais traços de um cinema próximo do mosaico, tal como vimos nos capítulos precedentes através dos filmes e declarações de Alain

Resnais. Como na arte do mosaico, o conjunto só existe em séries, em parcelas, as quais adquirem um poder de arrebatamento ou reverberação que ultrapassa sua capacidade de aderir diretamente umas às outras, dada sua inclinação a comunicar-se à distância, bem como seu caráter mnemônico.

No entanto, o que ainda encontramos de comum entre esses dois tipos de imagem bastante distintos (um mosaico que produz uma imagem partida e uma imagem tornada mosaico graças a um dispositivo de apresentação segregativo) é que essa imagem em formação, em processo, resulta aqui e ali da reunião, primeira e fortuita, dos destroços de uma porção já desmantelada: um grande pedaço de pedra ou uma sequência de imagens, sempre reduzidos a fragmentos. Trata-se, num caso como no outro, de imagens nascidas de ruínas: o mosaico figurativo expondo seus sulcos e as telas divididas ou múltiplas jogando com seus intervalos aparentes.

Uma lição decorre dessas correspondências: seja atual (através da manipulação dos fragmentos operada pelo cineasta) ou virtual (devido às conexões forjadas pela memória do espectador), a montagem nos fala menos da imagem em si do que da maneira pela qual ela é montada (mostrada). Além disso, o fato de a imagem ser montada ou (re)montada não altera absolutamente nada na relação com o que lhe é imposto, em termos de forma e/ou sentido, e do qual ela mesma insiste, muitas vezes, em escapar – permanecendo, assim, uma imagem sempre rebelde e atuante (agente).

Do Mosaico Figurativo à Imagem-Mosaico

A formação de uma rede pode atingir seu paroxismo a partir do momento em que o paralelismo constante de diferentes séries se vê explicitado pelo entrelaçamento sucessivo das imagens. É justamente essa sucessão que torna seu aspecto "mosaístico" fílmico: tanto pela repetição alter(n)ada dos motivos, quanto pela multiplicação dos pontos de vista sobre uma mesma cena ou um mesmo objeto – como na obra *Sleepwalkers* (2007), de Doug Aitken.

É a interrupção de determinadas imagens *invasivas* que provoca espaçamentos no interior de uma mesma série, dispersando-a.

A imagem-mosaico penetra, então, no meio de uma plaga, tomando-a de assalto, interrompendo-a temporariamente, ferindo-a em seu fluxo narrativo/plástico. Ela não marca necessariamente uma ruptura nas bordas de duas plagas distintas (função acordada, como vimos, à imagem-puzzle), podendo agir igualmente no meio de uma plaga. Assim, o que denominamos aqui imagem-mosaico nasce significativamente desse paradoxo próprio ao mosaico de pedra: apesar da identificação das tesselas (ou das imagens) em torno de um motivo/objeto comum (a fim de compor normalmente figuras ou plagas), restam sempre algumas tesselas rebeldes que se metem no meio do caminho, o que acaba produzindo séries lacunares e povoadas de intervalos. Logo, a surpresa do espectador não surge do prolongamento imediato dessa "tessela estrangeira" no espaço, mas de sua sucessão distendida no tempo: como durante a aparição de um misterioso plano isolado de uma mulher perplexa, em meio a uma sequência na qual um homem toma o elevador, em *A Guerra Acabou*, de Resnais. Trata-se, aí, de uma imagem-mosaico que, como um presságio, anuncia uma plaga que aparecerá somente mais tarde no filme.

Fotogramas de *A Guerra Acabou* – planos A-B-C, sendo B uma imagem mosaico.

Por outro lado, essa tessela invasora pode ser também disseminada ao longo de toda uma obra, não se esclarecendo nem fazendo sentido senão muito mais tarde ou no final do filme. É exatamente o que ocorre em *O Mensageiro* (1971), de Joseph Losey, no qual observamos, do início ao fim do filme, várias imagens-mosaico compondo conjuntamente, mas apenas na cabeça do espectador, uma série à parte, cujo teor só compreenderemos no final.

A partir do momento em que não há mais plagas – pois estas encontram-se inteiramente partidas, despedaçadas e reduzidas a uma série esparsa de imagens que não se comunicam mais entre si senão à distância, por saltos –, a imagem-mosaico tende a predominar,

Fotogramas de *O Mensageiro* – três imagens-mosaico distribuídas ao longo do filme.

solitária e absoluta. Porém, ela pode igualmente surgir, de modo bem mais discreto, entre duas plagas, criando assim um verdadeiro intervalo na passagem de uma a outra, perturbando sua transferência – como no filme de Raul Ruiz, *Comédia da Inocência* (2000), no qual a aparição de uma imagem-mosaico em meio a duas imagens-puzzle é atenuada por uma fusão.

Fotogramas de *Comédia da Inocência* – uma imagem-mosaico separa, por fusão, duas imagens-puzzle.

A imagem-mosaico representa, assim, o segundo sintoma ou segundo passo de um cinema em busca de desestabilização, de fuga. Podemos percebê-la no interior de uma sequência ou entre duas plagas, a partir do momento em que uma imagem pareça estrangeira, desconectada, perdida na sequência de imagens na qual se insere. Somente recorrendo à nossa memória e à nossa capacidade de montar mentalmente o filme conseguimos conectá-la, mas virtualmente, num espaço imaginário.

Um último exemplo, bastante esclarecedor pela forma ousada como quebra séries sucessivamente, encontra-se no filme de Chris Marker, *Sem Sol*: o plano de uma girafa correndo na savana africana invade repentinamente a série de uma cerimônia em memória de animais mortos que reúne crianças e suas mães num zoológico do Japão; a série seguinte, apresentando a morte da girafa, é anunciada por uma imagem reciclada de um homem apontando um revólver em direção à câmera, e vê-se logo invadida por um plano desgarrado da série de funerais vista pouco antes. Em apenas alguns planos, observamos: por um lado, o Japão com seus funerais e rituais em memória dos mortos; por outro, a África e o massacre dos vivos, cujos cadáveres são devorados por abutres. Prova cabal da dispersão, do entrelaçamento espaço-temporal em curso, e do mosaístico no fílmico.

Fotogramas de *Sem Sol* – as imagens-mosaico (dispostas no centro) criam intervalos em duas séries distintas.

III   A Imagem-Labirinto

1. UM CINEMA DE EVENTOS

O trajeto percorrido até aqui, através de obras tão vastas e distintas quanto as de Bresson, Resnais e Straub, leva-nos a constatar que, para além de suas diferenças pontuais, todas elas compartilham um núcleo comum, profundo e duro: o da busca de uma liberdade primordial que nunca é garantida de antemão no cinema – uma "arte industrial" e, portanto, dependente dos caprichos econômicos e políticos do momento, mas também uma "arte coletiva", portanto fadada à sua própria dispersão ou mesmo a uma perda de si. Uma liberdade que esses cineastas, como alguns outros, cobiçam, munidos de todas as suas forças, dispostos a tudo arriscar e a tudo perder, inclusive a possibilidade de filmar. Contudo, trata-se certamente de um núcleo paradoxal, pois quanto mais rigorosa e restritiva é a composição de um filme, mais ele parece adquirir uma liberdade sem limites. Ou seja, quanto mais um filme pertence intrinsecamente ao seu autor, mais ele lhe escapa; consequentemente (e inversamente), quanto mais ele escapa a seus espectadores, maior é a possibilidade de que ele nos pertença verdadeiramente, profundamente.

Eis um aspecto que verificamos em filmes cujas fissuras, intervalos ou corredores nos intrigam, nos cativam, nos incomodam, nos repelem ao mesmo tempo que nos atraem em sua direção.

Pois, para esses filmes sem concessões, não está em jogo agradar ou desagradar ninguém, mas atingir plenamente, ainda que com grande esforço, aquilo que os justifique, que os inspire, que lhes insufle vida: algo tão tênue e diáfano que acaba lhes escapando (assim como a nós, durante a projeção), somente para retornar em seguida, surpreendendo-(n)os novamente. É esse "algo que queima em algum lugar do plano" (Straub), esse "ponto de intensidade" (Arnaud), esse brilho de liberdade que Straub também chama de "matéria cinematográfica pura": algo que se passa num rosto, "devendo ser descoberto pelo próprio espectador"[1], e que surge necessariamente do choque de uma dupla interação – primeiro, diante da câmera (entre o actante e a película), depois diante do projetor (entre o espectador e a tela) –, escapando tanto à vontade prévia do realizador, quanto aos artifícios da montagem e às expectativas do público.

Esse mesmo brilho de liberdade é o que Philippe Arnaud aproxima (dentro do mesmo espírito, ainda que nomeado diferentemente) do caráter "impuro" do cinema, de ordem "documental"[2]. Mas podemos ainda aproximá-lo da noção kantiana do sublime, de acordo com a interpretação de Louis Marin ("a representação no auge [...] o quase demasiado da representação, seu excesso mais interno"[3]) ou de Philippe Dubois ("o enfrentamento do sujeito com 'aquilo que o ultrapassa e lhe escapa'"[4]), em seu desejo de exprimir o inexprimível, de fugir da própria expressão.

PARTE III: TRÊS TENDÊNCIAS COMPOSICIONAIS

Enfim, trata-se de um brilho de liberdade ligado ao aspecto figural da imagem: "da sensação como não saber e como não ver, mas como experiência passando pela matéria imaginante da obra"[5]. As imagens cinematográficas atingem então um outro regime dêitico: elas não manifestam mais Ideias (imagens originárias), nem uma organização qualquer (engendrando um espaço imaginário), mas indicam percursos possíveis, desdobrando-se como eventos – ou, como prefere Epstein, situações: "não existem histórias. Nunca existiram histórias. Só existem situações: sem pé nem cabeça; sem começo, sem meio e sem fim; sem direito nem avesso; podemos observá-las em todos os sentidos; a direita torna-se esquerda; sem limites de passado ou futuro, elas são o presente"[6].

Os Traços do Labirinto no Cinema

Partamos dessas pistas (e dos capítulos precedentes) para distinguir os principais traços de um cinema que se aproxima da arte do labirinto:

- o filme estrutura-se como uma partitura musical através de uma profusão de micromovimentos, o que demanda uma atitude engajada por parte do olhar do espectador;

- a imagem cinematográfica eloquente desdobra-se em uma porção tensionada entre sua "unidade refletora imóvel" (o tom grave do fundo) e os "movimentos intensos expressivos" (os tons agudos das figuras), privilegiando o esgarçamento de um instante/evento em detrimento de uma suposta totalidade;

- esse filme, cujas imagens estouram virtualmente o quadro, avançando em nossa direção e devorando-nos, compõe-se de corredores que se estendem, um após o outro, e através dos quais desfilam os elementos da imagem (em ato, em jogo), bem como nosso olhar;

- essa construção se dá, assim, através de uma *mise en acte* ou *mise en jeu*: consistindo em uma arte da extensão, que permite às personagens deslocarem-se pela extensão composta pelo campo visível da imagem e por tudo que o ultrapassa, e em uma arte da porção, como forma de organização do espaço no filme por deambulação do olhar, a partir de um espaço derivado, onde o que está em jogo não são mais os detalhes de uma mesma coisa, nem os fragmentos de coisas diferentes, mas zonas de figurabilidade em processo, em deformação, em constante metamorfose;

- ao apontar um espaço derivado, o cineasta (construtor de labirintos) convida o espectador a deixar passear sua audiovisão: operando, assim, uma reescritura/releitura daquilo que lhe é dado a ver/ouvir;

- o que resulta num espaço ecrânico, organizado entre as derivações sugeridas pelo som (os textos falados ou cantados pelas vozes humanas, a música, os ruídos) e os passeios provocados pela imagem (que "faz fuga", aliando o visível ao invisível).

Desses traços de composição surge um tipo de filme no qual a comunicação direta entre os planos que se sucedem – fosse à proximidade (por encaixes) ou à distância (por saltos) –praticamente deixa de existir. O episódio e a série são reduzidos aqui a uma única imagem, que reúne em si particularidades imprevisíveis e virtualmente incontroláveis, imagem concentrada no próprio momento em que as coisas se passam. Trata-se, portanto, de uma composição contrapontística, no sentido em que as imagens não se prolongam mais no espaço (como nas plagas do puzzle), nem respondem mais umas às outras no tempo (como nas séries do mosaico). Muito pelo contrário, elas apenas se sucedem: por um lado, devido a uma autonomia que lhes garante uma relativa independência em relação às outras imagens; por outro lado, graças a uma capacidade de expansão que elas incorporam, às vezes até o transbordamento. Além disso, a dialética som/imagem é aí acentuada, porque mais do que nunca um funciona como contraponto do outro. Vejamos então de que formas essa autonomia e essa explosão da imagem, bem como sua relação contrapontística com o som, podem se manifestar num filme.

PARTE III: TRÊS TENDÊNCIAS COMPOSICIONAIS

Singularidades das Imagens Derivadas

Comecemos pelas imagens derivadas desencadeadas na cabeça do espectador, particularmente a partir do som – do que é contado (seu conteúdo), mas também de como isso se dá (sua forma). Quando se trata de cinema, fala-se igualmente de imagem e, logo, de tensões entre os dois: entre aquilo que se conta de uma determinada maneira (sonoramente) e aquilo que se mostra de outro modo (visualmente). As faíscas provocadas por esse confronto determinam, por assim dizer, a intensidade da relação que a obra estabelece conosco, espectadores: considerando-se em parte nossa capacidade de atravessar a imagem com o olhar, em todos os sentidos; mas também nosso talento em "imaginar" (em visualizar mentalmente) tudo aquilo que não se vê, mas que (nos) ultrapassa (n)a imagem, a partir do que se ouve[7].

É o que se verifica de modo incontestável em filmes nos quais o som chega a substituir (em alguns momentos, inteiramente) a imagem. É o caso do filme *O Homem Atlântico* (1981), de Marguerite Duras, no qual durante longos minutos sua voz *off* conta coisas que só podemos imaginar, sendo que em lugar da imagem encontramos apenas uma tela preta. É também o caso do derradeiro filme de Derek Jarman, *Blue* (1993), que evoca a cegueira do diretor através de uma tela da única cor que ele ainda distinguia: azul. Contra essa tela inteiramente azul, ele propõe várias vozes, ruídos e música, a fim de que possamos experimentar um pouco das sensações que ele mesmo, quase cego, sente: nada além de vozes, nada além do azul, nada além das imagens mentais, derivadas desses sons (além de algumas "formas" que nossa retina parece enganosamente projetar sobre essa tela monocromática e sem figuras).

Essa postura bastante fora dos padrões, sobretudo numa arte que se quer fundamentalmente devotada às imagens, radicaliza-se ainda mais quando um filme renuncia às poucas "figuras" que apresenta (fotos do poeta morto na neve, bem como imagens de nuvens) para mergulhar no negro absoluto preenchido apenas pelas vozes das personagens: *Branca de Neve* (2000), adaptação de um texto de Robert Walser, a partir do conto dos irmãos Grimm, realizada por João César Monteiro.

Essa ausência marcante de "figuras" não implica, em todo caso, numa ausência de imagens[8]. Especialmente no sentido que lhes confere Manoel de Oliveira, ao falar do filme de Monteiro: o que encontramos ali, diz ele, são as "imagens das palavras"[9], ou seja, aquilo que chamamos aqui (diferentemente, mas no mesmo espírito) de imagens derivadas. Um diálogo trocado entre as personagens (invisíveis) desse filme de Monteiro esclarece muito bem a estranha situação: à recomendação do Príncipe estrangeiro, "Mas vê, portanto, tu também, com teus próprios olhos", Branca de Neve responde: "Não, diz, que vês? Diz, é tudo. De teus lábios receberei o fino esboço da imagem. Pintando-a, terás seguramente a destreza de atenuar a acuidade do espetáculo. Ora, que é então? Mais que ver, adoraria ouvir."

Que provocante exercício o de imaginar, às cegas, coisas que só vemos mentalmente, a partir das palavras de outrem, ou de sons diversos, ou mesmo da música – ainda que, nesse caso, de modo ainda mais abstrato e muito menos dirigido ou controlável. Contudo, isso se torna um tanto mais complicado quando às palavras, com sua vocação sugestiva, juntam-se imagens, com sua propensão a explicitar as coisas. É o caso do filme de Jean Eustache, *Número Zero* (1971), no qual sua avó, Odette Robert – já idosa, quase cega e sentada à mesa, em sua casa, portando óculos escuros, fumando e bebendo uísque –, conta sua vida durante quase duas horas.

O dispositivo bastante simples adotado pelo filme – duas câmeras 16 mm fixas, uma mostrando Eustache de costas, em primeiro plano, diante da avó sentada ao fundo do quadro, e a outra focalizando somente ela, num plano mais fechado – oculta a complexidade de sua abordagem: se por um lado observamos essa mulher e seu jeito de falar, de fumar, de beber, de rir e de conversar com seu neto etc. (micromovimentos que animam o passeio do olhar pela imagem), por outro, não paramos de visualizar mentalmente imagens desencadeadas por sua história pregressa (a vida no campo, o marido e suas amantes, os filhos etc.). Isso oferece a cada espectador a possibilidade de criar seu próprio filme mental, alimentado por suas próprias histórias e referências de vida, e por seu próprio repertório de imagens – em suma, por seu próprio imaginário. É essa generosidade do filme, essa abertura a outras imagens, a outros universos, que o torna tão complexo quanto fugidio.

Esse procedimento atinge seu paroxismo em outro filme de Eustache, *Uma História Sórdida* (1977), no qual uma mesma narrativa é contada, em minúcia de detalhes, por dois atores diferentes a plateias distintas, mas num mesmo cenário. Da mesma forma que se retomava um trecho de música com sutis variações, no período Barroco, uma mesma história é aí narrada duas vezes: primeiramente por Michael Lonsdale, em seguida por Jean-Noel Picq. O que produz um duplo efeito de *déjà vu* (já visto) e *déjà entendu* (já ouvido), pois conhecemos o desenrolar da narrativa, uma vez que a visualizamos mentalmente durante a primeira vez em que foi contada. Contudo, as imagens concretas do filme que estamos assistindo e ouvindo não são mais exatamente as mesmas: os micromovimentos são outros, os "actantes" também, bem como os gestos, a entonação de voz, a reação dos ouvintes etc. Se o conteúdo da história (o que é contado) continua mais ou menos idêntico, sua forma (a maneira como é contado), ao contrário, muda completamente – eis a demonstração fílmica da ideia barthesiana de que a reescritura, ou a releitura, "salva o texto da repetição"[10].

Além disso, encontra-se aí a prova de que a liberdade parcial do espectador (garantida por suas imagens derivadas, pessoais e inalienáveis) permanece também atrelada dialeticamente ao encerramento geral das imagens, aos eventos mais ou menos abertos, nos quais elas são agenciadas. Pois as imagens também falam, e em sua eloquência nos incitam tanto a um passeio do olhar quanto ao surgimento de imagens outras, mentais.

2. O DESDOBRAMENTO DOS CORREDORES

Há filmes que se estruturam a partir de *tableaux vivants*, dispondo cada plano como uma espécie de representação explícita, frontal, com cenas voltadas diretamente para a câmera, como acontecia no cinema dos primórdios. A obra de Serguei Paradjanov permanece um dos exemplos mais impressionantes desse tipo de *mise en scène*, e seu filme *A Cor da Romã* (1968) leva o caráter hierático das imagens a seu ápice.

Fotogramas de *A Cor da Romã*.

Efetivamente, tudo se passa no interior dessas imagens (desses quadros vivos) sem que se recorra à montagem, mas baseando-se no evento, numa tensão interna, numa situação – num duplo sentido, pois ao se situar consciente e frontalmente em relação à câmera, os "actantes" atuam (vivem) esse momento singular. Concentrados em seu ato, em seu jogo – como os músicos do *Bachfilm* de Straub –, os actantes (ao mesmo tempo que as imagens eloquentes) não estabelecem *raccords* com outras imagens, com outros eventos. Há aí uma espécie de urgência da imagem e de seus actantes, por vezes desesperada, autossuficiente a ponto de negligenciar deliberadamente qualquer continuidade de gestos, de intenção, de sentido.

Fotogramas de *Vá e Veja* (Elem Klimov, 1985) – desdobramentos do plano 1.

Trata-se de uma imagem desmesurada, no sentido em que, por um lado, esse evento explode as bordas do quadro, esgarçando igualmente sua duração; e por outro, ele despreza todas as outras imagens, pois o que se perde em *raccord* com elas, recupera-se em volume, em potência imagética. Aliás, ao desvelar uma espécie de corredor, o evento chega a estabelecer uma astuciosa conivência entre o olhar do espectador e o fundo das imagens: permitindo que a imagem possa se contemplar (através de suas *Rückenfiguren*) ou nos escrutar (com o olhar dos actantes dirigido para a câmera) – como ocorre em alguns momentos do filme *Limite* (1930) de Mário Peixoto.

Fotogramas de *Limite* – a imagem que nos olha e que se olha a si mesma.

Além disso, enquanto falam, por exemplo, essas personagens não são nem tagarelas nem histéricas: elas simplesmente falam. Com efeito, elas se encontram tão concentradas no ato de falar, de se exprimir diante da câmera, que qualquer subterfúgio (psicológico, narrativo etc.) dá lugar a esse simples e nobre ato. Assim, falar torna-se tão necessário e importante quanto cantar, pintar, tocar um cravo ou brincar com uma boneca. Consequentemente, há qualquer coisa da ordem do hipnótico que perdura nessas imagens *eventuais*, quando as percorremos com o olhar – o que é bem ilustrado pelo perturbador segundo plano de *O Espelho*, de Tarkóvski, que descreve em detalhe e de maneira documental uma sessão de cura por hipnose de um rapaz gago.

Esses atos *mis en situation* desencadeiam uma profusão de micromovimentos, como vimos, que excitam nosso olhar, incitando-o a passear pela imagem. É como se o espectador estivesse, como que por contágio, tão hipnotizado e concentrado quanto o

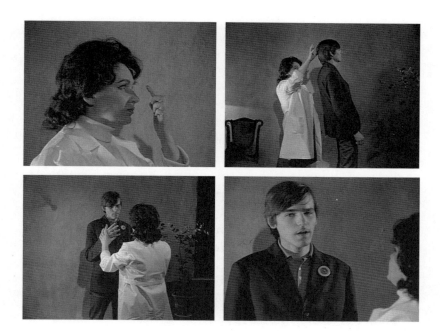

Fotogramas de *O Espelho* (plano 2).

actante do filme em sua ação; mas isso sem experimentar qualquer tipo de identificação, já que ele permanece o tempo todo tão consciente de seu papel de espectador (e de seu ato de ver/ouvir a imagem) quanto os actantes de suas próprias ações (falar, gesticular, cantar ou tocar um instrumento etc.), como quando acompanhamos com o olhar o frenesi de movimentos e o levantar da poeira durante a dança noturna do protagonista do filme de Aleksandr Dovjenko, *A Terra* (1930).

Do mesmo modo, seguimos atentamente os micromovimentos das meninas que dançam e se maquiam no filme de Carlos Saura, *Cria Corvos* (1976), ou das mulheres meticulosamente filmadas em suas atividades domésticas ordinárias, em filmes como: *Nathalie Granger* (1972), de Marguerite Duras, e *Jeanne Dielman, 23 Quai du Commerce, 1080 Bruxelles* (1975), de Chantal Akerman.

Fotogramas de *Nathalie Granger* e *Jeanne Dielman*.

PARTE III: TRÊS TENDÊNCIAS COMPOSICIONAIS

Entre Pontos e Contrapontos

Essa profusão de micromovimentos que são apresentados em primeiro plano, como um presente oferecido à câmera (e aos espectadores) conduz, de certo modo, o percurso do nosso olhar na imagem. Porém, não se trata de uma trilha linear, estreita e preconcebida, mas, ao contrário, de um caminho vasto, múltiplo, em permanente mutação, bifurcando-se ao longo de seu desdobramento. É justamente esse desdobramento em expansão, esse caminho que abre novas vias possíveis que nos impede de dominar essa imagem eventual: pois não há aderência cega ou identificação possível quando não sabemos exatamente onde estamos, ficando desestabilizados em relação a essa imagem inquieta, em constante metamorfose, desregrada.

A construção do filme organiza-se, então, como vimos, através de micromovimentos e micropontos: os primeiros na relação "rítmica" (Straub) entre as diferentes imagens; os segundos nas relações "intensas expressivas" (Deleuze) entre os diferentes instantes no interior de uma única imagem. Reconhecemos, assim, uma estrutura de pontos e contrapontos, por exemplo, no filme de Víctor Erice, *O Sol do Marmelo* (1992): "pontos de pintura" (realizados não apenas por Antonio López, mas também por sua esposa gravurista e seu colega pintor), "pontos de encontro" (do pintor com sua esposa, suas filhas, seu amigo, o casal chinês etc.), "pontos de nuvens" (o dia e a noite), "pontos de obra" (com os pedreiros poloneses) e "pontos de cidade" (os edifícios de Madri, de dia e à noite).

O filme *Honra de Cavalaria* (2006) de Albert Serra compõe-se igualmente de uma sucessão de longas imagens em situação que se estendem no espaço e no tempo, a fim de esticar os atores e sua permanência nesse evento até o limite ou o esgotamento – desencadeando na imagem uma profusão de micromovimentos que animam nossa atenção e nosso olhar, sem estabelecer um laço de identificação, mas inspirando uma partilha dessa experiência.

Essas são, em geral, imagens "sem propósito", no sentido em que não conduzem a outras imagens, mas permanecem dobradas e redobradas sobre si mesmas; pois o que conta finalmente é seu próprio desenrolar, sua própria incompletude perpetuando-se, repetidamente. Para nós, espectadores, é a travessia dessa imagem que conta, em sua duração real, sem montagem nem guia: nos perdemos nela, pois essa imagem (como um rosto) torna-se mais que nunca "o lugar do olhar" (Aumont). Assim, lá onde os actantes se perdem (na divagação, na deambulação, na falta de saída e direção, nas palavras sem sentido), nós nos perdemos também, mas de outra maneira: por isso nossa "identificação", sóbria e consciente, passa pela partilha ou, antes, pelo gostinho de uma experiência, de uma *mise en situation* na qual somos envolvidos "ativamente", e não pela recepção (passiva) dos sentimentos de outrem.

Os Eventos Desdobrados

Essas imagens eventuais revelam a ação no momento de sua própria realização, assim como o plano no momento de sua captação. São imagens, antes de tudo, "documentais", cujo tema primordial continua sendo sua fabricação, ou seja, o ato de filmar algo como de um sopro – ou, antes, de "roubar" dessa coisa seu sopro: seja uma parcela de realidade tornada evento diante da câmera, ou uma parcela de ficção tornada realidade de imagem.

De qualquer modo, no seio das imagens eventuais esses dois "registros" confundem-se, chegando mesmo a abandonar seus sentidos primeiros: o que é "realidade" ou "ficção" quando tudo o que é filmado pertence ao mesmo tempo a um como a outro regime? Trata-se, portanto, de um jogo de desdobramentos perpétuos, de perdas mútuas (a realidade "perdendo-se" em ficção e vice-versa) que provoca esse paradoxal devir jogo da realidade e devir realidade do jogo.

Eis a nítida impressão deixada por determinados planos do filme de Gus Van Sant, *Elefante* (2003): quando, por exemplo, a imagem que mostra a aula de educação física, em exterior, filmada como a maior parte do filme de maneira distanciada, quase documental, vê-se invadida por duas personagens que, posicionadas uma de cada vez em primeiro plano, "fazem tela"[11] em relação ao fundo do quadro, pois, ao mesmo tempo que escondem, em parte, o que se passa atrás delas, servem de "superfície refletora" para os micromovimentos que figuram[12]. Assim, testemunhamos simultaneamente a "realidade" de sua exibição diante da câmera[13] (por assim dizer, nos mirando) e o "jogo" dos outros actantes, afastados no fundo do quadro, como num corredor.

Fotogramas de *Elefante* (actantes "fazem tela" para o fundo) e *Não Reconciliados* (plano 6).

Além disso, esse efeito de corredor desencadeado pela imagem eventual (que conecta, como vimos, não um plano a outro, mas nosso olhar ao fundo dessas imagens "antropofágicas", que parecem querer nos devorar) explicita-se ainda mais durante a reiteração de determinados instantes deste filme, conduzidos por pontos de vista opostos. Assim, uma garota que vemos passar no fundo de um plano que acompanha dois garotos pode tornar-se mais tarde condutora de outro plano que deixa os protagonistas de outrora desfocados, no fundo da imagem. Eis um belo exemplo do desdobramento dessa imagem-corredor, refletida, só que invertida, como a imagem de Narciso sobre a água no célebre quadro de Caravaggio.

Fotogramas de *Elefante* – desdobramento de uma imagem-corredor.

De fato, é como se estivéssemos diante de duas imagens que se olham reciprocamente, ou então de duas faces de uma mesma imagem no interior da qual penetramos a fim de atravessá-la de uma ponta à outra. E o encontro

Caravaggio, *Narciso* (1597-1599) Palácio Barberini, Roma.

dessas duas metades não se situa no olhar do espectador (como a "sutura" que encontramos em Bresson faz crer), mas o atravessa e é atravessado por ele: incluindo-o não mais como "testemunha", mas como cúmplice, como participante ativo. Esse encontro opera, desse modo, em nós e através de nós. Não há um campo/contracampo suturado por nosso olhar (em lugar do "Ausente"), mas corredores e contracorredores mensurados por nosso olhar ao percorrê-los. Da mesma forma que conseguimos visualizar (mentalmente) as imagens derivadas sem vê-las (concretamente), podemos atravessar visualmente essas imagens eventuais sem sair do lugar.

Um exemplo perfeito dessa travessia de "corredores" e "contracorredores" encontra-se em *Persona* (1966), de Ingmar Bergman. Durante um confronto entre as duas protagonistas, acompanhamos o monólogo de Bibi Andersson duas vezes, palavra por palavra (um pouco como no filme de Eustache citado acima, *Uma História Sórdida*), mas da seguinte forma: na primeira vez, somente o rosto de Liv Ullmann nos é dado a ver, numa sucessão de planos que se aproximam dele à medida que a história é ouvida; enquanto na segunda vez (após a reiteração da mesma imagem que abria a sequência precedente, servindo como ponto de articulação ou como uma espécie de imagem-dobradiça bem no meio do suposto "corredor") vemos apenas o rosto de Bibi Andersson, em semelhante sucessão de aproximações, até que os dois rostos (as duas sucessões de corredores e contracorredores) terminem por se cruzar, fundindo-se numa única face, numa única imagem.

Fotogramas de *Persona* – início e fim de uma imagem retornante que se torna dobradiça (no alto); primeira sucessão de corredores (com Liv Ullmann); e a mesma história recontada por meio de uma sucessão de contracorredores (com Bibi Andersson); um corredor soldado a um contracorredor (embaixo).

3. AS IMAGENS-LABIRINTO

Um filme próximo do labirinto é composto segundo uma lógica que propõe a imagem como evento a se produzir. Imagens tornadas acontecimentos sucedem-se, assim, de modo relativamente autônomo, mantendo apenas uma relação rítmica, contrapontística com as demais imagens (os macropontos), ao passo que internamente elas se expandem numa profusão de "micromovimentos intensivos" (os micropontos), engendrando em decorrência disso corredores e microcorredores que se desdobram no espaço e na duração do plano.

Além disso, se o som pode provocar no espectador imagens derivadas, a imagem pode "devorá-lo", ao estabelecer um acordo íntimo, engajado (e absolutamente consciente) entre o fundo de si mesma e o olhar de quem a vê. Entretanto, será que isso nos autoriza a nomeá-las imagens-labirinto? Sim, se elas se afirmarem como situações, como eventos mais ou menos descolados uns dos outros. Pois se essas imagens não fazem "cenas", nem "episódios", é justamente porque elas já concentram em si todos os elementos de uma cena ou de um episódio – o que, aliás, as distingue de um plano-sequência ordinário.

Mas o que permite afirmar que essas características bastariam para estabelecer aproximações entre essas imagens e um labirinto? Hermann Kern, em seu vasto estudo consagrado ao labirinto, o define de três formas principais, cada uma delas servindo de fiadora a uma tradição própria: 1. o labirinto como esquema de movimento; 2. o labirinto como motivo literário; 3. o labirinto como figura gráfica[14]. De acordo com Kern, o primeiro tipo – definido por um movimento coreográfico, como a dança ritual mitológica criada por Teseu em Delos, após a fuga de Creta: a *Geranos* ou "dança das gruas"[15] – representa a matriz que teria originado os outros dois tipos como "tentativas de registrar os movimentos efêmeros da dança"[16]. Esse primeiro tipo teria igualmente originado os arranjos de pedras encontrados no norte da Europa (especialmente na Suécia, Noruega e Finlândia, alguns compostos logo após a Idade do Bronze), chamados em inglês *Troy towns* (cidades de Troia), que serviam hipoteticamente como trilhas de danças para fins nupciais ou funerários.

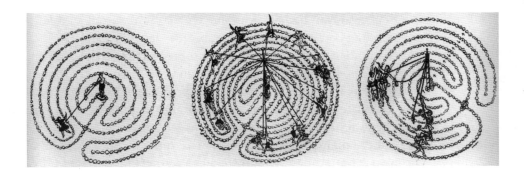

O segundo tipo, textual, pode referir-se tanto a uma construção notável, uma estrutura contendo caminhos tortuosos ou uma caverna, quanto à metáfora de uma situação difícil, quiçá insuperável. Dos diversos exemplos oferecidos por Kern, três em particular chamam a atenção: os desenhos de Eduard Linden para o texto de Hans Ferdinand Massmann, *Wunderkreis und Irrgarten: Für Turnplätze und Gartenanlagen* (Leipzig, 1844), que indicam percursos labirínticos de treinamento físico; os "labirintos figurativos" ou "figuras-labirinto", xilogravuras que acompanham a obra *Libro de laberinti de Franc. Segalla Padoano Scultore et Architettore* (século XVI), do arquiteto Francisco Segalla; ou ainda uma partitura de peça para órgão atribuída a Johann Sebastian Bach, supostamente uma obra da juventude (c. 1705), intitulada *Kleines Harmonisches Labyrinth*, cuja "estrutura harmônica enganosa, o número de modulações em claves distintas e com enarmônicos que poderiam pertencer a um número diferente de claves, ao adotar uma função distinta a cada vez, levaria o ouvinte, bem como a direção global da estrutura harmônica, a uma confusão momentânea"[17].

Três tipos (hipotéticos) de danças em *Troy Towns* – "dança da noiva", "dança das gruas" e "jogo de Troia".

Eduard Linden, Prancha II (1844); Francisco Segala – labirintos figurativos ou figuras-labirinto.

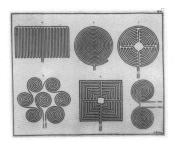

O último tipo de labirinto, que ele denomina gráfico, refere-se à figura propriamente dita do labirinto, tal como representada em desenhos, gravuras ou pinturas sobre paredes, telas, pedras, manuscritos, cerâmicas e joias antigas; ou situada em jardins, igrejas ou catedrais e paisagens naturais. Um belo exemplo aparece num quadro do século XVI, *Teseu e o Minotauro*, atribuído ao Mestre dos Cassoni Campana, no qual vemos, ao longo do percurso na imagem, os diferentes momentos da passagem do herói por Creta: desde sua chegada de barco e o encontro com as filhas do rei Minos, Ariadne e Fedra (à esquerda do quadro), até a vitória sobre o Minotauro no labirinto (à direita) e a partida com as duas jovens (ao centro), enquanto ao fundo do quadro o Minotauro é visto, de um lado, matando pessoas, e de outro, no momento de sua captura.

Mestre dos Cassoni Campana, *Teseu e o Minotauro* (c. 1510-15) Museu do Petit Palais, Avignon.

Tamanha simultaneidade de ações e tempos distintos no interior de uma única imagem remete a certos planos fílmicos mencionados anteriormente. Assim como o quadro em questão, essas imagens também demandam uma explosão temporal, a fim de operar a *mise en situation* de toda uma profusão de micromovimentos que se espalham pelas diversas camadas de tempo que coabitam, num espaço que permanece sempre no presente e em metamorfose constante.

Os Labirintos de Monopériplo e Multipériplo

Aquilo que designamos em português pelo simples termo "labirinto" possui duas denominações distintas em inglês e em alemão: *labyrinth/Labyrinth*, indicando o labirinto de via única (monopériplo), e *maze/Irrgarten*, indicando o de vias múltiplas (multipériplo). O labirinto de Creta continua sendo o modelo por excelência do primeiro tipo: apresentando apenas uma maneira de ser percorrido (justamente aquela indicada pelo "fio de Ariadne"), ele conduz ao único centro que possui e no qual se encontra o ponto de retorno em direção à única saída. Por outro lado, um labirinto como o de Versalhes (concebido por André Le Nôtre, jardineiro de Luís XIV, construído entre 1662 e 1674 e destruído em 1774) representa perfeitamente o segundo tipo: uma estrutura tortuosa que oferece ao visitante diversas possibilidades de trajeto, com muitas bifurcações e várias entradas/saídas e impasses.

Hermann Kern – um labirinto de estilo "cretense" (à esquerda) e o único caminho possível ou "fio de Ariadne" (à direita); Sébastien Le Clerc, *Planta do Labirinto de Versalhes* (1679).

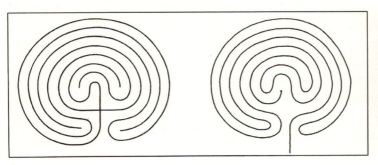

Essa distinção, muitas vezes considerada supérflua (pelo menos em países cujo idioma não os diferencia), parece particularmente importante para compreender dois tipos de experiências completamente díspares: no primeiro tipo, o visitante nunca se extravia do trajeto único que deve conduzi-lo ao centro, o que lhe garante ao mesmo tempo certo conforto e algum tédio; enquanto através do segundo, ele experimenta frequentemente problemas de perda de orientação, levando-o a interiorizar-se e a concentrar toda sua atenção no próprio ato de percorrer este ou aquele caminho. Assim, se o sucesso parece assegurado no primeiro caso (devido à estrutura

PARTE III: TRÊS TENDÊNCIAS COMPOSICIONAIS

mais rígida do *labyrinth*), já no segundo revela-se bem menos garantido, pois o êxito do visitante reside inteiramente nas escolhas feitas, em termos de percurso (graças à estrutura mais variada, aberta e imbricada do *maze*), o que lhe permite certa autonomia de ação e, logo, certo grau de liberdade.

O cinema, como meio complexo de composição de formas visuais e sonoras, consegue de fato nos proporcionar esses dois tipos de experiências – o que fará, contudo, muito raramente. O primeiro tipo acaba se impondo de modo mais natural, pois o espectador tradicionalmente não consegue modificar o percurso que lhe é predeterminado pela obra: sem qualquer esforço de sua parte, ele assiste ao filme do início ao fim, sem poder alterar nem a montagem nem o desenrolar de cada plano. Basta ao espectador instalar-se confortavelmente, deixando-se levar pelo que vê na tela, pelo percurso único que o conduzirá diretamente ao "centro" do filme, ou seja, à sua meta: seu fim. Nesse sentido, podemos reconhecer que esse filme, talvez qualquer filme, é ao menos em parte labiríntico.

Em contrapartida, o segundo tipo de experiência – considerado demasiado incerto, demasiado perigoso, solicitando às vezes muito comprometimento por parte do espectador (que não é, nesse caso, subestimado) –, será deliberadamente evitado pela maioria dos filmes. Entretanto, alguns deles não conseguirão esquivar-se, arriscando-se, nem que seja por alguns momentos, a confundir seus espectadores.

Por isso, se a estrutura acabada de um filme garante ao espectador, por um lado, um percurso completo, seguro e, por assim dizer, de via única, a imagem cinematográfica pode, por outro lado, escapar-lhe a todo momento, através de suas diferentes "bifurcações" e de suas constantes mutações: atraindo-o para seu interior, a fim de que nosso olhar engajado possa fazer suas próprias escolhas livremente[18]. Uma gravura de Boetius von Bolswart, criada para a obra *Pia Desideria* (1632), do frade jesuíta Hermann Hugo, ilustra adequadamente, ainda que de maneira meramente alegórica, os diferentes tipos de experiências cinematográficas pelas quais passam diferentes espectadores: no alto dos muros de um labirinto, que funcionam como veredas, vemos um peregrino tendo numa das mãos um fio estendido por um anjo, que o conduz com segurança em direção ao seu destino final (como a estrutura global de um filme), enquanto um cego parece confiar unicamente nos instintos de seu cão, saboreando cada pequeno trecho do caminho, disposto a perder-se em deambulações sem fim (como certas imagens cinematográficas); além disso, observamos personagens que, completamente extraviadas, parecem afundar desesperadamente, abandonadas à deriva.

Boetius von Bolswart, *Pia Desideria* (1632), Antuérpia.

Do Labirinto Figurado à Imagem-Labirinto

Constatamos que se um filme propõe ao espectador, *a priori* e tradicionalmente, apenas uma maneira de percorrê-lo (ou seja, do início ao fim), determinadas imagens, ao contrário, podem facilmente desviá-lo do caminho, consentindo-lhe uma liberdade incrível, motivadas por uma falta de objetivo confesso e apelando para uma perda de si: entre aquilo que vemos concretamente (o que se passa na imagem, variando de espectador a espectador) e aquilo que vemos mentalmente (as imagens derivadas, invocadas pelas imagens visuais e/ou sonoras do filme e mescladas à nossa própria imaginação)[19]. Por isso essas imagens não formam rede nem compõem episódios, pois encontram-se desgarradas umas das outras, perdidas no labirinto que elas mesmas engendram, ou melhor, encarnam – e dentro do qual nós também nos perdemos.

Enquanto a imagem-puzzle pressupõe a existência de plagas num filme, a imagem-mosaico sinaliza o seu desmantelamento, total ou parcial. De modo bem diverso, a imagem-labirinto parece não depositar importância alguma nem nos episódios, nem no seu desmantelamento, podendo tanto invadir plagas quanto tomar parte, pontualmente, em sua desintegração. Tomemos como exemplo o filme *Eu, Pierre Rivière, Que Degolei Minha Mãe, Minha Irmã e Meu irmão...* (1976), de René Allio, no qual uma imagem-labirinto impõe-se às vezes em meio a uma plaga, sem com isso fazer parte de uma série. Ela assume, assim, a condição de imagem isolada, singular, em seu pleno desdobrar. Solitária, essa imagem só se comunica com os outros planos através de sua pulsação interna, sua profusão de micromovimentos, sua vida intensa, seu estado de presente desesperado, inflado, soprado. O que escapa dela e nela é o que afeta as outras imagens e o espectador: mais ainda do que aquilo que é dito ou mostrado.

Fotogramas de *Eu, Pierre Rivière...* – uma imagem-labirinto.

Porque dizer e mostrar coisas, qualquer imagem consegue; mas somente uma imagem-labirinto, mais do que qualquer outra, consegue levar o espectador a adivinhar coisas que ele não vê nem ouve. E ela o faz precisamente graças ao que diz e mostra; ou melhor, graças à *maneira* pela qual o faz. É no próprio seio desse paradoxo do labirinto que reside sua força: ao atravessar atentamente com o olhar e o ouvido esses corredores de imagens (esses espaços ecrânicos que revelam coisas ao mesmo tempo que as dissimulam), sonhamos com o que não vemos. E essa ausência sempre presente, "humana, demasiado humana" (parafraseando Nietzsche), acaba impregnando até mesmo as paisagens, as nuvens, os objetos etc.

Ao falar dessas imagens, Jean-Marie Straub ressaltava justamente a importância de sua "monumentalidade": "a monumentalidade da personagem em relação ao cenário, a monumentalidade do cenário em relação à personagem"[20]. Algo que verificamos em outro filme de Gus Van Sant, *Gerry* (2001), no qual os dois protagonistas homônimos são reduzidos, em diversas ocasiões, a pontos na imagem, presos em armadilhas da monumentalidade do cenário natural: ora são as montanhas que parecem dialogar entre si (com o auxílio das vozes das personagens em primeiro plano sonoro); ora é uma enorme pedra que as separa, num deserto em constante metamorfose. Ou então, é o cenário que fica recalcado, relegado a um fundo completamente desfocado, dando lugar à monumentalidade de seus rostos filmados em primeiro plano, cujos micromovimentos ocupam nosso olhar durante os quatro minutos dessa caminhada.

Fotogramas de *Gerry* – a monumentalidade do cenário em dois planos e a monumentalidade das personagens em um plano que dura quatro minutos.

Essa imagem-labirinto abdica do cinema naquilo que ele possui de mais artificial, abrindo-se à "realidade" do que é filmado e ao mundo tal e qual, com seus imperativos naturais, suas banalidades, seus imprevistos – lançando o cinema à sua perda, para que ele possa, enfim, se reencontrar. Ao mesmo tempo, ela consente generosamente ao espectador a possibilidade de acessar de outro modo o real, mais diretamente e mais humildemente, a fim de se perder nele e talvez recuperar um pouco do frescor há muito perdido de um cinema que teria se tornado "demasiado cinema". Trata-se, portanto, da recuperação de uma imagem eventual feita de pequenos gestos – como aqueles executados por Gena Rowlands e Peter Falk no final do filme de John Cassavetes, *Uma Mulher Sob Influência* (1974): tão banais que se tornam preciosos e belos quando redescobertos e embelezados pelo cinema.

Fotogramas de *Uma Mulher Sob Influência* – momentos de uma imagem-labirinto.

Mas trata-se igualmente de recuperar o fôlego das imagens, proveniente das paisagens, dos objetos e das pessoas filmadas: pois todos os "actantes" deixam-no escapar através de seu ser, de suas ações físicas, de seus pequenos gestos, de suas palavras carregadas de sentido, de seus ruídos e silêncios. As paisagens renunciam e recuperam a luz, o vento, o tempo; os objetos readquirem brilho, esquecendo seu pó; e as pessoas perdem suas personagens, suas máscaras, a partir do momento em que a razão por trás de seus gestos e palavras torna-se menos pregnante do que a própria imagem sendo captada e tão fugaz quanto as fagulhas que esta gera (esse "algo que queima no plano"). Até que os gestos e a luz se acordem em sutis permutas no fundo de uma imagem prestes a nos engolir – algo que se confirma plenamente no plano de quase oito minutos no final de *Gerry*, no qual a caminhada incessante e noturna das personagens esgotadas se faz acompanhar por nossa cumplicidade e pela chegada progressiva do alvorecer.

Fotogramas de *Gerry* – progressão da caminhada e da luz numa imagem-labirinto que dura quase oito minutos.

Chegamos ao termo de nosso percurso e uma questão maior se impõe inevitavelmente: em que medida esses três estados de um cinema em fuga de si mesmo e em busca de sopro – cujas três imagens, identificadas e analisadas aqui, não seriam senão os sintomas – poderiam esclarecer nossa abordagem da composição de um filme?

PARTE III: TRÊS TENDÊNCIAS COMPOSICIONAIS

Uma primeira imagem, a imagem-puzzle, convida-nos a testemunhar sua presença discreta, mas exacerbada. Uma segunda, a imagem-mosaico, serve apenas para nos remeter repetidamente em direção a outras imagens. E uma terceira, a imagem-labirinto, enfeitiça nosso olhar, devorando-o e aprisionando-o em seu interior. Será que podemos afirmar, portanto (seguindo o pensamento de Éric Landowski associado ao de Roland Barthes), que a primeira dessas imagens faz sentido, que a segunda faz imagem e que a última delas faz fuga? Ou devemos supor, a partir de nossa própria busca e de acordo com as respostas trazidas pelos filmes, que a primeira dessas imagens evita o sentido (uma vez que a imagem-puzzle denuncia a aberrante mudança de episódios), que a segunda evita a imagem enquanto visão de conjunto (já que uma imagem-mosaico toma de assalto uma sequência de imagens, rompendo-a e dispersando-a) e que a terceira simplesmente escapa, ao mesmo tempo que nos atrai em direção a ela, e é então o próprio espectador que faz fuga (quando uma imagem-labirinto abre-se a ele, a fim de fazê-lo perder-se nela)?

Nossa busca pelo mistério que ronda a composição de um filme revelou-se, à medida que avançava nossa jornada, incontestavelmente atrelada a um paradoxo fundamental do cinema: como analisar a construção de uma obra cuja natureza é predestinada a uma irremediável dispersão espaço-temporal? Além disso, como explorar a construção de uma obra de arte a partir de filmes cuja rigidez e modernidade sem concessão acabam por atestar uma tendência desconstrutiva, encoberta por estruturas (ao menos em aparência) absolutamente sólidas e rigorosas?

Todos os filmes aqui observados são atravessados por essa contradição: um caminho (conduzindo à liberdade da forma cinematográfica, em direção à fuga de uma forma internalizada por uns e outros) que deve passar, necessariamente, por uma rigidez estilística, partindo de finas fissuras para chegar a largos corredores. A evolução dessa fuga configura-se, assim, como um ínfimo vazamento de água que desemboca num dilúvio; ou então como gritos de silêncio que terminam em música. "Oh, faça-me sonhar", parece clamar o espectador da primeira dessas imagens, ao que replicaria o da terceira, cantando: "sonhe em mim".

O filme, objeto transparente de consumo supostamente fácil, torna-se um espelho opaco que não mais nos reflete (espectadores "inocentes" que somos), entregando-nos seres condenados a permanecer para sempre inscritos na própria matéria imagética, a mergulhar ("mostrando-se") no fundo dessas imagens.

Desenlace

Num discurso proferido em Paris, em 1937, abrindo o segundo Congresso Internacional de Estética e Ciência da Arte, Paul Valéry declara-se hesitante e dividido, no que concerne à Estética, entre uma "Ciência do Belo", que nos permitiria distinguir aquilo "que se deve amar" daquilo "que se deve odiar", bem como nos ensinaria a criar obras de inestimável valor, e uma "Ciência das Sensações". Assim, ele confessa:

> Se eu tivesse que escolher entre tornar-me um homem que sabe como e porque tal coisa é considerada "bela" ou um homem que sabe o que é sentir, creio que escolheria o segundo, com a suspeita de que esse conhecimento, ainda que fosse possível (e temo que não seja nem ao menos concebível), revelar-me-ia todos os segredos da arte.[1]

No entanto, Valéry acaba reconhecendo a associação dessas duas ciências. E parece-nos que a questão de um "cinema em fuga" (antes de tudo, uma questão de ordem estética) repousa essencialmente na combinação dessa "Ciência das Sensações" (que ele denomina *Estésica*) com a "Ciência do Belo" e da criação artística (que ele nomeia *Poiética*)[2]. Pois, julgando-as insuficientes, ele considera necessário vislumbrar uma terceira "ciência" (que nos arriscamos a denominar *Ciência da Fuga*) agindo no entrelaçamento das duas precedentes e situada nessa "encruzilhada da Estética", na qual "um órgão exaurido por uma sensação parece fugir dela, liberando uma sensação simétrica"[3]. Seria uma ciência responsável pelo estudo dos "movimentos de fuga" (do sentido, da imagem, da razão, do próprio "cinema" no interior de um filme ou de uma obra de arte em geral), tendo por base de sustentação a passagem (como fundamento da imagem cinematográfica e elemento regulador desses movimentos).

Essa terceira ciência, a *Ciência da Fuga* – que podemos chamar igualmente de *Cinemática*, em referência à disciplina da Mecânica que estuda os movimentos dos corpos fazendo total abstração de suas causas (as quais são estudadas pela Dinâmica) –, poderia ser então aplicada a todas as imagens (e a todas as obras) cujas frestas se ofereçam à necessidade algo intuitiva do ser humano de preencher lacunas e completar tudo o que falta numa sequência qualquer de sons e/ou imagens – o que verificamos, por exemplo, nas imagens derivadas sugeridas pelas "imagens das palavras" e dos sons. Identificaríamos, assim, diferentes modalidades de movimentos, ao seguirmos essas frestas em sua fluidez, desde a obra até aquele que a recebe, sem nenhuma pretensão de explicar, completar ou interpretar esses movimentos, essas fugas. Seria uma ciência, em suma, que combinaria (como Valéry desejava) as sensações e a percepção mais racional num trabalho cruzado entre criação (do lado da composição pelo artista) e recepção (do lado da audiovisão do espectador).

A fuga de uma obra apareceria, então, simultaneamente como o signo de sua invenção, o traço de sua estrutura, o anúncio de sua própria deterioração e a prova, enfim, de uma *Cinemática* aplicada. De sua força, na qualidade de obra minuciosamente estruturada e sólida, viria sua fragilidade; de sua fragilidade, indicada pelas fagulhas de fuga, viria sua força. Alguns cineastas carregam seus filmes com seu intelecto e um rigor draconiano, a fim de liberar o que resta de sensorial nas profundezas dos seres e das coisas registrados pela câmera. Porém, através dessa fuga do cinema e de suas frestas (narrativas, plásticas, rítmicas, de sentido) não há somente coisas que escapam (personagens, objetos, gestos, olhares, espaços etc.), mas também coisas que aí penetram, por tratar-se justamente de um cinema que acaba escapando – a despeito de (e paradoxalmente graças a) estruturas extremamente rigorosas – do controle exercido pelo cineasta e pelo espectador.

DESENLACE

298

O criador, tal como concebido por Bresson, não é senão a causa da arte[4]. Ou melhor, não é senão o veículo atravessado por um evento, que ele ajuda a transformar e a registrar. Assim como o espectador potencial que existe no cineasta torna-se, também ele, a causa (no sentido de uma "causa perdida") da arte. Tanto assim que o evento e a imagem não existem, em definitivo, senão para serem vistos (e revistos) por ele mesmo. Logo, trata-se de uma "arte como veículo"[5], passível de ser praticada tanto por um cineasta-espectador quanto por um espectador-cineasta. A passagem, como fundamento da imagem cinematográfica, lança as premissas dessa arte: de uma imagem a outra, de um elemento do filme a outro, bem como do cineasta ao espectador e vice-versa. Assim como os diferentes tipos de intensões refletem, no interior da obra, uma tensão exterior, igualmente importante e rica, presente entre alguém que recebe uma obra e alguém que a oferece ao olhar de outrem.

Finalmente, escavamos aqui um mesmo e único cinema. O puzzle, o mosaico e o labirinto foram apenas instrumentos (a nosso ver, bastante eficazes) para sua descoberta, através dos quais podemos ter acesso à sua natureza oculta, a seus pontos de sombra. Eles funcionaram tão somente como chaves (ou claves, no sentido musical) de composição, sem dúvida, mas também chaves de revelação, de desvelamento, de desdobramento.

A combinação dessas três formas atinge a pedra angular desse cinema em fuga: um cinema de resistência, no sentido em que assume a margem como lugar de pertencimento e a mestiçagem como método. Pois também importa, para esses filmes, dar voz e carne a todos aqueles e aquelas que se encontram habitualmente desprovidos delas: os prisioneiros, os loucos, as mulheres, as crianças e os adolescentes, os operários, os rebeldes e os inocentes de toda sorte – em suma, todos os proscritos e marginalizados da sociedade e da História.

Walter Benjamin preocupava-se com os "vencidos" da História, enquanto Hanna Arendt falava da "banalidade do mal"[6]. Esse cinema, de sua parte, ocupa-se tão somente em revelar, a partir do retrato de alguns desses "vencidos", a banalidade do ser. E ao fazê-lo, tenta salvar a dignidade do ser, e por conseguinte a sua própria: uma arte bastarda que se oferece à mestiçagem, comendo e se deixando comer por outras formas de arte (o teatro, a dança, a pintura, a música etc.), sem temer a perda de uma suposta "pureza cinematográfica" (própria a um cinema autorreferente e, por assim dizer, "cinéfilo"), mas, ao contrário, assumindo riscos e buscando no confronto com a alteridade sua própria especificidade.

Iniciamos este estudo interrogando, a partir de um cinema extremamente rigoroso, a construção de um filme. Qual não foi nossa surpresa quando, ao longo do percurso, nos demos conta da liberdade extrema que emanava, finalmente, desse cinema em aparência tão duro. Não por um descuido das formas, mas graças a um rigor aparentemente inflexível, que dissimula uma busca por ar, por fôlego, distinta e própria a um cinema tendendo à sua perda. Desse cinema talvez devesse ser traçada uma história. O que este estudo tenta pôr em prática é tão somente uma primeira abordagem dessa história das formas, enfatizando sua riqueza, sua variedade e sua potência de explosão.

Notas

ENLACE

1 Cf. R. Canudo, *L'Usine aux images*.

2 M. Delahaye; J.-L. Godard, Entrevista Com Robert Bresson, em A. Bazin et al., *A Política dos Autores*, p. 322-371.

PARTE I

I: UM CINEMA DE MADEIRA

1 Basta repararmos, em sua obra, na quantidade de prisões (em *Os Anjos do Pecado*, *Um Condenado à Morte Escapou*, *O Batedor de Carteiras*, *Processo de Joana d'Arc* e *O Dinheiro*) e de situações de fuga (em *As Damas do Bois de Boulogne*, *Diário de um Padre*, *A Grande Testemunha*, *Mouchette*, *Uma Criatura Dócil*, *Quatro Noites de um Sonhador*, *Lancelote do Lago*). Como Jean Bastaire resume: "o tema fundamental do universo bressoniano parece ser, de fato, o da libertação" (Petite introduction à Robert Bresson, *Esprit*, mar. 1960, p. 10, apud M. Estève, *Robert Bresson: La Passion du cinématographe*, p. 107 – salvo quando indicada uma edição brasileira, todas as traduções neste estudo são nossas).

2 R. Bresson, *Notas Sobre o Cinematógrafo*, p. 20: "O teatro fotografado ou *cinema* quer que um cineasta ou *diretor* faça atores representarem e fotografe esses atores representando; em seguida, que ele alinhe as imagens. Teatro bastardo ao qual falta o que faz o teatro: presença material de atores vivos, ação direta do público sobre os atores."

3 Ibidem, p. 21.

4 Ibidem, p. 51.

5 Ibidem, p. 94.

6 Platão, *Les Lois - II*, 668b, p. 146: "Mas é a obra que se semelha à imitação do belo que se deve buscar. [...] Pois há justeza na imitação, como a defendemos, desde que venhamos a reproduzir a coisa imitada respeitando sua grandeza e qualidades."

7 Emprego aqui distintamente: "originária", em referência ao que determina uma origem (como um lugar originário); e "original", em relação ao que é autêntico (por exemplo, um manuscrito que sirva de modelo a uma cópia) ou então primário, primitivo (como o pecado original).

8 R. Bresson, *Notas Sobre o Cinematógrafo*, p. 29: "Filmagem. Nada no inesperado que não seja secretamente esperado por você."

9 Sobre a diferença entre "intenção" e "intencionalidade" em arte, e especialmente na obra de Bresson, ver J. Aumont, *De l'esthétique au présent*, p. 30-31.

10 Cf. J. Lichtenstein, *La Couleur éloquente*, ed. 1999, p. 163: "Seja ele considerado através de categorias aristotélicas ou platônicas [...], o desenho é sempre definido como uma representação abstrata, uma forma de natureza espiritual, cuja origem reside unicamente no pensamento, como a marca de uma atividade intelectual que prova, aos olhos dos que condenam a pintura, que esta última sempre obedece à ordem de uma 'intenção', ou seja, de um projeto."

11 R. Bresson, *Notas Sobre o Cinematógrafo*, p. 103: "Enquanto uns, sob a influência do *cinema*, esforçam-se para transformar o teatro, outros, ao rodar seus filmes, embaralham-se em velhos hábitos (regras, códigos)."

12 Ibidem, p. 32. Ou, por exemplo, ao dizer, a propósito de *Um Condenado...*, que: "O drama nascia das relações entre o tom da narração, o dos diálogos e as imagens. Era como um quadro com três cores." *Arts*, 17 jun. 1959.

13 Ibidem, p. 23. Ou dito de outra forma, p. 27: "Opor ao relevo do teatro a superfície lisa do cinematógrafo."

14 Cf. S. Eisenstein, *Cinématisme*; C.L. Ragghianti, *Cinema*; E. Rohmer, Le Celluloïd et le marbre II: Le Siècle des peintres, *Cahiers du cinéma*, n. 49, ju. 1955; A. Bazin, Peinture et cinéma, *Cahiers du cinéma*, n. 60, jun. 1956 (incluído em A. Bazin, *O Cinema*); P. Bonitzer, *Peinture et cinéma*; H. Damisch, L'Épée devant les yeux, *Cahiers du cinéma*, n. 386, jul.-ago. 1986; F. Jost, Il pitto-film, *Cinema e cinema*, n. 50, dez. 1987; J. Aumont, *L'Œil interminable*; A. Costa, *Cinema e pittura*; L. De Franceschi (org.), *Cinema / pittura*; J.L. Schefer, A Hipótese Strindberg, em J. Bénard da Costa (org.), *Cinema e Pintura*.

15 Plínio, o ancião, *Histoire naturelle XXXV*, p. 67. Esta mesma fábula fundadora será citada por

vários autores, como Alberti ou Vasari, e representada em pintura, por exemplo, pelo escocês David Allan (1775), no quadro The *Origin of Painting* (*The Maid of Corinth*), atualmente na Galeria Nacional da Escócia, em Edimburgo.

16 Cf. P. Dubois, *O Ato Fotográfico e Outros Ensaios*, p. 117-123; A. Bazin, Ontologia da Imagem Fotográfica, *O Cinema*, p. 19-26; e R. Barthes, *A Câmara Clara*.

17 O que poderia "catapultar" nossa imagem originária de uma posição "anterior" (aquém) à concretização da imagem, para uma "posterior" (além dessa mesma concretização). E em lugar de falarmos de uma "impressão ou sensação inicial", falaríamos, ao contrário, de uma finalidade – igualmente imaginária e virtual. Mas continuemos, por enquanto, com a ideia que nos propõe Bresson de anterioridade dessa imagem originária. Retomaremos mais tarde o seu inverso.

18 R. Barthes, op. cit., p. 117-118.

19 H. Damisch, *Traité du trait*, p. 71.

20 Cf. E. Landowski, *Passions sans nom: essais de socio-sémiotique III*. Paris: Presses Universitaires de France, 2004. E em particular o capítulo intitulado "Modes de présence du visible". [trad. br. Modos de Presença do Visível, presente em A.C. de Oliveira (org.), *Semiótica Plástica*, p. 97-112], no qual ele diferencia um objeto criado a partir de uma "imagem já constituída", como um quadro pintado em ateliê, seguindo as regras tradicionais de representação da "natureza", de um objeto que "faz imagem", como as pinturas feitas *in loco*.

21 H. Damisch, op. cit., p. 66. E Paul Valéry dirá: "Às vezes faço esse raciocínio sobre o desenho de imitação. As formas que a visão nos entrega em estado de contorno são produzidas pela percepção dos deslocamentos de nossos olhos conjugados que conservam a visão *nítida*. Esse movimento *conservativo* é linha." P. Valéry, *Degas Dança Desenho*, p. 70.

22 H. Damisch, op. cit., p. 74: "Uma sombra só faz figura quando não faz mais mancha, o traço (eu não disse o contorno) operando no entredois: entre a mancha e a linha."

23 J.J. Winckelmann, *Réflexions sur l'imitation des œuvres Grecques en peinture et en sculpture*, p. 17, apud H. Damisch, op. cit., p. 72.

24 Comme le rêve le dessin, em P.-A. Michaud (dir.), *Comme le rêve le dessin*, p. 19.

25 Ibidem, p. 18. E ele completa, na p. 28: "O lugar do desenho nunca é inteiramente estabelecido. Ele não é o requisito para a inscrição das figuras: ele é o limiar da figurabilidade."

26 H. Damisch, op. cit., p. 61. Em francês, essa relação fica ainda mais evidente, pois como ele o demonstra, na origem, a palavra retrato (*portrait*) deriva de "traço por traço" (*trait pour trait*).

27 Ibidem, p. 74: "A sombra toma emprestada do contorno que a envolve a aparência de uma figura. Enquanto associada à mancha, a sombra mantém com o fundo uma relação totalmente diferente que a da figura. Esta *destaca-se* do fundo; a sombra *imprime-se* nele, conferindo-lhe, ao mesmo tempo, uma realidade, ou pelo menos uma consistência que a figura lhe nega."

28 Certamente a aparência de uma presença, pois não devemos esquecer que a sombra é sempre o índice de uma presença. Ver C.S. Peirce, *Écrits sur le signe*, p. 40-41: "O índice aponta com o dedo a coisa ou o próprio evento que se apresenta"; e P.-A. Michaud complementa, op. cit., p. 98: "As imagens do cinema não fazem da definição da figura o termo final da representação: elas visam antes denotar a presença que captar a semelhança."

29 Agradeço a sugestão na denominação do termo ao amigo Matteo Bonfitto, que trabalhava na mesma época com uma noção homônima (a partir de Daniel C. Dennett, *Tipos de Mentes*), em "Sentido, Intensão, Incorporação: Primeiras Reflexões Sobre Diferentes Práticas Interculturais no Trabalho do Ator", *Sala Preta*, v. 5, n. 1, p. 23-29 – muito embora o sentido empregado aqui ao cinema seja completamente distinto daquele empregado por ele ao teatro.

30 E isso só vem corroborar, de certa forma, a tensão mencionada acima, entre aprisionamento e fuga na obra de Bresson, que encontramos mesmo em seus escritos: "Tudo foge e se dispersa. Continuamente trazer o todo em um", em *Notas Sobre o*

NOTAS

Cinematógrafo, p. 54. Ou ainda, p. 74: "Filmagem. Angústia de não deixar nada escapar do que eu apenas vislumbro, do que eu ainda talvez não veja e que somente poderei ver mais tarde."

31 Acerca do qual o artista declara: "eu quis criar uma imagem estática em movimento [...] o movimento da forma num tempo determinado nos faz entrar fatalmente na geometria e na matemática, como quando se constrói uma máquina" (Apud P. Cabane, *Duchamp & cie*, p. 56.) O que só vem atestar, aliás, a sintonia da obra e do pensamento do artista com a pintura futurista italiana da mesma época, em sua relação com o movimento e a máquina – algo visível, por exemplo, no quadro que Luigi Russolo pinta no mesmo ano, *Síntese Plástica dos Movimentos de uma Mulher*.

32 Ibidem: "Duchamp nunca admitiu, a não ser da boca para fora, a influência dessa 'coisa de Marey': a cronofotografia. Ele confessará, entretanto, ter utilizado, a partir das ilustrações do livro do célebre fisiologista, *O Movimento*, publicado em 1894 [...], o princípio de decomposição de diferentes figuras geométricas em movimento que daria origem aos esquemas sucessivos de um homem que corre. Aquilo que o olho não percebe, mas que a razão descobre, graças à ciência."

33 L. Mannoni, Marey cinéaste, em D. de Font--Réaulx; T. Lefebvre; L. Mannoni (dir.), *EJ Marey: Actes du colloque du centenaire*, p. 24.

34 É.-J. Marey (1889), apud L. Mannoni, Marey cinéaste, em ibidem, p. 23.

35 Já em 1607, em seu livro *L'idea de' scultori, pittori e architetti* (retomado por D. Heikamp [ed.], *Scritti d'arte di Federico Zuccaro*, p. 222), o pintor italiano Federico Zuccaro já falava sobre um *disegno esterno* (desenho exterior, material, que serve de base à pintura) subordinado a um *disegno interno* (desenho interior, mental, idealizado pelo pintor): "O desenho assim formado e circunscrito por meio das linhas é o exemplo e a forma da imagem ideal."

36 Cf. J.-M. Floch, *Les Formes de l'empreinte*, p. 66 (a propósito de uma outra foto e do texto de Cartier-Bresson, "O Instante Decisivo", de 1952): "Quando H. Cartier-Bresson fala em 'realizar uma visão' ou em 'restituir o que vê', não devemos crer que ele queira fazer e guardar a impressão de um objeto ou de um espetáculo. A visão é uma construção. A fotografia é para

ele 'o reconhecimento na realidade de um ritmo de superfície, linhas e valores; o olho recorta o assunto e ao aparelho só resta fazer seu trabalho, que é o de imprimir sobre a película a decisão do olho.' [...] O que a película imprime é uma escolha, uma seleção, uma construção. Não é um objeto ou a realidade. E essa construção é uma construção plástica, uma composição."

37 H. Damisch, op. cit., p. 17.

38 L.B. Alberti, *De la peinture*, p. 147-149. E ainda sobre o uso do *intersector*, ver igualmente A. Dürer, Instructions sur la manière de mesurer avec la règle et le compas, *Géométrie*.

39 Fundador do Movimento Espacialista, ele atesta, em seu "Manifesto Blanco" (Buenos Aires, 1946), que "a matéria, a cor e o som em movimento são fenômenos cujo desenvolvimento simultâneo integra a nova arte". Mais tarde, em sua "Proposta di un regolamento del movimento spaziale" (Milão, 1950), ele completa: "O artista espacial não impõe mais ao espectador um tema figurativo, mas, ao contrário, deixa-o em condição de criá-lo por si mesmo, através de sua imaginação e das emoções que ele recebe. A humanidade adquire uma nova consciência, logo não se trata mais de representar um homem, uma casa ou a natureza, mas de criar com a imaginação sensações espaciais." Cf. E. Crispolti, *Lucio Fontana: Catalogo generale*.

40 Aliás, notemos que as "esperas" de Fontana correspondem justamente às fendas rasgadas na tela, daí a sutil variação do título das obras, de acordo com o número de incisões: *attesa* ou *attese*, respectivamente para as telas com uma ou mais fendas. E Bresson adverte (*Notas Sobre o Cinematógrafo*, p. 81): "Criar esperas para preenchê-las."

41 Cf. H. Damisch, op. cit., p. 69: "A invenção propriamente dita da linha (e não mais somente a descoberta do 'contorno') tendo consistido [...] em substituir os múltiplos traços pelos quais tentou-se de início delimitar as formas (fossem as de uma sombra) por uma linha única e que tomou, desde então, valor de 'contorno ideal.'"

42 R. Bresson, *Notas Sobre o Cinematógrafo*, p. 18.

43 G. Didi-Huberman, *Devant l'image*, p. 171.

44 Ibidem, p. 171-172. Vale mencionar que sua crítica se dirige igualmente aos trabalhos de Erwin Panofsky.

45 Ibidem, p. 172 (E evoquemos igualmente o que diz Roland Barthes a propósito das relações entre pintura e linguagem: "O quadro, quem quer que

o descreva, só existe na *história* que crio dele; ou ainda na soma e organização das leituras que podemos fazer dele: um quadro nunca é mais do que sua própria descrição plural." R. Barthes, A Pintura é uma Linguagem?, *O Óbvio e o Obtuso*, p. 136).

46 Ibidem, p. 173-174.

47 Ele ressalta, contudo, que essa estrutura aberta, que seria "rasgada, arruinada, atingida em seu meio como no ponto mais essencial de seu desdobramento", nada tem a ver com aquela mencionada por Umberto Eco em seu livro *A Obra Aberta*, que se refere às "potencialidades de comunicações e interpretações de uma obra".

48 Ibidem, p. 174.

49 H. Damisch, op. cit., p. 70, particularmente em relação aos estudos de figuras de Tintoreto e aos contornos "repetidos, desfocados e algo aproximativos" de Cézanne.

50 Cf. supra, p. 15.

51 Cf. P.-A. Michaud (dir.), *Comme le rêve le dessin*, p. 90: "O espaço do desenho não remete nem à interioridade, nem à exterioridade: ele não reflete o mundo mais que o sujeito. [...] O desenho traduz um certo estado de ausência de si: ele não é a via real que conduz à representação da interioridade, mas um processo de acabamento cujos traços deixados pela mão sobre a folha são o único termo e a única imagem."

52 E Bresson atesta: "Seu filme não é feito para um passeio dos olhos, mas para *penetrar nele*, para ser inteiramente absorvido por ele", em *Notas Sobre o Cinematógrafo*, p. 75. (Grifo nosso.)

53 P. Valéry, op. cit., p. 121-122.

54 Trecho do diálogo de Jesus com Nicodemus, no capítulo 3 do *Evangelho de São João*, apud M. Estève, op. cit., p. 42-43: "O vento sopra onde quer; ouves sua voz, mas não sabes donde vem nem para onde vai. Assim acontece com todo aquele nascido do Espírito." Em relação ao improviso, Bresson recomenda: "filmar com improviso, com modelos desconhecidos, em lugares inesperados propícios a me manter num estado *tenso* de alerta. [...] Captar instantes. Espontaneidade, frescor", em *Notas Sobre o Cinematógrafo*, p. 32 (Grifo nosso); e completa, mais adiante, p. 57: "isso porque uma mecânica faz surgir o desconhecido, e não porque encontramos antecipadamente esse desconhecido".

55 G. Perec, *La Vie mode d'emploi*, p. 17 – ou p. 239, já que o mesmo texto é retomado e em seguida desenvolvido no capítulo XLIV da segunda parte, intitulado "Winckler, 2".

56 R. Bresson, *Notas Sobre o Cinematógrafo*, p. 30.

57 Ibidem, p. 22.

58 Ibidem. Ainda sobre a importância das relações, ele dirá, p. 73: "É associando-se uma à outra que suas imagens vão ganhar fosforescência. (Um ator [de "cinema"] quer ser fosforescente imediatamente.)."

59 Ibidem, p. 23. Ao contrário de alguém como Serguei Eisenstein, para quem o embelezamento ou a expressividade exacerbada de um plano nunca parece perturbar a eficácia da montagem do conjunto.

60 G. Perec, op. cit., p. 17-18 (ou p. 239).

61 Em francês, o termo técnico *découpage* (literalmente, "recorte") pode servir tanto para designar a ação de dividir um roteiro cinematográfico em planos, quanto para a definição das peças a serem cortadas na confecção de um quebra-cabeça. No Brasil, o termo técnico decupagem é empregado somente no cinema, ainda que neste texto seja por vezes utilizado de maneira mais livre para distinguir o puzzle de madeira daquele feito de papelão.

62 G. Perec, op. cit., p. 18-19 (ou p. 240-241).

63 Ibidem, p. 18 (ou p. 240).

64 Ibidem, p. 19 (ou p. 241).

65 Ibidem, p. 19-20 (ou p. 241-242).

66 Ibidem, p. 243-244.

67 G. Deleuze, *A Dobra*, p. 199.

68 Ibidem, p. 116.

69 Ibidem, p. 200.

70 Segundo a notável análise operada por Henri Bergson, no quarto capítulo de *A Evolução Criadora* – retomada e aplicada ao cinema por G. Deleuze, *L'Image-mouvement*, p. 12-17.

71 R. Bresson, *Notas Sobre o Cinematógrafo*, p. 47.

72 Ibidem, p. 72.

73 O que pode ser verificado em qualquer imagem cinematográfica, sobretudo quando oriunda de uma película projetada na tela de cinema, que parece sempre vibrar.

74 Ibidem, p. 61.

75 Ibidem, p. 72.

76 Segundo M. Estève, op. cit., p. 92: "Com certeza, o espaço explorado em seus filmes, ainda que evocando vários lugares, ainda que se abrindo mais sobre o mundo exterior, depois de *A Grande Testemunha* e *Mouchette*, é sempre 'enquadrado' à maneira do espaço delimitado por um quadro.

NOTAS   304

Espaço consequentemente limitado, espaço privilegiado no qual [as personagens] vivem intensamente, dentro de 'celas', em constante luta interior."

77 Ibidem, p. 93: "Se 'abstrair' consiste em isolar um elemento muito importante de um conjunto, negligenciando os outros, que parecerão então secundários em relação ao primeiro, aí sim, na obra de Bresson, a imagem é 'abstrata': nunca vemos […] toda a cela de Fontaine, que poderia ter sido apresentada em plano-conjunto. Nessa perspectiva, abstrair é fazer uma escolha e sem escolha não poderia haver obra de arte."

78 Estève acrescenta, ibidem, p. 93-94: "A 'abstração' aqui não corresponde a um conceito, mas a uma 'estilização' e a 'estilização' nos conduz ela mesma ao *símbolo*, realidade dupla, ao mesmo tempo carnal e espiritual. No cinema, o simbolismo pode ser encontrado através de um excesso de materialidade, ou através de uma rarefação da matéria: a originalidade da pesquisa estética de Bresson parece situar-se no ponto de encontro destas duas hipóteses. A imagem, em sua obra, é menos 'abstrata' do que 'estilizada' […] Se o espaço cinematográfico explorado pela câmera de Bresson parece abstrato é sobretudo na medida em que é minuciosamente trabalhado com uma finalidade estética." Retornaremos a estas questões mais adiante.

79 R. Bresson, op. cit., p. 74.

II: UM CINEMA DE PEDRA

1   Com roteiro de Jean Gruault, baseado nos trabalhos do cirurgião, neurobiólogo e filósofo do comportamento Henri Laborit.

2   R. Bresson, *Notas Sobre o Cinematógrafo*, p. 24.

3   Cf. J. Epstein, "A Inteligência de uma Máquina" (artigo publicado na revista *Inter ciné*, ago.-set. 1935) e *A Inteligência de uma Máquina* (livro publicado em 1946), ambos retomados em *Écrits sur le cinéma I*.

4   A. Artaud, *Œuvres complètes III*, p. 103. E ele complementa, num de seus textos sobre o cinema (Sorcellerie et cinéma [1927], em ibidem, p. 82-85): "Fazê-lo servir a contar histórias, uma ação exterior, é privá-lo do melhor de seus recursos, contrariando sua finalidade mais profunda. Eis por que o cinema me parece sobretudo feito para exprimir as coisas do pensamento, o interior da consciência, e não tanto pelo jogo das imagens, mas por algo mais imponderável que nos

restitua essas imagens com sua matéria direta, sem interposições, sem representações."

5   J. Aumont, *À quoi pensent les films*, p. 9-10.

6   J. Epstein, *Écrits sur le cinéma I*, p. 244. (Grifos nossos.) Reparemos que Epstein, assim como Bresson um pouco mais tarde, tinha por hábito referir-se ao cinema em termos de "cinematógrafo", termo comum no início do século.

7   Cf. R. Bresson, op. cit., p. 55-56.

8   Ibidem, p. 24 (na nota de rodapé).

9   A. Artaud, La Vieillesse précoce du cinéma [1933], op. cit., p. 102-107. Muito embora ele mesmo (em Sorcellerie et cinéma, p. 83, grifo nosso) afirme que: "O cinema é essencialmente *revelador de toda uma vida oculta* com a qual ele nos relaciona diretamente."

10 G. Deleuze, *L'Image-mouvement*, p. 242.

11 Cf. J.-P. Oudart, Mon oncle d'Amérique, *Cahiers du Cinéma*, n. 314, p. 48: "Se [o filme] lembra, mais uma vez, a ficção científica, é por sua capacidade de demonstrar (não vejo nele outra lição), numa trama de sociedade contemporânea, que suas construções de espaços e durações são capazes de fazer imaginar um tempo e uma geografia que pode representar, com esse horizonte murado e esse passado cinza, um mundo sobretudo bastante lacunar, uma desolação sobre a qual pesam os horrores do limbo, do passado, do futuro, possibilitando a essa humanidade uma história ainda hoje *inimaginável*."

12 O termo é aqui retomado, porém com outro sentido (mais lúdico e menos espacial) que aquele utilizado no capítulo anterior.

13 F. Thomas, Jeux de construction: la structure dans le cinéma d'Alain Resnais, *Positif*, n. 395, p. 95-98.

14 Ibidem.

15 Que se acreditava ocasionado pela persistência retiniana, mas é atribuído, desde 1912 e graças às experiências de Max Wertheimer, ao "efeito phi". Em relação a isso, ver C. Metz, A Respeito da Impressão de Realidade no Cinema, *A Significação no Cinema*, p. 15-28; e J. Aumont, *A Imagem*, p. 47-52.

16 J. Epstein, op. cit., p. 259.

17 Lembremos, no entanto, que ao longo de todo o filme Resnais já apresenta algumas dessas imagens imóveis, como fotos, mas separadamente.

18 J. Epstein, op. cit., p. 261. Ou ainda, p. 288: "Enfim, quando não há mais movimento visível

num tempo suficientemente extenso, o homem torna-se estátua, o vivo confunde-se com o inerte, o universo involui em um deserto de matéria pura, sem traço de espírito."

19 Sobre o qual poderíamos dizer – seguindo a definição de Gilles Deleuze para o *flash-back* (*L'Image-temps*, p. 67), mas invertida – que se trata de um circuito fechado que vai do presente ao futuro, para em seguida nos trazer de volta ao presente.

20 Ibidem, p. 93-94.

21 Significativamente, Deleuze observa (ibidem, p. 157-158), acerca dos filmes de Resnais, que "de fato, as transformações ou novas repartições de um *continuum* resultarão sempre e necessaria- mente numa fragmentação: por menor que seja uma região, ela será fragmentada [...] O *conti- nuum* não para de se fragmentar, gerando um outro *continuum*, igualmente em fragmentação." A esse respeito, ver também S. Leperchey, *Alain Resnais: Une Lecture topologique*.

22 G. Deleuze, *L'Image-temps*, p. 107.

23 A. Artaud, op. cit., p. 106.

24 S. Eisenstein, *La Non-indifférente nature II*, p. 48. Neste caso, Eisenstein considera a noção de organismo como a define Friedrich Engels, em sua *Dialética da Natureza* (1883): "O organismo é evidentemente a unidade superior."

25 G.W.F. Hegel, *Obras II*, apud S. Eisenstein, *La Non-indifférente nature I*, p. 62-63.

26 Refiro-me aqui, obviamente, ao texto de *A Não- -Indiferente Natureza* (1945-1947) que, de certa forma, renega tanto sua prática fílmica quanto outro escrito fundamental de Eisenstein, radical em sua defesa da descontinuidade e do conflito: "Stuttgart/ A Dramaturgia da Forma" (1929). Cf. F. Albera, *Eisenstein e o Construtivismo Russo*.

27 Parafraseando J. Epstein, op. cit., p. 310.

28 Tomo aqui emprestado de Hegel o exemplo *inor- gânico* do granito, presente na citação acima.

29 G. Didi-Huberman, *Gestes d'air et de pierre*, p. 60-62. Ver também, e mais especificamente sobre as relações entre cinema e pedra: S. Lian- drat-Guigues, *Cinéma et sculpture*. Aliás, são curiosamente planos de pedras cobertas de musgo que aparecem logo após a imagem-sín- tese, no início de *Meu Tio da América*.

30 Uma outra analogia, dessa vez encontrada em Marcel Proust, é indicada por L. Belloi, Vitraux aux mouvants pierreries: le film peint (Marcelle Thirache, Stan Brakhage), em L. Belloi; M. Del- ville (dir.), *L'Œuvre en morceaux*, p. 82: "'Vitrais de pedrarias cambiantes': a expressão, proustiana [*À la recherche du temps perdu*, v. II. Paris: Gallimard, 1988, p. 258], funciona de maneira emblemática sobre o princípio de um duplo oximoro. Enfren- tam-se nela, por um lado, as categorias do fixo e do móvel, o vitral estando nela descrito, de maneira estranha, como uma imagem em movimento; chocam-se por outro lado, e frontalmente, o trans- lúcido e o brilhante, já que o vidro do vitral é visto, neste caso, assimilado à pedra (fina)."

31 Novamente, nos referimos aqui ao artigo de E. Landowski, Modos de Presença do Visível, em A.C. de Oliveira (org.), *Semiótica Plástica*, p. 140, no qual ele diferencia um objeto gerado por uma "imagem já constituída" (que "faz sen- tido") de um outro, que "faz imagem"; enquanto o primeiro tipo de imagem produzida "dirige-se somente ao nosso olhar", o objeto que faz ima- gem, ao contrário, "convoca percepções mais profundas e dispõe integralmente de nosso ser".

32 Ou ainda, retomando a ideia de Bresson apre- sentada anteriormente: da recomposição à sua composição.

33 P. Dubois, A Imagem-Memória ou a *Mise em Film* da Fotografia no Cinema Autobiográfico Moderno, *Revista Laika*, v. 1, n. 1, p. 19 – e par- ticularmente sobre a interpretação freudiana de Roma em *O Mal-Estar na Civilização*, ver sobre- tudo o quarto ponto, intitulado "A Arqueologia das Ruínas do Inconsciente: Os Modelos de Roma e Pompeia".

34 E ele complementa, ainda acerca de Resnais (*L'Image-temps*, p. 156-157): "É assim que a noção de idade, idades do mundo, idades da memória, é profundamente fundada no cinema de Res- nais: os eventos não se sucedem simplesmente, não seguem simplesmente um fluxo cronológico, nem deixam de ser remanejados a partir de sua origem em tal ou tal lençol de passado, em tal ou tal *continuum* de tempo, todos coexistentes."

35 P. Dubois, op. cit., p. 35. Notemos que o autor utiliza aqui o termo "tela" em sua acepção psi- canalítica, cujo duplo sentido refere-se tanto a uma superfície de recepção (por exemplo, de uma projeção cinematográfica), quanto a uma superfície que bloqueia a visão daquilo que se encontra por trás dela – o que se aproxima, por outro lado, dos termos *cadre/cache* (traduzidos

NOTAS

por "moldura" e "máscara") empregados por Bazin, a respeito do quadro de cinema (ver Pintura e Cinema, *O Cinema*, p. 173).

36 Baseado na teoria do "cérebro triúnico" do neurofisiologista estadunidense Paul McLean.

37 Cícero, *De l'orateur*, II, § LXXXVI, 351-354, p. 154. Ele se refere ao poeta grego Simônides de Céos, inventor histórico da mnemotécnica ou "memória artificial" (no século V a.C.).

38 B. Schefer, Les Lieux de l'image, prefácio ao livro de G. Camillo, *Le Théâtre de la mémoire*, p. 14.

39 Não por acaso, evoca-se aqui o título de um curta metragem dirigido por Alain Resnais, em 1956 (documentário poético e lúdico sobre a Biblioteca Nacional da França), em eco ao "Teatro da Memória" de Giulio Camillo.

40 Cf. B. Schefer, op. cit., p. 7.

41 G. Camillo, *Le Théâtre de la mémoire*, p. 79-80.

42 Apesar da seguinte colocação, um tanto enigmática, que só é melhor compreendida no que tange ao trabalho com os modelos (*Notas Sobre o Cinematógrafo*, p. 49): "Todos esses efeitos que você pode obter da *repetição* (de uma imagem, de um som)."

43 C.S. Peirce, op. cit., p. 40-41, supracitado. Ou ainda, p. 239 (nos *Collected Papers IV*, § 447-448): "O ser de um índice é aquele da experiência presente. [...] O valor de um índice é o de nos assegurar de um fato positivo."

44 Ibidem, p. 239.

45 Cf. J. Lichtenstein, *La Couleur éloquente*, p. 172: "Através de seu contorno, o desenho imita somente a forma exterior do objeto, sua aparência sensível que só faz apelo ao olho do espectador, não à sua inteligência. Contrariamente à escultura, a pintura não se contenta em fazer ver o visível; ela torna visível o invisível, pintando os sentimentos, as emoções e não apenas a forma exterior do corpo humano. Ela não é uma simples reprodução do real. Se ela o representa, é no sentido que a filosofia clássica dará a esse termo, como signo mais que como imagem."

46 Justamente o que Lichtenstein aponta em relação a Roger de Piles e sua defesa do colorido no século XVII (ibidem, p. 169): "seu primeiro gesto consiste em substituir uma concepção *essencialista* da imagem, que sempre privilegia o desenho, por uma problemática *substancialista* da representação pictorial".

47 Cf. ibidem, p. 170. E ainda de acordo com a argumentação de Roger de Piles, inspirada na distinção aristotélica entre potência e ato: "O desenho não define o ser da pintura; ele não é substância, mas substrato, uma potência que, para realizar-se, precisa receber as determinações do colorido."

48 Ibidem, p. 179: "Através de seu colorido, a representação pictorial resiste a todas as formas deste pensamento tecnicista que visa sempre reduzir as distâncias e anular as diferenças."

49 Entrevista concedida a Robert Benayoun, *Positif*, n. 231, p. 42.

50 Já que são utilizadas imagens dos mesmos atores célebres, porém em filmes distintos.

51 Cf. P.-A. Michaud (dir.), *Comme le rêve le dessin*, p. 17: "Dissociação dos contornos e superfícies, formação de *imagens compostas* cujos elementos são tomados de empréstimo a estratos de memória mais ou menos ocultos: da caixa de construção que serve de local de empréstimo à elaboração do sonho, a experiência ressurge em *fragmentos recompostos*, submetidos a efeitos de fusões, deslocamentos e perda idênticos àqueles que se observam no trabalho do desenho."

52 Como sugere Jacqueline Lichtenstein, em relação à pintura e à defesa do colorido, levada a cabo por Roger de Piles no século XVII (e mencionada acima). Através da distinção que ele faz, por exemplo, entre *cor* e *colorido*, Roger de Piles diz: "A Cor é o que torna os objetos sensíveis à vista. E o Colorido é uma das partes essenciais da Pintura, através do qual o Pintor sabe imitar as aparências das cores de todos os objetos naturais, distribuindo aos objetos artificiais a cor que lhes seja mais adequada para enganar a vista." Em R. de Piles, *Cours de peinture par principes*. Paris: Jacques Estienne, 1708, p. 303, apud B. Teyssèdre, *Roger de Piles et les débats sur le coloris au siècle de Louis XIV*, p. 491.

53 Cf. B. Teyssèdre, op. cit., p. 65.

54 G. Didi-Huberman, *L'Image survivante*, p. 27-28.

55 O filme provando ser, uma vez mais, uma "memória (do próprio cinema) que age" (logo, como um ser vivo para Laborit).

56 E Didi-Huberman conclui: "O pensamento warburguiano abala a história da arte, porque o movimento que ele desperta nela constitui-se de coisas que são *ao mesmo tempo* arqueológicas (fósseis, sobrevivências) e atuais (gestos, experiências." Cf. Savoir-mouvement (l'homme qui parlait aux papillons), prefácio ao livro de P.-A. Michaud, *Aby Warburg et l'image en mouvement*,

p. 7-20. E retornamos aqui à Roma de Freud, evocada por Dubois.

57 Sobre "estas personagens em sofrimento perpétuo de verdade e de mentira", Jean-Pierre Oudart ("Mon oncle d'Amérique", op. cit., p. 50) atesta que: "O filme faz às vezes surgirem esses seres singulares com a mesma força de estranheza dos fragmentos de verdades renegadas, levando-os a efetuar em nós mesmos uma *espectrografia* que nos faz parecer com essas quantidades de anseios fracos, de construções simbólicas, de territórios que eles deslocam em si próprios, como parte de sua identidade incerta. Eles nos fazem assim lembrar um pouco do tempo em que tentávamos construir a nossa."

58 Cf. G. Didi-Huberman, Savoir-mouvement, op. cit., p. 16: "A história da arte warburguiana foi, a este respeito, desde os primeiros trabalhos sobre Botticelli, uma *patologia* entendida como *ciência arqueológica do pathos antigo* e de seus destinos no Renascimento italiano e nórdico."

59 Ibidem, p. 17 (com base na definição dada por G. Bing, "Introduzione", em A. Warburg, *La rinascità del paganesimo antico*, p. xxvi).

60 A. Artaud, La Vieillesse précoce du cinéma, op. cit., p. 105, supracitado.

61 Refiro-me aqui ao "fixismo", em seu sentido biológico – "doutrina da fixação das espécies (oposta ao *evolucionismo, transformismo*)" – ou geográfico – "teoria segundo a qual os continentes teriam permanecido imóveis após o pliocênio, toda erosão sendo causada pela diminuição do nível dos oceanos" – segundo o dicionário da língua francesa *Le Petit Robert*, 2001.

62 O sintoma sendo entendido, por Warburg, como um "movimento no corpo". Ver G. Didi-Huberman, Savoir-mouvement, op. cit., p. 17: "Um movimento que fascinava Warburg não apenas porque ele o via 'agitado de paixões', mas ainda porque que ele o julgava 'desprovido de vontade'. [Estaríamos aqui próximos do *modelo* bressoniano?] Ele havia compreendido que os sintomas não são 'signos' [...] e que suas temporalidades, seus nós de instantes [o *pathos*] e de durações [a *fórmula*], suas misteriosas 'sobrevivências', supõem alguma coisa como uma *memória inconsciente*." E Dubois sugere (A Imagem-Memória, op. cit., p. 35), em relação à fotografia: "Ir da consciência da imagem à inconsciência do pensamento."

63 G. Didi-Huberman, *L'Image survivante*, p. 27-28.

64 Cf. P.-A. Michaud, *Aby Warburg et l'image en mouvement*, p. 77: "Tentando apreender do interior as relações conflituosas que despontam nas obras, entre realidade exterior do mundo, ideais do tempo e intuição singular do artista, Warburg privilegia os deslocamentos e as rupturas em detrimento da transmissão das formas. 'Deus está nos detalhes': o *lema* de Warburg é primeiramente uma prescrição de método que significa que a obra não é uma totalidade fechada, mas uma justaposição de elementos tensionados que a interpretação não deve atenuar e não pode nem mesmo pretender revelar."

65 Em referência ao "dinamismo", enquanto teoria filosófica: "sistema que reconhece nas coisas a existência de forças irredutíveis à massa e ao movimento (oposto ao mecanismo): o dinamismo de Leibniz"; ou ainda: "doutrina que considera o movimento ou o futuro como primitivo (oposta ao estatismo): o dinamismo de Bergson" – a partir do dicionário Le Petit Robert, 2001.

66 Aliás, é difícil não pensar igualmente nos atores de O Ano Passado em Marienbad (1961), que imitam, ao longo do filme, os mesmos gestos (*fixados*) deles ou de outras personagens, que retornam em movimento, repetidamente.

67 Particularmente em seus estudos sobre a pintura de Botticelli e a arte do Quattrocento – reunidos, em francês, na coletânea *Essais florentins*, p. 47-81. E como comenta P.-A. Michaud, *Aby Warburg et l'image en mouvement*, p. 68: "A figura não surge como uma entidade estável, mas parece nascer de um jogo de forças contraditórias que se cruzam no limite exterior do invólucro corporal [...] e não na automanifestação de sua presença imóvel. O movimento é descrito como uma dissociação ativa entre os contornos flutuantes da figura e sua massa, que parece se dissolver nas extremidades, da mesma forma que uma dança introduz a desordem na simetria e quebra o equilíbrio comedido da exposição estática."

68 D. Diderot, *Essais sur la peinture*, p. 18.

69 Cf. P. Valéry, *Degas Dança Desenho*, p. 159.

70 Giorgio Agamben, aliás, prefere a tradução "vida póstuma" a "sobrevivência", para o *Nachleben* warburguiano. Cf. *Image et mémoire*, p. 9-35.

71 Cf. G. Didi-Huberman, *L'Image survivante*, p. 91.

72 Ibidem, p. 67. Essa "memória coletiva" podendo ser representada, no caso de *Meu Tio da América*, pelo próprio cinema e as imagens de outros filmes: com Marais, Darrieux e Gabin.

NOTAS

73 Sobre a questão da distância no cinema, ver J.-L. Leutrat, Un Besoin de distance, *Vertigo*, n. 18, p. 125-128 – e, em particular a citação, cara a Godard, de P. Reverdy (*Le Gant de crin*, p. 30), p. 125: "A imagem é uma pura criação da mente, que não pode nascer de uma comparação, mas da aproximação de duas realidades distantes. Quanto mais distantes e justas forem as relações entre as duas realidades, mais forte será a imagem. Duas realidades que não possuam nenhuma relação não podem aproximar-se de maneira útil [...] Uma imagem não é forte porque é brutal e fantástica, mas porque a associação das ideias é distanciada e justa."

74 Seguindo a recomendação de Diderot a propósito dos quadros de Chardin (*Œuvres esthétiques*, p. 484): "Aproxime-se, tudo se embaralha, achata-se e desaparece; afaste-se, tudo se recria e se reproduz."

75 P. Valéry (op. cit., p. 37), falando do "Universo da Dança", dirá que "a imobilidade é coisa imposta e forçada, estado de passagem e quase de violência, enquanto os saltos, os passos contados, as pontas, o *entrechat* ou as rotações vertiginosas são maneiras completamente naturais de ser e fazer."

76 Sobre a problemática em torno da questão da "distância da representação" e da "representação da distância" em pintura (particularmente em relação ao conflito entre colorido e desenho no século XVII), ver J. Lichtenstein, op. cit., p. 176-183.

77 P. Valéry, op. cit., p. 37.

78 D. da Piacenza, *De la arte di ballare et danzare* (c. 1425), apud G. Agamben, *Ninfas*, p. 23-24.

79 G. Agamben, *Ninfas*, p. 24-25. Ver igualmente a formulação elaborada por N. Brenez, *De la figure en général et du corps en particulier*, p. 309: "A *fantasmata* é a repercussão da interrupção no movimento e a gênese do movimento na imobilidade."

80 G. Sand, *Les Maîtres mosaïstes*, em *Vies d'artistes*, p. 40.

81 Ibidem, p. 41.

82 Cf. F. Rossi, *Il mosaico*.

83 R. Bresson, *Notas Sobre o Cinematógrafo*, p. 27.

84 Cf. H. Lavagne, *La Mosaïque*, p. 7. E poderíamos acrescentar que o cinema se aproxima bastante do mosaico, por exemplo, por sua utilização de uma película também constituída de (preciosos) sais de prata; ou ainda, por suas relações de cor e contraste etc.

85 Ibidem, p. 9. Uma das tentativas mais bem-sucedidas sendo a *opus vermiculatum*: uma técnica que utiliza minúsculos fragmentos de pedra ou de mármore colorido, fazendo-os "encaixar-se uns nos outros como os elementos de um puzzle". Aliás, lembremos de modo anedótico que Bresson, ao contrário do Resnais de *Meu Tio da América*, utiliza fusões em abundância.

86 Como comenta P. Dagen, *L'Art français*, p. 79: "Quando os membros de *Supports/Surfaces* assumem a função de levar a atividade artística ao seu prosaísmo de trabalho manual, reduzindo o quadro a seus componentes primários, a repetição serial torna-se a regra." Sobre os "componentes primários" da imagem, ver os comentários de Le Corbusier durante uma visita à igreja de São Dimitri, em Salônica: "A lição de Dimitri-Salônica é que o mosaico deve produzir seu efeito não pela cor, mas pela matéria", apud C. Bertelli, *Les Mosaïques*, p. 7.

87 Cf. G. Didi-Huberman, *L'Étoilement*. Encontramos neste texto um eco da dança por fantasmata, quando ele aproxima a "dobragem como método" de Hantai do termo grego *époché*: interrupção, suspensão, "ponto de parada" – p. 38: "a *époché* de Hantai – apogeu de sua pintura e sua suspensão, potência de sua pintura e sua impotência – consiste, sabe-se, na 'dobragem como método'".

88 Apud J. Starobinski, *Action et réaction*, p. 242, apud L. Dällenbach, *Mosaïquess*, p. 44-45.

89 Ibidem.

90 L. Dällenbach, op. cit., p. 44-46.

91 Ibidem, p. 46-47.

92 Cf. ibidem, p. 63.

93 Cf. G. Didi-Huberman, *L'Étoilement*, p. 67: "falar da 'dobragem como método' é falar, estritamente, de um órgão em dois tempos: inspiração-expiração, sístole-diástole. O *ritmo* como método". Assim como o coração no filme de Resnais.

94 G.W. Leibniz, *De la nature en elle-même*, § 13, apud G. Deleuze, *A Dobra*, p. 123.

95 Idem, prefácio a *Nouveaux essais sur l'entendement humain*, apud G. Deleuze, *A Dobra*.

96 E. Fink, *Le Jeu comme symbole du monde*, p. 238-239, apud G. Deleuze, *A Dobra*, p. 116.

97 Pintura mural do artista nova-iorquino Alan Sonfist, *The American Forest*.

98 Dos quais trata Santo Agostinho, *De Ordine* (c. 386), apud H. Lavagne, op. cit., p. 8.

III: UM CINEMA DE NUVEM

1 Baseado em um diário imaginário da segunda esposa do célebre compositor barroco alemão, Johann Sebastian Bach, encarnado no filme pelo instrumentista e maestro holandês Gustav Leonhardt.

2 Para uma descrição detalhada acerca da decupagem e dos trechos musicais interpretados no filme, recorri ao livro de D. Huillet; J.-M. Straub, *Chronique d'Anna Magdalena Bach*.

3 Em relação aos elementos compondo a imagem *e* o som de um plano, adotamos aqui implicitamente a noção de "cinemas" (distintos dos "fonemas" da linguagem oral), tal como proposta por P.P. Pasolini em *L'Expérience hérétique*.

4 "A imagem-afecção é o *close* e o *close* é o rosto." Cf. G. Deleuze, *L'Image-mouvement*, cap. 6, L'Image-affection: visage et gros plan, p. 125-144.

5 Ibidem, p. 126.

6 Ibidem. É o que nos deixa, pelo menos por enquanto, fora de toda uma problemática, por mais cativante que seja diretamente ligada ao rosto propriamente dito, no cinema. Sobre este tema específico, ver J. Aumont, *Du visage au cinéma*.

7 Ibidem, p. 126-127, referindo-se a H. Wölfflin, *Principes fondamentaux de l'histoire de l'art*, p. 43-44.

8 Ibidem, p. 127. E ele faz essa distinção em referência a Descartes e sua obra *Les Passions de l'âme* (1649).

9 J.-M. Straub, Le Bachfilm, *Filmkritik*, nov. 1966, trad. fr. Danièle Huillet para a revista *Cahiers du cinéma*, n. 193, set. 1967, e retomada em D. Huillet; J.-M. Straub, op. cit., p. 10.

10 E como afirma J. Aumont, op. cit., p. 14, "[O rosto] é o lugar do olhar."

11 Declaração de Jean-Marie Straub registrada durante as filmagens de seu filme pelo programa *Signalement van Jean-Marie Straub*, dirigido por Henk de By, veiculado em 1968 e reproduzido como complemento do DVD americano do filme (New Yorker Films, 2005).

12 Cf. Straub, Le Bachfilm, op. cit., p. 16: "Eu poderia dizer que o filme será, antes de mais nada, um filme sobre o senhor Leonhardt."

13 P. Arnaud, La Nature des choses, *Les Paupières du visible*, p. 51-52.

14 Cf. A. Bergala; A. Philippon; S. Toubiana, Quelque chose qui brûle dans le plan: entretien avec Jean-Marie Straub et Danièle Huillet (acerca do filme *América: Relações de Classe*), *Cahiers du*

cinéma, n. 364, p. 34. (Grifos nossos.) Vale lembrar aqui uma passagem do ensaio de Walter Benjamin sobre a fotografia, "Pequena História da Fotografia" (1931), no qual o autor faz menção justamente a algo que queima na imagem: "Apesar de toda a maestria do fotógrafo, apesar da atitude composta de seu modelo, o espectador sente-se forçado, contra sua vontade, a buscar em tal foto a pequena faísca de acaso, de aqui e agora, graças à qual o real, por assim dizer, queima um furo na imagem [...]", *Oeuvres II*, p. 300.

15 P. Arnaud, op. cit., p. 52.

16 J.-M. Straub, Le Bachfilm, op. cit., p. 10-11. Ver K. Stockhausen, "Momentform", *Contrechamps* n. 9, 1988: "De um ponto de vista formal, um momento pode ser uma forma (*Gestalt*) (individualmente), uma estrutura (*Struktur*) (coletivamente "dividual") ou uma mistura de ambos; de um ponto de vista temporal, ele pode ser um estado (estaticamente) ou um processo (dinamicamente) ou uma combinação de ambos."

17 J.-M. Straub, Le Bachfilm, op. cit., p. 11.

18 Cf. J.-Y. Bosseur, *Vocabulaire de la musique contemporaine*, p. 133: "o compositor e pesquisador em acústica Herbert Eimert designa, em 1953, sob este termo, ou sob o qualificativo de 'música pontual', um método [ou antes, uma atitude] de composição que individualiza ao máximo cada fenômeno sonoro, considerando-o como o entrecruzamento de diversas variações das propriedades eletroacústicas (altura, duração, intensidade, timbre) independentes umas das outras".

19 Cf. P. Boulez, *Penser la musique aujourd'hui*, p. 65-66; e K. Stockhausen, Es geht aufwärts, *Texte zur Musik*, v. 9, p. 391–512.

20 Segundo a definição do dicionário *Le Petit Robert* (2001): "passo de dança que consiste em deslocar um pé, trazendo o outro em seguida para a mesma posição, deslizando-o pelo solo".

21 O que, aliás, o próprio Straub faz em seu média-metragem *Não Reconciliados* (1965).

22 Cf. M.J. Grant, *Serial Music, Serial Æsthetics*, p. 78.

23 R. Bresson, *Notas Sobre o Cinematógrafo*, p. 66.

24 J.-M. Straub, Le Bachfilm, op. cit., p. 11-12. (Grifos nossos.)

25 Sobre a noção de "vontade de arte" em Riegl, ver O. Pächt, prefácio a A. Riegl, *Grammaire des arts plastiques*, p. XVI.

26 No filme de Pedro Costa, *Onde Jaz Seu Sorriso Oculto?* (*Où Gît Votre Sourire Enfoui?*, 2001), sobre

NOTAS

o trabalho de Straub-Huillet na montagem de *Gente da Sicília* (1999), é o próprio Straub que retoma sua expressão, chamando-a igualmente de *ponto focal*: "É preciso que cada centímetro quadrado, cada milímetro quadrado do plano tenha a mesma importância, mas todavia é preciso que haja um *ponto focal* em seu interior, ou seja, *algo que queime* em algum lugar." (Grifos nossos.)

27 E o próprio Straub recusará a ideia de uma "incapacidade de expressão" própria à música e ao filme, anos mais tarde, durante uma entrevista sobre a relação entre cinema e música: "Na época, eu disse bobagens, citando a frase de Stravinski: 'a música é incapaz de exprimir qualquer coisa', pois Bach é exatamente o contrário disso. Ele não exprime somente sentimentos, ele exprime o ar, o fogo...", em T. Jousse; V. Vatrican, Entretien avec Jean-Marie Straub et Danièle Huillet, *Cahiers du cinéma - numéro spécial "Musique au cinéma"*, p. 47.

28 Tendo em vista que a eloquência, além de sua ligação com a palavra, o discurso e a retórica, guarda também uma relação estreita com a "qualidade do que, sem palavra, é expressivo", ou ainda com o "caráter convincente daquilo que não necessita de discurso" (*Le Petit Robert*, 2001).

29 É verdade que qualquer filme pode falar e/ou cantar; no entanto, falo aqui de uma noção de eloquência baseada na retórica clássica, tal como a define Cícero, ligada à ideia de ação (do grego *hupokrisis*): "É a ação que, na arte da oratória, representa um papel preponderante. Sem ela, o orador pode até nem contar", em Cícero, *De l'orateur - III*, § LXXXVI, p. 213-227.

30 Cícero, *Brutus*, XXXVIII, 142, apud J. Lichtenstein, *La Couleur éloquente*, p. 105.

31 J. Lichtenstein, op. cit., p. 106. E ela acrescenta, p. 108: "Como a arte da memória, a eloquência repousa sobre uma técnica de figurabilidade. [...] O que não se pode dizer e parece, portanto, difícil de pensar, pode-se mostrar."

32 S. Daney, Un Tombeau pour l'œil: pedagogie straubienne, *Cahiers du cinéma*, n. 258-259, jul.--ago. 1975, traduzido como "Um Túmulo Para o Olho (Pedagogia Strauberiana [sic])", em *A Rampa*, p. 103.

33 Aproximando-se mais, nesse sentido, da "montagem contrapontística", organizada por blocos e proposta por A. Pelechian num artigo de 1972, "Le Montage à contrepoint, ou la théorie de la distance", *Trafic*, n. 2, p. 90-105 (voltaremos a ela mais tarde).

34 Exceto em duas ou três ocasiões, sempre nos "pontos de vida", que nunca ultrapassam dois ou três planos: enquanto Bach lê seu relatório ao conselho municipal, em sua escrivaninha, ouvido por sua esposa (planos 45 a 47); ou quando ele acaba expulsando Krause da direção do primeiro coro (planos 63 e 64) e Kittler do refeitório (planos 66 e 67). E mesmo nesses casos o *raccord* nunca é direto ou em movimento, mas deslocado ou apenas sugerido.

35 Cf. R. de Candé, *La Musique*, p. 221, na rubrica "contraponto": "A palavra 'contrapunctus' surge no início do século XIV. Trata-se de uma simplificação de 'punctus contra punctus', ou seja, ponto contra ponto ou, por extensão, melodia contra melodia. Mas a arte do contraponto nasce com a polifonia, que lhe garante um prodigioso desenvolvimento. Suas regras foram explicitadas antes das da harmonia; as duas disciplinas são, porém, indissociáveis, o aspecto vertical de um trabalho contrapontístico estando necessariamente subordinado às leis da harmonia. [...] O contraponto encontra-se na base de todas as formas de imitação: cânone, fuga etc."

36 De certo modo, essa "tensão contrapontística" é análoga à relação musical de tipo horizontal/vertical – entre cada ponto (plano), em sua plenitude, e o resto do filme. Contudo, essa relação é muito diferente daquelas propostas por Eisenstein ou Vertov durante o advento do som no cinema, centradas na montagem e referindo-se a relações som/imagem – as quais seriam retomadas, posteriormente, por Jean-Luc Godard. Ver em particular o texto escrito conjuntamente por Eisenstein, Pudovkin e Alexandrov, "Declaração: Sobre o Futuro do Cinema Sonoro" (também conhecido como "Manifesto: Contraponto Orquestral", 1928), além de "Sincronização dos Sentidos" (também conhecido como "Montagem Vertical", 1940), respectivamente em S. Eisenstein, *A Forma do Filme*, p. 217-219 e *O Sentido do Filme*, p. 49-72; A. Michelson (ed.), *Kino Eye*; ou ainda A. Pelechian, Le Montage à contrepoint, op. cit., que propõe uma espécie de releitura desses dois procedimentos (a partir do "ponto de junção" de Eisenstein e da noção de "intervalo" de Vertov), desenvolvendo-os em direção ao que ele denomina montagem contrapontística:

"o método, baseado na justaposição de planos vizinhos, criava uma distância entre os planos, os 'intervalos'. A montagem a contraponto, reunindo os planos à distância, liga-os tão firmemente que anula essa distância" – o que a aproxima mais de Resnais e do mosaico (voltaremos a isso mais tarde).

37 Porém, se por um lado, ele se afilia, até certo grau, à ideia bazaniana da "montagem proibida", por outro, ele não adere nunca aos "malabarismos", muitas vezes fetichistas, dos partidários do plano-sequência. Cf. A. Bazin, "Montagem Proibida" (*Cahiers du cinéma*, n. 65, dez. 1953), em *O Cinema*, p. 54-65.

38 Segundo a definição dada por J. Aumont, *À quoi pensent les films*, p. 163: "Contrariamente ao trabalho narrativo e representativo, que só podem ser concebidos visando o todo, o conjunto, o trabalho figurativo atinge o detalhe: cada objeto, cada região da imagem, cada momento de seu fluxo. O que ele mais lembra não é o trabalho pictórico da composição, mas a economia musical do motivo."

39 R. Barthes, *O Óbvio e o Obtsuso*, p. 45.

40 Ibidem, p. 46.

41 Cf. D. Huillet; J.-M. Straub, *Chronique d'Anna Magdalena Bach*, p. 82-83: o plano 70, no qual Bach encontra-se em pé ao lado do cravo e dita a seus alunos (que permanecem fora de quadro) a definição do baixo contínuo, a partir de um trecho (alterado por ele mesmo) do livro de Friedrich Erhardt Niedt, *Musikalische Handleitung* (1700).

42 Pois, como destaca novamente J. Aumont, op. cit., p. 162: "O signo figurativo, já que ele não coincide com a coisa vista pelo artista, nem com o que vê e compreende o espectador, caracteriza-se finalmente por sua ambiguidade."

43 Cf. P. Boulez, *Le Pays fertile*, p. 150-162. Por exemplo, p. 151-152: "Ao analisar assim uma realidade, ao conceitualizar através de flechas um universo no qual forças estão em jogo, a flecha torna-se ela mesma, repentinamente, uma realidade. Uma realidade da qual Klee partirá para descobrir uma poética da flecha."

44 P. Klee, *Théorie de l'art moderne*, p. 138. (Grifos nossos.) Ou ainda, p. 128: "O pai da flecha é o pensamento: como estender meu pensamento até lá? para além desse rio, desse lago, dessa montanha? A contradição entre nossa impotência física e nossa faculdade de envolver com o pensamento

os domínios terrestres e supraterrestres é a própria origem do trágico humano. Essa antinomia de potência e impotência representa o dilaceramento da condição humana. Nem aliado, nem cativo, tal é o homem."

45 P. Klee, Philosophie de la création, op. cit., p. 57-62.

46 Idem, op. cit., p. 140: "Passando ao movimento sem fim, elimino então a flecha, pois o sentido do movimento perde sua importância."

47 Sobre possíveis relações entre música e pintura, ver P. Boulez, op. cit. E em particular sobre o emprego de pontos na obra de Klee e Webern, p. 29, (grifo nosso): "Em universos absolutamente diferentes, um para ocupar o espaço e outro para ocupar o tempo, ambos encontraram uma mesma solução de pequenos *impulsos*: impulsos coloridos na pintura, rítmicos na música."

48 Ver sobre a fotogenia em J. Epstein: "De quelques conditions de la photogénie" (conferência de 1923, publicada em *Le Cinématographe vu de l'Etna*, 1926) e "Photogénie de l'impondérable" (1935), ambos retomados em *Écrits sur le cinéma I*; e *Esprit de cinéma* (1955), retomado em *Écrits sur le cinéma II*.

49 J. Aumont, *Du visage au cinéma*, p. 86-91. Ver igualmente seu texto "Cinégénie, ou la machine à re-monter le temps", em J. Aumont (dir.), *Jean Epstein*, p. 87-108.

50 J. Epstein, *Écrits sur le cinéma I*, p. 141. E recordemos a célebre frase de Klee: "A arte não reproduz o visível; ela torna visível", em op. cit., p. 34.

51 S. Daney, Un Tombeau pour l'œil, op. cit., p. 102.

52 J. Epstein, *Écrits sur le cinéma I*, p. 141. O que retoma a ideia, exposta no primeiro capítulo, de que uma imagem de Bresson seria diferente de qualquer imagem de outro cineasta. Além disso, o emprego específico de termos como "fotografada" ou "posta em cena" (*mise en scène*), por Epstein, aproxima seu pensamento do de Bresson, inclusive em relação à distinção que este opera entre um tipo de "cinema" ("teatro fotografado") e o "cinematógrafo".

53 O que remete, de certo modo, à ideia de "inscrição verdadeira" comentada por S. Daney num artigo sobre o filme *Da Nuvem à Resistência* (1979), de Straub-Huillet, intitulado "Le Plan straubien", in *Cahiers du cinéma*, n. 305, p. 6-7: "Nesse sentido, para retomar a problemática da 'inscrição verdadeira', iniciada nos *Cahiers* (por

NOTAS

Pascal Bonitzer), pode-se dizer que há algo que se inscreve materialmente, indiscutivelmente, *hic et nunc*, no filme e na fita magnética, *mas não sabemos ao certo o que é*. Na inscrição verdadeira, a única coisa certa são os traços da inscrição. O resto é metamorfose, avatar; dupla identidade e duplo pertencimento, erro, *traição*. [...] Compreende-se, assim, seu horror pelas categorias estéticas já prontas: achar um plano de paisagem 'belo' é, no limite, blasfematório, pois um plano, uma paisagem é, afinal de contas, *alguém*."

54 J. Epstein, Les Images de ciel, *Écrits sur le cinéma I*, p. 190.

55 Tomemos como exemplo o longuíssimo plano de abertura de *Lições de História* (1972), dentro de um carro conduzido por uma personagem de costas pelas ruas de Roma. E S. Daney comenta, em Le Plan straubien, op. cit., p. 6: "Claro, os deuses também são os patrões, os *espectadores* – todos os que não trabalham. E resistir a eles é, antes de tudo, recusar-se a ser observado. É, por exemplo, virar-lhes as costas."

56 P. Wat, *Naissance de l'art romantique*, p. 66-69.

57 D. Huillet; J.-M. Straub, op. cit., p. 98.

58 Apud D. Norman, *Alfred Stieglitz*, p. 10-12.

59 Cf. C.D. Friedrich; C.G. Carus, *De la peinture de paysage*.

60 P. Wat, op. cit., p. 19.

61 Apud P. Wat, op. cit., p. 19.

62 G. Bachelard, *L'Air et les songes*, p. 30

63 C.D. Friedrich; C.G. Carus, op. cit., p. 40, apud P. Wat, op. cit., p. 19.

64 Cf. G. Bachelard, op. cit., p. 250-251: "O devaneio da nuvem exige uma participação mais profunda: ele confere à nuvem uma matéria de suavidade ou ameaça, uma potência de ação ou de apagamento e paz."

65 Ibidem, p. 240-244.

66 Cf. H. Damisch, *Théorie du nuage*, p. 215: "Um mesmo elemento – a /nuvem/, cujo parentesco com a *mancha* já foi destacado – pode ser convocado a cumprir uma função ora integrante ora desintegrante, dependendo de sua utilização para fins construtivos ou para o fornecimento, ao contrário [...] de matéria para *perturbações*. Corpo sem superfície e, portanto, sem contorno, a nuvem não tem lugar, teoricamente, numa representação fundada na redução dos volumes opacos à sua projeção linear sobre o plano."

67 Ibidem, p. 255.

68 Tomo emprestada essa dupla declinação do termo de O. Cullin, *Laborintus*.

69 A esse respeito, ver (transpondo suas ideias do teatro para o cinema) J. Grotowski, O Diretor Como Espectador de Profissão, *O Teatro Laboratório de Jerzy Grotowski*, p. 212-225.

70 Cf. A. Bazin, Pintura e Cinema, *O Cinema*, p. 173.

71 Pois, como mencionado anteriormente, nos pontos de vida e de paisagem a câmera permanece fixa, enquanto nos pontos de arquivo ela se move o tempo todo, porém em panorâmicas sobre mapas, partituras, documentos de época etc.

72 Cf. R. de Candé, op. cit., p. 426: "A notação 'neumática' é uma espécie de estenografia musical, cujos sinais essenciais são a vírgula 'virga', indicando um som mais agudo que o precedente, e o ponto 'punctum', indicando um som mais grave. Por meio de 'ligaduras', esses signos reagrupam-se em blocos de duas ou mais notas [...] Por sua imprecisão, esse sistema oferecia apenas um auxílio medíocre à memória dos cantores."

73 J.L. Borges, O Jardim de Veredas Que Se Bifurcam, *Ficções*, p. 88.

74 Ibidem, p. 89.

75 O que é atestado pela recorrência do tema do labirinto em seus escritos. Ver, por exemplo, os contos: "A Casa de Astérion", "Aben Hakam, o Bokari, Morto Em Seu Labirinto", ou ainda "Os Dois Reis e os Dois Labirintos", todos reunidos em J.L. Borges, *O Aleph*.

76 Idem, *Ficções*, p. 92.

77 O. Cullin, op. cit., p. 11.

78 Ibidem, p. 27.

79 Cf. J.L. Borges, Tlön, Uqbar, Orbis Tertius, *Ficções*, p. 24, nota 4: "Todos os homens, no vertiginoso instante do coito, são o mesmo homem. Todos os homens que repetem uma linha de Shakespeare são William Shakespeare."

80 Ibidem, p. 32: "Tlön pode ser um labirinto, mas é um labirinto urdido por homens, um labirinto destinado a ser decifrado pelos homens."

81 Idem, A Casa de Astérion, *O Aleph*, p. 62: "Também meditei sobre a casa. Todas as partes da casa se repetem muitas vezes; todo lugar é outro lugar. Não há uma cisterna, um pátio, um bebedouro, uma manjedoura; são catorze [são infinitos] as manjedouras, bebedouros, pátios, cisternas. A casa é do tamanho do mundo; ou melhor, é o mundo."

82 Cf. O. Cullin, op. cit., p. 17: "O compositor pensa a música, deitando-a por escrito; o músico lê

o código e a restitui em sons." Será que não podemos estender essa constatação ao cinema: o cineasta pensa o filme, deitando-o sobre a película, com o auxílio de sons e imagens, enquanto o espectador lê o código e o restitui em impressões, em sentimentos e pensamentos?

83 Não à toa, P.P. Pasolini, em *L'Expérience hérétique*, p. 47-76, define o cinema como sendo "a língua escrita da realidade", afirmando ainda que, "em última análise, a realidade nada mais é que o cinema ao natural".

84 Cf. R. Barthes, *Variations sur l'écriture*, p. 48: "Todos esses documentos só podem ressurgir no estado de memória se forem *interpretados*. A escrita é, portanto, muito rapidamente penetrada por um simbolismo segundo: de 'grafia', ordem da pura memória, ela torna-se 'escritura', campo da significância infinita."

85 Cf. R. Bresson, *Notas Sobre o Cinematógrafo*, p. 21.

86 Cf. O. Cullin, op. cit., p. 29: "Escrever a música, querer notá-la é operar uma fase de cruzamento do impossível. A passagem da relação oral-auditiva à visual que constitui a escrita deriva de uma forma de descontinuidade absoluta."

87 Ibidem, p. 28. O que retoma, de certo modo, toda a discussão levantada por Artaud, no que concerne à vida/morte do filme (ver capítulo anterior).

88 Cf. N.C. Goodman, *Langages de l'art*, p. 79; assim como O. Cullin, op. cit., p. 31.

89 Cf. O. Cullin, op. cit., p. 42: "O ato de escrever a música, de notá-la, é um ato fundamentalmente perturbador."

90 Quando escrever já é ler. Ver P. Boulez, *Le Pays fertile*, p. 97-98: "Uma partitura também é feita para ser lida e o próprio compositor, quando a escreve, escuta-a interiormente e a lê ao mesmo tempo, tendendo às vezes a se deixar levar por problemas gráficos, atraído por uma disposição muito bela da transcrição visual, apenas por seu interesse estético."

91 P. Klee, op. cit., p. 59.

92 Ibidem, p. 61.

93 Cf. W. Benjamin, Sur le concept d'histoire, *Œuvres III*, p. 440-441.

94 Cf. R. Barthes, *A Câmara Clara*, p. 117-118. (Comentado no capítulo 1.)

95 Cf. O. Cullin, op. cit., p. 30: "Ela [a notação musical] é, aliás, mortal, pois mata ao decupar em micromovimentos o movimento primeiro,

o gesto espontâneo e musical fundamental – o que é, inicial e etimologicamente falando, um 'neuma' em música."

96 Cf. *Le Petit Robert*, 2001: "Século XIV, latim medieval *neuma*, alteração do grego *pneuma* 'sopro, emissão de voz".

97 Cf. P. Wat, op. cit., p. 67, a respeito de um trecho do texto de Heinrich von Kleist sobre o quadro *Monge à Beira-mar* (1808-1810), de Friedrich, que ilustra a relação entre a pintura e o espectador: "E assim torno-me um monge, o quadro torna-se uma duna, mas o mar sobre o qual deveria ter errado meu olhar nostálgico encontrava-se completamente ausente."

98 Cf. *Le Petit Robert*, 2001, "deriva": "Desvio de um navio, de um avião em relação à sua rota, sob o efeito dos ventos ou das correntes"; ou ainda: "desvio progressivo de um processo, devido a uma falta de controle".

99 G. Deleuze, *A Dobra*, p. 119: "Mas a dança é a dança barroca, e os dançarinos são autômatos."

100 P. Boulez, *Le Pays fertile*, p. 86-87.

101 R. Barthes, *Œuvres complètes V*, p. 734.

102 P. Bonitzer, "La Vision partielle", texto de base da conferência apresentada em 27 de janeiro de 1979, publicado na revista *Cahiers du cinéma*, n. 301, p. 35-41.

103 Ibidem, p. 40: "Poderíamos imaginar a coisa dizendo que o suspense insere o espectador numa espécie de tubo de angústia, em túneis de planos dos quais, aliás, não é nada fácil sair, ainda que sejamos levemente emotivos." Ou ainda, p. 41: "É menos o labirinto que engendra o suspense do que o suspense que engendra o labirinto."

104 Ibidem, p. 36: "E já que não podemos dar um rosto a esse desconhecimento, é como se a narrativa nos colocasse diante de nossa própria empreitada cega. No coração do labirinto existe, de fato, uma empreitada cega."

105 Ibidem, p. 37. Que ele relaciona, muito naturalmente, com a noção de "máscara" (*cache*) de Bazin.

106 Sobre a conjunção de "visão parcial" e "olhar míope", mas em pintura, ver também a declaração de Henri Matisse em suas "Notas Sobre os Desenhos da Série *Temas e Variações*" (1942), em *Escritos e Reflexões Sobre Arte*, p. 182: "Quando executo meus desenhos *Variações*, a linha que meu lápis traça sobre a folha de papel faz lembrar um pouco o gesto de um homem tateando seu caminho no escuro. Quero dizer que o percurso

NOTAS

é imprevisto: não conduzo, sou conduzido. Vou de um ponto do objeto de meu modelo a outro ponto que sempre vejo exclusivamente isolado, independente dos demais para os quais depois seguirá minha pena."

107 P. Rosenstiehl, "Les Mots du labyrinthe", texto apresentado em 24 de fevereiro de 1979 e publicado no catálogo da exposição *Cartes et figures de la terre*, p. 94-103.

108 Ibidem, p. 95. ver J. Aumont, *À quoi pensent les films*, p. 168 (grifo nosso): "Abrindo seu livro pela fórmula de Paul Klee: 'o quadro não é para ser lido, é para ser mastigado', Lyotard sugere que o figural na obra plástica não possui, propriamente, um sentido, que ele não é interpretável, mas apenas *atravessável*, como campo de uma força que é a do desejo."

109 G. Bachelard, op. cit., p. 25.

110 C. Castoriadis, *Les Carrefours du labyrinthe*, p. 8.

PARTE II

I: A LEITURA DA MADEIRA

1 M. Foucault, Des espaces autres, *Architecture, Mouvement, Continuité*, n. 5, out. 1984, p. 46-49, retomado em *Dits et écrits - tome IV (1980-1988)*, p. 752-762.

2 Ibidem, p. 752.

3 Ibidem. Ele insiste, em todo caso, sobre o fato de que "a inquietação de hoje concerne fundamentalmente ao espaço, sem dúvida muito mais que ao tempo; o tempo provavelmente só aparece como um dos jogos de distribuição possível entre os elementos que se dividem no espaço" (p. 754).

4 Cf. A. Gardies, *L'Espace au Cinéma*, p. 10-11.

5 Cf. M. Foucault, Des Espaces Autres, op. cit., p. 755: "O trem é um extraordinário emaranhado de relações, pois é algo *que se pode atravessar*, é igualmente algo *através do qual se pode passar* de um ponto a outro e, além disso, é igualmente algo *que passa*."

6 Ibidem, p. 755.

7 Notemos, entretanto, que ele já havia empregado o par utopias/heterotopias, porém de modo mais dicotômico, no prefácio de seu livro *As Palavras e as Coisas* – por exemplo, quando ele afirma que "as utopias consolam: é que, se elas não têm lugar real, desabrocham, contudo, num espaço maravilhoso e liso; abrem cidades com vastas avenidas, jardins bem plantados, regiões fáceis, ainda que o acesso a elas seja quimérico [, enquanto]

as heterotopias inquietam, sem dúvida porque solapam secretamente a linguagem, porque impedem de nomear isto e aquilo, porque fracionam os nomes comuns ou os emaranham". Cf. M. Foucault, *As Palavras e as Coisas*, p. xiii.

8 Cf. J. Duvignaud, *Lieux et non lieux*, p. 146. E ele afirma, na p. 9: "Uma reflexão sobre o espaço é uma análise da vida."

9 M. Foucault, Des espaces autres, op. cit., p. 753.

10 Basta lembrarmos do uso bastante disseminado, nos dias de hoje, de termos como *site* (no Brasil) ou sítio (em Portugal) em relação à internet. Ao passo que percebemos facilmente sua natureza cambiante, volátil – por exemplo, em expressões como "situação/oposição" (em política) ou "mudanças na situação financeira" (em economia) etc.

11 M. Foucault, Des espaces autres, op. cit., p. 753.

12 E Bresson diria: "um suspiro, um silêncio, uma palavra, uma frase, um estrondo, uma mão, seu modelo inteiro, o rosto dele, em repouso, em movimento, de perfil, de frente, uma vista imensa, um espaço restrito... Cada coisa exatamente no seu lugar: seus únicos meios". Cf. *Notas Sobre o Cinematógrafo*, p. 34. Ou ainda, p. 45: "uma só palavra, um só gesto impreciso ou apenas mal colocado impede todo o resto".

13 Segundo o *Dicionário Houaiss*, "plaga" significa: região, país, espaço de terreno.

14 R. Bresson, op. cit., p. 52.

15 Aliás, são tendas que permanecem abertas a maior parte do tempo e um castelo que nunca vemos integralmente, mas somente por pedaços de paredes, pequenas janelas ou escadas.

16 R. Bresson, op. cit., p. 52.

17 Cf. A. Targe, Ici l'espace naît du temps... (Étude détaillée du segment centrale de *Lancelot du lac*), em vv. aa., *Robert Bresson*, p. 87-99.

18 Ibidem, p. 88.

19 Ibidem, p. 89: "Notemos simplesmente que o espaço do torneio *deverá sua coesão apenas ao elemento sonoro*, já que a imagem será empregada de modo a desrealizar [sic] o espetáculo guerreiro."

20 Ibidem, p. 90-91.

21 Ver, a propósito da diferença entre "pitoresco" e "pictórico" em Paul Signac, D. Arasse, *Le Détail*, p. 33.

22 E Bresson complementa a respeito da utilização do som: "reorganizar os ruídos inorganizados (o que você acredita ouvir não é o que você ouve)

de uma rua, de uma estação ferroviária, de um aeródromo… Recolocá-los um a um no silêncio e dosar a mistura". Cf. op. cit., p. 46.

23 D. Arasse, op. cit., p. 98.

24 A. Targe, Ici l'espace naît du temps…, art. cit., p. 89-90.

25 É. Rohmer, Le Cinéma, art de l'espace, *La Revue du Cinéma*, n. 14, jun. 1948 (assinado Maurice Scherer), artigo retomado em *Le Goût de la beauté*, p. 27-35.

26 Idem, Le Celluloïd et le marbre II: Le Siècle des peintres, *Cahiers du cinéma*, n. 49, jul. 1955, p. 10.

27 P. Sorlin, *Esthétiques de l'audiovisuel*, p. 58.

28 É. Rohmer, *L'Organisation de l'espace…*, p. 15-16.

29 Por exemplo, ao sugerir (op. cit., p. 102): "Tenha o olho do pintor. O pintor cria olhando […] O olho do pintor é um tiro que desloca o real. Em seguida, o pintor o remonta e o organiza nesse mesmo olho, segundo seu gosto, seus métodos, seu ideal de beleza." Ou ainda, p. 98: "Eu sonhei com meu filme se fazendo pouco a pouco sob o olhar, como uma tela de pintor eternamente fresca."

30 A. Bazin, Pintura e Cinema, *O Cinema: Ensaios*, p. 173.

31 É. Rohmer, *L'Organisation de l'espace…*, p. 16-17.

32 Aliás, uma tendência que Luis Buñuel, segundo reza a lenda, conduzirá à busca incessante por uma imagem "feia", em sua fase mexicana e na companhia do grande diretor de fotografia Gabriel Figueroa.

33 É. Rohmer, *L'Organisation de l'espace…*, p. 17.

34 Ainda que destacando a importância das relações entre as imagens, Bresson alega o fato de que: "a fotografia é descritiva, a imagem em estado bruto limitada à descrição", em op. cit., p. 87.

35 É. Rohmer, *L'Organisation de l'espace…*, p. 17.

36 Segundo Emmanuel Machuel, diretor de fotografia de *O Dinheiro* (com Pasqualino de Santis) e assistente de Ghislain Cloquet em *A Grande Testemunha*, *Mouchette* e *Uma Criatura Dócil*, em entrevista publicada em P. Arnaud, *Robert Bresson*, (ed. 2003), p. 173: "não existem lugares não iluminados. Há toda uma gama de subexposições, mas não se deixa um lugar em foco sem nada em torno. Por exemplo, se for preto, não temos exatamente um preto, pois existe um ângulo na parede e portanto um lugar um pouco mais claro, o que situa a geometria".

37 Conforme a declaração de Pierre Lhomme, diretor de fotografia do filme, na Cinemateca Francesa, durante um encontro dedicado a Giuseppe Rotunno, em 25 de março de 2006.

38 Cf. M. Fricheau, Le Diable dans la lumière de Giotto: deux petits tableaux et le film de Robert Bresson *Le Diable probablement*, em vv. aa., *Robert Bresson*, p. 63-69.

39 Sobre o quebra-cabeça sonoro proposto por esse filme de Bresson, ver S. Daney, O Órgão e o Aspirador (Bresson, o Diabo, a Voz Off e Alguns Outros), *A Rampa*, p. 189-200.

40 M. Fricheau, Le Diable dans la lumière de Giotto, em vv. aa., *Robert Bresson*, p. 64. E ela complementa, em eco às imagens insignificantes de Bresson, p. 65: "Pouco importa, então, o momento que o pintor escolheu representar, que não significa nada em si mesmo, mas possui a força da *presença*, recolhe qualquer sucessão temporal, é acréscimo de realidade; porque a figuração do sagrado própria a Giotto não consiste em representar o sagrado como mais belo que o cotidiano, mas como *mais cotidiano ainda*, pois o divino não é extraordinário, ele é formidavelmente *presente*, já que não se encontra além do mundo em que vivemos, mas encarnado." (Grifos nossos.)

41 R. Bresson, op. cit., p. 55. E ele complementa, p. 107: "sem nada mudar, que tudo seja diferente".

42 Cf. É. Rohmer, *L'Organisation de l'espace…*, p. 25: "essa capacidade que temos dificuldade em distinguir num cineasta".

43 Ibidem, p. 30.

44 P.-A. Michaud (dir.), *Comme le rêve le dessin*, p. 114.

45 A. Astruc, Naissance d'une nouvelle avant-garde: la caméra-stylo, *L'Écran Français*, n. 144.

46 Aliás, o que já ocorria em *Uma Criatura Dócil* (1969), que se abre com o suicídio da personagem de Dominique Sanda.

47 M. Fricheau, Le Diable dans la lumière de Giotto, em vv. aa., *Robert Bresson*, p. 68.

48 Ibidem, p. 67.

49 Cf. ibidem, p. 66.

50 É. Rohmer, *L'Organisation de l'espace*, p. 34. E ele completa: "da mesma forma que, num filme de Murnau, correm paralelamente dois tipos de temas: uma organização, uma dramaturgia das formas puras e, ao mesmo tempo, um drama no sentido corrente do termo, uma temática, uma problemática".

51 R. Bresson, op. cit., p. 72. E apesar de Rohmer identificar tal "contradição" também nos filmes de Murnau, encontramos claros ecos na obra

NOTAS

de Bresson: "Há em Murnau, justapostas, duas tendências opostas da pintura, em geral irreconciliáveis, e por ele quase conciliadas. De uma parte, o extremo rigor; de outra, a liberdade. Por um lado, o desejo de estilo; por outro, a paixão pela realidade. Ser pintor não significa, para ele, em oposição a outros cineastas, a oportunidade de conjurar a maldição realista que pesa sobre a fotografia, de seguir em direção ao hieratismo e à abstração. A intensidade da vida coincide, ao contrário, em sua obra, com a intensidade pictórica. Para ele, a abstração, a deformação não são (como frequentemente crê Eisenstein) ponto de partida, mas de conclusão. A beleza dos momentos nos quais a realidade se sublima, transfigurando-se de si mesma para elevar-se à pintura, é apenas mais inelutável." Cf. É. Rohmer, *L'Organisation de l'espace...*, p. 32.

52   M. Estève, *Robert Bresson*, p. 92. Mas ele pondera, p. 92-93: "espaço 'enquadrado', mas não 'desencarnado', e parece que a crítica francesa teria confundido 'desencarnação' e 'abstração'. Uma tentativa de 'desencarnação', semelhante, por exemplo, à de Mallarmé em poesia, consiste em buscar separar o espírito ou o universo de seu invólucro carnal. Não há nada disso em Bresson". Comentário, aliás, absolutamente compatível com a "concretude" ("bruta, fotográfica") de suas imagens.

53   Ibidem, p. 94.

54   E, como visto anteriormente, ao mesmo tempo que Bresson reivindica sempre uma margem de imprevisto. Assim como o pintor Charles Lapicque, citado por J. Lescure, *Lapicque*, p. 132: "se, por exemplo, pinto uma paisagem do rio em Auteuil, espero que minha pintura me proporcione tanto imprevisto, ainda que de outro gênero, quanto a verdadeira correnteza que eu vira. Nem por um instante deve-se buscar refazer um espetáculo que já pertence ao passado. Mas é preciso que eu o reviva inteiramente, dessa vez de maneira nova e pictórica, proporcionando--me assim a possibilidade de um novo choque".

55   P. Arnaud, op. cit., p. 27.

56   Cf. ibidem, p. 28-29.

57   Cf. ibidem, p. 21: "Mas estaríamos nos enganando se tomássemos, por exemplo, essa vontade de separar coordenadas geográficas por um desejo de abstração. Ela é, ao contrário, o meio de nos apresentar esses lugares com sua maior força

original, tão somente através de seu poder de registro. Sem o auxílio de um saber exterior a essa apresentação única, é a singularidade nativa desses lugares fragmentados que ele propõe. Daí o efeito, ao assistirmos seus filmes, de não havê--los visto jamais: força da primeira vez e de um mundo tornado próximo não de uma outra percepção, mas de uma figura desconhecida."

58   D. Arasse, op. cit., p. 387.

59   P. Bonitzer, Le Gros orteil ("Réalité" de la dénotation 2), *Cahiers du cinéma*, n. 232, p. 15-23.

60   Como destaca G. Sebbag, Un Simple crochet, em vv. aa., *Robert Bresson*, p. 6: "o espectador é firmemente convidado a ler na tela, a ouvir as sentenças tão particulares de um diário íntimo, ignorado por todos".

61   R. Barthes declara no texto "A Pintura É uma Linguagem?" (em *O Óbvio e o Obtuso*, p. 136) que um quadro "nunca é mais do que sua própria descrição plural". E continua: "o trabalho de leitura (que define o quadro) identifica-se radicalmente (até a raiz) com o trabalho da escritura: não há mais crítico, nem escritor falando de pintura; há o *gramatógrafo*, aquele que escreve a escritura do quadro".

62   E Bresson afirma acerca do modelo (op. cit., p. 54): "a causa que o faz dizer esta frase, fazer este gesto, não se encontra nele, mas em você. As causas não estão em seus modelos. Nos palcos e nos filmes de CINEMA, o ator *deve* nos fazer acreditar que a causa está nele".

63   M. Blanchot, *L'Espace littéraire*, p. 252.

64   Cf. ibidem, p. 255.

65   R. Bresson, op. cit., p. 69. E completa, p. 63: "Modelos. Capazes de subtrair-se da própria vigilância, capazes de ser divinamente 'eles mesmos'"; pois, p. 56: "não se deve interpretar nem a um outro, nem a si mesmo. Não se deve interpretar *ninguém*".

66   M. Blanchot, op. cit., p. 258.

67   Como na fórmula bastante enigmática de W. Benjamin, em "Sobre o Poder da Imitação", retomado em *Œuvres II*, p. 363: "Ler o que nunca foi escrito."

68   Cf. R. Barthes, S/Z, em *Œuvres complètes - Tome III (1974-1980)*, p. 122-123.

69   Cf. ibidem, p. 124-125.

70   R. Bresson resume assim a ideia: "um filme repousa inteiramente numa escolha e numa construção", em *Arts*, 17 de junho de 1959, apud M. Estève, op. cit., p. 66.

71 R. Barthes, *S/Z*, em *Œuvres complètes III*, p. 249.

72 Cf. supra, bem como H. Damisch, *Traité du trait*, p. 61.

73 R. Bresson, op. cit., p. 86: "Modelo. Ele faz o próprio retrato com o que você lhe dita (gestos, palavras), e sua semelhança tem tanto de você quanto dele, um pouco como se se tratasse de uma tela de pintor."

74 Ao contrário dos pintores (ou cineastas, eu adicionaria) que só fazem cópias, criticados por J. Paulhan, *La Peinture cubiste*, p. 44: "No final, você evoca o mundo menos do que o plagia. Porém, não é nem mesmo ele que você plagia, mas as centenas e centenas de pintores que o precederam. Você faz o quadro de um quadro."

75 R. Barthes, *S/Z*, em *Œuvres complètes III*, p. 169. E ele completa, ainda sobre o retrato, p. 168-169: "essa forma é ao mesmo tempo uma ordem retórica (o anúncio e o detalhe) e uma distribuição anatômica (o corpo e o rosto)".

76 Sobre o automatismo na obra de Bresson, ver em especial P. Arnaud, op. cit., p. 34-41: "o automatismo é uma técnica que se comunica com a imersão do modelo num fora de si mesmo, tornando-o estrangeiro a esse outro fora do mundo, revoltado, sonhador ou resistente. É uma ausência parcial que o mantém [...] a qual se deve remeter, por um lado, aos conteúdos dos roteiros e, por outro, à rarefação dos indícios psicológicos".

77 R. Bresson, op. cit., p. 86. Ou ainda, p. 102: "a propósito do automatismo, esta também de Montaigne: *Nós não ordenamos que nossos cabelos se ericem e que nossa pele se arrepie de desejo ou de temor; a mão se desloca muitas vezes lá onde não a conduzimos*".

78 R. Barthes, *S/Z*, em *Œuvres complètes III*, p. 175.

79 E Barthes confirma, ibidem, p. 125-126: "estruturalmente, a existência de dois sistemas reputados diferentes, a denotação e a conotação, permite ao texto funcionar como um jogo, cada sistema remetendo ao outro, de acordo com a necessidade de uma certa *ilusão*".

80 Ibidem, p. 125. (Grifos nossos.)

81 Barthes complementa, acerca da completude da obra, ibidem, p. 206: "os termos e sua ligação são empregados (inventados) de modo a unir-se, a desdobrar-se, a criar uma ilusão de continuidade. A plenitude gera o desenho que deve 'exprimi-la'".

82 M. Estève, op. cit., p. 96.

83 J.-P. Oudart, La Suture, *Cahiers du cinéma*, n. 211, p. 36.

84 Ibidem, p. 36: "Que ao traçado de todo campo fílmico pela câmera, que ao surgimento de todo objeto no sentido da profundidade (seja, por vezes, num plano fixo), fazem eco um outro campo, a quarta parede, e uma ausência que dele emana."

85 Ibidem, p. 38: "a obliquidade da câmera, enfim francamente assumida e erigida em sistema [...], revela-nos por e para quem se articula a operação da sutura: o sujeito fílmico, o espectador". E ele completa, em *Cahiers du cinéma*, n. 212, p. 53-54: "que a única posição possível da câmera seja essa posição oblíqua revela-nos que o espectador não se identifica à personagem situada no campo invisível do filme, ocupando ela própria uma posição deslocada em relação a ele, deslocada em relação à do ausente que só se encontra imaginariamente ali quando a personagem não está lá, e cujo lugar é tomado por esta última".

86 Aliás, antes do seu uso por cineastas como Jean-Marie Straub ou Andrei Tarkovski, Bresson já utilizava, de modo sistemático, as figuras de costas em seus filmes – fossem paradas (por exemplo, em *O Diário de um Padre*) ou andando (como no corredor do prédio de Michel, em *Pickpocket*).

87 J.-P. Oudart, La Suture, art. cit., p. 54.

88 Presente na primeira edição do livro de P. Arnaud, *Robert Bresson*, de 1986, p. 102.

89 Cf. P. Arnaud, op. cit. (ed. 2003), p. 107.

90 Cf. J.-P. Oudart, La Suture, art. cit., p. 54. E ele completa, p. 55: "E que o objeto da obra-prima de Bresson seja a comunicação, e sobretudo o erotismo (no qual seu trágico explode), que ele só tenha conseguido falar disso ao criar um campo cinematográfico que é ao mesmo tempo o espaço recriado daquilo que ele fala e o campo de palavra de sua cinematografia, indica de maneira bastante clara [...] a especificidade simbólica do lugar cinematográfico mais simples (uma ausência e uma presença), teatro de uma paixão pelos significantes, pelos corpos postos em cena e pelo próprio espectador, que representa de maneira privilegiada aquilo que se articula na comunicação, mas sobretudo no erotismo."

91 Algo cujo espírito Georges Didi-Huberman condensa muito bem: "É como se o sujeito que descreve, forçado a recortar o local no global,

NOTAS

acabasse por dissociar seu próprio ato de conhecimento, sua observação, não vendo nunca o mesmo 'local' nesse mesmo 'global' que ele acredita recensear. Pior: é como se o sujeito que descreve, no próprio movimento de 'despedaçar' que constitui a operação do detalhe, em lugar de proceder à serena recíproca de uma totalização, reconduzisse contra sua vontade e *sobre si mesmo* o ato primeiro, violento, da decomposição. Sujeito cognitivo recortando o visível para melhor totalizar, mas sofrendo ele próprio o efeito dessa cisão. Imaginemos um homem para o qual o mundo inteiro seria um puzzle: ele acabaria sentindo a fragilidade – a mobilidade potencial, ou seja, a queda – de seus próprios membros." *Devant l'image*, p. 277-278.

II: A ESCRITURA DAS PEDRAS

1 Cf. A. Gardies, Introduction, op. cit.
2 Ibidem, p. 69-72. E ele complementa, p. 72: "Pois o espaço – se ele é, como a língua, da ordem do sistema – deve ser construído".
3 Cf. ibidem, p. 73-90.
4 Sobre a passagem de um "espaço espacializado" a um "espaço espacializante", ver M. Merleau-Ponty, *Phénoménologie de la perception*, p. 291
5 Cf. M. Marie, Espace représenté, espace construit, em C. Bailblé; M. Marie; M.-C. Ropars, *Muriel: Histoire d'une recherche*, p. 123-147.
6 Ibidem, p. 144.
7 Ibidem, p. 147.
8 Cf. É. Faure, *Fonction du cinéma*.
9 M. Foucault, Des espaces autres, op. cit., p. 753.
10 Uma vez mais, tomo essas expressões de empréstimo a Jean Epstein (*Écrits sur le cinéma I*, p. 310).
11 M. Foucault, *As Palavras e as Coisas*, p. xii.
12 Idem, Des espaces autres, op. cit., p. 754.
13 D. Arasse, op. cit., p. 11.
14 Ibidem, p. 225.
15 Ibidem.
16 Não sejamos, contudo, radicais nessa distinção, pois como o próprio Arasse ressalva (p. 12): "se a distinção é útil, e mesmo por vezes decisiva, constatamos que a experiência e a 'surpresa' do detalhe devem-se, com bastante frequência, ao fato de os dois campos [...] confundirem-se".
17 O. Calabrese, *L'Età neobarocca*, p. 77-78.
18 Cf. ibidem, p. 88.
19 Quanto à numeração e aos detalhes da decupagem desse filme, remeto à "Découpage après

montage", realizada por Michel Marie e publicada em *Muriel: Histoire d'une recherche*, p. 355-411: "91: 1 segundo (P.G.). Edifício moderno em profundidade de campo. Fachada destruída e ruínas em primeiro plano. Hélène *off*: 'Realmente, três mil…'" e "92: 1 segundo (P.P.). Fachada de um edifício em demolição em *contra-plongée* oblíqua. Hélène *off*: 'Já não me lembro mais…'".
20 É. Rohmer, Le Celluloïd et le marbre V: Architecture d'Apocalypse, *Cahiers du cinéma*, n. 53, p. 24-25. Lembremos, a propósito, que Jean Cocteau dizia que um cineasta que enxerga justamente a *construção* do filme possui um "olho-arquiteto".
21 J.W. von Goethe, Pensées diverses sur l'art, *Maximes et réflexions*, p. 172: "Um nobre filósofo disse que a arquitetura é uma *música petrificada*, e essa expressão deve ter excitado mais de um sorriso de incredulidade. Não acreditamos poder reproduzir melhor esse belo pensamento que ao chamarmos a arquitetura de uma *música muda*." Ele se referia, aqui, ao poeta alemão Novalis (1772-1801).
22 Cf. Le Celluloïd et le marbre V: Architecture d'Apocalypse, op. cit., p. 24. Ver também a definição que lhe dá Leon Battista Alberti, *L'Art d'édifier*, p. 48: "eu conferiria o estatuto de arquiteto àquele que souber, através de um método preciso e por vias admiráveis, tanto conceber mentalmente quanto realizar tudo que, pelo deslocamento das massas, pela ligação e pela reunião dos corpos, servirá melhor aos mais nobres usos dos homens".
23 É. Rohmer, *L'Organisation de l'espace…*, p. 57.
24 Ibidem, p. 58. E podemos ainda acrescentar, no que concerne ao cinema de Resnais, suas "situações".
25 Sobre a noção de geografia criativa, ver L. Kouléchov, La Bannière du cinématographe, *Écrits (1917-1934)*, p. 42-47; e S. Kracauer, *Theory of Film*, p. 48.
26 Ver, por exemplo, o artigo de A. Bazin, Montagem Proibida, op. cit., retomado em *O Cinema: Ensaios*, p. 60 e 64 (nota 2), no qual ele lança a ideia de uma "potência imaginária" em relação justamente ao que os russos denominavam "geografia criativa": "Do mesmo modo, parece, o cachorro Rintintin devia sua existência cinematográfica a vários cachorros policiais com o mesmo aspecto, adestrados para cumprir perfeitamente cada uma das proezas que Rintintin era capaz de realizar 'sozinho' na tela."
27 Cf. L.B. Alberti, op. cit., p. 51: "De fato, reparei que um edifício é uma espécie de corpo que,

como os demais corpos, consiste em contornos e matéria, os primeiros produzidos pela inteligência, a segunda engendrada pela natureza: o espírito e a reflexão aplicam-se aos primeiros, a seleção e a preparação à segunda..."

28 J.-P. Berthomé, *Le Décor au cinéma*, p. 258.

29 É. Rohmer, *L'Organisation de l'espace...*, p. 75.

30 Recordemos seu belo trabalho de montagem no primeiro filme de Agnès Varda, o longa *La Pointe Courte* (1954), que acabaria, aliás, ecoando em parte na sequência de abertura de *Hiroshima, Meu Amor*.

31 É. Faure, Introduction à la mystique du cinéma, op. cit., p. 77.

32 Análogo, ainda que de outra forma, ao papel da paisagem no faroeste estadunidense, por exemplo.

33 J. Epstein, Dramaturgie dans l'espace, *Écrits su le cinéma II*, p. 86-89.

34 Cf. É. Rohmer, *L'Organisation de l'espace...*, p. 76-77. E ele sublinha o fato de que esse conflito entre homem e objeto, no cinema, anima particularmente todo o cinema burlesco.

35 Ibidem, p. 78-79. No caso específico de Murnau, sobretudo em relação à luz e "a léguas de distância dos preciosismos barrocos de Stroheim ou Sternberg [e] da bricolagem surrealista de Vigo ou Buñuel".

36 J. Epstein, Le Monde fluide de l'écran, *Écrits sur le cinéma II*, p. 145-158 – e mais precisamente o ponto "Mobilisation et décentralisation de l'espace", p. 147-148.

37 Que remete, por assim dizer, à noção de "Traço Único do Pincel" defendida por Shitao em seu tratado de pintura do início do século XVIII, tal como interpretado em P. Ryckmans, *Les Propos sur la peinture du moine Citrouille-amère*, p. 16: "O traço de pincel, ao qual Shitao dedicará um valor universal para fundar seu sistema filosófico de pintura, não é apenas 'um só' ou 'um simples traço de pincel': é o 'Traço Único de Pincel'; ao mesmo tempo que ele reduz o projeto pictórico à sua expressão concreta mais simples, eleva-o ao seu ponto mais alto de universalidade abstrata."

38 Cf. R. Prédal, L'Itinéraire d'Alain Resnais, *Études cinématographiques*, n. 211-222, p. 32: "A personagem principal de *A Vida É um Romance* é o castelo no qual gravita um grande número de comparsas que nunca são colocados em situação de heróis, como se o olhar do cineasta se identificasse com o da edificação, retratada em três épocas de sua existência."

39 Cf. C.-N. Ledoux, *L'Architecture considérée sous le rapport de l'art, des moeurs et de la législation*.

40 E podemos ainda acrescentar o Palácio Nacional da Pena, em Sintra (nos arredores de Lisboa), como um excelente exemplo de construção utópica efetivamente edificada, cuja mistura extravagante de estilos arquitetônicos torna o conjunto do palácio tão excêntrico quanto o projeto da "Estância da Felicidade" do filme.

41 Ver a declaração de Quenu, cenógrafo da Pathé, no número de *Cinémagazine* de 26 de dezembro de 1924, apud M. Douy; J. Douy, *Décors de cinéma*, p. 37: "o cenário é uma personagem, uma estrela, e deve-se fazê-la interpretar seu papel tão bem quanto um artista, e é dessa colaboração de todos os elementos que contribuem para sua realização que dependerá a qualidade do filme e seu sucesso junto ao público".

42 O que, aliás, corrobora a intriga de uma das narrativas do filme envolvendo ricos membros de uma seita que, no início do século, prestam-se a uma experiência de busca do prazer eterno.

43 L.B. Alberti, op. cit., p. 186-187.

44 Em clara alusão ao arquiteto utopista Claude-Nicolas Ledoux, assim como o anagrama do nome do construtor do castelo do filme, o conde Michel Forbek, remete ao de outro utopista, contemporâneo de Ledoux: o inglês William Beckford, que criou a Abadia de Fonthill (apelidada Beckford's Folly ou "Folia de Beckford" e concebida por James Wyatt) em Wiltshire, na Inglaterra.

45 Cf. A. Resnais, apud R. Prédal, L'Itinéraire d'Alain Resnais, op. cit., p. 33.

46 É. Rohmer, *L'Organisation de l'espace...*, p. 84-87.

47 Cf. supra, p. 49s.

48 É. Rohmer, *L'Organisation de l'espace...*, p. 87.

49 Ibidem, p. 85.

50 Ver, por exemplo, a entrevista que Robert Benayoun realizou com Alain Resnais na época de *Providence*, publicada em *Positif*, n. 190, fev. 1977, e retomada em S. Goudet (org.), *Positif revue de cinéma: Alain Resnais*, p. 243-244: "Escolhi não escritores, mas justamente roteiristas, pessoas que se interessam muito pelo espetáculo. [...] Nunca trabalhei com um escritor puro, digamos, exclusivamente um romancista. [...] Adoro também que o autor não seja estrangeiro ao filme,

NOTAS   320

que não esteja ali somente na posição de convidado, e que tenha verdadeiramente participado de sua concepção, em lugar de simplesmente adaptar um livro. Tenho apreço pelo roteiro original."

51 R. Barthes, "Roland Barthes s'explique", entrevista concedida a Pierre Boncenne, publicada em *Lire*, abr. 1979, e retomada em *Œuvres complètes - Tome V: livres, textes, entretiens (1977-1980)*, p. 744-757.

52 Sobre a "dupla postulação" da escrita sadiana, ver: R. Barthes, *Sade, Fourier, Loyola*, em *Œuvres complètes - Tome III (1974-1980)*, p. 836: "Ora ela *representa* o quadro vivo, respeitando a identidade da pintura e da escritura clássica, que acredita só dever *descrever* o que já foi pintado e que considera o 'real' [...] Ora ela sai da representação: não podendo figurar (eternizar) o que caminha, varia, rompe-se, ela perde o poder de descrição, só podendo *alegar* o funcionamento [...] isso não é mais descrever, é relatar."

53 Cf. R. Barthes, *S/Z*, em *Œuvres complètes - Tome III*, p. 122.

54 Ibidem, p. 164.

55 Cf. M. Blanchot, op. cit., p. 37-52.

56 Ibidem, p. 39. E ele acrescenta, p. 40: "A palavra bruta não é nem bruta nem imediata. Mas ela dá a ilusão de sê-lo. Ela é extremamente refletida, é pesada de história."

57 Sobre as relações entre o mosaico e a obra de Mallarmé, ver P. Durand, Conflagrations: La mosaïque du *Coup de dés*, em L. Belloi; M. Delville (dir.), *L'œuvre en morceaux*, p. 32-52.

58 J. Derrida, *De la grammatologie*, p. 19. (Cf. ed. bras.: *Gramatologia*, p. 11)

59 Ibidem, p. 52: "Chega mesmo a ser, para Saussure, uma vestimenta, uma máscara de baile que se deve exorcizar, ou seja, conjurar com a palavra justa: 'A escritura vela a vista da língua: ela não é uma vestimenta, mas um travestimento.' Estranha 'imagem'. Já se desconfia que, se escritura é 'imagem' e 'figuração' exterior, essa 'representação' não é inocente. [...] O sentido do fora sempre foi o dentro, prisioneiro fora do fora, e reciprocamente."(Cf. ed. bras.: p. 42.)

60 Cf. ibidem, p. 83.(Cf. ed. bras.: p. 69.)

61 Cf. ibidem, p. 90-92.(Cf. ed. bras.: p. 77.)

62 Ibidem, p. 95. Ainda sobre o traço, ele acrescenta: "articulando o vivo sobre o não vivo em geral, origem de toda repetição, origem da idealidade, ele não é mais ideal do que real, não mais inteligível do que sensível, não mais uma significação transparente do que uma energia opaca, e *nenhum conceito da metafísica consegue descrevê-lo*".(Cf. ed. bras.: p. 80.)

63 Cf. ibidem, p. 96.(Cf. ed. bras.: p. 80.)

64 Sobre a escritura essencialmente aleatória ou divinatória, ver M. Davoust, *L'Écriture Maya et son déchiffrement*; ou M. Longhena, *L'Écriture Maya*.

65 Devemos, contudo, salientar o caráter misto logo-fonético da escritura nahuatl dos Astecas, que também se aproxima do cinema, como destacado em M.-C. Ropars-Wuilleumier, *Le Texte divisé*, p. 63-66.

66 Cf. J. Derrida, op. cit., p. 99-100. (Cf. ed. bras.: p. 84.)E poderíamos, no limite, chegar ao apagamento ou à erradicação do sujeito, já que, segundo Ropars-Wuilleumier (op. cit., p. 27), "de acordo com essa perspectiva, o sujeito não será nem instância exterior nem posição identificável; não o indivíduo que fala o texto, mas o ato que o texto constitui ao falar: insituável e recusando qualquer inserção topológica, no limite, qualquer posicionamento de origem".

67 Esse gráfico foi reproduzido duas vezes na revista *Cahiers du cinéma*, em 1961: na primeira vez, invertido (n. 123, set., p. 19) e, na segunda vez, no sentido correto (n. 125, nov., p. 48), acompanhado de uma explicação.

68 S. Baudrot, La dernière clé de Marienbad, *Cahiers du cinéma*, n. 125, nov. 1961, p. 48.

69 Em *Noite e Neblina*, Resnais utiliza imagens do filme de ficção polonês *A Última Etapa* (1948), de Wanda Jakubowska, bem como outras, tiradas dos arquivos nazistas (especialmente fotografias), ou ainda imagens rodadas pelos exércitos aliados que abriram e limparam os campos, em 1945. Já em *Hiroshima*, ele emprega sobretudo imagens do filme de Kaneto Shindo, *Filhos de Hiroshima* (1952).

70 L. Dällenbach, *Mosaïques: un objet esthétique à rebondissements*, p. 61.

71 Ibidem, p. 62.

72 É o que faz, como veremos mais tarde, entre outros, Jean-Luc Godard em suas *História(s) do Cinema* (1989-1998).

73 Marie-Claire Ropars-Wuilleumier resume do seguinte modo a passagem do signo ao rastro no seio da escritura e em sua relação com o espaço (que podemos estender à construção de um

mosaico ou de um filme de Resnais): "A escritura é, antes de tudo, espacialização [...]: pelo retorno à figura escritural, descobre-se o traçado da terra no signo, o espaçamento dos sinais nos intervalos, que o débito fonético preenche, a reversibilidade da lacuna na disposição globalmente percebida dos materiais. Traçado, formação de lacunas, esses termos supõem uma concepção dinâmica, mas não linear, das relações entre os elementos espacialmente afastados. É esse afastamento que captura e atravessa o signo, remetendo-o, por sua diferença com outro signo, à trave que o quebra, barrando qualquer referência a um sentido original. O conceito de rastro, substituindo o de signo, organiza o desmantelamento do sentido: o rastro é, por definição, originário, logo, é por definição articulação a um outro rastro, cuja origem novamente escapa." M.-C. Ropars-Wuilleumier, op. cit., p. 23.

III   A TESSITURA DAS NUVENS

1   H. Agel, *L'Espace cinématographique*, p. 9.

2   Ele menciona particularmente o livro *Pintura e Sociedade*.

3   Em referência a Lotte Eisner e seu livro *A Tela Demoníaca*.

4   A respeito do qual Henri Agel confessa, p. 63: "é menos por tal espaço que pelo encadeamento dos espaços, ou melhor dizendo, pela montagem que nos encontramos encurralados pelas paredes de seu filme".

5   Ibidem, p. 42.

6   Ibidem.

7   Ibidem, p. 109.

8   Ibidem, p. 163.

9   Ibidem, p. 101.

10   J.L. Borges, Os Dois Reis e os Dois Labirintos, *O Aleph*, p. 141-142.

11   H. Färber, Architecture, décoration, destruction: Remarques sur le cinématographe et la réalité extérieur, *Trafic*, n. 10, p. 67. E ele acrescenta: "Numa carta a um amigo, Danièle Huillet escreveu, em junho de 1981, acerca de *Cedo Demais/Tarde Demais*: 'Na Alemanha, aprende-se a luta de classes, mas na Itália aprende-se a ver.'"

12   M. Foucault, Des espaces autres, op. cit., p. 753.

13   Como demonstra Mircea Eliade, a propósito da percepção espacial do homem religioso, para quem o espaço apresenta rupturas: "quando o sagrado se manifesta por uma hierofania qualquer, não há somente ruptura na homogeneidade do espaço, mas também revelação de uma realidade absoluta que se opõe à não realidade da imensa extensão circundante". M. Eliade, *Le Sacré et le profane*, p. 22

14   Sobre essa "cena clássica" e algumas de suas implicações com um cinema dito "moderno", ver a análise de Ismail Xavier sobre a produção e o papel da crítica francesa em *O Discurso Cinematográfico*. E ainda sobre a herança que recebeu o cinema dito "clássico" do melodrama teatral, ver idem, O Lugar do Crime: A Noção Clássica de Representação e a Teoria do Espetáculo, de Griffith a Hitchcock, *O Olhar e a Cena*.

15   Cf. S. Sarduy, *Barroco*, p. 41-51: um ensaio no qual é analisado o impacto que os modelos cosmológicos, propostos na época de Galileu e Kepler, exerceram sobre as produções simbólicas – e particularmente acerca do "geocentrismo" preconizado por Platão na *República*, mas igualmente no *Timeu*, inspirado pelos filósofos pitagóricos.

16   Como o estrangeiro platônico, encarnado por Er, o panfiliano: "um narrador distraído, desajeitado ou que acaba de ressuscitar". Cf. ibidem, p. 48-49.

17   Cf. supra, o primeiro capítulo dedicado a Robert Bresson, especialmente no que diz respeito a seu gosto confesso pelo imprevisto.

18   S. Sarduy, op. cit., p. 59. E ele acrescenta: "A reforma copernicana e a submissão do espaço à lei dão fim à concepção da Terra como extensão propícia ao acaso, reservada ao que se revela moderadamente irracional."

19   Sobre uma outra concepção da perspectiva, correspondente à da Antiguidade e diversa da renascentista, ver E. Panofsky, *La Perspective comme forme symbolique*, p. 68-93.

20   S. Sarduy, op. cit., p. 58.

21   Ibidem, p. 65, em referência a Julia Kristeva. Ele acrescenta, em relação às obras de Francesco Borromini: "são suas montagens que importam: momentos de produção, de germinação, tomadas na espessura do plano, e cujo entrelaçamento pertence ao interior da linguagem".

22   Cf. ibidem, p. 68: "nada de espaço cósmico com regiões diferentemente qualificadas, mas um universo indefinido, sem regiões: o espaço concreto da física é tão contínuo quanto o espaço abstrato da geometria".

23   Cf. ibidem, p. 74-75.

NOTAS

24 Cf. ibidem, p. 80: "a anamorfose é a perversão da perspectiva e de seu código – apresentar de frente, ver de frente –; a alegoria é a degradação da narração natural".

25 Mutação que pode ser nitidamente verificada no projeto da igreja de San Carlo, em Roma, realizada por Francesco Borromini.

26 Ibidem, p. 90-94. E ele adiciona, p. 82: "O horror do vazio expulsa o sujeito da superfície, de uma *extensão multiplicativa*, para atualizar, em seu lugar, o código específico de uma prática simbólica. A Poética do barroco é uma Retórica: a linguagem, funcionamento de um código autônomo e tautológico, não admite em sua rede densa, *carregada*, a possibilidade de um *eu* generativo, de um emissor individual, central, que se exprima – o barroco funciona no vazio –, que oriente ou contenha o transbordar dos signos." Assim como as flechas de Paul Klee, como vimos anteriormente, não possuem em seus quadros senão uma "função dinâmica".

27 Plano apresentado por ibidem, p. 106.

28 O *cache* baziniano que se contrapõe ao *cadre*: em português, a "máscara" do cinema que se contrapõe à "moldura" da pintura. Cf. A. Bazin, Pintura e Cinema, *O Cinema: Ensaios*.

29 Como Meyer Schapiro destaca no artigo "Sur quelques problèmes de sémiotique de l'art visuel: champ et véhicule dans les signes iconiques", *Critique*, n. 315-316, p. 843-866, retomado em *Style, artiste et société*, p. 7-34: "Ao interceptar os objetos, o quadro parece atravessar um campo de representação que se estende por trás dele para todos os lados. [...] Essa podagem, atualmente frequente nas ilustrações fotográficas de livros e revistas, ressalta o caráter parcial, fragmentário, contingente da imagem, ainda que o objeto principal permaneça no centro. A imagem parece arbitrariamente arrancada de um conjunto mais vasto, sendo introduzida sem cerimônia no campo visual do espectador."

30 Cf. G. Didi-Huberman, *Devant l'image*, p. 291..

31 Cf. ibidem, p. 290-318. O termo empregado em francês é "pan" (porção, pedaço) e em inglês "pacth" (retalho, remendo).

32 Ibidem, p. 305-306.

33 Ibidem, p. 311. Essa comparação é feita a despeito do fato de que um dos termos pertença ao campo da pintura (a porção) e o outro, ao da fotografia (o *punctum*); que um seja vislumbrado como "sintoma da imagem" e o outro, como "sintoma do próprio mundo"; ou ainda que um caminhe "do lado da zona e da expansão frontal" e o outro, "do lado do ponto e da focalização 'em ponta'".

34 Cf. R. Barthes, Le Troisième sens, *Cahiers du cinéma*, n. 222, jul. 1970, retomado e traduzido como "O Terceiro Sentido", *O Óbvio e o Obtuso*, p. 46.

35 Ibidem, p. 46-47: "Por oposição aos dois primeiros níveis, o da comunicação e o da significação, esse terceiro nível – mesmo que a leitura seja ainda arriscada – é o da *significância*; esta palavra apresenta a vantagem de aludir ao campo do significante (e não da significação)."

36 M. Schapiro, Sur quelques problèmes de sémiotique de l'art visuel, op. cit., p. 28.

37 G. Didi-Huberman, *Devant l'image*, p. 312-313.

38 M. Schapiro, Sur quelques problèmes de sémiotique de l'art visuel, op. cit., p. 28. Em relação ao cinema, poderíamos dizer: "distinguindo e julgando as qualidade da substância *fílmica* em si mesma".

39 Cf. G. Didi-Huberman, *Devant l'image*, p. 314-318.

40 Utilizo para esse filme a numeração de planos da decupagem contida no livro de Richard Roud, *Jean-Marie Straub*, p. 124-170.

41 Cf. H. Damisch, *Théorie du nuage*, p. 186, apud G. Didi-Huberman, *Devant l'image*, p. 317.

42 J. Epstein, Le Film et le monde (Espace impénétrable), *Le Temps modernes*, n. 65, mar. 1951, retomado em *Écrits sur le cinéma*, t. II, p. 158-160.

43 Vale lembrar que a palavra francesa para "jogo" (*jeu*) possui diversos significados, tais como: "atuação" (*le jeu des acteurs*), "representação teatral" (*le jeu de la scène*) etc.; assim como o verbo *jouer* serve tanto para "jogar", "brincar", quanto para "tocar" (um instrumento musical), "atuar" (no sentido teatral) etc.

44 Cf. É. Rohmer, *L'Organisation de l'espace...*, p. 34.

45 Ibidem, p. 93-94.

46 Cf. R. Barthes, *O Óbvio e o Obtuso*, p. 57-58: "O fílmico é o que, no filme, não pode ser descrito, é a representação que não pode ser representada. O fílmico nasce exatamente onde cessam a linguagem e a metalinguagem articulada. [...] o fílmico encontra-se, pois, exatamente aí, nesse ponto em que a linguagem articulada é apenas aproximativa, e onde se inicia uma outra linguagem (cuja 'ciência' não poderá, pois, ser a linguística, que será abandonada como um foguete propulsor)."

47 Ibidem, p. 58-59. Isso lembra, de certo modo, a relativização do movimento que opera M.

Merleau-Ponty, em *Phénoménologie de la perception*, p. 318: "Uma vez feita a distinção do móvel e do movimento, não existe, portanto, movimento sem móvel, tampouco movimento sem referência objetiva, nem movimento absoluto."

48 A citação refere-se ao texto de Eisenstein publicado na revista *Cahiers du cinéma*, n. 218, mar. 1970, apud R. Barthes, *O Óbvio e o Obtuso*, p. 59. Notemos, entretanto, que quando o grande cineasta e teórico soviético fala de "fragmento" e de seu interior, ele se refere não ao fotograma nem a uma imagem estática, mas ao *plano* enquanto imagem dinâmica, constituída de vários fotogramas e que se move.

49 Cf. ibidem, p. 58: "O terceiro sentido, que se pode situar teoricamente, porém não se pode descrever, aparece, então, como a *passagem* da linguagem à significância, e o ato fundador do próprio fílmico."

50 Cf. ibidem, e particularmente os três primeiros capítulos, dedicados aos três "sentidos".

51 S. Pierre, Éléments pour une théorie du photogramme, *Cahiers du cinéma*, n. 226-227, jan.-fev. 1971, p. 75-83.

52 Ibidem, p. 76.

53 Ibidem, p. 77. E ela acrescenta: "O fotograma mais legível, aquele que tende a se libertar do tempo fílmico por uma espécie de autossuficiência estética e semântica do ícone (que não passa de uma miragem, como vimos) – esse aprisiona uma significância útil."

54 Fazendo alusão à obra da historiadora da arte S. Alpers, *L'Art de dépeindre*.

55 Cf. A. Pierre, De l'instabilité: Perception visuelle/corporelle de l'espace dans l'environnement cinétique, *Les Cahiers du Mnam*, n. 78, p. 40-69.

56 Cf. Ibidem, p. 45-46.

57 Movimento originado pelo *Manifesto do Neoconcretismo*, assinado em 1959. E não podemos deixar de mencionar as experiências espaciais de Hélio Oiticica, por volta da mesma época, com os penetráveis, núcleos ou manifestações ambientais, por vezes também denominados "labirintos". Ver: H. Oiticica, *Aspiro ao Grande Labirinto*; e C. Favaretto, *A Invenção de Hélio Oiticica*.

58 Não é por acaso que a exposição consagrada à sua obra, no Museu de Belas Artes de Nantes e na Pinacoteca do Estado de São Paulo (com curadoria de Suely Rolnik e Corinne Diserens, 2005-06), intitulou-se: *Lygia Clark, de l'œuvre à l'événement. Nous sommes le moule. A vous de donner le souffle*

(Lygia Clark, da Obra ao Acontecimento: Somos o Molde. A Você Cabe o Sopro).

59 Cf. J. Le Parc, À propos de: art-spectacle, spectateur actif, instabilité et programmation dans l'art visuel, set. 1962, panfleto reproduzido no catálogo da exposição *Stratégies de participation: GRAV-Groupe de Recherche d'Art Visuel*, p. 98: "o menor deslocamento do espectador produz um movimento visual muito superior ao movimento real do deslocamento", apud A. Pierre, De l'instabilité, op. cit., p. 46-47.

60 Cf. A. Pierre, De l'instabilité, op. cit., p. 47: o que "atesta o desejo de intensificar e mesmo ultrapassar as simples condições de uma visualidade ordinária, ao levar em conta a atividade motora do espectador, através da qual não apenas o olho motriz, mas também o corpo móvel deste último tornam-se agentes da obra".

61 Cf. R. Barthes, *O Óbvio e o Obtuso*, p. 58: "Forçado a emergir de uma civilização do significado, não é surpreendente o fato de que o fílmico (apesar da quantidade incalculável de filmes já feitos no mundo) seja ainda raro [...], a tal ponto que se poderia afirmar que o filme, assim como o texto, ainda não existe: há apenas o 'cinema', isto é, linguagem, narrativa, poema, por vezes muito 'modernos', 'traduzidos' por 'imagens' ditas 'animadas'; tampouco é surpreendente que só possamos depreendê-lo após haver feito a travessia – analítica – do 'essencial', da 'profundidade' e da 'complexidade' da obra cinematográfica: todas as riquezas que são apenas aquelas da linguagem articulada, com as quais a constituímos e pensamos esgotá-la. Pois o fílmico é diferente do filme: o fílmico está para o filme como romanesco para o romance (posso escrever romanescamente, sem nunca escrever um romance)."

62 É. Rohmer, *L'Organisation de l'espace...*, p. 94. E ele acrescenta: "Pode-se imaginar um filme 'decupado' no qual o tempo fílmico identifica-se com o tempo real do evento (por exemplo, uma reportagem com diferentes câmeras). Por outro lado, teremos mais dificuldade em introduzir uma solução de continuidade temporal num espaço fílmico que coincide com o espaço real, ou seja, no qual o ponto de vista permaneça fixo. Nosso olho, de fato, tem dificuldade em reconhecer um *raccord* de um plano a outro."

63 Cf. ibidem, p. 95-103.

NOTAS

64 Cf. T. Gallagher, *Lacrimae rerum* matérialisées: Straub-Huillet et Ford, *Cinéma 10*, p. 24: "Em *Nicht versöhnt*, a decupagem dos Straub é tradicional; simplesmente, eles omitem tudo, a não ser os momentos mágicos."

65 É. Rohmer, *L'Organisation de l'espace...*, p. 102.

66 E Jean Paulhan salienta, no que concerne à pintura modernista (em *La Peinture cubiste*, p. 141), que "os pintores juram adotar [...] um novo espaço, ao mesmo tempo desamparado e agitado, uma espécie de labirinto em pedaços, um dédalo em ação, de onde são violentamente repelidos os heróis e as arquiteturas dos renascentistas".

67 Ver, por exemplo, a propósito da questão da "unidade espacial do acontecimento" ou da "homogeneidade do espaço", A. Bazin, Montagem Proibida, op. cit., p. 64-65 (nota 3).

68 Apud R. Roud, op. cit., p. 41.

69 *"Aux distraitement désespérés que nous sommes..."* (*Sur les films de Jean-Marie Straub et Danièle Huillet*), p. 26.

70 Exceto, talvez, em certos momentos do filme *Relações de Classe* (*Klassenverhältnisse*, 1984, baseado no romance *América*, de Franz Kafka), ou ainda nas cenas de diálogos adaptados de Cesare Pavese (*Da Nuvem à Resistência*, 1978, e *Aqueles Encontros Com Eles*, 2006).

71 Sobre a questão da montagem rítimica em Straub, ver em particular a carta escrita em 1963 por Karlheinz Stockhausen, a propósito do primeiro filme de Straub-Huillet, *Machorka-Muff*, publicada, em francês, na revista *Cahiers du cinéma*, n. 145, jul. 1963, e em inglês, em R. Roud, op. cit., p. 37-38.

72 N. Brenez, *De la figure en général...*, p. 372.

73 J. Aumont, Doublages, em A.-M. Faux (dir.), *Jean-Marie Straub/Danièle Huillet: Conversations en archipel*, p. 71-72.

74 Cf. R. Roud, op. cit., p. 109.

75 Cf. É. Rohmer, *L'Organisation de l'espace...*, p. 103-107: "O trabalho de Murnau é de apropriação, não de eliminação ou decantação, como o da maioria de seus colegas, que parecem soprar atrás da marionete. Ele necessita do aporte pessoal de seus intérpretes, de sua carne, de sua natureza mais sedutora quando menos facilmente domável."

76 Cf. ibidem, p. 108.

77 T. Gallagher relembra essa frase de Brecht em *Lacrimae rerum* matérialisées: Straub-Huillet et Ford, op. cit., p. 26.

78 Sobre o conceito de "actante", ver especialmente: V. Propp, *Morfologia do Conto Maravilhoso*; e A.J. Greimas, *Semântica Estrutural: Pesquisa de Método*. Para a definição dada por Greimas, recorri a A.J. Greimas; J. Courtès, *Sémiotique: dictionnaire raisonné de la théorie du langage*, t. 1, p. 7.

79 Cf. M. Bonfitto, *O Ator-Compositor*, p. 125-139.

80 Em referência ao "método das ações físicas" elaborado e posto em prática por Constantin Stanislávski na fase final de sua prática teatral (em torno de 1936), mas que será empregado e desenvolvido por outros importantes encenadores, tais como Meierhold, Laban, Artaud, Decroux, Brecht e Grotowski, cf. ibidem, p. 21-120; ou ainda V. Toporkov, *Stanislavski in Rehearsal*.

81 Sobre as divergências de interpretação do termo "impulso" em Stanislávski e Grotowski, ver M. Bonfitto, op. cit., p. 73-76; ou ainda T. Richards, *At Work With Grotowski on Physical Actions*, p. 93-99.

82 O que se pode verificar com clareza nos ensaios com os atores no documentário *Jean-Marie Straub e Danièle Huillet Trabalhando Num Filme Sobre um Fragmento de "América", Romance Inacabado de Franz Kafka* (1983), dirigido por Harun Farocki.

83 Atentemos igualmente para o fato de que mesmo nas adaptações que Straub faz de óperas de Schönberg – *Moisés e Aarão* e *De Hoje Para Amanhã* – a orquestra sempre toca "ao vivo", apesar de não estar visível no quadro, acompanhando os atores cantores, assim como acontecia em *Crônica de Anna Magdalena Bach*.

84 Tomo a expressão de empréstimo a R. Roud, op. cit., p. 110: "Naturalmente, o contraponto entre verso e Vespa tem outra função, mais formal." Aliás, um efeito análogo de ruptura na continuidade espacial verifica-se também na imagem: de um plano tendo como fundo o céu branco corta-se para outro com céu azul turquesa.

85 Op. cit., p. 22. E ele acrescenta, p. 22-23: "O que existe ali, além da ficção do infinito? O que é feito desse território desconhecido, inexplorável, onde o real absorve os limites razoáveis de suas aparências? O que se passa por trás dessa extremidade misteriosa, nas profundezas do Palácio ou no afastamento absoluto da paisagem? Nessa topografia misteriosa, nessa outra cena inacessível da qual só saem rumores, ecos, gritos de dor e relatos de catástrofes?"

86 J. Aumont, *À quoi pensent les films*, p. 230.

87 É. Rohmer, *L'Organisation de l'espace...*, p. 117-118.

88 Assim como, em maior ou menor grau, os demais membros da equipe.

89 Em italiano, *tessitura*: textura, trama – do verbo *tessere*: "tecer, fazer tecido; entrançar, entrelaçar; construir sobrepondo ou entrelaçando" (*Dicionário Houaiss*, 2001). Ver também: R. de Candé, *La Musique*, p. 571.

90 R. Barthes, La Peinture est-elle un langage?, *Œuvres complètes III*, p. 98.

91 R. Barthes, *S/Z*, em *Œuvres complètes III*, p. 134-135.

92 Sobre esse ponto, vale o comentário de J. Aumont, La Tête coupée: Note sur *Noir Péché*, *Cinéma*, n. 13, p. 35. "O problema com os filmes de Straub é que nos concentramos primeiramente na forma, a ponto de ficarmos hipnotizados. Os quadros são tão expressivos, tão resolutos, frequentemente tão arbitrários; o jogo dos atores é tão distanciado, sua recitação tão claramente citação, seus gestos tão bressonizados [sic]; a montagem é tão abrupta que levamos muito tempo para perceber que também há uma história, personagens, encadeamentos narrativos, uma moral da história".

93 R. Barthes, *S/Z*, *Œuvres complètes III*, p. 135.

94 Cf. ibidem, p. 130-131.

95 Les Mots du labyrinthe, *Cartes et figures de la terre*, p. 94. Consideramos aqui, por analogia: "corredor" = plano; e "sentido" = tomada de um determinado plano. Cada tomada gerando um "sentido", uma variação do plano – por exemplo, através dos actantes que dão nome a cada versão do filme: "a versão do lagarto, a versão do galo" (ver carta de Straub reproduzida em L. Seguin, op. cit., p. 122-126).

96 R. Barthes, *S/Z*, em *Œuvres complètes III*, p. 152.

97 Idem, *Le Degré zéro de l'écriture*, p. 11.

98 Op. cit., p. 110.

99 H. Damisch, La Danse de Thésée, *Ruptures-Cultures*, p. 174.

100 Ibidem.

101 Declaração citada e comentada por T. Gallagher, *Lacrimae rerum* matérialisées, op. cit., p. 21.

102 Image et violence, *Au fond des images*, p. 46-48. E acrescenta: "Um pintor só cria formas uma vez que tenha pintado uma força que se apodere das formas, levando-as a uma presença. Nessa força, as formas tanto se deformam quanto se transformam. A imagem é sempre uma metamorfose dinâmica ou enérgica."

103 *Écrire l'espace*, p. 162.

104 Sobre a abundância e o papel das paredes nuas nos filmes de Straub, ver R. Roud, op. cit., p. 39.

105 Cf. A. Bergala; A. Philippon; S. Toubiana, Quelque chose qui brûle dans le plan, *Cahiers du cinéma*, n. 364, p. 34.

106 Empregamos aqui o adjetivo "ecrânico" (provavelmente um neologismo em português) em referência ao termo empregado, tanto na França como em Portugal, para designar a tela de cinema ou o monitor de televisão/computador: *écran* ou *ecrã*. Acreditamos que ele se adéque melhor a essa expressão do que "espaço da tela".

107 Les Mots du labyrinthe, op. cit., p. 97-101. Isso lembra a anedota contada por G. Bachelard, no livro *La Poétique de l'espace*, p. 201: "Assim, René Char toma como motivo de um dos seus poemas esta frase de Alberto, o Grande: 'Havia, na Alemanha, crianças gêmeas, das quais uma abria as portas com o braço direito, e a outra as fechava com o braço esquerdo.'"

108 Sobre a noção de "ponto estratégico" em Straub, ver A. Bergala, Méthodes de tournage: Straub-Huillet – la plus petite planète du monde, *Cahiers du cinéma*, n. 364, p. 28.

109 E. Delacroix, *Journal* (*23 avril 1854*), apud P.-A. Michaud, *Comme le rêve le dessin*, p. 12.

110 Ver, por exemplo, o primeiro plano do filme *O Noivo, a Atriz e o Cafetão* ou de *Cedo Demais/Tarde Demais*. Sobre o trabalho com o espaço neste último, e em particular sobre seu primeiro plano, ver B. Barr, Too Close, Too Far: Cultural Composition in Straub and Huillet's *Too Early, Too Late*, *Camera Obscura*, n. 53, p. 1-25.

111 De certo modo, fazendo eco à afirmação de Pier Paolo Pasolini: "é vivendo que fazemos cinema", ao mesmo tempo como "atores e espectadores". Cf. La Langue écrite de la réalité, *L'Expérience hérétique*, p. 47-76.

112 Op. cit., p. 317-318. E, citando Nietzsche (p. 320: "Temos a arte para não afundar [tocar o fundo] pela verdade"), ele prossegue, p. 332: "quanto mais o mundo se afirma como o futuro e a plenitude da verdade, onde tudo terá valor, onde tudo fará sentido, onde o todo será conquistado pelo domínio do homem e por sua utilização, mais temos a impressão de que a arte deve descer ao ponto em que nada ainda faz sentido, mantendo o movimento, a insegurança e a infelicidade do que escapa de qualquer apreensão e finalidade". Belo elogio e terrível fardo de uma arte como a de Jean-Marie Straub e Danièle Huillet.

NOTAS

PARTE III

I: A IMAGEM-PUZZLE

1   De fato, o puzzle foi inventado na Europa como um jogo educativo, em meados do século XVIII, graças à iniciativa de alguns educadores audaciosos associados a fabricantes de mapas que começaram a colá-los sobre pranchas, a fim de recortá-los para que as crianças aprendessem geografia reconstituindo-os. Ver A.D. Williams, *The Jigsaw Puzzles: Piecing Together a History*, p. 18-22.

2   Ver ibidem, p. 14. Trata-se, na verdade, do antigo nome do puzzle, assim como *dissected image*, ambos substituídos, em torno de 1900, por *jigsaw puzzle*. Quanto à utilização do termo pela História da Arte, ver J. Elkins, *Why Are Our Pictures Puzzles?*.

3   Cf. ibidem, p. 63: "É o momento, bastante conhecido de todos os admiradores de puzzles de imagem, em que parece que a melhor coisa a ser feita é colar o puzzle numa prancha, envernizá-lo, depois pendurá-lo na parede, *como se fosse uma imagem ordinária*. Porém, pela própria natureza dos puzzles de imagem, as *linhas serpentiformes [snaking lines]* entre as peças lembram aos observadores a enorme diferença entre um puzzle e a própria imagem, e o quanto de sufoco – e finalmente de tédio – deve-se enfrentar para construir um." (Grifos nossos.)

4   Elkins disseca e critica, em seu livro, justamente o que ele denomina o *picture-puzzle model*, que seria aplicado, segundo ele, por certos historiadores da arte na análise de imagens numa abordagem interpretativa. Além disso, ele tenta identificar três vias provocadas por um "mal-estar" próprio da nossa época, no que concerne à busca incansável de sentido nas imagens: a resolução de enigmas (puzzles), a ambiguidade e a alucinação.

II: A IMAGEM-MOSAICO

1   Respectivamente, *L'Image-mouvement* (1983) e *L'Image-temps* (1985). A aula introdutória mencionada acima foi ministrada no dia 10 de janeiro de 1981, na Universidade de Paris VIII, em Saint Denis.

2   G. Deleuze, "L'Intuition de Bergson", gravação sonora contida na série de CDs da coleção "à voix haute", intitulada *Gilles Deleuze Cinéma* (Paris: Gallimard, 2006, CD 1, faixas 2-3).

3   Obviamente, se compartilharmos a tese de Deleuze que associa o cinema essencialmente ao pensamento (a partir, como já foi dito, das teses de Bergson sobre o movimento).

4   Como parecia alertar Jean-Luc Godard através do título de seu filme *Salve-se Quem Puder (A Vida)* (1979).

5   Cf. W.C. Wees, The Ambiguous Aura of Hollywood Stars in Avant-Garde Found-Footage Films, *Cinema Journal*, v. 41, n. 2, p. 3-18. Remeto igualmente aos artigos de André Habib dedicados aos filmes e cineastas do *found footage*, publicados na revista eletrônica *Horschamp*. Disponível em: <http://www.horschamp.qc.ca/>.

6   Um verdadeiro "catálogo anatômico do corpo ferido", segundo a descrição do programa da mostra *Semana dos Realizadores* do Festival de Cannes de 2004, onde o filme foi projetado.

7   Notemos que o próprio Deutsch nomeia suas pesquisas como sendo: "trabalhos cinematográficos sobre a fenomenologia do meio fílmico".

8   D. Paini, *Le Cinéma, un art moderne*, p. 18.

9   De acordo com os créditos no final do filme, essa imagem intitula-se *Islândia 1970* e teria sido captada pelo geólogo polonês especialista em vulcões Haroun Tazieff.

10   J. Racine, segundo prefácio de *Bajazet* (1672).

11   J.-L. Leutrat, *Des traces qui nous ressemblent*: Passion *de Jean-Luc Godard*, p. 72-87. (Grifos nossos.)

12   Verificar, em eco a esse raciocínio, o que propõe Jacques Aumont a partir da noção de "intervalo" em Dziga Vertov, no artigo "Clair et confus: Du mélange d'images en cinéma (et un peu en peinture)", *Les Cahiers du Mnam*, n. 72, p. 6 (Grifos nossos): "o intervalo não é nem uma lacuna, nem uma elipse, nem verdadeiramente uma distância, apesar da origem pretensamente musical do termo; é – não vejo outra modo de dizê-lo – *uma potência diferencial*, uma potência de diferença. Dois planos interligados por um intervalo ressaltam sua diferença: é a lacuna entre eles que o destinatário do filme deve considerar, e é nessa lacuna que algo aparece (o quê? o sentido, necessariamente)".

13   Cf. M. Hagener, Kaleidoscope Perception: The Multiplication of Surfaces and screens in Media and Culture, *Cinema & Cie.*, n. 8, p. 37-48. Notemos que as telas divididas (*split screens*) difundiram-se em larga escala com os vídeos produzidos pelas câmeras de vigilância e os *reality shows* – sobre esse assunto, ver o catálogo organizado por T.Y. Levin; U. Frohne; P. Weibel (eds.), *Ctrl Space: Rhetorics of Surveillance From Bentham to Big Brother*.

14 Lembremos do inusitado e célebre uso que Abel Gance fez de três telas em *Napoleão* (1927), perturbando e embaralhando esses dois dispositivos.

III: A IMAGEM-LABIRINTO

1 Depoimento tomado durante a filmagem de *Crônica de Anna Magdalena Bach*, já citado anteriormente.

2 Num texto em que ele discute tanto *A Morte de Empédocles* (1987), de Straub-Huillet, quanto *Vale Abraão* (1993), de Manoel de Oliveira, e *Infelizmente Para Mim* (1993), de Godard. Cf. P. Arnaud, La Nature des choses, *Les Paupières du visible*, p. 51-52.

3 L. Marin, *Sublime Poussin*, p. 126-127, apud P. Dubois, em sua análise do filme *Le Tempestaire* (1947) de Jean Epstein: La Tempête et la matière-temps, ou le sublime et le figural dans l'œuvre de Jean Epstein, em J. Aumont (dir.), *Jean Epstein: Cinéaste, poète, philosophe*, p. 275.

4 P. Dubois, La Tempête et la matière-temps, ou le sublime et le figural dans l'œuvre de Jean Epstein, em J. Aumont (dir.), op. cit., p. 276.

5 Ibidem, p. 269-270. E ele acrescenta: "o figural como matéria de pensamento visual".

6 J. Epstein, Le Sens 1bis, *Bonjour Cinéma* (1921), retomado in *Écrits sur le cinéma I*, p. 87. (Grifo nosso.)

7 Esses dois aspectos da visão – um concreto (visível) e outro mental (invisível) – aproximam-se, talvez, das "percepções fortes" e "percepções fracas" de que trata Jean-Paul Sartre em *L'Imaginaire*, p. 16-18: "Posso, quando quero, pensar em imagem num cavalo, numa árvore, numa casa."

8 Basta lembrarmos, por exemplo, do emblemático quadro de Kasimir Malevich, *Quadrado Branco Sobre Fundo Branco* (1918).

9 Declaração disponível como extra no DVD do filme de Monteiro lançado na França.

10 R. Barthes, *S/Z, Œuvres complètes III*, p. 130-131. (Citado anteriormente.)

11 Tomamos aqui novamente de empréstimo à psicanálise o termo bastante empregado em francês, inclusive por alguns estudos de audiovisual: *faire écran* ("fazer barreira" a algo, servindo ao mesmo tempo de superfície refletora, ou seja, "fazendo tela/ecrã").

12 Notemos, de passagem, a espantosa semelhança, inclusive no que diz respeito ao dispositivo de *mise en scène*, entre esse plano de Van Sant e o sexto plano do filme de Straub, *Não Reconciliados*.

13 Eis um traço característico desse tipo de cinema que nos remete diretamente à teoria de Tom Gunning acerca do "cinema de atrações" dos primórdios, por sua dimensão performática e seu caráter exibicionista. Cf. T. Gunning, The Cinema of Attractions: Early Film, Its Spectators and the Avant-Garde, em T. Elsaesser (ed.), *Early Cinema*, p. 56-62.

14 Cf. *Through the Labyrinth*, p. 27-30.

15 Cf. H. Damisch, La Danse de Thésée, *Ruptures-Cultures*.

16 H. Kern, op. cit., p. 27.

17 Ibidem, p. 244-245.

18 Pois, como lembra Daniel Arasse, em *Le Détail*, p. 228, citando o comentário de Diderot, em *Salão de 1767*, acerca do quadro de Doyen, *Le Miracle des Ardents*: "o olho encontra-se 'irregularmente perambulando, perdido num labirinto'".

19 Miriam Hansen reconhece, em sua introdução à S. Kracauer, *Theory of Film*, p. xxxi: "Os filmes podem tentar dirigir nossa atenção com mais força que uma peça ou um romance, mas eles também podem nos proporcionar a oportunidade de meandrar pela tela e além dela, nos labirintos de nossa imaginação, memórias e sonhos."

20 Cf. A. Bergala; A. Philippon; S. Toubiana, "Quelque chose qui brûle dans le plan" (à propos du film *Amerika: Rapports de classe*)", op. cit., p. 34.

I: DESENLACE

1 Cf. P. Valéry, Discours prononcé au deuxième congrès international d'esthétique et de science de l'art, *Variété IV*, p. 509-537.

2 Definindo-a da seguinte maneira: "Por um lado, o estudo da invenção e da composição, o papel do acaso, da reflexão, da imitação, da cultura e do meio; por outro lado, a observação e a análise das técnicas, procedimentos, instrumentos, materiais, meios e agentes de ação." Ibidem.

3 Ibidem.

4 Cf. J. Aumont, *De l'esthétique au présent*, p. 31.

5 Tomamos de empréstimo a expressão de Jerzy Grotowski, em referência ao trabalho que seu grupo desenvolve desde 1986, no Centro de Pesquisas Teatrais de Pontedera, na Itália.

6 Cf. W. Benjamin, Sur le concept d'histoire, *Œuvres III*; e H. Arendt, *Eichmann à Jérusalem*.

Bibliografia

AGAMBEN, Giorgio. Pour une éthique du cinéma, *Trafic*, n. 3, verão de 1992.

____. *Ninfas*. São Paulo: Hedra, 2012.

AGEL, Henri. *L'Espace cinématographique*. Paris: Jean-Pierre Delarge, 1978.

ALBERA, François. *Eisenstein e o Construtivismo Russo: A Dramaturgia da Forma em "Stuttgart"*. São Paulo: Cosac Naify, 2002.

ALBERTI, Leon Battista. *De la peinture*. Paris: Macula, Dédale, 1992.

____. *L'Art d'édifier*. Paris: Seuil, 2004.

ALPERS, Svetlana. *L'Art de dépeindre: La Peinture hollandaise au XVIIe siècle*. Paris: Gallimard, 1990. (Ed. bras.: *A Arte de Descrever: A Arte Holandesa no Século XVII*. São Paulo: Edusp, 1999.)

ARASSE, Daniel. *Le Détail: Pour une histoire rapprochée de la peinture*. Paris: Flammarion, 1992.

ARENDT, Hanna. *Eichmann à Jérusalem: rapport sur la banalité du mal*. Paris: Gallimard, 1966.

ARNAUD, Philippe. *Robert Bresson*. Paris: Cahiers du cinéma, 1986.

____. *Les Paupières du visible*. Liège: Yellow Now, 2001.

ARTAUD, Antonin. *Œuvres complètes III*. Paris: Gallimard, 1970.

ASSAYAS, Olivier. Dans des circonstances éternelles du fond d'un naufrage. *Cahiers du cinéma*, n. 487, jan. 1995.

ASTRUC, Alexandre. Naissance d'une nouvelle avant-garde: la caméra-stylo. *L'Écran Français*, n. 144, mar. 1948.

AUMONT, Jacques. *L'Œil interminable*. Paris: Séguier, 1989. (Ed. bras. *O Olho Interminável*. São Paulo: Cosac Naify, 2004).

____. *Du visage au cinéma*. Paris: Cahiers du cinéma, 1992.

____. *A Imagem*. Campinas: Papirus, 1993.

____. *À quoi pensent les films*. Paris: Séguier, 1996.

____. *De l'esthétique au présent*. Paris/Bruxelles: De Boeck Université, 1998.

____. Clair et confus: Du mélange d'images en cinéma (et un peu en peinture). *Les Cahiers du Mnam*, n. 72, verão de 2000.

____. La Tête coupée: Note sur *Noir Péché*. *Cinéma*, n. 13, primavera de 2007.

AUMONT Jacques (dir.). *L'Invention de la figure humaine: Le Cinéma, l'humain et l'inhumain*. Paris: Cinémathèque Française, 1995.

AUMONT, Jacques (dir.). *Jean Epstein: Cinéaste, poète, philsophe*. Paris: Cinémathèque Française, 1998.

BACHELARD, Gaston. *L'Air et les songes: essai sur l'imagination du mouvement*. Paris: José Corti, 2004. (Ed. bras.: *O Ar e os Sonhos: Ensaio Sobre a Imaginação do Movimento*. São Paulo: Martins Fontes, 2001).

____. *La Poétique de l'espace*. Paris: Quadrige/ PUF, 1957 (ed. 2005).

BAILBLÉ, Claude; MARIE, Michel; ROPARS, Marie-Claire. *Muriel: Histoire d'une recherche*. Paris: Galilée, 1974.

BARR, Burlin. Too Close, Too Far: Cultural Composition in Straub and Huillet's *Too Early, Too Late*. *Camera Obscura*, n. 53, 2003.

BARTHES, Roland. *A Câmara Clara: Nota Sobre a Fotografia*. Rio de Janeiro: Nova Fronteira, 1984.

_____. *O Óbvio e o Obtuso: Ensaios Críticos III*. Rio de Janeiro: Nova Fronteira, 1990.

_____. *Œuvres complètes – Tome III (1974-1980)*. Paris: Seuil, 1994.

_____. *Variations sur l'écriture*. Paris: Seuil, 2000.

_____. *Œuvres complètes - Tome V: livres, textes, entretiens (1977-1980)*. Paris: Seuil, 2002.

_____. *Le Degré zéro de l'écriture*. Paris: Seuil, 2004.

BAZIN, André. *O Cinema: Ensaios*. São Paulo: Brasiliense, 1991.

BELLOI, Livio; DELVILLE, Michel (dir.). *L'Œuvre en morceaux: esthétiques de la mosaïque*. Bruxelles: Les Impressions Nouvelles, 2006.

BENAYOUN, Robert. *Alain Resnais: Arpenteur de l'imaginaire – de Hiroshima à Mélo*. Paris: Stock Ramsay Poche Cinéma, 1980.

BENJAMIN, Walter. *Œuvres II*. Paris: Gallimard, 2005.

_____. *Œuvres III*. Paris: Gallimard, 2000.

BERGALA, Alain. Méthodes de tournage: Straub-Huillet – la plus petite planète du monde. *Cahiers du cinéma*, n. 364, out. 1984.

BERGALA, Alain; PHILIPPON, Alain; TOUBIANA, Serge. Quelque chose qui brûle dans le plan: entretien avec Jean-Marie Straub et Danièle Huillet. *Cahiers du cinéma*, n. 364, out. 1984.

BERGSON, Henri [1896]. *Matière et mémoire*. Paris: PUF, 1939.

BERTELLI, Carlo (dir.). *Les Mosaïques*. Paris: Bordas, 1989.

BERTHOMÉ, Jean-Pierre. *Le Décor au cinéma*. Paris: Cahiers du cinéma, 2003.

BIHN, N.T. (org.). *La Direction d'acteur au cinéma: Études Théâtrales*, n. 35, 2006.

BLANCHOT, Maurice. *L'Espace littéraire*. Paris: Gallimard, 2003.

BONFITTO, Matteo. *O Ator Compositor. As Ações Físicas Como Eixo: de Stanislávski a Barba*. São Paulo: Perspectiva, 2002.

BONITZER, Pascal. Le Gros orteil ("Réalité" de la dénotation 2). *Cahiers du cinéma*, n. 232, out. 1971.

_____. La Vision partielle. *Cahiers du cinéma*, n. 301, jun. 1979.

_____. *Peinture et cinéma: décadrages*. Paris: Cahiers du cinéma, 1985.

BORGES, Jorge Luis. *O Aleph*. São Paulo: Globo, 2001.

_____. *Ficções*. São Paulo: Companhia das Letras, 2007.

BOSSEUR, Jean-Yves. *Vocabulaire de la musique contemporaine*. Paris: Minerve, 1992.

BOULEZ, Pierre. *Penser la musique aujourd'hui*. Paris: Denoël/ Gonthier, 1987.

_____. *Le Pays fertile: Paul Klee*. Paris: Gallimard, 1989.

BRENEZ, Nicole. *De la figure en général et du corps en particulier: l'invention figurative au cinéma*. Paris, Bruxelles: De Boeck Université, 1998.

BRESSON, Robert. *Notas Sobre o Cinematógrafo*. São Paulo: Iluminuras, 2005.

CABANE, Pierre. *Duchamp & cie*. Paris: Terrail, 1996.

CAGIANO DE AZEVEDO, Michelangelo. *Saggio sul labirinto*. Milano: Vita e pensiero, 1958.

CALABRESE, Omar. *L'Età neo-barocca*. Roma/Bari: Laterza, 1987. (Ed. port.: *A Idade Neobarroca*. Lisboa: Edições 70, 1999.)

CAMILLO, Giulio. *Le Théâtre de la mémoire*. Paris: Allia, 2001.
CANDÉ, Roland de. *La Musique: histoire, dictionnaire, discographie*. Paris: Seuil, 1969.
CANUDO, Ricciotto. *L'Usine aux images*. Paris: Séguier/ Arte, 1995.
CASTORIADIS, Cornelius. *Les Carrefours du labyrinthe*. Paris: Seuil, 1978.
CÍCERO. *De l'orateur*. Paris: Belles Lettres, 1959.
COSTA, Antonio. *Cinema e pittura*. Torino: Loescher, 1991.
CRISPOLTI, Enrico. *Lucio Fontana: catalogo generale*. Milano: Electa, 1986.
CULLIN, Olivier. *Laborintus: essais sur la musique au Moyen Âge*. Paris: Fayard, 2004.
DAGEN, Philippe. *L'Art français: Le XXe siècle*. Paris: Flammarion, 1998.
DÄLLENBACH, Lucien. *Mosaïques: un objet esthétique à rebondissements*. Paris: Seuil, 2001.
DAMISCH, Hubert. *Théorie du nuage: pour une histoire de la peinture*. Paris: Seuil, 1972.
____. L'Épée devant les yeux (entrevista realizada por Jean-Pierre Touati e Santiago Amigorena). *Cahiers du cinéma*, n. 386, jul.-ago. 1986.
____. La Danse de Thésée. *Ruptures-Cultures*. Paris: Minuit, 1991.
____. *Traité du trait: tractatus tractus*. Paris: Réunion des Musées Nationaux, 1995.
____. Le Labyrinthe d'Égypte. *Skyline*. Paris: Seuil, 1996.
DANEY, Serge. Le Plan straubien. *Cahiers du cinéma*, n. 305, nov. 1979.
____. *A Rampa: Cahiers du cinéma, 1970-1982*. São Paulo: Cosac Naify, 2007.
DANEY, Serge; NARBONI, Jean. Entretien avec Jean-Marie Straub et Danièle Huillet (à propos de *De la nuée à la résistance*). *Cahiers du cinéma*, n. 305, nov. 1979.
DAVOUST, Michel. *L'Écriture Maya et son déchiffrement*. Paris: CNRS, 1995.
DE FONT-RÉAULX, Dominique; LEFEBVRE, Thierry; MANNONI, Laurent (dir.). *EJ Marey: actes du colloque du centenaire*. Paris: Arcadia, 2006.
DE FRANCESCHI, Leonardo (org.). *Cinema/Pittura: Dinamiche di scambio*. Torino: Lindau, 2003.
DELAHAYE, Michel; GODARD, Jean-Luc. Entrevista Com Robert Bresson. In: BAZIN, André et al. *A Política dos Autores*. Lisboa: Assírio e Alvim, 1976.
DELEUZE, Gilles. *L'Image-mouvement*. Paris: Minuit, 1983. (Ed. bras.: *A Imagem-Movimento*, São Paulo: Brasiliense, 1985.)
____. *L'Image-temps*. Paris: Minuit, 1985.
____. *A Dobra: Leibniz e o Barroco*. Campinas: Papirus, 1991.
DERRIDA, Jacques. *De la grammatologie*. Paris: Minuit, 1967. (Ed. bras.: *Gramatologia*. São Paulo: Perspectiva, 2018.)
DIDEROT, Denis. *Œuvres esthétiques*. Paris: Garnier, 1968.
____. *Essais sur la peinture: Salons de 1759, 1761, 1763*. Paris: Hermann, 1984.
DIDI-HUBERMAN, Georges. *Devant l'image: question posée aux fins d'une histoire de l'art*. Paris: Minuit, 1990.
____. Savoir-mouvement (l'homme qui parlait aux papillons), prefácio do livro de MICHAUD, Philippe-Alain. *Aby Warburg et l'image en mouvement*. Paris: Macula, 1998.
____. *L'Étoilement: conversations avec Hantaï*. Paris: Minuit, 1998.
____. *L'Image survivante: histoire de l'art et temps des fantômes selon Aby Warburg*. Paris: Minuit, 2002.
____. *Gestes d'air et de pierre: corps, parole, souffle, image*. Paris: Minuit, 2005.
D'ORS, Eugenio. *Du baroque*. Paris : Gallimard, 1935.

DOUY, Max; DOUY, Jacques. *Décors de cinéma: Les Studios français, de Méliès à nos jours*. Paris: Éd. du Collectionneur, 1993.

DUBOIS, Philippe. *O Ato Fotográfico e Outros Ensaios*. Campinas: Papirus, 1993.

_____. La Tempête et la matière-temps, ou le sublime et le figural dans l'œuvre de Jean Epstein. In: AUMONT, Jacques (dir.). *Jean Epstein: cinéaste, poète, philsophe*. Paris: Cinémathèque Française, 1998.

DURAND, Pascal. Conflagrations: La Mosaïque du *Coup de dés*. In: BELLOI, Livio; DELVILLE, Michel (dir.). *L'Œuvre en morceaux: Esthétiques de la mosaïque*. Bruxelles: Les Impressions Nouvelles, 2006.

DÜRER, Albrecht [1525]. *Géométrie*. Paris: Seuil, 1995.

DUVIGNAUD, Jean. *Lieux et non lieux*. Paris: Galilée, 1977.

ECO, Umberto. *L'Œuvre ouverte*. Paris: Seuil, 1979. (Ed. bras.: *Obra Aberta: Revista e Ampliada*. Trad. Giovanni Cutolo. São Paulo: Perspectiva, 2018.)

EISENSTEIN, Serguei. *La Non-indifférente nature I*. Paris: 10/18 UGE, 1976.

_____. *La Non-indifférente nature II*. Paris: 10/18 UGE, 1978.

_____. *A Forma do Filme*. Rio de Janeiro: Jorge Zahar, 1990.

_____. *O Sentido do Filme*. Rio de Janeiro: Jorge Zahar, 1990.

_____. *Cinématisme: peinture et cinéma*. Bruxelas: Complexe, 1992.

EISNER, Lotte. *A Tela Demoníaca: As Influências de Max Reinhardt e do Expressionismo*. São Paulo: Paz e Terra, 2003.

ELIADE, Mircea. *Le Sacré et le profane*. Paris: Gallimard, 1965. (Ed. bras.: *O Sagrado e o Profano*. São Paulo: Martins Fontes, 1992.)

ELKINS, James. *Why Are Our Pictures Puzzles? On the Modern Origins of Pictorial Complexity*. New York/London: Routledge, 1999.

ELSAESSER, Thomas (ed.). *Early Cinema: Space, Frame, Narrative*. London: BFI, 1990.

EPSTEIN, Jean. *Écrits sur le cinéma I*. Paris: Seghers, 1974.

_____. *Écrits sur le cinéma II*. Paris: Seghers, 1975.

ESTÈVE, Michel. *Robert Bresson: la passion du cinématographe*. Paris: Albatros, 1983.

FÄRBER, Helmut. Architecture, décoration, destruction: Remarques sur le cinématographe et la réalité extérieur. *Trafic*, n. 10, primavera de 1994.

FAURE, Élie. *Fonction du cinéma: De la cinéplastique à son destin social (1921-1937)*. Paris: Éditions d'Histoire et d'Art, 1953.

FAUX, Anne-Marie (dir.). *Jean-Marie Straub/Danièle Huillet: Conversations en archipel*. Paris/Milano: Cinémathèque Française/Mazzotta, 2001.

FAVARETTO, Celso. *A Invenção de Hélio Oiticica*. São Paulo: Edusp, 1992.

FLOCH, Jean-Marie. *Les Formes de l'empreinte*. Périgueux: Pierre Fanlac, 1986.

FOUCAULT, Michel. *As Palavras e as Coisas*. São Paulo: Martins Fontes, 1981.

_____. Des espaces autres. *Dits et écrits - tome IV (1980-1988)*. Paris: Gallimard, 1994.

FRANCASTEL, Pierre. *Pintura e Sociedade*. São Paulo: Martins Fontes, 1990.

FRICHEAU, Marianne. Le Diable dans la lumière de Giotto: deux petits tableaux et le film de Robert Bresson *Le Diable probablement*. In: vv. aa. *Robert Bresson*. Torino: Ramsay, 1989.

FRIEDRICH, Caspar David; CARUS, Carl Gustav. *De la peinture de paysage*. Paris: Klincksieck, 1988.

GALLAGHER, Tag. *Lacrimae rerum* matérialisées: Straub-Huillet et Ford, *Cinéma 10*, out. 2005.

GARDIES, André. *L'Espace au cinéma*. Paris: Méridiens Klincksieck, 1993.

GOETHE, Johann Wolfgang von. Pensées diverses sur l'art. *Maximes et réflexions*. Paris: Brokhauss & Avenarius, 1842.

GOODMAN, Nelson C. *Langages de l'art: une approche de la théorie des symboles*. Nimes: Jacqueline Chambon, 1990.

GOUDET, Stéphane (org.). *Positif, revue de cinéma: Alain Resnais*. Paris: Gallimard, 2002.

GREIMAS, Algirdas Julien. *Sémantique structurale*. Paris: Larousse, 1966. (Ed. bras.: *Semântica Estrutural: Pesquisa de Método*. São Paulo: Cultrix/ Edusp, 1973.)

GREIMAS, Algirdas Julien; COURTÉS, Joseph. *Sémiotique: dictionnaire raisonné de la théorie du langage*. Paris: Hachette, 1979.

HAGENER, Malte. Kaleidoscope Perception: The Multiplication of Surfaces and Screens in Media and Culture. *Cinema & Cie*, n. 8, out. 2006.

HANSEN, Miriam. Introduction. In: KRACAUER, Siegfried. *Theory of Film: The Redemption of Physical Reality*. Princeton: Princeton University Press, 1997.

HEIKAMP, Detlef (ed.). *Scritti d'arte di Federico Zuccaro*. Firenze: L.S. Olschki, 1961.

HOCKE, Gustav R. *Maneirismo: O Mundo Como Labirinto*. São Paulo: Perspectiva, 1974.

HUILLET, Danièle; STRAUB, Jean-Marie. *Chronique d'Anna Magdalena Bach*. Toulouse: Ombres, 1996.

JOST, François. Il pitto-film. *Cinema e cinema*, n. 50, dez. 1987.

JOUSSE, Thierry; VATRICAN, Vincent. Entretien avec Jean-Marie Straub et Danièle Huillet. *Cahiers du cinéma - Numéro Spécial "Musique au cinéma"*, 1995, retomado em HUILLET, Danièle; STRAUB, Jean-Marie. *Chronique d'Anna Magdalena Bach*. Toulouse: Ombres, 1996.

KERN, Hermann (ed.). *Labirinti. Forme e interpretazioni. 5000 anni di presenza di un archetipo*. Catálogo da exposição de arte contemporânea *In Labirinto*. Milano: Feltrinelli, 1981.

KERN, Hermann. *Through the Labyrinth: Designs and Meanings Over 5,000 Years*. Munich/London/New York: Prestel, 2000.

KLEE, Paul. *Théorie de l'art moderne*. Paris: Denoël, 1964 (1998).

KOULÉCHOV, Lev. *Écrits (1917-1934)*. Lausanne: l'Âge d'Homme, 1994.

KRACAUER, Siegfried. *Theory of Film: The Redemption of Physical Reality*. Princeton: Princeton University Press, 1997.

LANDOWSKI, Éric. *Passions sans nom: essais de socio-sémiotique III*. Paris: Presses Universitaires de France, 2004.

LAVAGNE, Henri. *La Mosaïque*. Paris: PUF, 1987.

LE PARC, Julio. À propos de: art-spectacle, spectateur actif, instabilité et programmation dans l'art visuel, set. 1962, panfleto reproduzido no catálogo da exposição *Stratégies de participation. GRAV-Groupe de Recherche d'Art Visuel*. Grenoble: Centre National d'Art contemporain Le Magasin, 1998.

LEDOUX, Claude-Nicolas. *L'Architecture considérée sous le rapport de l'art, des moeurs et de la législation*. Paris: H.L. Perronneau, 1804.

LEPERCHEY, Sarah. *Alain Resnais: Une lecture topologique*. Paris: L'Harmattan, 2000.

LESCURE, Jean. *Lapicque*. Paris: Galanis, 1956.

LEUTRAT, Jean-Louis. *Des traces qui nous ressemblent: Passion de Jean-Luc Godard*. Paris: Comp'Act, 1990.

_____. Un Besoin de distance. *Vertigo*, n. 18, mar. 1999.

LEVIN, Thomas Y.; FROHNE, Ursula; WEIBEL, Peter (eds.). *Ctrl Space: Rhetorics of Surveillance from Bentham to Big Brother*. Cambridge: MIT Press, 2002.

LIANDRAT-GUIGUES, Suzanne. *Cinéma et sculpture: Un Aspect de la modernité des années soixante*. Paris: L'Harmattan, 2002.

LICHTENSTEIN, Jacqueline. *La Couleur éloquente: rhétorique et peinture à l'âge classique*. Paris: Flammarion, 1989. (Ed. bras.: *A Cor Eloquente*. São Paulo: Siciliano, 1994.)

LONGHENA, Maria. *L'Écriture Maya*. Paris: Flammarion, 1999.

MARIN, Louis. *Sublime Poussin*. Paris: Seuil, 1995.

MATISSE, Henri. *Escritos e Reflexões Sobre Arte*. São Paulo: Cosac Naify, 2007.

MERLEAU-PONTY, Maurice. *Phénoménologie de la perception*. Paris: Gallimard, 2005. (Ed. bras.: *Fenomenologia da Percepção*. São Paulo: Martins Fontes, 1994.)

METZ, Christian. *A Significação no Cinema*. São Paulo: Perspectiva, 1977.

MICHAUD, Philippe-Alain (dir.). *Comme le rêve le dessin: dessins italiens des XVIe et XVIIe siècles du Musée du Louvre et dessins contemporains du Centre Pompidou*. Paris: Louvre, Centre Pompidou, 2005.

MICHAUD, Philippe-Alain. *Aby Warburg et l'image en mouvement*. Paris: Macula, 1998.

MICHELSON, Annette (ed.). *Kino Eye: The Writings of Dziga Vertov*. Berkeley/London: University of California Press, 1984.

NANCY, Jean-Luc. *Au fond des images*. Paris: Galilée, 2003.

NORMAN, Dorothy. *Alfred Stieglitz*. New York: Aperture, 1997.

OITICICA, Hélio. *Aspiro ao Grande Labirinto*. Rio de Janeiro: Rocco, 1986.

OUDART, Jean-Pierre. La Suture. *Cahiers du cinéma*, n. 211 e 212, abr.-maio 1969.

PÄCHT, Otto. "A. Riegl". In: RIEGL, Alois. *Grammaire des arts plastiques*. Paris: Klincksieck, 1978.

PAINI, Dominique. *Le Cinéma, un art moderne*. Paris: Cahiers du cinéma, 1997.

PANOFSKY, Erwin. *La Perspective comme forme symbolique*. Paris: Minuit, 1997.

PASOLINI, Pier Paolo. *L'Expérience hérétique*. Paris: Ramsay Poche, 1989.

PAULHAN, Jean. *La Peinture cubiste*. Paris: Denoël/Gonthier, 1970.

PEIRCE, Charles Sanders. *Écrits sur le signe*. Paris: Seuil, 1978.

PELECHIAN, Artavazd. Le Montage à contrepoint, ou la théorie de la distance. *Traffic*, n. 2, primavera de 1992.

PEREC, Georges. *La Vie mode d'emploi*. Paris: Hachette, 1978. (Ed. bras.: *A Vida: Modo de Usar*, São Paulo: Companhia das Letras, 1991.)

PIERRE, Arnauld. De l'instabilité: Perception visuelle/corporelle de l'espace dans l'environnement cinétique. *Les Cahiers du Mnam*, n. 78, inverno de 2001-2002.

PIERRE, Sylvie. Éléments pour une théorie du photogramme. *Cahiers du cinéma*, n. 226-227, jan.-fev. 1971.

PLATÃO. *Les Lois*. Paris: Flammarion, 2006.

PLÍNIO, o Ancião. *Histoire naturelle XXXV: de la peinture*. Paris: Les Belles Lettres, 1985.

PRÉDAL, René. L'Itinéraire d'Alain Resnais. *Études cinématographiques*, n. 211-222, 1996.

PROPP, Vladimir. *Morphologie du conte*. Paris: Seuil, 1970. (Ed. bras.: V. Propp, *Morfologia do Conto Maravilhoso*. Rio de Janeiro: Forense Universitária, 1984.)

RAGGHIANTI, Carlo Ludovico. *Cinema: arte figurativa*. Torino: Einaudi, 1952.

RESNAIS, Alain; SEMPRUN, Jorge. *Repérages*. Paris: Éd. du Chêne, 1974.

RICHARDS, Thomas. *At Work With Grotowski on Physical Actions*. New York: Routledge, 1995. (Ed. bras.: *Trabalhar Com Grotowski Sobre as Ações Físicas*. São Paulo: Perspectiva, 2012.)

RIEGL, Aloïs. *Grammaire des arts plastiques*. Paris: Klincksieck, 1978.

ROHMER, Éric. Le Celluloïd et le marbre. *Cahiers du cinéma*, n. 44, 49, 51, 52, 53, fev.-dez. 1955.

_____. *L'Organisation de l'espace dans le "Faust" de Murnau*. Paris: UGE, 1977.

_____. *Le Goût de la beauté*. Paris: Cahiers du cinéma, 1984.

ROPARS-WUILLEUMIER, Marie-Claire. L'Espace et le temps dans l'univers d'Antonioni. *Etudes cinématographiques n. 36-37*. Paris: Lettres Modernes, 1964.

_____. *Écrire l'espace*. Saint-Denis: Presses Universitaires de Vincennes, 2002.

ROSENSTIEHL, Pierre. Les Mots du labyrinthe. *Cartes et figures de la terre*. Paris: Centre Pompidou, 1980.

ROSSI, Ferdinando. *Il mosaico: Pittura di pietra*. Milano: Alfieri Lacroix, 1968.

RYCKMANS, Pierre. *Les Propos sur la peinture du moine Citrouille-amère*. Paris: Hermann, 2000.

SAND, George. Les Maîtres mosaïstes. *Vies d'Artistes*. Paris: Omnibus, 1992.

SARDUY, Severo. *Barroco*. Paris: Gallimard, 1991.

SARTRE, Jean-Paul. *L'Imaginaire: psychologie phénoménologique de l'imagination*. Paris: PUF, 1971.

SCHAPIRO, Meyer. Sur quelques problèmes de sémiotique de l'art visuel: champ et véhicule dans les signes iconiques. *Critique*, n. 315-316, ago.-set. 1973. Retomado em *Style, artiste et société*. Paris: Gallimard, 1982.

SCHEFER, Bertrand. Les Lieux de l'image. Prefácio ao livro de G. Camillo, *Le Théâtre de la mémoire*. Paris : Allia, 2001.

SCHEFER, Jean Louis. Les Couleurs renversées/ la buée. *Cahiers du cinéma*, n. 230, jul. 1970.

SEGUIN, Louis. *"Aux distraitement désespérés que nous sommes…" (Sur les films de Jean-Marie Straub et Danièle Huillet)*. Toulouse: Ombres, 1991.

SORLIN, Pierre. *Esthétiques de l'audiovisuel*. Paris: Nathan, 1992.

STOCKHAUSEN, Karlheinz. Momentform [1963]. *Contrechamps*, n. 9, 1988.

TARGE, André. Ici l'espace naît du temps… (Étude détaillée du segment centrale de *Lancelot du lac*). In: vv. aa. *Robert Bresson*. Torino: Ramsay, 1989.

TEYSSÈDRE, Bernard. *Roger de Piles et les débats sur le coloris au siècle de Louis XIV*. Paris: La Bibliothèque des Arts, 1957.

THOMAS, François. Jeux de construction: La Structure dans le cinéma d'Alain Resnais. *Positif*, n. 395, jan. 1994.

VALÉRY, Paul. *Degas Dança Desenho*. São Paulo: Cosac Naify, 2003.

_____. Discours prononcé au deuxième congrès international d'esthétique et de science de l'art. *Variété IV*. Paris: Gallimard, 2010.

VV. AA. *Robert Bresson*. Torino: Ramsay, 1989.

WAT, Pierre. *Naissance de l'art romantique: peinture et théorie de l'imitation en Alemagne et en Angleterre*. Paris: Flammarion, 1998.

WEES, William C. The Ambiguous Aura of Hollywood Stars in Avant-Garde Found-Footage Films, *Cinema Journal*, v. 41, n. 2, inverno de 2002.

WILLIAMS, Anne D. *Jigsaw Puzzles: An Illustrated History and Price Guide*. Radnor: Wallace-Homestead, 1990.

WOLFFLIN, Heinrich. *Principes fondamentaux de l'histoire de l'art*. Paris: Gallimard, 1952.

WRIGHT, Craig. *The Maze and the Warrior: Symbols in Architecture, Theology and Music*. Cambridge: Harvard University Press, 2001.

XAVIER, Ismail. *O Discurso Cinematográfico: A Opacidade e a Transparência*. São Paulo: Paz e Terra, 1977.

_____. *O Olhar e a Cena: Melodrama, Hollywood, Cinema Novo, Nelson Rodrigues*. São Paulo: Cosac Naify, 2003.

XAVIER, Ismail (org.). *A Experiência do Cinema*. Rio de Janeiro: Graal, 1983.

Índice Onomástico

A

AGEL, Henri 188, 189, 190, 321
AITKEN, Doug 264
AKERMAN, Chantal 277
ALBERTI, Leon Battista 29, 30, 31, 34, 162, 174, 301, 318
ALEXANDROV, Grigori 310
ALLAN, David 22, 301
ALLIO, René 189, 290
ANDERSSON, Bibi 282, 283
ANDRADE, Joaquim Pedro de 230
ARASSE, Daniel 130, 144, 162, 318, 327
ARENDT, Hannah 299
ARISTARCO de Samos 194
ARISTÓTELES 193
ARNAUD, Philippe 86, 87, 142, 152, 200, 269, 317
ARNOLD, Martin 250
ARTAUD, Antonin 45, 46, 51, 63, 72, 304, 313, 324
ASTRUC, Alexandre 138
AUMONT, Jacques 15, 45, 98, 209, 213, 279, 311, 314, 325, 326
AYCKBOURN, Alan 180
AZÉMA, Sabine 174, 175, 178

B

BACHELARD, Gaston 104, 113, 312, 325
BACH, Johann Sebastian 78, 79, 80, 82, 83, 84, 85, 86, 87, 88, 89, 92, 93, 94, 99, 100, 102, 103, 108, 109, 123, 191, 192, 203, 206, 208, 285, 309, 310, 311
BALZAC, Honoré de 148, 216
BARDE, André 180
BARTHES, Roland 21, 23, 26, 27, 38, 40, 42, 65, 94, 110, 112, 113, 144, 146, 147, 148, 149, 164, 179, 180, 198, 202, 203, 215, 216, 217, 294, 302, 313, 316, 317, 320, 322, 323
BASTAIRE, Jean 300
BAUDELAIRE, Charles 162
BAUDROT, Sylvette 183
BAZIN, André 106, 131, 306, 311, 313, 318
BECKFORD, William 319
BENAYOUN, Robert 319
BENJAMIN, Walter 110, 137, 299, 309

BERGMAN, Ingmar 189, 282
BERGSON, Henri 246, 247, 303, 307, 326
BERNSTEIN, Henry 180
BERTHOMÉ, Jean-Pierre 170
BLANCHOT, Maurice 145, 180, 223
BLOCH, Ernest 103
BOLOGNINI, Mauro 231
BOLSWART, Boetius von 288, 289
BONFITTO, Matteo 15, 210, 211, 301, 324
BONITZER, Pascal 112, 144, 312
BONNAIRE, Sandrine 237
BORGES, Jorge Luis 106, 107, 190, 312
BORGES, Miguel 230
BORROMINI, Francesco 195, 321, 322
BOSCH, Hieronymus 240, 241
BOSSEUR, Jean-Yves 309
BOTTICELLI, Sandro 178, 307
BOULEZ, Pierre 88, 96, 111, 311, 313
BRAVO, Cecco 24
BRECHT, Bertolt 82, 210, 211, 235, 324
BRENEZ, Nicole 15, 208, 308
BRESSON, Robert 10, 11, 13, 18, 19, 20, 21, 23, 24, 25, 26, 28, 29, 30, 31, 32, 33, 34, 35, 36, 37, 39, 42, 43, 44, 45, 46, 48, 52, 53, 54, 57, 58, 59, 64, 70, 71, 72, 73, 74, 75, 78, 82, 90, 91, 92, 93, 99, 105, 108, 109, 110, 114, 122, 123, 125, 126, 127, 129, 130, 131, 132, 133, 134, 135, 136, 137, 138, 139, 140, 141, 142, 143, 144, 145, 146, 147, 148, 149, 150, 151, 152, 153, 155, 156, 159, 160, 161, 162, 163, 164, 167, 173, 175, 179, 182, 185, 188, 192, 193, 196, 200, 207, 211, 221, 222, 223, 226, 228, 229, 232, 237, 240, 241, 242, 243, 254, 268, 282, 298, 300, 301, 302, 303, 304, 305, 308, 311, 314, 315, 316, 317, 321
BROCA, Philippe de 230
BUÑUEL, Luis 238, 315, 319
BY, Henk de 309

C

CALABRESE, Omar 163
CAMILLO, Giulio 57, 58, 59, 165, 306
CAMPIN, Robert 128
CANDÉ, Roland de 310, 312

CANUDO, Ricciotto 10
CARAVAGGIO, Michelangelo Merisi da 280, 281
CARPACCIO, Vittore 166
CARTIER-BRESSON, Henri 28, 30, 31, 34, 302
CARUS, Carl Gustav 104
CASSAVETES, John 292
CASSONI Campana, Mestre de 286
CÉZANNE, Paul 87, 209, 303
CHABROL, Claude 230
CHARDIN, Jean-Baptiste 308
CÍCERO 56, 91, 306, 310
CIMABUE 232
CLARK, Lygia 204, 205
CLOQUET, Ghislain 315
COCTEAU, Jean 189, 318
COLOMBO, Gianni 204
COPÉRNICO, Nicolau 194
CORBUSIER, Le 308
CORNELL, Joseph 250
COSTA, Pedro 309
COWL, Darry 178
CULLIN, Olivier 108, 109, 312, 313

D
DAGEN, Philippe 308
DAMISCH, Hubert 23, 25, 29, 94, 105, 124, 218, 301, 302, 303, 312
DANEY, Serge 91, 99, 312
DARRIEUX, Danielle 56, 60, 61, 62, 307
DAVOLI, Ninetto 236
DECROUX, Étienne 324
DELACROIX, Eugène 221
DELEUZE, Gilles 12, 41, 42, 46, 50, 52, 55, 74, 80, 81, 82, 83, 97, 218, 246, 247, 278, 305, 326
DEMY, Jacques 230
DEPARDIEU, Gérard 60, 63, 237
DERRIDA, Jacques 181, 182, 183, 320
DE Sica, Vittorio 231
DEUTSCH, Gustav 251, 254, 326
DHOMME, Sylvain 230
DIDEROT, Denis 65, 308, 327
DIDI-HUBERMAN, Georges 33, 53, 65, 197, 198, 204, 305, 306, 307, 308, 317
DIEGUES, Cacá 230
DOILLON, Jacques 244
DOUCHET, Jean 230
DOUY, Max 230
DOVJENKO, Aleksandr 190, 277
DOYEN, Gabriel-François 327
DREYER, Carl Theodor 131, 189
DUBOIS, Philippe 15, 21, 55, 269, 305, 307
DUCHAMP, Marcel 26, 27, 302
DURAS, Marguerite 211, 272, 277

E
ECO, Umberto 303
EISENSTEIN, Serguei 51, 52, 66, 72, 82, 107, 131, 190, 202, 242, 303, 305, 310, 316, 323
ELIADE, Mircea 321
ELKINS, James 326
ENGELS, Friedrich 305
EPSTEIN, Jean 45, 49, 56, 98, 99, 100, 108, 171, 172, 175, 189, 200, 201, 270, 304, 311
ERICE, Víctor 278
ESTÈVE, Michel 141, 149, 150, 303, 304, 316
EUSTACHE, Jean 273, 274, 282

F
FALK, Peter 292
FÄRBER, Helmut 191, 321
FARIAS, Marcos 230
FASSBINDER, Rainer Werner 236
FAURE, Élie 157, 171
FÉDIDA, Pierre 53
FELLINI, Federico 230, 238
FEUILLADE, Louis 229
FLAHERTY, Robert 189
FLOCH, Jean-Marie 15, 302
FONTANA, Lucio 31, 34, 302
FORD, John 188, 189
FORGÁCS, Péter 253
FOUCAULT, Michel 118, 119, 120, 121, 147, 158, 160, 179, 193, 194, 231, 314
FRANCASTEL, Pierre 188

ÍNDICE ONOMÁSTICO

FREUD, Sigmund 54, 307
FRICHEAU, Marianne 134, 139
FRIEDRICH, Caspar David 100, 101, 102, 104, 105, 112, 151, 220, 313

G

GABIN, Jean 56, 60, 62, 63, 307
GALILEU Galilei 193, 194, 195, 235, 321
GALLAGHER, Tag 324
GANCE, Abel 99, 327
GARCIA, Nicole 60, 61, 74
GARDIES, André 119, 154, 155
GARLAND, Judy 250
GIANIKIAN, Yervant 252, 254
GIORGIONE 240, 241
GIOTTO 87, 134, 135, 139, 140, 231, 232, 315
GODARD, Jean-Luc 10, 86, 144, 189, 230, 257, 258, 310, 320
GOETHE, Johann Wolfgang von 72, 166, 318
GOEYVAERTS, Karel 88
GORDON, Michael 263
GORIN, Jean-Pierre 144
GREGORETTI, Ugo 230
GREIMAS, Algirdas Julien 210
GRIFFITH, David Wark 82, 99, 131, 167
GRIMM, Irmãos 272
GROTOWSKI, Jerzy 211, 324
GRUAULT, Jean 304
GUILBERT, Yvette 210
GUNNING, Tom 327

H

HAGENER, Malte 263, 326
HANDKE, Peter 211
HANSEN, Miriam 327
HANTAI, Simon 71, 72, 308
HARTLEY, Hal 231
HAS, Wojciech 189
HAWKS, Howard 190
HEGEL, Georg W.F. 52, 305
HENZE, Werner 159
HIRSZMAN, Leon 230
HITCHCOCK, Alfred 112, 188
HÖLDERLIN, Friedrich 223
HOOGSTRATEN, Samuel van 136, 137
HORIKAWA, Hiromichi 230

HUGO, Hermann 288
HUILLET, Danièle 86, 99, 112, 179, 189, 192, 193, 195, 197, 199, 204, 206, 208, 210, 211, 212, 214, 215, 216, 217, 218, 219, 221, 223, 310, 321, 324, 325
HUSTON, John 188

I

INGRES 162
IVENS, Joris 189

J

JACOBS, Ken 251
JAKUBOWSKA, Wanda 320
JANNINGS, Emil 210
JARMAN, Derek 272
JARMUSCH, Jim 231
JESS 257
JOST, François 40

K

KANT, Immanuel 33
KAR-WAI, Wong 231
KEPLER, Johannes 195, 321
KERN, Hermann 284, 285, 287
KLEE, Paul 95, 96, 97, 98, 110, 311, 314, 322
KLEIST, Heinrich von 313
KLIMOV, Elem 275
KOLTÈS, Bernard-Marie 211

L

LABAN, Rudolf 324
LABORIT, Henri 46, 48, 56, 57, 60, 62, 75, 92, 304, 306
LANDOWSKI, Éric 23, 294, 305
LANG, Fritz 135, 188, 189
LAPICQUE, Charles 316
LARGILLIÈRE, Nicolas de 137, 138
LAVAGNE, Henri 71, 308
LE Clerc, Sébastien 287
LEDOUX, Claude-Nicolas 173, 319
LEIBNIZ, Gottfried Wilhelm von 41, 73, 307
LE Nôtre, André 287
LEONHARDT, Gustav 108, 309
LE Parc, Julio 204, 205, 323
LESPERT, Jalil 178
LEUTRAT, Jean-Louis 258
L'HERBIER, Marcel 99

LHOMME, Pierre 315
LIANDRAT-GUIGUES, Suzanne 305
LICHTENSTEIN, Jacqueline 91, 300, 306, 310
LINDEN, Eduard 285
LONSDALE, Michael 274
LÓPEZ, Antonio 278
LORRAIN, Claude 166
LOSEY, Joseph 235, 244, 265
LUÍS XIV 287

M
MACHUEL, Emmanuel 315
MALLARMÉ, Stéphane 180, 181, 316
MANGANO, Silvana 231
MANKIEWICZ, Joseph L. 189
MANN, Anthony 190
MARAIS, Jean 56, 60, 61, 62, 307
MAREY, Étienne-Jules 26, 27, 302
MARIE, Michel 156, 318
MARIN, Louis 269
MARKER, Chris 256, 267
MASSMANN, Hans Ferdinand 285
MATISSE, Henri 113, 313
MELFORD, George 250
MERLEAU-PONTY, Maurice 156, 202, 323
MESSIAEN, Olivier 88
METZ, Christian 49, 99
MICHAUD, Philippe-Alain 24, 25, 35, 61, 62, 63, 64, 136, 137, 221, 301, 303, 306, 307
MICHELSON, Annette 93
MINNELLI, Vincente 189
MIZOGUCHI, Kenji 189
MOLINARO, Édouard 230
MONICELLI, Mario 230
MONTAND, Yves 177
MONTEIRO, João César 272, 273
MORELLET, François 204
MORRISON, Bill 251
MUNCH, Edvard 255
MURNAU, Friedrich Wilhelm 131, 132, 133, 135, 136, 141, 143, 166, 167, 172, 175, 177, 188, 206, 209, 210, 213, 214, 315, 316, 319, 324

N
NANCY, Jean-Luc 219
NESHAT, Shirin 263

NEWTON, Isaac 108
NIEDT, Friedrich Erhardt 95
NIETZSCHE, Friedrich W. 223, 291, 325
NORMAN, Dorothy 67, 103
NOVALIS 166, 318

O
OITICICA, Hélio 205, 323
OLIVEIRA, Manoel de 23, 54, 86, 234, 269, 273
OPHULS, Max 234
OUDART, Jean-Pierre 48, 62, 150, 151, 152, 153, 304, 307, 317

P
PÄCHT, Otto 90
PAINI, Dominique 254
PANOFSKY, Erwin 33, 194
PARADJANOV, Serguei 275
PASOLINI, Pier Paolo 80, 109, 222, 231, 236, 258, 313, 325
PATALAS, Enno 83
PAULHAN, Jean 148, 206, 317, 324
PEIRCE, Charles Sanders 25, 59, 301
PEIXOTO, Mário 276
PELECHIAN, Artavazd 92, 93, 252, 310
PEREC, Georges 36, 37, 38, 39, 41, 129, 147
PHILIPPON, Alain 87, 220, 291
PIACENZA, Domenico da 66, 67
PIALAT, Maurice 237, 245
PICASSO, Pablo 165
PICQ, Jean-Noel 274
PIERRE, Arnauld 62, 204, 205, 208, 216, 220, 290, 323
PIERRE, Roger 60, 61, 74
PIERRE, Sylvie 203
PILES, Roger de 59, 61, 306
PISSARRO, Camille 39
PLATÃO 20, 193, 300, 321
PLÍNIO, o Ancião 21
POLANSKI, Roman 230
POLLET, Jean-Daniel 230
POLLOCK, Jackson 39
POUSSIN, Nicolas 166, 269
PRÉDAL, René 173, 175, 319
PRESLEY, Elvis 231
PROPP, Vladimir 210

ÍNDICE ONOMÁSTICO

340

PROUST, Marcel 53, 197, 305
PTOLOMEU 193
PUDOVKIN, Vsevolod I. 93, 190, 310

Q
QUENU 173, 319

R
RACINE, Jean 256
RAGGHIANTI, Carlo Ludovico 21
RAY, Nicholas 189
RAY, Satyajit 189
RENOIR, Jean 87, 189
RESNAIS, Alain 11, 13, 44, 46, 48, 49, 51, 52, 54, 55, 56, 57, 58, 59, 60, 61, 62, 63, 64, 65, 66, 67, 69, 70, 71, 72, 73, 74, 75, 78, 79, 82, 85, 90, 91, 92, 93, 95, 100, 105, 146, 156, 157, 158, 159, 160, 161, 162, 163, 164, 165, 167, 168, 170, 171, 172, 173, 174, 175, 176, 177, 178, 179, 180, 181, 182, 183, 184, 185, 187, 189, 192, 193, 194, 196, 197, 200, 207, 211, 221, 222, 223, 226, 248, 249, 253, 254, 256, 264, 265, 268, 304, 305, 306, 308, 311, 318, 319, 320, 321
REVERDY, Pierre 66
RICCI Lucchi, Angela 252, 254
RICHARDS, Thomas 211
RIEGL, Alois 90
RILKE, Rainer Maria 223
RINTINTIN 168, 318
ROBBE-GRILLET, Alain 167, 189, 212
ROBERT, Odette 91, 122, 128, 141, 188, 189, 193, 226, 228, 241, 272, 273
ROHMER, Éric 21, 131, 132, 133, 135, 136, 140, 141, 143, 156, 166, 167, 170, 171, 173, 175, 176, 177, 181, 202, 205, 206, 209, 210, 213, 214, 230, 315, 316, 318, 319, 323, 324
ROONEY, Mickey 250
ROPARS-WUILLEUMIER, Marie-Claire 183, 187, 219, 320
ROSENSTIEHL, Pierre 113, 216, 220
ROSSELLINI, Roberto 231, 232, 233
ROSSI, Franco 69, 231
ROTUNNO, Giuseppe 133, 315
ROUAN, François 71
ROUCH, Jean 189, 230
ROUD, Richard 199, 207, 209, 212, 219, 324
ROWLANDS, Gena 292

RUIZ, Raul 266
RUSSOLO, Luigi 26, 302
RYCKMANS, Pierre 173, 319

S
SAND, George 68, 69, 70
SANTIS, Pasqualino de 133, 315
SARDUY, Severo 193, 194, 321
SARTRE, Jean-Paul 272
SAULNIER, Jacques 170
SAURA, Carlos 277
SAUSSURE, Ferdinand de 154, 182, 320
SCHAPIRO, Meyer 196, 198, 322
SCHEFER, Bertrand 21
SCHLEGEL, August Wilhelm von 104
SCHLOSSER, Julius von 65
SCHÖNBERG 212, 324
SCHOPENHAUER, Arthur 108
SEBBAG, Georges 145, 316
SEGALLA, Francisco 285
SEGUIN, Louis 207, 213, 216, 217
SERRA, Albert 278
SEYRIG, Delphine 169, 177
SHINDO, Kaneto 184, 320
SHITAO 173, 319
SIGNAC, Paul 128, 314
SJÖSTRÖM, Victor 189
SORLIN, Pierre 131
STANISLÁVSKI, Constantin 82, 211
STAROBINSKI, Jean 72
STEIN, Joel 204
STERNBERG, Jacques 161, 319
STIEGLITZ, Alfred 103
STOCKHAUSEN, Karlheinz 88, 92, 207, 309, 324
STRAUB, Jean-Marie 11, 13, 78, 79, 80, 81, 82, 83, 84, 85, 86, 87, 88, 89, 90, 91, 92, 93, 94, 95, 97, 99, 100, 102, 106, 107, 108, 109, 110, 111, 112, 113, 123, 146, 148, 151, 156, 179, 189, 191, 192, 193, 195, 196, 197, 199, 200, 204, 206, 207, 208, 209, 210, 211, 212, 214, 215, 216, 217, 218, 219, 220, 221, 222, 223, 226, 243, 268, 269, 275, 278, 279, 291, 309, 310, 317, 324, 325, 327
STROHEIM, Erich von 172, 319

T
TARGE, André 126, 127, 130

TARKOVSKI, Andrei 151, 317
TAZIEFF, Haroun 256, 326
TESHIGAHARA, Hiroshi 245
TEYSSÈDRE, Bernard 61, 62
THIRACHE, Marcelle 53
THOMAS, François 48
THULIN, Ingrid 177
TICIANO 68
TINTORETO 34, 68, 69, 303
TOPORKOV, Vassili 211
TOTÓ 236
TOUBIANA, Serge 87, 220, 291
TRAN Ba Vang, Nicole 178

U
ULLMANN, Liv 282, 283

V
VADIM, Roger 230
VALÉRY, Paul 24, 36, 65, 66, 296, 297, 301, 308
VAN Sant, Gus 279, 291, 327
VARDA, Agnès 171, 189, 235, 256, 319
VASARELY, Victor 204
VASARI, Giorgio 21, 62, 301
VATRICAN, Vincent 91
VERMEER, Johannes 38, 197
VERTOV, Dziga 93, 107, 144, 190, 205, 259, 310, 326
VIALLAT, Claude 71
VIGO, Jean 172, 189, 319
VISCONTI, Luchino 230, 231

W
WALSER, Robert 272
WALSH, Raoul 190
WARBURG, Aby 62, 63, 64, 65, 307
WATKINS, Peter 255
WEBERN, Anton 97, 98, 311
WEES, William C. 250
WEGENER, Paul 188
WEIBEL, Peter 263
WELLES, Orson 188
WERTHEIMER, Max 49, 304
WILLIAMS, Anne D. 239
WINCKELMANN, Johann Joachim 24, 62
WISE, Robert 188
WÖLFFLIN, Heinrich 81
WYATT, James 174
WYLER, William 188

X
XAVIER, Ismail 15, 193, 321

Y
YOUNG, James 251
YVAIN, Maurice 180
YVARAL, Jean-Pierre 204

Z
ZUCCARO, Federico 302
ZUCCARO, Taddeo 24

Lista de Filmes Citados

A

Alone: Life Wastes Andy Hardy (Sozinho: A Vida Desperdiça Andy Hardy, Martin Arnold, 1998)

Amarcord (Federico Fellini, 1974)

América: Relações de Classe (*Amerika: Klassenverhältnisse*, Jean-Marie Straub, 1984)

Amores Expressos (*Chungking Express*, Wong Kar-Wai, 1994)

Anjos do Pecado, Os (*Les Anges du peché*, Robert Bresson, 1943)

Andrei Rublev (Andrei Tarkóvski, 1966)

Ano Passado em Marienbad, O (*L'Année dernière à Marienbad*, Alain Resnais, 1961)

Antígona (*Die Antigone des Sophokles nach der Hölderlinschen Übertragung für die Bühne bearbeitet von Brecht 1948*, Jean-Marie Straub, 1992)

Aqueles Encontros Com Eles (*Quei loro incontri*, Jean-Marie Straub, 2006)

Asas do Desejo (*Der Himmel über Berlin*, Wim Wenders, 1986)

B

Bells, The (Os Sinos, James Young, 1926)

Boccaccio 70 (Vittorio de Sica, Federico Fellini, Mario Monicelli e Luchino Visconti, 1962)

Blue (Derek Jarman, 1993)

Branca de Neve (João César Monteiro, 2000)

Bruxas, As (*Le streghe*, Mauro Bolognini, Vittorio de Sica, Pier Paolo Pasolini, Franco Rossi e Luchino Visconti, 1967)

C

Casanova (*Il Casanova di Federico Fellini*, Federico Fellini, 1976)

Cedo Demais/Tarde Demais (*Trop tôt, Trop tard*, Jean-Marie Straub, 1982)

Cézanne (*Cézanne*, Jean-Marie Straub, 1990)

Cinco Vezes Favela (Marcos Farias, Miguel Borges, Cacá Diegues, Joaquim Pedro de Andrade e Leon Hirszman, 1962)

Cléo de 5 às 7 (*Cléo de 5 à 7*, Agnès Varda, 1961)

Comédia da Inocência (*Comédie de l'innocence*, Raul Ruiz, 2000)

Confidências à Meia-Noite (*Pillow Talk*, Michael Gordon, 1959)

Cor da Romã, A (*Brotseulis Kvaviloba/ Nran Guyne*, Serguei Paradjanov, 1968)

Cría Cuervos (Carlos Saura, 1976)

Crônica de Anna Magdalena Bach (*Chronik der Anna Magdalena Bach*, Jean-Marie Straub, 1967)

D

Damas do Bois de Boulogne, As (*Les Dames du Bois de Boulogne*, Robert Bresson, 1945)

Da Nuvem à Resistência (*Dalla nube alla Resistenza*, Jean-Marie Straub, 1979)

Decasia (Bill Morrison, 2002)

De Hoje Para Amanhã (*Von Heute auf Morgen*, Jean-Marie Straub, 1996)
Diabo Provavelmente, O (*Le Diable probablement*, Robert Bresson, 1977)
Diário de um Padre (*Journal d'un curé de campagne*, Robert Bresson, 1950)
Dinheiro, O (*L'Argent*, Robert Bresson, 1983)
Do Polo ao Equador (*Dal polo all'equatore*, Angela Ricci Lucchi e Yervant Gianikian, 1986)
Drôlesse, La (A Petulante, Jacques Doillon, 1978)

E
East of Borneo (Leste de Borneo, George Melford, 1931)
Edvard Munch (Peter Watkins, 1974)
Elefante (*Elephant*, Gus Van Sant, 2003)
Espelho, O (*Zerkalo*, Andrei Tarkóvski, 1974)
"Eu, Pierre Rivière, Que Degolei Minha Mãe, Minha Irmã e Meu Irmão..." (*"Moi, Pierre Rivière, ayant égorgé ma mère, ma sœur et mon frère..."*, de René Allio, 1976)
Eu Te Amo, Eu Te Amo (*Je T'Aime, Je T'Aime*, Alain Resnais, 1968)
Eyes of Gutete Emerita, The (Os Olhos de Gutete Emerita, Alfredo Jaar, videoinstalação, 1996)

F
Face de um Outro, A (*Tanin no Kao*, Hiroshi Teshigahara, 1966)
Fantasma da Liberdade, O (*Le Fantôme de la liberté*, Luis Buñuel, 1974)
Fausto (*Faust*, Friedrich Wilhelm Murnau, 1926)
Fervor (*Shirin Neshat*, videoinstalação, 2000)
Filhos de Hiroshima (*Genbaku no Ko*, Kaneto Shindo, 1952)
Film ist: 1-6 (Gustav Deutsch, 1998)
Film ist: 7-12 (Gustav Deutsch, 2002)
Finis Terræ (Jean Epstein, 1929)
Flerte (*Flirt*, Hal Hartley, 1995)
Francisco, Arauto de Deus (*Francesco, giullare di Dio*, Roberto Rossellini, 1950)

G
Galileu (*Galileo*, Joseph Losey, 1975)
Gaviões e Passarinhos (*Uccellacci e uccellini*, Pier Paolo Pasolini, 1966)
Gente da Sicília (*Sicilia!*, Jean-Marie Straub, 1999)
Gerry (Gus Van Sant, 2001)
Grande Testemunha, A (*Au Hasard Balthazar*, Robert Bresson, 1966)
Grilhões do Passado (*Mr. Arkadin*, Orson Welles, 1955)
Guerra Acabou, A (*La Guerre est finie*, Alain Resnais, 1966)

H
Hiroshima, Meu Amor (*Hiroshima, mon amour*, Alain Resnais, 1959)

LISTA DE FILMES CITADOS

História(s) do Cinema (*Histoire*[s] *du cinéma*, Jean-Luc Godard, 1989-1998)
Homem Atlântico, O (*L'Homme atlantique*, Marguerite Duras, 1981)
Honra de Cavalaria (*Honor de cavalleria*, Albert Serra, 2006)

I

Infelizmente Para Mim (*Hélas pour moi*, Jean-Luc Godard, 1993)

J

Jean-Marie Straub e Danièle Huillet Trabalhando Num Filme Sobre um Fragmento de "*América*", *Romance Inacabado de Franz Kafka* (*Jean-Marie Straub et Danièle Huillet au travail sur un film tiré du fragment de roman de Franz Kafka* "*Amerika*", Harun Farocki, 1983)
Jeanne Dielmann, 23 Quai du Commerce, 1080 Bruxelles (Chantal Akerman, 1975)
Judex (Louis Feuillade, seriado em doze episódios, 1916)

L

Lancelote do Lago (*Lancelot du lac*, Robert Bresson, 1974)
Lições de História (*Geschichtsunterricht*, Jean-Marie Straub, 1972)
Light is Calling (A Luz Está Chamando, Bill Morrison, 2004)
Limite (Mário Peixoto, 1930)
Lorena (*Lothringen!*, Jean-Marie Straub, 1994)

M

Machorka-Muff (Jean-Marie Straub, 1963)
Mais Belas Escroquerias do Mundo, As (*Les Plus belles escroqueries du monde*, Hiromichi Horikawa, Roman Polanski, Ugo Gregoretti, Claude Chabrol e Jean-Luc Godard, 1964)
Meanwhile Somewhere... 1940-1943 (Péter Forgács, 1994)
Medos Privados em Lugares Públicos (*Cœurs*, Alain Resnais, 2006)
Melô (*Mélo*, Alain Resnais, 1986)
Mensageiro, O (*The Go-Between*, Joseph Losey, 1971)
Mesmerist, The (O Hipnotizador, Bill Morrison, 2003)
Metrópolis (*Metropolis*, Fritz Lang, 1927)
Meu Tio da América (*Mon oncle d'Amérique*, Alain Resnais, 1980)
Moisés e Aarão (*Moses und Aron*, Jean-Marie Straub, 1975)
Morte de Empédocles, A (*Der Tod des Empedokles*, Jean-Marie Straub, 1987)
Morrer de Amor (*L'Amour à mort*, Alain Resnais, 1984)
Mouchette (Robert Bresson, 1967)
Muriel ou o Tempo de um Retorno (*Muriel ou le temps d'un retour*, Alain Resnais, 1963)

N

Na Boca, Não (*Pas sur la bouche*, Alain Resnais, 2003)
Não Reconciliados (*Nicht versöhnt oder es hilft nur Gewalt wo Gewalt herrscht*, Jean-Marie Straub, 1964)
Nathalie Granger (Marguerite Duras, 1972)
New Book (*Nowa Ksiazka*, Zbigniew Rybczynski, 1975)

Nos Picos Há Paz (*Su tutte le vette é pace*, Angela Ricci Lucchi e Yervant Giani-
kian, 1998)
No Tempo das Diligências (*Stagecoach*, John Ford, 1939)
Noite e Neblina (*Nuit et brouillard*, Alain Resnais, 1956)
Noivo, a Atriz e o Cafetão, O (*Der Bräutigam, die Komödiantin und der Zuhälter*,
Jean-Marie Straub, 1968)
Número Zero (*Numéro zéro*, Jean Eustache, 1971)

O
Oh, Homem! (*Oh! Uomo*, Angela Ricci Lucchi e Yervant Gianikian, 2004)
*Olhos Não Querem se Fechar o Tempo Todo ou Talvez um Dia Roma Permitir-se-á Fazer
Sua Escolha, Os* (*Les Yeux ne veulent pas en tout temps se fermer, ou peut-être
qu'un jour Rome se permettra de choisir à son tour*, Jean-Marie Straub, 1969)
Onde Jaz Seu Sorriso Oculto? (*Où gît votre sourire enfoui?*, Pedro Costa, 2001)
Operários, Camponeses (*Operai, Contadini*, Jean-Marie Straub, 2002)
Ouro dos Mares, O (*L'Or des mers*, Jean Epstein, 1932)

P
Paisá (*Paisà*, de Roberto Rossellini, 1946)
Palavra e Utopia (Manoel de Oliveira, 2000)
Pas de deux (Norman McLaren, 1968)
Paris Vista Por... (*Paris vu par...*, Jean Douchet, Jean Rouch, Jean-Daniel Pollet,
Éric Rohmer, Jean-Luc Godard e Claude Chabrol, 1965)
Pecado Negro (*Schwarze Sünde*, Jean-Marie Straub, 1988)
Perigos de Paulina, Os (*The Perils of Pauline*, Louis J. Gasnier e Donald MacKenzie,
seriado em 20 episódios, 1914)
Persona (Ingmar Bergman, 1966)
Pickpocket: O Batedor de Carteiras (*Pickpocket*, Robert Bresson, 1959)
Pointe Courte, La (Agnès Varda, 1954)
Prisioneiros de Guerra (*Prigionieri della guerra*, Angela Ricci Lucchi e Yervant
Gianikian, 1995)
Processo de Joana d'Arc (*Procès de Jeanne d'Arc*, Robert Bresson, 1962)
Providence (Alain Resnais, 1976)

Q
Quatro Noites de um Sonhador (*Quatre nuits d'un rêveur*, Robert Bresson, 1971)

R
Roma (Federico Fellini, 1972)
Ronda, A (*La Ronde*, Max Ophuls, 1950)
Rose Hobart (Joseph Cornell, 1936)

S
Salve-se Quem Puder (A Vida) (*Sauve qui peut [la vie]*, Jean-Luc Godard, 1979)
Sanatório da Clepsidra, O (*Sanatorium pod Klepsydra*, Wojciech Has, 1973)
Sangue de Heróis (*Fort Apache*, John Ford, 1948)

LISTA DE FILMES CITADOS

Satyricon (*Fellini Satyricon*, Federico Fellini, 1969)
Sem Sol (*San soleil*, Chris Marker, 1983)
Sepulcro Indiano, O (*Das indische Grabmal*, Fritz Lang, 1959)
Sete Pecados Capitais, Os (*Les Sept péchés capitaux*, Sylvain Dhomme, Max Douy, Édouard Molinaro, Jean-Luc Godard, Jacques Demy, Roger Vadim, Philippe de Broca e Claude Chabrol, 1962)
Sleepwalkers (Sonâmbulos, Doug Aitken, videoinstalação, 2007)
Smoking/No Smoking (Fumar/Não Fumar, Alain Resnais, 1993)
Sob o Sol de Satã (*Sous le soleil de Satan*, Maurice Pialat, 1987)
Sol de Marmelo, O (*El Sol del Membrillo*, Víctor Erice, 1992)
Star Spangled to Death (Estrelado Até à Morte, Ken Jacobs, 2003)
Stavisky (Stavisky, ou o Império de Alexandre, Alain Resnais, 1974)

T
Tabu (*Tabu*, Friedrich Wilhelm Murnau, 1931)
Tempestário, O (*Le Tempestaire*, Jean Epstein, 1947)
Terceira Geração, A (*Die dritte Generation*, Rainer Werner Fassbinder, 1979)
Terra, A (*Zemlia*, Aleksandr Dovjenko, 1930)
Tigre de Bengala, O (*Der Tiger von Eschnapur*, Fritz Lang, 1959)
Toda a Memória do Mundo (*Toute la mémoire du monde*, Alain Resnais, 1956)

Tradition ist die Weitergabe des Feuers und nicht die Anbetung der Asche (Tradição É a Transmissão do Fogo, Não a Adoração das Cinzas, Gustav Deutsch, 1999)
Trem Mistério (*Mystery Train*, Jim Jarmusch, 1989)

U
Ulisses (*Ulysse*, Agnès Varda, 1983)
Última Etapa, A (*Ostatni Etap*, Wanda Jakubowska, 1948)
Um Condenado à Morte Escapou (*Un Condamné à mort s'est échappé*, Robert Bresson, 1956)
Uma Criatura Dócil (*Une Femme douce*, Robert Bresson, 1969)
Uma História Sórdida (*Une Sale histoire*, Jean Eustache, 1977)
Uma Mulher Sob Influência (*A Woman Under the Influence*, John Cassavetes, 1974)
Uma Noite Sobre a Terra (*Night on Earth*, Jim Jarmusch, 1991)
Uma Visita ao Louvre (*Une Visite au Louvre*, Jean-Marie Straub, 2004)

V
Vá e Veja (*Idi i Smotri*, Elem Klimov, 1985)
Vale Abraão (Manoel de Oliveira, 1993)
Vampiros, Os (*Les Vampires*, Louis Feuillade, seriado em 10 episódios, 1915)
Via Láctea, A (*La Voie Lactée*, Luis Buñuel, 1969)
Vida É um Romance, A (*La Vie est un roman*, Alain Resnais, 1983)

Este livro foi impresso na cidade de São Bernardo do Campo,
nas oficinas da Paym Gráfica e Editora, em outubro de 2019,
para a Editora Perspectiva